赤塚康雄【著】

新制中学の誕生

昭和のなにわ学校物語

1

柘植書房新社

カバー・扉写真：大阪市立都島二中（桜宮中）の開校氏で祝辞を述べる大阪軍政部ジョンソン教育課長

新制中学の誕生—昭和のなにわ学校物語◆目次

第二節　在日韓国・朝鮮人生徒の新制中学校……333

はじめに

新制中学校と日本国憲法

平成二九（二〇一七）年は、日本国憲法、新制中学校が生まれて七〇年という記念すべき年であった。憲法と中学校の関係も、かつて、ノーベル賞作家の大江健三郎が、「ぼくが谷間の村の新制中学校に、最初の一年生として入学した年の五月、新しい憲法が、施行された（略）。いま、『主権在民』という思想や、『戦争放棄』という約束が、自分の日常生活のもっとも基本的なモラルであることを感じるが、そもそもの端緒は、新制中学校の新しい憲法の時間にあったのだ」(1)と述べていたことを思い出していた。

確かに、新制中学校と日本国憲法は、敗戦から来た惨めな思いと敗戦直後の厳しい生活現実から生徒たちを解放する燈台の役割を果たした。その象徴が、新制中学校社会科副読本『あたらしい憲法のはなし』（著作発行文部省）掲載の炉に入れられた戦闘機、軍艦が電車、ビル、消防車に変化して出てくる一頁大の挿絵であった。さらに言えば、「国際平和主義」、「民主主義」、「主権在民主義」という憲法の三原則を記した三個の足台に乗る三人が、山の端から昇り始めた憲法という太陽に向かって手を振る挿絵も脳裏に焼きついている。そういう意味で、同時代を生きた筆者にとっても、新制中学校と憲法はセットであった。

同じ時期、大阪市で新制中学校生活を送った生徒が、「日本の民主主義は新制中学校の誕生とともに始まった」

(2)と意識するのも宜《むべ》なるかなである。最初の一年生として入学したこの生徒は、国民学校（小学校）入学と同時に日米戦争が起こり、四年〜五年で学童疎開を強いられていた。戦争が終わってみれば、街は瓦礫の山、飢えは一層つのる。こうした事態に憲法と新制中学校に理想を見たのである。現実が厳しければ厳しいほど、理想と求めることになる。当時の新制中学生の一般的な姿であった。

日本の復興は教育から

一方、この時、大人の側はどう考えていたのだろうか。これについては、日本国憲法制定、教育改革決定時の宰相・吉田茂の『日本を決定した百年』から、次の象徴的な文言を引くことで十分であろう(3)。

日本を復興させるものは教育以外にはない。自分たちは戦争によって国を荒廃させ、なにも子孫に与えるものをもっていないが、せめてりっぱな教育だけはしてやりたい。

こうした空気が、全国を覆いつくし、こうした願いを込めて書かれた手紙が文部省、教育刷新委員等に六百万通、総司令部に二百万通も届けられた(4)。この手紙について、吉田はさまざまな階層からの手紙であったので、きれいな字もきたない字もあった、食べるものとてろくにない人びと（傍点赤塚）が、教育に関心を示したこれらの手紙は、関係者、とくに占領軍を感激させたとも述べている(5)。

当時、インフレは、日一日と進行し、政府の財政は窮迫していた。そのなかでの新制中学校の出発であった。都市部校舎の建設をはじめ、あらゆる負担が、「食べるものとてろくにない人びと」の肩に掛かることになる。

はそのうえに、空襲による被災からまだ立ち上がれず、防空壕や掘立小屋に住まざるを得ない住民が多数いた。この理想と現実の狭間で、大阪市民は、どのような知恵と才覚を働かせて中学校をつくっていったのか、もっとも知りたいところである。

なぜ新制中学校か

戦後教育改革は、小学校（国民学校）から大学に至る全階梯にわたって実施されたのに、なぜ新制中学校か。それは、わが国初めての中等教育の機会均等理念を実現する学校であったからである。初めてだけに、施設設備、教員、生徒等すべてに遺産がなく、短期間に生み出さなければならなかった。それ故に、中学校は戦後教育改革の核心であったのである。

にも拘らず、新制中学校成立史に関わる研究は、小学校、高等学校、大学に比較して圧倒的に少なく、戦後改革研究としても中学校研究は遅れた。そのことに筆者が気づくのは、大学院で修士論文のテーマとして定めようとしていた一九六〇年代であった。当時、大学の図書館では、全国の大学、研究機関から送られてきた紀要類を開架式の棚に府県毎に分け無雑作に並べてあったので、いつでも、自由に取り出して読むことができたおかげであった。

修士論文「新制中学校の成立過程に関する研究」をその後、見つけた資料で大幅に改訂し、世に問うたのが『新制中学校成立史研究』（明治図書、一九七八年）であった。幸い本書は、「中学校に焦点をあわせた歴史的研究は今日なお極端に少なく、（略）先駆的な研究の一つとして知られる」(6)、「戦後真っ先に運動を開始した青年学校関係者の教育の機会均等運動と、そこから生まれた新憲法草案修正運動が、六・三・三制成立の源流となっていたことも実証的に論じた画期的な研究」(7)などと、教育学界に波紋を投ずることができたのである。

　ここに取上げられた青年学校による新憲法草案修正運動とは、国民の教育権を規定した政府の「草案要綱」二四条「国民ハ凡テ其ノ保護ニ係ル児童ヲシテ初等教育ヲ受ケシムルノ義務ヲ負ウモノトシ其ノ教育ハ無償タルコト」（第二項）では、義務教育が小学校で止まり、中学まで及ばないと、青年学校の教師たちによる運動の結果、「すべて国民は、法律の定めるところにより、その保護する子女に普通教育を受けさせる義務を負ふ。義務教育は、これを無償とする」（第二六条）と修正され、義務制中学校（新制中学校）の成立に決定的な影響を及ぼしたことを指している。

　この運動について、憲法学者の古関彰一は「この修正はきわめて大きな意味をもったといえる。それにしても、青年学校の教員より、はるかに社会的に強い発言力を持っていたであろう中等学校の教員が、政府案になんの反応も示せず、その一方で青年学校の教員が政府案が発表されて直ちに敏感に反応し『猛運動』をはじめたことは、権利とはそれを否定され、あるいは差別され続けてきたものが、はじめに発見するものであることを、あまりにもあざやかに証明しているといえないだろうか」(8)と評価し、NHK文化・福祉番組チーフ・プロデューサーの塩田純は「国民の権利の請願が、憲法を修正した」(9)ととらえたのであった。海外に目を移しても、マサチューセッツ工科大学のジョン・ダワー（Jhon V.Dower）教授は、青年学校によるこの修正を「草の根からの圧力が功を奏した興味深い事例」(10)として取り上げている。

　青年学校による中等教育の機会均等を求める運動が、憲法改正案第二四条の修正を導き、そのことが新制中学校成立の土壌をつくったとすれば、「子孫に与えるものをもっていないが、せめてりっぱな教育だけは」と願った人びとが手にしたものは新制中学校ということになろう。そういう意味からも、新制中学校は戦後教育改革の核心であった。

なぜ戦災都市大阪市の中学校か

農村部の新制中学校については、先に『戦後教育改革と地域――京都府におけるその展開過程――』(11)で、京都府相楽郡上狛《かみこま》町ほか二か村組合立上狛中学校（現在木津川市立山城中学校）の設立過程を明らかにしていた。また、奈良県磯城《しき》郡田原本《たはらもと》町ほか二か村組合立田原本中学校（現在田原本町立中学校）では、創立期の教育内容・方法・教員の現職教育まで追究してきた(12)。

他方、長野県北安曇野郡「白馬の中学校三十年史編集委員会」で編まれた『白馬の中学校三十年史』は、白馬中の前史である神城中学校、北城中学校の昭和二〇年代の生徒行事（活動）、学校行事を詳細に伝え、そこから両中学校の教育を読み解くことができる(13)。

茨城県結城《ゆうき》郡大形村立大形中学校（千代川村立大形中を経て下妻《しもつま》市立大形中）校舎建設資金を捻出するために神社の老樹（欅五本、杉二本）を売却した事情を刻んだ同村鎌庭地区の「青龍権現老樹碑《せいりゅうごんげんろうじゅひ》」も新制中学校設立経過を語る資料である。老樹碑の核心は「氏子繁栄の捷径は教育にある。私達は幾十代の祖先達が神の名に於て継承し来った遺産を教育の形に代へるべく決意し、愛惜の涙を抑へ買人に渡した。其の額は七十七万三千百五円也。昭和二十三年十一月二十三日秋晴の静な村祭の日であった。」（句読点、仮名―赤塚）にある。校舎建築費一一〇万円、一戸当り二〇〇〇円の負担が決まり、最も大きな字《あざ》である鎌庭地区の動向が注目されたが、この決断によって校舎は、昭和二四年四月一日完成した(14)。

以上のように農村地区の新制中学校研究が進み、それを支える資料が比較的残っていたのに対し、都市部の中学校研究は極めて少なく、資料の散逸も早く進んだ。管見の限りであるが、大都市の新制中学校の成立過程を対象にした研究成果は、『戦後公教育の成立　京都における中等教育』(15)しか見当たらない。

以上の研究情況に加えて、筆者自身の次のような個人的生活歴、研究歴から大阪市の新制中学校の成立過程の研究を思い立ったのだった。即ち、主な理由の第一として、学生時代を大阪で送り、大阪市教育研究所に勤務した関係上、大阪市の教育関係資料の蓄積があったことをあげることができる。第二は『消えたわが母校　なにわの学校物語』正続編(16)を著した折、空襲被災等を理由に廃校した国民学校（小学校）百余校のうち、三十校をはるかに超える校舎、校地が新制中学校に転換されていることを知り、いつかは、その成立過程を明らかにしたいと考えていたことによる。

なぜ成立過程か

冒頭に述べたように、新制中学校は七〇年の歴史を刻んできた。その長い歴史のなかの義務制完成までの三年間を精緻にとらえることになる。対象によっては、昭和二〇年代全体に及ぶであろう。

大阪市は、Ｂ29一〇〇機以上によるいわゆる大阪大空襲だけでも八回を数えた戦災都市である。戦争が終わったとき、ほゞ壊滅していた。その焼け跡に建ち上げたのが五二校の新制中学校である。どのような方法で可能であったのか、どのような工夫がなされたのかを克明に明らかにしておかなければなるまい。そうした観点から新制中学校の成立過程を追うことが必要なのである。

焼け跡に校舎を建てた阿倍野区松虫中学校（阿倍野四中）の関係資料でその情況に触れておこう。まずは、同校で教鞭を執った教師の市全般を眺めた感慨である(17)。

> あの終戦後の痛ましい焼跡、ガレキの山の中から（略）アッという間に大阪市内に五十校ばかりの中学校が生れ、一か月後の五月には、まがりなりにも授業が行われだしたのだから奇跡の様な事実だった（傍点―赤塚）。

確かに「奇跡の様な事実」であったに違いない。しかし、発足当初は借用教室であり、教科書も揃っていない現実にあった。だから同校の他の教師が言うように「ただ文字があっただけで現物は何も、どこにもありませんでした。全く文字だけです」(18)との見方も成り立つのであった。

文字だけの学校を現実化するために、同校の校長は「空《す》き腹をかかえて東奔西走」(19)することになる。この「空《す》き腹」は、大都会の難問で、大阪市の食糧難がピークに達するのは、中学校発足直後の昭和二二年八月であった(20)。当然、教師も生徒も保護者も、そして関係市民も、空腹を抱えて中学校設立に走り回っていたのである。

松虫中は、市立金塚小学校と府立住吉中（住吉高校）で開校し、翌二三年度は、旧府立阿部野高等女学校（阿倍野高校）へ移転、二四年度に独立校舎を建設した学校である。生徒は移転の度《たび》に自分の机、椅子を持って移動しなければならなかった。その結果、次のような事態も起きる。以下は当時の生徒の回想である。

> きつい日差しの中、汗だくになってフラフラと机、椅子をかついで歩く長い列、倒れる子、投げ出して逃げてしまう子、泣きながらふんばる子（略）。岸本自転車店のお兄さんが、リヤカーを持ち出して来てくれて、道路上に捨て置かれた机や椅子を拾い集め、泣いている子をさらに積み上げて手伝ってくれました(21)。

地域の住民に支えられて移動作業を無事終えたようである。その生徒たちが、時に教師を助ける側に回ることもある。前掲証言は、「先生の給料で食べてゆけなかったのか、アルバイトに建築現場で土砂運びをされていた方も多く、『どこで、どなたが』のニュースが入って、夏休みなどは何人かずつに分かれて手伝いに行った」と続く。生徒も飢えていたが、教師も進行するインフレに苦しんでいた。二学期に教壇に立つには生活防衛をしておかなければならなかったのである。

一中学校の例に過ぎないが、以上の証言から、犠牲もあれば努力、工夫もあって学校が成り立っていたことが見えてくる。これを大阪市の中学校全体に及ぼせば、もっと様々な犠牲と工夫の重なっていることが明らかになるであろう。内容的にも、借用教室の確保、独立校舎建設のための用地選定、教員不足対策等々に広げれば、さらに大きな犠牲と努力・工夫が明らかになるはずである。それらが積み重なって、前記証言を借りれば、「奇蹟の様な事実」が現出し、新制中学校が歩み出すことができたのである。

以上の主旨から本書は以下のように構成している。

第一章においては、教育改革前の学校、行政、町会の実情と動きを押さえようとした。学校は教育改革の受益者となる国民学校高等科と青年学校を中心に敗戦直前、直後の実情をとり上げている。とりわけ、教育改革は青年学校処理のために発想された側面があり、生徒がどのような立場に置かれていたのか確認しておく必要があると考えたからである。

町会は敗戦後、戦争責任を問われ影響力を失ったかのように見られているが、大阪市においては、中学校の通学域設定に関わるなど影響力を保持していた。その原因と実態を敗戦直後の国民学校設置運動などを追いながら明らかにする。

第二章は、大阪市立新制中学校設置案を検討する。同案は三回にわたって作成され、最終的に五二校で決着するが、その間、修正が行われるので、特徴的な区、中学校のプランを追うことになる。最大のポイントは通学域の問題である。次いで設置場所（殆んど小学校）が問題となる。

通学域は小学校の通学域を合わせて形成されるが、小学校の通学域は町会域と重なっているので、中学校の通学域は町会(町会連合会)域を合わせることになる。どの小学校と組み合わせかは、どの町会と組むのかを意味する。

開校準備から開校を扱う第三章は、校長、教師の供給源、学習用机、椅子の確保策をまず、明らかにしなければならない。開校については、新制中学校最初の入学受付から入学式、開校式の情況をとらえておきたい。その後の形式を決定するからである。また、開校の日は、学校によってかなりの開きが認められるので一覧表として示すことにする。最も早い学校と遅い学校では、二〇日間ぐらいの違いが認められるからである。

教育の実際面において注目されるのは、教科書の入手情況である。どの教科書をいつごろから使用することができたのであろうか。それと関連して、社会科、自由研究などの授業の展開についても知りたいところである。デモクラシー、新教育など新しい概念を教師たちに広め、深めるために多彩な教員研修会が開催されるのもこの時期である。教師たちが新しい教育内容、方法を獲得するための研修会の実際をとらえておきたい。

新教育を受ける生徒の側からも、授業や感動した教材などを当然、押さえておかなければなるまい。

新制中学校は、中等教育の機会均等理念実現のために開校した学校である。敗戦直後の厳しい現実の前にそれが実現したか否か、その実態はどうであったかを問うことも本章の目的である。

第四章で校歌の制定を取り上げる。学習用机、椅子の運搬など生徒たちが開校準備のために働く姿はよく見られるが、こうした生徒たちに、学校らしさをつくり出してやりたいと生徒たちへの応援歌として教師が作詞作曲した校歌が開校早々の中学校に認められるからである。教師のみならず、生徒、保護者が作詞した場合もある。

もちろん、専門作詞・作曲家の手になる校歌も、少し遅れて現われてくる。いずれの場合も、歌詞を検討することによって新制中学校校歌の特徴を明らかにしたい。

中学校の設立に当たって、通学域設定など町会の影響について第一章で触れたが、開設直後の昭和二二年五月、その町会は総司令部（G・H・Q）の命令で解散に追い込まれ、代って作動するのが、新学制実施協議会である。資料不足から明らかにできなかった同協議会の組織・活動実態にまで迫ったのが第五章である。

大阪市特有の新制中学校として、戦争孤児と在日韓国・朝鮮人生徒の中学校が認められる。スラムの新制中学校と合わせて第六章でその実態を明らかにする。大阪市立新制中学校であるに拘らず関係者以外に知られていないというのが実情である。改めて、本章で教育の実際まで迫っておきたい。

第七章においては、大阪市域に立地する大阪市立中等学校、大阪府立中等学校の新制中学校への転用と転換を取り上げる。新制中学校の義務制学年の進行に伴い、生徒数が二倍、三倍近くに増加していく。当然、教室は不足を来たす。その解決策の一助として現われたのが、旧制中等学校・新制高等学校の新制中学校への転換を含む教室の使用である。義務制中学校の機会均等理念から一つの策であると考えられるが、当の府立高校はもちろん大阪府側に相当な抵抗感があり、府議会、軍政部までまき込む混乱を来たしたようである。

その典型が、新制中学校側からの高校の中学校転換要求運動である。これら一連の経過を追い、その顚末を述べるとともに、中学校の高校使用状況を学校名も挙げて明らかにしている。

義務制中学校完成への施策と題した第八章は、主として、学校用地の取得、独立校舎の建設、戦災復興に伴う中学校の増設及び正式校名への変更を扱う。いずれも、義務制完成の昭和二四年度までに果たさねばならない施策であった。正式校名の決定とは、大阪市の中学校は、行政区名を冠せた仮称（区内に複数校ある場合は第一、第二を付けて区別）で出発したが、昭和二四年五月一日付で正式校名に変更したことを指す。ただし、例外的に遅れた学校や仮称を正式校名とした学校もある。

行政的な措置としては、その通りであるが、生徒にとっては、卒業証書にも記載されているなど、仮称も正式校名であった。本書も変更までの記述に当たっては、原則として仮称を使用し、（　）内に正式校名を記入することにした。

新制中学校の成立過程には、様々な工夫が認められるが、学校用地の選定に当っても戦災跡地、公用地の活用、さらに、農地の場合、戦時学校農園選択など、敗戦直後特有の工夫が行われたことが判明する。

はじめに註

（1）『厳粛な綱渡り』上、文芸春秋、一九七五年、一九二頁〜一九三頁。
（2）湯上泰男「十周年に思う」、湯上泰男ほか編『まつむし　大阪市立松虫中学校同窓会誌』、松虫中学校同窓会、一九五九年、一頁。湯上は同中学校一期生で同窓会長。
（3）日本経済新聞社、昭和四二年、一〇八頁。
（4）ジョン・ガンサー著、木下秀次・安保長春訳『マッカーサーの謎』、時事通信社、昭和二六年、三五八頁。註（3）『日本を決定した百年』一〇八頁。
（5）註（3）『日本を決定した百年』、一〇九頁。
（6）佐々木享編著『日本の教育課題』第八巻　普通教育と職業教育、東京法令出版、平成一一年、二七三頁。
（7）三羽光彦『六・三・三制の成立』、法律文化社、一九九九年、一六頁〜一七頁。
（8）『新憲法の誕生』、中央公論社、一九八九年、二三三頁。
（9）『日本国憲法誕生　知られざる舞台裏』、日本放送出版協会、二〇〇八年、二一六頁。
（10）『敗北を抱きしめて』（下）、岩波書店、二〇〇一年、一七七頁。
（11）風間書房、昭和五六年。

(12) 奈良県磯城郡田原本中学校五〇年誌編集委員会『大志の翼　田原本中学校創立五〇周年記念誌』創立五〇周年記念事業委員会、一九九七年。筆者は顧問として参画、「文献・資料の紹介・提供とともに毎回の編集委員会に出席して意見」を述べた（一二〇頁）。
(13) 白馬中学校発行、昭和五二年、全七二八頁。例えば、社会科の研究授業、自由研究発表会など新教育の息吹きを伝える活動が実施される反面、天長節、明治節、紀元節、神武天皇祭などが並行して行われている（同書一二頁～一四頁）。学校日誌全冊、職員会議録が保存され（白馬中学校教育史料館）、閲読可能である。
(14) 茨城県結城郡千代川村編発行『広報ちよがわ』、平成四年四月号及び二〇〇三年一月号。筆者が訪れた時には、大形中学校は青龍権現老樹碑近くの校地を去り、跡地には大形小学校が入っていた。碑全文を最初に取り上げたのは、小川利夫日本社会事業大教授（後名古屋大教授）であったと考えられる（土屋忠雄ほか編『教育全集』３近代教育史、小学館、一九六八年、二四三頁、二四五頁）。
(15) 小山静子ほか編著、世織書房、二〇〇五年。中学校は菅井凰展が「新制中学校の発足とその整備への歩み」（二八一頁～三五四頁）として考究している。
(16) 正編、柘植書房、一九九五年、続編、柘植書房新社、二〇〇〇年。
(17) 荒木信「奇蹟のような事実」、註２『まつむし　大阪市立松虫中学校同窓会誌』、二頁。
(18) 佐藤康憲、同前。
(19) 渡辺喜一「松虫中学のはじまり」、同前。
(20) 読売新聞大阪社会部『終戦前後』、角川書店、昭和五九年、一二三頁。
(21) 小林克孝（松虫中第一期生）発、赤塚康雄宛、平一三・二・一〇付書簡。小林は教員となり、平成七年、大阪市立明治小学校長退職。平成一八年歿した。

第一章　教育改革実施前後の学校、行政及び町会の実情と動き

第一節　敗戦直前、直後の大阪市国民学校と青年学校の概況

新制中学校設置を核とする戦後教育改革が実施されたのは、昭和二〇年八月一五日の敗戦から間もない時期で(1)、中学校の開設場所となる国民学校は大阪大空襲による罹災からなお、十分立直れていない状況下にあった。もちろん、市民の住宅も復興未だならず、疎開先に留まり、児童数も激減したままであった。大阪市教育局の取り得る施策は学校の統廃合しかなかった。新制中学と関わる国民学校（初等科）、高等科国民学校、青年学校の概況をまず把握しておこう。

（一）国民学校（初等科・高等科）の戦後処理

戦争末期から敗戦直後にかけての国民学校の概況を大阪市は「空襲の激化と戦禍の累加につれて学童疎開を行うと共に残留学童の町会別部落別教育（略）を実施せるに至った」と述べたうえ、「戦禍を蒙ったもの多数に上ったのと縁故疎開其他に因り就学児童が激減した為め、国民学校は二百七十七校を百九十校に臨時収容替し、本年（昭二一―赤堀）四月、百八十八校に収容することにした」(2)と総括した。

この総括から、昭和二〇（一九四五）年度二七七校の国民学校が、翌二一年度には一八八校に減り、八九校が消えたことが明らかになる(3)。消えねばならなかった学校が出た背景に戦災都市大阪独特の特徴がある。まず、

表 1-1　空襲による大阪市国民学校被災状況

	学校総数	全焼	半焼	破損	無被害
空襲直後報告	277	68	72	—	137
昭和 20 年度末報告	277	62	85	109	21

註⑴ 「空襲直後報告」欄は大阪空襲直後における被災国民学校から大阪市教育局への報告資料による

⑵ 「昭和 20 年度末報告」欄は『大阪市昭和二十年度事務報告書及財産表』による

空襲罹災者用住宅に当てなければならなかった。表1―2は大阪市の部局が関わった住宅であるが、市の承認なく、なし崩しに住宅に供用された校舎も認められる。

典型的な例として高津国民学校を見ておこう。空襲で内部が焼失した教室に終戦直後、罹災者が入居したのを契機にそれを取りしきる人物が現われ、防空壕、掘立小屋に住む

表 1-2　大阪市社会部、厚生部、港湾部、建築部所管の休廃校利用戦災者・労務者用住宅

区	国民学校名	使用教室数	使用校地坪数	使用目的
福島	上福島	10	1313	厚生寮
				戦災者住宅
此花	梅香	—	—	戦災者住宅
西	広教	23	—	厚生寮
港	築港北	講堂・18	1284	港湾労働者用住宅
				戦災者住宅
	八幡屋北	18	1600	港湾労働者用住宅
				戦災者住宅
浪速	浪速津	12	1200	戦災者住宅
	芦原	12	700	戦災者住宅
	戎	3	2800	戦災者住宅
	南栄	—	—	戦災者住宅
大淀	豊仁	12	—	戦災者住宅
	豊崎	14	—	戦災者住宅
	豊崎西	13	—	戦災者住宅
	中津南	17	—	戦災者住宅
	大仁	—	—	戦災者住宅

註⑴　大阪市『大阪市立学校校舎目的外使用状況調査』から作成

註⑵　使用教室数、使用校地坪数欄の－は不明を示す

市民を教室に入れる一方で、校内に店舗住宅七戸を建て入居をさせている。昭和二三年一一月現在、鉄筋校舎二階二一教室を一八世帯が、一階及び校地内建物を一八団体・個人が使用している(4)。この場所は、いま国立文楽劇場となっている。

第二は雇用を創出するために校舎を会社に貸出した例がある。大阪市がそれを決断した発端は、敗戦から間もない日、梅田界隈を視察に回った中井市長に随伴した中馬馨市民局長（のち大阪市長）が、大阪駅の引揚げ軍人に残飯をねだる孤児、駅前に三体、五体と横たわる餓死者を目撃し、復興を促進しなければならない。そのためには焼けた鉄筋校舎を工場などに貸し出さねばならないと思いついたことにある(5)。空襲直後から無認可で使用していた会社は追認した。休廃校措置を取らなかった学校をそのまま使用する企業も認められる。

こうしたなかでの前記の統廃合であった。大阪市の国民学校は初等科六年と高等科二年を併置した学校、初等科だけの学校、高等科だけの学校の三種からできていた。昭和一六年の国民学校制度以前は尋常科（初等科）だけの尋常小学校、高等科だけの高等小学校、両科程併置の尋常高等小学校である。農村部は初等科、高等科併置の国民学校が多数を占めたが、大阪市は初等科国民学校が圧倒的に多く、例えば、敗戦直前・昭和二〇年四月一日現在の初等科国民学校二三七校に対し、初等科・高等科併置校は二二校、高等科校は一八校に過ぎなかった（総数二七七校）。

これを既に述べたように一八八校に統合したのである（表1―4）。統合時の児童は、初等科一三万九〇八〇人、高等科一万二二七二人（計一五万一三五二人）であったと報告されている(6)。教育改革時、初等科六年の児童は義務制一期生として翌二二年四月、新設の中学校へ入学し、高等科児童の希望者が中学校二・三年へ編入学することになる。

表 1-3　企業、団体等の国民学校借用状況（開校中の学校も含む）

区名	国民学校名	使用会社名	使用目的	教室数	使用開始時
北	曽根崎	大阪新聞社	講習	4	昭 21・ 9・25
	西天満	近畿電気工事	研修	2	昭 20・12・23
都島	北都島	大阪都島運送	営業所	—	昭 20・11・ 1
	高倉	丸十花緒工業	工場	—	—
此花	島屋	住友電工	倉庫	6	昭 20・ 4・18
	西九条	住友倉庫	倉庫	9	—
	桜島	日立造船	事務所	8	昭 20・10・ 1
東	久宝	千代田光学精工	工場	講堂２、38	昭 20・12・24
	中大江	紙文具学用品統制組合	事務所	3	昭 20・ 7・ 1
	集英	日本商工連盟	事務所	1	昭 20・ 4・15
西	日吉	大阪船用品ＫＫ	事務所 倉庫	7	昭 20・ 4・14
	西六	日本交通	工場	講堂２、23	昭 20・12・14
	高台	荘保商店	倉庫	講堂２、９	昭 21・7・1
	江戸堀	東洋チェーンローラー工業	工場	講堂１	昭 21・7・1
港	花園	稲田製作所	作業場	7	昭 21・ 8・27
	音羽	大阪伸鉄工業	倉庫	講堂	昭 21・4・1
大正	池島	桶達林業部	工場	—	昭 21・12・14
天王寺	港南	丸加金属工業	倉庫	講堂	昭 21・4・1
	味原	東洋薬品	—	5	—
南	渥美	全国特殊釘西部組合	事務所	12	昭 21・5・1
	東平	竹秀ＫＫ	工場	講堂	昭 21・1・10
浪速	難波	東洋紙業	工場	10	昭 21・6・6
	恵美	中山太陽堂	—	15	—
	南栄	昭和タンニン工業	工場	講堂９	昭 20・12・23
	栄	関西製靴	事務所	2	昭 20・ 5・12
東成	西今里	石協精密工業	作業場	6	昭 20・2・1
阿倍野	阿倍野	ビン回収会社	倉庫	4	昭 20・11・25
西成	開	同和奉公会	工場	講堂	昭 21・2・1

大阪市『大阪市立学校校舎目的外使用状況調書』（昭 22・4・10 現在）から作成
註〔—〕不明を示す

（二）高等科国民学校の概況

戦争が終わったとき、此花区中春日出《なかかすがで》校、港区東田中校、福島区西野田校は空襲で全焼、勤労動員先から戻る校舎が無く、隣接校に身を寄せねばならなかった。

中春日出校は、春日出校（初等科校）の鉄筋校舎の一部を借用したが、栄養失調と虚脱感から欠席が多く、授業を揃って受けることはできなかった。校医が栄養失調と判定した児童は全校の六分の一に達した。食糧不足は都市部の児童生徒に深刻な影響を及ぼしたが、同じ年齢でも、中等学校の生徒よりもはるかに条件は悪かったと推定される。

福島区の八阪校の体重測定結果によると、戦時中の四月に比較して、敗戦三か月後の一一月は、二年男子三・七キログラム、同女子四・五キログラムの低下となった。旭区高殿校も同様の傾向を示した。三食とも雑炊《ぞうすい》、代用食、さらに欠食は高等科の児童には耐えられなかった。

学習態度にも影響を及ぼし、城東区福道校からは、学習に根気が続かず、記憶力、判断力も低下、漢字テストでは、初等科四年程度の結果に終わったと報告されている(7)。

高等科は義務制でなかったので、食糧不足、物不足の非常事態のもとで、労働力として使われ、欠席する子どもも多かった。東住吉区の広野校の事例であるが、担任が教室へ行くと三十人以上在籍しているはずの児童が数人しか出席しておらず、理由を聞くと、「あいつは働きに行ってるわ」とか「ヤミ市や」と友人が応じるのみ。家庭訪問で登校

表 1-4　昭和 21 年度国民学校数

種別	校数
初等科国民学校	152
初等・高等科併置国民学校	20
高等科国民学校	16
計	188

註（1）　昭 21・4・1 現在
註（2）　昭和 21 年当時の大阪市域の国民学校

を促しても、親からは「ヤミに子どもを連れて行ったら金《かね》になりますねん」、「高等科へ行ったら何ぞよいことありますのかいな」との答が返ってくるだけであったという(8)。

そこには、戦時中の教育への批判がこめられていたと考えねばならない。例えば、満蒙開拓青少年義勇軍に送り出した学校の責任を問う声がある。帰還できなかった福島区西野田校児童のある母親は「義勇軍へ出しておきながら、線香一本あげにこない」教師への恨みの声を挙げたし、ある保護者は、「命日がわからないので、八月一五日に線香をあげている」と同級生にもらしていたという(9)。

こうした地点から、敗戦直後の高等科国民学校は、出発したのである。

(三) 高等科校の改組

昭和二一年三月、戦災校の廃校、統合で昭和二一年度を迎える。すでに表1―4に示したように、高等科国民学校は一六校となり、初等科校一七二校のうち二〇校に高等科が併置された。大阪市においては、こうして国民学校最期の昭和二一年度が始まる。高等科国民学校名は、表1―5に示し、特記すべき学校のみを以下に取上げたい。

東区の北大江《きたおおえ》校は前年度まで初等科のみの国民学校であった。その初等科の児童を中大江《なかおおえ》校に移し、高等科国民学校としたうえ、森之宮校（東区）の児童のみならず、北区の済美・西天満校高等科、都島区の高等科校であった東野田校の児童を引き受けたのである。北区に初高併置校も設置されていない（表1―6）ので、東区（北大江校）に依託せざるをえなかった。

初等科を日吉《ひよし》校に移動させ、西区唯一の高等科校として、区内高等科全児童を集めたのが花園《はなぞの》国民学校（西区）である。空襲による校区の全滅にも拘らず鉄筋三階建校舎が残り、敗戦直後、中国兵捕虜が帰還船を待つ間の宿

表 1-5　昭和 21 年度高等科国民学校

	国民学校名	区名
1	八阪	福島
2	北大江	東
3	花園	西
4	菊水	港
5	三軒家南	大正
6	大和田西	西淀川
7	西今里	東成
8	阪東	東成
9	大池	生野
10	猪飼野	生野
11	高殿	旭
12	福道	城東
13	昭和	阿倍野
14	西粉浜	住吉
15	広野	東住吉
16	浜田	西成

（昭 21・4・1 現在）

註　年度途中で初等科を併置した高殿校を除く 15 校は独立校舎

舎とした学校として知られた(10)。

港区の高等科校・菊水国民学校は、空襲で全焼した東田中・菊水の両高等科校を統合し、昭和二〇年度末で廃校（正式には休校、復校しないまま昭二六・八・三一廃校）になった湊屋《みなとや》校の半壊鉄筋校舎を使用した。港区は大阪市最大の空襲被害を出した区で、国民学校も二二校を四校に統合しなければならなかった。四校のうちの一校が、この菊水校である。

大正区も高等科校創出に当たり複雑な動きを見せる。前年度まで初高併置学校であった大正国民学校に高等科児童を集め、三軒家南国民学校と称したのである。同区には、元々、三軒家南国民学校があったが、そこを青年学校とした（詳細は第五章第二節（四））。

東成・生野両区には、戦前から高等科校各々二校が置かれていた。それを戦争終末期の昭和一九年、男子用と女子用に分け、男子の西今里校（東成）、猪飼野《いかいの》校（生野）、女子の板東《ばんどう》校（東成）、大池校（生野）に改組、昭和二一年度もそのまゝ維持された。

旭区の高殿国民学校についても記しておかなければならない。同校も昭和一五年の開校以来の高等科校として、昭和二一年度を迎えた。しかし、地域住民による運動の結果として、二学期から初等科も併置されることになる。詳しくは本章第四節の（一）を参照されたい。

高等科国民学校の施設設備は、高殿校を除いて、昭和二二年度に新設される中学校の独立校舎に転用される。

（四）敗戦前後の青年学校

男子勤労青少年の軍事訓練と組織化を目的に昭和一四年度から男子のみがながら順次義務制が実施されてきた青年学校は、義務制完成の昭和二〇年度、敗戦の年と重なり、崩壊寸前の状態に至った。

その間、軍需工場の拡大増加に応じ、会社、工場内に設けられた私立青年学校は増え続け、最盛期、大阪市域に三六六校を数えた。大工場地帯である此花区内の青年学校の規模はとりわけ大きくなり、住友篤信青年学校（住友伸銅所設立）などは一六九六人（男子）の生徒を数えた。女子青年学校も同様で、住友恩貴島《おきじま》女子青年学校（住友電気工業設立）も男子校にひけを取らない生徒を擁していた。

当然、教員が足りないので、大阪府は繰り返し教員養成のための講習を行った。昭和二〇年一月、府は三回目の「私立青年学校女教員募集要項」で、養成講座参加者を募ったほどである。趣旨に「女子青年ニ期待スル所、真ニ大ナルモノアリ（略）、戦時下勤労女子教育ノ振興ヲ期スル為《ため》之ノ任ニ当ル優良ナル教員ヲ募集セントス」[11]とある。募集人員一〇〇人で、応募資格の高等女学校卒業者（家政女学校を含む）、専門学校卒業者に約一か月間の講習を受けさせ、職場に派遣しようとしてい

表 1-6　昭和 21 年度初高併置国民学校
（昭 21・4・1）

区名	初・高併置国民学校	校数
都島	淀川	1
福島	吉野　新家	2
此花	春日出	1
天王寺	大江	1
南	桃園	1
浪速	栄	1
大淀	中津　豊崎東	2
西淀川	姫島　野里	2
東淀川	南方、北中島、大隅、神津、野中、新庄	6
城東	鯰江	1
住吉	墨江	1
西成	南津守	1
総計		20

註(1)　旭区思斉校（特別支援学校）を除く
(2)　南方校は、昭和 37 年度西中島校へ改称

た。

私立青年学校の増勢に対して、当然、大阪市立青年学校は衰微に向かう。昭和一七年に二五三校あった市立青年学校は統廃合を重ね、敗戦時には二二校に減少していた。要因は、利便性から地域の市立青年学校よりも勤務先の私立青年学校を就学先としたからで、転校する生徒が後を断たず、市立青年学校の生徒数は激減した。

大阪市立生野西青年学校にその傾向を見る。同青年学校は昭和一九年四月に北鶴橋青年学校（東小路・鶴橋・北鶴橋青年学校、昭一七・一一統合）と生野青年学校（東桃谷・勝山・林寺・生野青年学校、昭一七・一一統合）が統合して成立した学校で、その時の生徒数は八三二人であったが、九月末には五四九人⑿となり、半年もたたない間に二八三人も減少してしまった。昭和一九年度は本科四年まで義務制が及んでいたので減少分の多くは務め先の工場内等に設置された私立青年学校への転校が考えられる。昭和一九年度は青年学校の統合によって通学域が拡大したので、一層その傾向を強めたと思われる。

逆に増加したのは、国民学校初等科六年修了後、入学した普通科一年と研究科を改組した専修科である。研究科も専修科も本科五年（女子は三年）修了後入学する一年間のコースであるが、特別の目的で設置される専修科を武道科と茶華道科に分けたので四四人も増加したのであろう。ちなみに専修科六七人の内訳は武道科男子生徒三五人、茶華道科女子生徒三二人で、増加の主因はこの女子生徒の入学であった。

いうまでもなく、生徒は勤労青少年であり、会社、工場で労働に従事していた。前記生徒五四九人のなか、最も多数を占めた職種は旋盤《せんばん》工の一四五人である。それより、かなり少なくなるが続いては仕上工の五〇人、挽物《ひきもの》工（ろくろで木器、陶器製作）の三七人、眼鏡レンズ工三六人がいた。商店で働く生徒も三四人を数える。ほかに木型工、プレス工、フライス工などがいて⒁、大阪市東部の中小工場地帯を校区とする生野西青年学校生徒の特長が職業構成として現われている。

表 1-7　大阪市立生野西青年学校昭和 19 年度４月と９月の生徒数比較

	普通科		本科					研究科	専修科	総計
	1年	2年	1年	2年	3年	4年	5年			
4月	38	51	168	152	154	155	91	23		832
9月	44	39	94	98	84	71	52		67	549
増減数	＋6	-12	-74	-54	-70	-84	-39	＋44		-283

註⑴　普通科、本科、研究科は男子生徒、専修科の一部は女子生徒である。
⑵　専修科の女子生徒は本科３年終了後入学。

彼らは働きながら一週間に一回の割合で登校（生野国民学校に併置）し学ぶことになる。のちの新制中一・二年に該当する普通科の生徒であれば、月曜日に出席し、午前八時一〇分から午後二時五〇分まで六時限学習した。「教授及訓練時間割表」によると、一時限体操科、二時限教練科、三時限～六時限学科（教科学習）であった。これが、火曜日に出席する本科一年になると、体操科が教練科に代わり、教練科三時間、学科三時間の時間割となる⒂。これを指導する教員構成は、校長を除いて、教諭五人、指導員三人、書記二人であった。なお、教諭四人、指導員五人は応召中と記録されている⒃。

青年学校を併置した生野国民学校の児童は、二学期以降、学童集団疎開先におり、施設設備を十分に使用できたであろうが、空襲警報が頻繁に出されるなか、週一回の登校でどれだけ学習できたかは疑問である。

一九年度末も押し迫った三月一三日（昭和二〇年）夜半から第一回目の大阪大空襲にさらされ、東・西・大正・浪速各青年学校借用中の国民学校が全壊、教室を失った。次いで昭和二〇年六月一日の第二回大空襲では此花区・港区の青年学校が、同月七日の第三回大空襲で都島青年学校が壊滅した。生野西青年学校が併置されていた生野国民学校の校舎一部が同月一五日の第四回大空襲で焼失した。この日、西淀川東青年学校の借用校舎も罹災している。こうして二二青年学校の半数に近い学校が教室を失うことになる。

八月一五日の敗戦を経て青年学校は休校同然となった。教室を失ったこともあるが、軍事教練が目的であっただけに存在意義を失くしてしまったのである。生徒が登校しないなか、応召中の教師の復員が始まり、学校は教師の集合所の感を呈した。

一〇月に入って、大阪市教育局は、青年学校二三校、二一一学級に六六八四人の生徒が在籍(17)中であることを確認のうえ、一一月一二日を期して「戦災ニ依ル校舎ノ焼失竝ニ生徒数ノ減少等ニ鑑ミ（略）生徒ノ収容替ヲ実施」(18)した。前記生野西青年学校の場合、生野東青年学校とともに天王寺南青年学校への収容替となった(19)た。天王寺南青年学校は南区東平《とうへい》国民学校に併置されていたので、同国民学校校舎に移り、三校が同居することになった(20)になるので、大阪市教育局の指示によると、三校は「併存スルモノナルヲ以テ之ガ校名板ヲ収容校ニ於テモ掲出スルコト」(20)になるので、東平国民学校には天王寺南・生野東・生野西青年学校の校名板が架けられたと考えられる。家主の東平国民学校は、第一回大空襲で罹災したので校名板を持って、南区桃谷国民学校に移っていた。

教育局による収容替の措置によって、青年学校生徒の学ぶ場が確保され、教師の側には市立青年学校こそ戦後青少年教育の中核であるとの気構《きがま》えが現われていた(21)。その一つの動きとして、生徒を「大阪市青年懇談会」(仮称)に組織し、「青年学校ノ振興ヲハカリ併セテ新日本建設ノ中核体トシテノ文化訓練ヲ行フ」(22)企画を挙げることができる。「文化訓練」は「教練」に対置した発想であると考えられるが、具体的には「文化講習会」を事業の一つとして位置づけている。このプランは翌二一年一月にかけて煮詰められ「大阪市青年推進会」として、二月一七日発足した(23)。事務所が福島青年学校に置かれていることから同校の校長、教員らが推進会結成の主導的役割を果たしたのではないかと考えられる。

たゞ、この時期（昭二〇・一二）、「全国青年学校教育振興協議大会」が開催され、三年制公民学校実施を決議、代表者が文部省、国会、GHQに陳情を行う(24)などの活動が認められ、こうした全国的な動向に比べて、大阪市青年学校の動きは微温的だったと言わざるを得ない。

（五）青年学校の改組と教育改革への動き

大阪市教育部（昭二一・二・八教育局を縮小）は、昭和二一年度を開始するに当たって、青年学校の統合・改組を行い、商工学校一一校、農工学校二校、実科女学校一三校を設置した(25)。もちろん、青年学校令に基づく改組であるので、商工学校、実科女学校の正式な校名は、例えば、大江校の場合、「大阪市公立青年学校大江商工学校」であり、「大阪市公立青年学校大江実科女学校」であった。両校は天王寺南青年学校、浪速青年学校、阿倍野青年学校を統合し、大江国民学校（初高併置校）に併設された。唯一、独立校舎を得られたのが三軒家南商工学校、同実科女学校で、児童を三軒家西国民学校へ移動させた三軒家南国民学校（昭和二〇年年度初等科校）の空き校舎へ設置されたのである。農工学校を校名としたのは、広野校と福道校である。田園地帯が残る東住吉区、城東区が通学域であったので、農家の生徒が多数を占めるからである。

課程及び教育年限は、従来の普通科二年、本科五年（男女）及び四年（女子）、専修・専攻科一年を改めて、通日制（全日制）三年制とし、国民学校初等科六年修了後入学させ六・三制を採るプランであった。但し、実際は二年制で、青年学校令が生きていた当時、大阪市教育部としては苦慮していたことが十分考えられる。

この改正前に教育部内で「大阪市商工・実践女学校学則案」(26)が検討されている。同案には、通日制本科三年、高等科三年の第一部と定日制普通科二年、本科五年の第二部のコースが設定されていて、実際に実施されたのは第一部の通日制本科三年を一年短縮した通日制であったということになろう。

しかも商工・農工学校、実科女学校の発足した時期が遅く、既に中等学校進学者が決定していて青年学校志望生徒が少なく、募集は困難を極め、当初、学校及び学校付近に生徒募集の張り紙をしたり、家庭訪問し勧誘したという(27)一年の一二〇三人（表1—8）のなかにこうした勧誘で入学した生徒もいたであろう。

昼間全日制となったので、授業時間も多く、そのうえ、応召された教師の復帰が進み、指導陣も整えられ、やがて満足できる教科教育が展開できるようになった。内容的にも、中等学校と同じ教科書（例えば中等物象、中等家庭など）を用いるなど前年度とは全く異なる授業に変ったという(28)。国民学校高等科から転入する生徒がいたという話もうなずける。期待度の高さは、二年生に比べて一年の生徒数が、はるかに多い事実にも現われていた、といえよう。のみならず、九条南・西粉浜両校に二年生が一人も在籍していないという事実（表1—8）も挙げておかねばならない。

一年生を中心に大阪市の新青年学校がスタートを切ったころ、前掲全国青年教育振興協議大会の第二回大会が開催され、教育の機会均等上、三年制公民学校（中学校）、三年制高等学校（全日制・定時制）の義務制実施とそれを憲法に明記することを議論、決議していた(29)。三月六日に憲法改正草案要綱が、四月七日に米国教育使節団報告の内容が明らかになっていたので、前回より議論が白熱、具体化したのである。

大阪市からも代表者が参加した。しかし、他府県代表が活発な意見を開陳するのに対し、大阪は沈黙で通したようである。後日の校長会の席上、同大会を視察した視学が、「大阪府のこの様な姿は何んたることか、三島（会場）では発表が終るのを待構へていたように熱烈な意見を開陳する東京都や佐賀其の他諸県の代表にくらべ（略）数段の見劣《みおとり》を率直に感じた（略）学制改革のためには、青年学校職員生徒は大挙してデモを敢行する程の熱意を要望する」と叱咤したほどである。これに対し、吉木北大江商工学校長は「青年学校の昼間制を実現させたことを実績として挙げたうえ、「大大阪人はそんなことはあまりやりません、落着いて黙々としていますが実行力は最も豊富に持っています」(30)と反論にもならない対応しかできなかった。

中等教育段階の機会均等を求める青年学校による運動は全国的に展開されたが、東京、愛知、京都などに比べ

表 1-8 大阪市公立青年学校商工・農工・実科女学校概況（昭和 21 年度）

大阪市立青年学校名	統合・改組青年学校	現況	生徒数		実働教職員			未復員教職員			設置校種
			1年	2年	教員	指導員	書記	教員	指導員	書記	
三軒家南商工・実科女	大正青校（改組）	大正東中	65（2）	43（1）	13	2	1	1	3	0	独立校舎
八阪商工・実科女	此花・福島校（統合）	八阪中	49（1）	46（1）	13	4	1	9	3	0	高等科国民学校へ併置
北大江商工・実科女	北大淀・東校（統合）	東中・中央高	67（2）	66（2）	21	4	1	5	2	0	
大池商工・実科女	東成・生野東・生野西校（統合）	大池中	140（3）	31（1）	22	5	1	4	1	0	
高殿商工・実科女	都島・旭校（統合）	高殿小	66（2）	21（1）	17	0	2	2	1	0	
福道農工・実科女	城東校（改組）	放出中	30（1）	29（1）	18	0	1	1	1	1	
西粉浜商工・実科女	住吉校（改組）	住吉一中	130（3）	0	12	1	1	2	0	0	
広野農工・実科女	東住吉校（改組）	摂陽中	89（2）	16（1）	13	1	1	2	0	0	
姫島商工・実科女	西淀川東・西淀川西校（統合）	姫島小	149（3）	53（2）	18	1	1	3	2	0	初等科高等科国民学校へ併置
大江商工・実科女	天王寺南・浪速・阿倍野校（統合）	大江小	104（3）	35（1）	16	5	1	6	3	0	
九条南商工・実科女	港・西校（統合）	九条南小	49（1）	0	20	7	2	9	2	0	初等科国民学校へ併置
十三商工・実家女	東淀川東・東淀川西校（統合）	十三小	82（2）	19（1）	16	3	1	8	1	0	
弘治商工・実科女	西成校（改組）	弘治小	183（4）	92（2）	20	1	1	7	3	0	
計			1203（29）	451（14）	219	34	15	59	22	1	

註⑴　生徒数は昭 21・9、教職員数は昭 21・8 現在
⑵　高殿校は昭 21・9 から初等科高等科併置校
⑶　生徒数欄（　）内は学級数

ると大阪は極めて不振であった。昭和二一年一二月九日に兵庫県宝塚青年学校を会場に近畿青年学校教育革新協議会が開催された折、翌一〇日に大阪市大宝国民学校（南小学校）で開かれていた大阪府・市青年学校長会に合流、近畿青年教育振興大会として貰わなければならなかった(31)ほど大阪の青年学校運動は低調であった。

それでも、こうした交流を通して、あるいは、全国レベルの青年学校大会へ参加することによって、六・三制を採択した教育刷新委員会の動きや文部省通知「義務教育年限延長に伴ふ準備資料調査について」の内容を大阪の青年学校も知ることができたのである(32)。「義務教育年限延長に伴ふ準備資料調査について」は、大阪市の新制中学校準備への最初の動きとなるので、次節で詳述したい。

第二節　新制中学校設置準備のための生徒数、教室数調査―文部省「義務教育年限延長に伴ふ準備資料調査について」を受けて―

（一）「義務教育年限延長に伴ふ準備資料調査について」の内容と影響

昭和二一年一一月一一日付で、文部省の学校教育局長から地方長官宛に出された「義務教育年限延長に伴ふ準備資料調査について」（発学五二五号）は、教育刷新委員会第二特別委員会における新制中学校（初級中学校）の昭和二二年度実施を含む中間報告全文、新制中学校制度の概要を内容とする計画基準要領をつけて、入学予定生徒数、必要な教室数、校舎建築費等々の実施初年度から三年度（義務制完成）までの回答を求めた通知であった(33)。

まず、教育刷新委員会第二特別委員会中間報告の重要点のみ挙げると、（1）国民の基礎教育を拡充する為、修業年限三ヶ年の中学校を置くこと、（2）中学校は義務制とすること、全日制とすること、男女共学とすること、（3）校舎は独立校舎とすること、（4）校長及び教職員は専任とすること、（5）各市町村に設置すること、（6）教育の機会均等の趣旨を徹底させる為、国民学校初等科につづく学校としては、この中学校のみとすること、（7）昭和二二年四月より実施すること等であった。

この中間報告を単純且つ明確にし、具体化したのが「計画基準要領」であった。地方行政当局が新制中学校とは何かを理解し、設置計画を策定し易いように文部省が配慮したのであろう。同基準要領の新制中学校（仮称初等中学校としてある。）についての重点項目のみを記すと、国民学校初等科に続く教育機関を修業年限三ヶ年・義務制・昼間制・全日制の学校としたうえ、義務制実施は昭和二二年度一学年から逐次実施し、三ヶ年を以て完成することと基本を記し、設置と編成に分け以下の原則が示された。

（1）設　置

A　市町村は区域内義務就学者を収容するに足る新制中学校を設置する。
B　通学区域により学区制をとる。
C　校舎は独立校舎を原則とする。但し事情によっては国民学校、独立校舎の青年学校、中等学校に併置するも差支えない。
D　教室は一学級につき普通教室一を設け、事務室、特別教室は一校について相当数を設ける。但し、事務室、特別教室は事情によっては、当分の間、併置学校の事務室、特別教室を共用しても差支えない。

（2）編　成

A　男女共学を原則とする。

B　一学級の生徒定員は五〇人を標準とする。

C　職員は一校につき、校長の外事務官一人、一学級毎に教員二人を置く。

D　職員は専任を目的とする。

地方行政当局は、以上の説明によって、新制中学校の輪郭を把握できたであろう。同時に四か月後には中学校を発足させなければならない責任を自覚したはずである。

文部省通知の件名は「義務教育年限延長に伴ふ準備資料調査について」であった。調査項目は「義務教育延長実施計画調査」として第一表から第一一表にわたる表が示され、調査結果を記入のうえ、一二月二五日までに文部省へ報告するよう求められた。各表のタイトルから調査項目が明らかになるので、以下、抜粋、略記しておく。

（1）生徒見込数、（2）所要学級数、（3）中学校設置数、（4）現在学校の校舎充当見込数（高等科国民学校校舎転用、青年学校校舎転用、中等学校校舎転用など）、（5）所要普通教室数、所要特別教室数、（6）校舎建築費、模様換等修繕費、（7）校地拡張費、建物買収費ほか。

以上の数値を中学校実施第一年度から義務制完成の第三年度まで、しかも、設置する中学校ごとにまとめた「義務教育延長実施学校別計画調書」の提出が必要であった。その期限は一二月二五日で、四〇日以上あるというものの調査の量、質から厳しい日程であった。そのうえ「『計画基準要領』に示されたもの以上に理想的な実施案樹立可能ならば、それについての『別案』をも示されたい」との注文も記されていた。以上の報告は、当然、都道府県単位であった。

（二）文部省通知への大阪市教育部の対応

前記文部省通知「準備資料調査」は府県庁レベルで対応できる内容ではなく、市町村、さらに国民学校、青年学校の協力を必要としたであろう。大阪市においては教育部学務課が担当、結果を大阪府へ報告したと考えられる。この事務が新制中学校設立への大阪市最初の動きであったと位置づけることができるので、その対応を追っておこう。

（1）国民学校長宛「国民学校初等科修了見込数其他調」

大阪市教育部が学務課長名（学事係扱）で各国民学校長宛送達した一二月三日付「国民学校初等科修了見込数其他調」(34)は、文部省の「義務教育延長実施計画調書」の第一表（義務制実施の初級中学校生徒見込数）、第四表（所要普通教室数）及び第五表（所要特別教室数）作成に資するためであったと考えることができる。それは、「本件は六・三制実施に関する重要資料となるから間違いのないやうに記入」との文言から明らかである。ただし、大阪市の各学校への調査内容は文部省の要求そのままではなく、かなり異なっている。

第一表でいえば、文部省が初年度から義務制完成までの三年度分の生徒見込数をそれぞれ書き込むのに対し、大阪市は国民学校一年から六年まで男女別の記入欄を設け、昭和二二年度から五年度分回答させる形式であった。それも、「校下の復興状況を勘案して増加児童の見込数をも算入」しての児童数であった。国民学校各学年（初等科）児童数を把握しておけば、六年生分は中学校用に、他の学年は国民学校（昭和二二年以降小学校）の準備に使用できるとの算段があってのことであろう。また、「復興状況を勘案して増加児童の見込数」の算入は戦災都市大阪の復興という現実に照らしてのことであった。確かに、縁故疎開からの復帰が進捗中であり、その員数を加算しておかなければより正確な中学校入学生徒数に近づけなかった。ただし、帰阪予定児童をとらえるには、学校だけでは不可能で町会の情報力に頼るしかなかった[35]。学校と町会は大阪市特有の関係にあるので後節で採り上げることになる。

所要普通教室数、所要特別教室数については、大阪市は表を「教室数調」として統一し普通教室欄と特別教室欄を設けた。そのことにより、大阪市が重視したのは当該教室が空襲罹災から免れたか、罹災したとしても、それがどの程度の損壊で、使用に耐え得るか否かであった。また、無傷で教室が残っていたとしても、他の学校、団体、会社、工場が使用していて中学校の教室に転用できるのかを把握しておく必要もあった。

そこで、大阪市は調査票に普通教室、特別教室、講堂、雨天体操場兼講堂欄を設け、それぞれに「現在使用可能数」、「他校又は他の公私団体へ貸与せるもの」、「小修理により使用可能のもの」、「大修理を要するもの」の室数を記入するよう求める方法を採った。提出期限は一二月一〇日であった。

この調査結果が文部省通知への回答の資料として使用されたことはいうまでもないが、新制中学校の設置場所選定の一助になったことも十分推定できよう。

（2）青年学校長宛「生徒及学級に関する調」

文部省調査は生徒数について言えば、義務制実施の昭和二二年度を含む三年間の入学生徒数が対象であった。即ち義務制学年だけを対象としたのである。しかし、大阪市は義務制ではない中学校二・三年に入学するかもしれない青年学校の生徒数も把握しようとして、「生徒及学級に関する調《しらべ》」を一一月二五日付で各青年学校長宛通知した[36]。

表1-9　大阪市公立青年学校、商工・実科女学校通学域

校名	所在地	通学域
八阪校	福島区	福島区、此花区
北大江校	東区	東区、北区、大淀区
九条南校	西区	西区、港区
大江校	天王寺区	天王寺区、南区、阿倍野区、浪速区
大池校	生野区	生野区、東成区
高殿校	旭	旭区、都島区

大阪市教育部学務課『青年学校校数及位置一覧表』から作成

註(1)　通学域が複数区にわたる学校6校を掲出

(2)　都島区の生徒は都島旭青年学校（昭20）を経て高殿校（昭21）

この通知は「生徒及学級数調」と「六・三制実施ニ伴フ現在通学行政区ニ於ケル生徒見込人員調」から成っていて、前者を第一表、後者を第二表に記入のうえ回答する仕組であった。第一表の生徒数調査票には、第一部を一、二、三学年別に、第二部は普通科、本科に分けて学年別に、さらに専修、専攻科の生徒数をも記入する欄が設けられている。前節（五）に詳述したように、もちろん第二部や専修・専攻科はなく、第一部も三学年に生徒はいなかった。本来は第一部、一、二学年の記入欄があるだけで十分なのだが、青年学校令が生きているという建前からこうした形式が執られたのであろう。大阪市教育部としては、文部省通知が求めていない中学校非義務制二・三年への編入生徒数把握のための調査を必要としていたのである。

その生徒数も青年学校によっては、戦後統合の経緯（前節（五）参照）から他区の生徒を受け入れており、区別の把握を必要とした。例えば、天王寺区の大江商工学校・実科女学校へは天王寺区のみならず、南区、浪速区、阿倍野区からも通学していたし、東区の北大江校は北区、大淀区の生徒を委託されていた（表1―9参照）。

こうした学校の場合、生徒数を区別に分けて調査する必要があった。そのための第二表（六・三制実施ニ伴フ現在通学行政区ニ於ケル生徒見込人員調）の調査であった。したがって、その時点では大阪市は新制中学校二・三年へ編入希望の生徒を住所地の中学校へ戻す予定であったことが判明する。

文部省通知を受けての調査は青年学校と同様に高等科国民学校も対象になったはずだが、関係資料の未発掘によりここで論ずることはできない。新制中学校の校舎に転用できる独立校舎に入っていたのは青年学校が三軒家南校一校に対し、高等科校は一五校（表1―5）を数えただけに文部省が報告を求めた第三表（初級中学校設置数）及びその付表（現在学校の校舎充当数）に関わる回答に注目したいところだが残念である。いずれにしても、この調査で明らかになった児童生徒数や転用教室数等は、翌昭和二二年二月に提示された大阪市立新制中学校設置第一次案（次章第一節参照）の策定に当たって重要な資料となったはずである。文部省通知を受けての一連の動きは新制中学校実施準備の第一歩であった。

（三）「義務教育年限延長に伴ふ準備資料調査」の波紋

文部省は一一月に続いて、一二月も同件名の「義務教育年限延長に伴ふ準備資料調査について」（発学五二五）を各都道府県に送った(37)。「先の通知に基づいて特定の学校に上級の中学校（高校―赤塚）となるか初級の中学校（新制中―赤塚）となるかの去就を迫ったり、或は私立中学校に対して買収に応ずるか否かの決定を要求する」事態が起きたようで、こうした事例は「先の通知の本旨とする所ではなく単に義務教育年限延長の準備のための一応の資料の調製に資するためのものに過ぎない」と釈明する目的から再通知したのである。

この通知が部内に止まり実際に地方へ送達されたのかという疑問(38)は別にして、先の通知が大きな反響を呼んでいた事実が明らかになる。実際、長年にわたって中等教育の機会均等運動を展開してきた全国青年学校協会の黒田毅会長は「（文部省が）初級中学校の計画基準を通牒しましたから、よく御連絡の上準備を」と会員に呼びかけているし、京都の機会均等運動の先頭に立つ土井竹次福知山青年学校長は「計画基準要領を仔細に検討すると、（略）期せずして吾々の実施案と略《ほぼ》同一方向にあることは、非常に愉快であり、意を強くした」と京都府青年学校大会で新制中学校の実現に向けて一層の奮起を呼びかけた(39)。

　前期中等教育問題を審議する教育刷新員会第二特別委員会では、文部省通知が発出されて間もない一一月二〇日の会議に臨時に出席した児玉九十委員から「国民学校、中学校の連関の問題、詰り学区制の問題、男女共学の問題等に付て、これは余程しっかり準備しなければなりませぬので、文部省として早くその態度を決して、六・三問題は来年四月から行うならば行うのだということを一つ早く決定して発表して戴きたい」と発言したのを切っ掛けに他の委員から地方の実情、雰囲気が具体的に語られるに及んで文部省の係官は次のように文部省通達に言及した(40)。

> 既に地方庁の方には、第二特別委員会でこういう風な申合せをなさって、その方向に結局審議を進めることを総会も承認したという前文を附けまして、地方事務所の教育行政官を主体にして、その地方の市町村の実情に応じて計画してみて呉れ、という通牒を一週間程前に出しました。無論、我々としては議会が決めて呉れない以上、必ずやるという観方は出来ませんが、仮にやるとすればと一応条件を付けましたけれども、此処で御決めになったよりもっと色々と詳しい区分を付けた通牒を出しております。

　このように文部省の一一月一一日通知は、中央でも地方でも大きな反響を呼んでいたのである。それは単に話題になっただけではなく、大阪市の調査の例に認められるように、地方の行政、学校の実務となっていた(41)。機会均等運動最中の青年学校の教師にとっては、新制中学校実現への第一歩の気運であった。

　大阪市の青年学校、国民学校が文部省調査に取り組んでいる最中の一一月二〇日、大阪府庁で開催された六都府県教育主管局部課長会議に主催者として出席していた文部省の稲田学校教育局長の口から「教育刷新委員会の六・三・三制決議のうち、六・三制は採用決定しているので、昭和二二年四月実施は確実であり、事前措置を十分講じておくように」(42)と出たという話は前記調査をより一層促進させたと思われる。

準備資料調査結果を文部省に提出した大阪府は年末にかけて新学制実施に伴う諸問題を検討、年が明けた昭和二二年一月六日、新制中学校の四月開校と中等学校の入学試験廃止を府民に発表、同時に市町村に対して中学校の校舎の準備を指示、具体的には青年学校、高等科国民学校校舎の転用、入試中止による中等学校空き教室の利用も伝えた(43)。政府の正式決定は未だなく見切り発車であった。

府の指示を受けた大阪市は、教育部に新制中学校設置についてのおよその構想を検討させる。四月の開校までに三か月を切っており、教育部では慌しく、大阪市としての中学校の構想を練ったものと推察される。詳細は次章第一節に述べるが、一月一杯かけて、次のような結論を得たようである。

即ち、各区毎に設立準備を進め、区名を校名とする。二校以上設置した場合、区名を冠し、第一中学校、第二中学校と命名する。ただし、それは仮称で、後日、各学校に校名を決定させる。通学先は区で指定するが、原則として男女共学制である。

校舎については、高等科単置国民学校、青年学校を転用するとともに初等科・高等科併置国民学校、初等科国民学校及び中等学校の校舎を借用する。必要教員数は、一二〇〇〜一三〇〇人を割り出しているが、本節が扱った「準備資料調査」の入学予定生徒数から算出したのであろう。

第三節　新制中学校設立のための大阪市学制改革協議会、各区新学制協議会の設置と役割──文部省『新学校制度実施準備の案内』を受けて──

前節で扱った「義務教育年限延長に伴ふ準備資料調査」(昭二二・二・二一付文部省通知)に次いで大阪市を新制中学校設立へと実務的に動かしたのは文部省から届いた冊子『新学校制度実施準備の案内』であった。しかし、本冊子作製には、ＣＩＥとの折衝や当時の印刷事情があり、そのうえ、肝心の六・三・三制実施の閣議決定が予定より延びるなど事情が重なって、擱筆及び発送の遅れは確実となり、文部省は先ず、二月一七日付で「新学校制度実施準備に関する件」(発学第六三号)を通知せざるを得なかった。文部省は同通知で「中学校の実施に対しては都道府県は勿論各市町村並に各学校等は事前に研究を進める必要」があり、「中学校実施に対して採らるべき措置につき別冊『新学校制度実施準備の案内』を送付して参考に供する」と意図を述べたうえ、同案内を「取急ぎ印刷の上全国各市町村並に学校其の他関係方面に別途頒布の予定であるが時期が切迫しているから取敢えず右通牒を以て御参考に供する次第」(44)と断っていた。大阪市が市・区協議会の設置に動くのは、当然、同案内到着後のことであり四月一日の中学校の設置まで厳しい日程とならざるを得なかった。

地方に混乱をもたらすことは十分推定できるのに文部省を初めとした中央は何をしているのか、地方はそうした疑問を持ち続けたはずである。そこで、本節はまず中央の情勢を簡明に追い、その後、大阪市の動向を明らかにする。

（一）『新学校制度実施準備の案内』収受までの長い道程

「実施準備の案内」の遅れの遠因の一つは、前掲「準備資料調査」に対して、ＣＩＥからクレームがつき、その訂正としての案内の作成の性格も帯び、ＣＩＥとの合同作業になったことによる。先の調査の「義務教育年限延長に伴ふ準備資料調査」のネーミングに現われているように、学制改革を文部省が義務教育期間延長問題、新制中学校創設の次元で考えていたのに対し、ＣＩＥ側は中等教育段階の改革と理解していたのである。こうして、準備資料調査通達の教育改革観の修正を含めての『新学校制度実施準備の案内』の編纂となった(45)。

同案内の内容を文部省はその冒頭で、「新制度のうち中学校及び高等学校に関する概要、並びに差し当り中学校を昭和二十二年度から実施しようとする場合に採られるべき措置等につき、解説を試みたもの」と説明し、「その準備並びに実施に対しては、教育者は勿論、あまねく一般の熱心な協力と努力を切望する」(46)と述べた。同時に「学校制度の改革については、閣議の決定、議会の協賛等の手続と順序を経て、正式に決定実施されるはず」とも断っている。

学制改革を実施するには、閣議で決める必要があるが、田中耕太郎文相（昭二一・五・二二〜昭二二・一・三〇）が最初に提案したとき、賛成一、反対一四で全く拒否されたという。最終決定に到達したのは、高橋誠一郎文相（昭二二・一・三一〜昭二二・五・二四）所管の二月二六日であるが、その時でも反対する一人の大臣がいたほどである(47)。新学制実施に必要な予算も決定が難航する。文部省が要求した実施関係予算七五億円は、一月七日の大蔵省の予算省議で全額削除され、二月一四日の貴族院本会議（第九二帝国議会）で石橋蔵相は「教育を決して軽視しているのではないがキガ線上にある国民を食わせるにきゅうきゅうたる現状では全く財政上の余裕がない。六・三制の実施にも中央、地方を通じて多大の経費を要する」と六・三制即時実施には反対を表明[48]するほどであった。

実定法として確定しているのは日本国憲法第二六条のみ（昭二一・一一・三公布）、だから文部省は自信を持って〝即時実施〟を表明することができなかった。一月二三日、兵庫県宝塚市で開催された関西二度目の教育主管局部課長会議でも、新学制に関する文部省説明はなく、同会議の名前で情報提供の申入れを決めたほどである[49]。情報の入手は三月四日、文部省で開催の同会議を通してであった。

こうした情況のなかで、案内書が作成され、二月二一日、文部省から知事宛、郵送されたが、当初予定された五万部の印刷は、三月一〇日までに終わらないだろうと予測された[50]。同案内書の大阪市到着までの道のりは遠かったのである。

（二）大阪市立新制中学校設置準備のための大阪市学制改革協議会と各区新学制協議会の編成

文部省の『新学校制度実施準備の案内』は四章から成っていた。

第一、新学制実施準備協議会の設置について
第二、昭和二十二年度における生徒の進学について
第三、学校制度改革（六・三・三制）
第四、新学校制度（六・三・三制）を実施するに当たり、昭和二十二年度に現在制度の学校に対して採られるべき措置

ここで取上げるのは「新制中学校を、昭和二二年度から実施する」に当たって、設置しなければならないとされた第一章の「新学制実施準備協議会」である。案内は協議会設置の目的を「新学制の実施に関係あるいろいろの問題について、研究・審議し（略）、教育行政当局にその意見を伝えること」及び、「教育行政当局は、この意見に基づいて新制度の実施についての諸般の措置を行う」と記していた。設置方法については、「大きな都市では、協議会は各区又はその他適当に分割された地域に設置」（傍点赤塚）することを勧めていたので、大都市はいずれかの方法を採った。例えば、京都市は市内を一〇地区に分けた支部毎の協議会及び市協議会を設けた[51]のに対し、大阪市は各区毎の「区新学制協議会」と「大阪市学制改革協議会」を設置した[52]。

協議会委員の選出について、文部省の「案内」は、同じ人数の教育者と一般の人を選挙によって選出するように示唆していたが、大阪市では、推薦によった。しかも、同じ人数の教育者と一般人というわけにはいかなかった。委員構成で注目されるのは、区協議会の委員に町会及び町会連合会関係者が重用されたことであろう。理由は前節で明らかにしたように、「義務教育年限延長に伴ふ資料調査」において、新設中学校入学生徒予定数の算定を彼らの協力なくしてできなかった事実からもうなづけることである。地域の有力者というよりも、ひっくりかえった社会のなかで彼らの情報力が必要不可欠だったのである。

次いで重要な位置を占めたのは国民学校長である。中学校開設場所、卒業生数（中学校入学生徒数）の把握上、協議会委員として欠くことのできないメンバーであった。そのほかに、区選出市会議員、区内有識者が区協議会委員に加わった。

大阪市学制改革協議会は、専門家、市会議員、学務委員、国民・中等学校長が委員となった。区協議会が実務的に動かなければならなかったのに対し、市協議会は区協議会間の調整、諮問事項の最終決定の役割を果たす程度であったと考えられる。それも、中学校開設事務に限定すると、区新学制協議会は、昭和二二年三月八日の大正区新学制協議会を皮切りに順次各区協議会を開催し、二四日の大阪市学制改革協議会で最終承認を行った程度の活動(53)に終わったのではなかったかと推定される。第一、中学校設置案の策定に参画するには、協議会の発足が遅過ぎたのである。

第四節　町会と学校―その関係性―

新制中学校設置の準備に当たり、入学予定生徒数の算出（本章第二節（二））や通学域の設定（次章）など町会連合会の果たした役割は決して小さくないと考えられる。しかし、一方で、戦時期における戦争協力体制を問われ、町会活動が停滞していた敗戦直後のこの時期に中学校設置に関わるだけの力量を残していたのかという疑問符のつくことも事実であろう。こうした町会連合会観に対して、昭和二〇年度（敗戦後）、昭和二一年度における町会連合会による小学校新設運動の具体例を通して、活動の実態から町会連合会の力量と影響力を実証し、反証としたい。

大阪市の小学校（国民学校）の通学域は町会連合会域と重なり、一町会連合会域に一小学校が立地することを原則としてきた。このような形態を〝学校中心主義〟という言葉で呼び、地域と学校との深い結びつきを誇りとしてきた。もちろん、町会は国民精神総動員運動（閣議決定、昭一二・八・二四）のなかで発案され、大阪市においては、昭和一三年四月の自治制発布五〇周年までを目途に、各区ごとに組織化を目指し、小学校通学域ごとに町会連合会が設置された経緯から小学校通学域設定時にまで遡って考えねばなるまい。

したがって、本節の課題は、敗戦直後における町会連合会（町会）による国民学校（小学校）設置運動をとらえること及び町会連合会域の成立要因となった小学校通学域、さらに通学域を設定した明治期の学区・連合町の輪郭に迫ることにある。

（一）旭区高殿《たかどの》町会連合会による高殿国民学校への初等科設置運動

（1）高殿地区の形成過程と学校

高殿国民学校（高等科校、以下小学校）へ初等科の設置を切望して運動を起こした高殿町会連合会の会域は、現在の旭区高殿一丁目から七丁目（昭和四六年町名改定）に当たる区域で、旭区の南端に位置していた。その形状は逆三角形で、南東側が城東区、南西側が都島区である。大阪市東部のこの辺り一帯は大正一四年、東成区として市に編入され、昭和七年に東成区から分区、旭区となり、昭和一八年、その旭区から城東区、都島区を分割するという境界の錯綜する地域の真只中にあった。

こうした編入町村では、昭和五年前後から土地区画整理事業が実施され、昭和一〇年内外には住宅・工場地帯へと変貌(54)、人口激増地帯となった。例えば、旭区（昭和一八年成立）となる一帯の増加率が、昭和五年から一〇年へかけて五二・四パーセント、一〇年から一五年で四六・三パーセントを示した(55)。当然、児童数も倍増以上となり、高殿地区最南部の児童が通学した榎並尋常高等小学校では、昭和八年の一七九九人（三二学級）から昭和一五年には三四一六人（五六学級）の状況となった(56)。こうした事態は榎並校のみならず、高殿地区北部の子どもが通学した大宮校、東部の児童が通う古市校でも進行した。

大阪市はその緩和策として昭和一五年、旭区榎並・大宮・古市各小学校の尋常科と高等科を分離、高等科児童のみの大宮高等小学校を高殿地区に設置する傍ら尋常科の高倉校（昭一二）、関目校（昭一六）、大宮西校（昭一七）を増設するなどの措置をとった。昭和一六年、国民学校令施行に伴い、大宮高等小学校は高殿《たかどの》国民学校に改称したが、高等科校であるので、高殿町会内の初等科の子どもは依然として榎並校、古市校などに通学しなければならなかった。

　昭和一八年、旭区から城東区、都島区が分割されると、榎並校・関目校は城東区、高倉校は都島区に入ってしまい、同じ旭区内の学校だけではなく、他区へ通学する（表1―10）形態となった。こうした区界を越えての越境通学は平常時なら問題はなかったが、空襲が迫り学童疎開が実施されると、同じ町会内に住みながら城東区へ通学する児童は福井県、都島区は石川県、旭区内は大阪府下と行先が違うことになった[57]。また、居住地毎という集団疎開の原則に従った他区通学児童は、旭区内のどこかの学校に編入されたはずである。保護者のこの苦い体験が、戦争が終わるや、町会内に立地する高殿校への初等科設置運動へ繋がったことは容易に推察できよう。

（2）旭区役所を通しての初等科校設置の要望

　高殿町会連合会区域の子どもが旭・城東・都島三区の六校に分散通学する状況は旭区役所にとっても区政上、不便このうえないことであった。町会からの申入れもあり、敗戦直後からその是正に動き出す。各学校毎の就学児童数を調査、二五六人に上がることを把握したうえ、旭区長名で大阪市長に宛てて、初等科校設置の要望を昭和二〇年一〇月二三日付で上申した[58]。

　上申書において、旭区長は高殿町会連合会の住民が子どもの通学するそれぞれの学校の方を向いてしまい、区政の円滑を欠く状況を「学校中心主義ノ致ス所トシテ自ラ区域内住民ノ一致ヲ欠」き、「区政ノ運用上又不便ノ点、

表 1-10　高殿町会連合会内児童通学先校（昭 18）

生江町四丁目、中宮町三丁目、大宮西之町三丁目および二丁目の北半分	都島区高倉国民学校
森小路一・二・三丁目	城東区関目国民学校
大宮西之町一丁目および二丁目の南半分	城東区榎並国民学校
大宮西之町四・五丁目、中宮町四・五丁目	旭区大宮西国民学校
大宮町一〜四丁目	旭区大宮国民学校
森小路三〜四丁目	旭区古市国民学校

註⑴　城東区、都島区を分区して現行旭区成立時の状況。
　⑵　昭和 19 年町名改正、中宮町、大宮西之町一部変更。

尠《すくな》カラ」ず、と訴え、区政担当者の立場から高殿校への初等科（現小学校一年〜六年）の設置を要望した。いうまでもなく「学校中心主義」とは一つの町会連合会域に一つの小学校が配置されている形状を指し、それを単位に住民意識がまとまり易く、区政を円滑且つ効率的に運営できるシステムとなっていた。住民の側も、子どもの通学が安全で安心できる等の利点を持っていた。

校舎については、大阪大空襲（昭二〇・六・七）による区内の被災にも拘らず、「校舎自体ニハ大ナル被害」なく、しかも「児童ノ戦災ニ因《よ》ル転出、退学相当多数ニ上」がり、校舎「殆《ほとん》ド不要ニ帰スルノ結果トナリタルヲ以テ之ガ設備ヲ利用」することによって、初等科児童を十分収容し得ると主張した。

大阪市長宛に上申した一〇月二三日付の旭区長名による本文書が、教育局庶務課と学務課で検討され、「初等科国民学校設置方上申ノ件（高殿町会連合会区内）」として庁内に回覧され始めるのが、翌昭和二一年二月五日であった(59)。敗戦直後の混乱と戦災復興で多忙ななかにあるとはいえ、上申から起案まで三か月以上も要しており、市役所の対応は極めて緩慢であったとみなければならない。

本件起案文書は摘要欄に上申の概要及び児童数（二五六名）を記したうえ、係長から課長を経て教育局長、助役、市長へと回覧されたことは押印より判明するが、途中、庶務課長が「現在児童数ハ一校独立ノ価値ナシ」と加筆していることから、その時点で施設を扱う庶務課としては初等科の高殿校設置に反対であったことも明らかになる。

（3）高殿町会主体の設置運動

区役所に頼っていられないと考えたのであろうか、町会はまず通学実態調査を始める。運動の最も早い資料として、連合会長（吉野盛雄）から各町会長に宛てた「昭和二十一年一月廿一日」付の「学童調査ニ関スル件」[60]が残存している。それは回答用紙も兼ねていて、通学校別、学年・男女別人数及び次年度新一年生の入学予定学校、男女別人数を記入し報告するよう求めていた。

各町会からの報告によると、高殿町会連合会域の東端に位置する森小路三・四丁目町会の場合、私鉄の京阪電鉄線を越えて六二人の児童が関目校（城東区）へ通学し、一人が城北《しろきた》運河を渡って大宮校（旭区）へ通っていた。昭和二一年度四月に入学する新一年生は一二人でいずれも関目校への入学予定とされている。西端に位置する生江一丁目町会は、五三人が城東貨物線を東側へ横切り、都島区高倉校へ通学した。新一年生一二人も同校就学予定である。なお、両町会域は空襲被災した。

逆三角形の南端に位置する大宮西之町一丁目町会の七七人は城東区榎並校へ、四人が高倉校（都島区）へ通学した。新一年生二二人は全員榎並校の志望であった。このように殆どの子どもが榎並校へ通学した大宮西之町一丁目町会と対照的に北側に接する大宮西之町二丁目町会では高倉校への通学児童四二人と圧倒的に多く、榎並校は五人に過ぎなかった。旭区から城東区・都島区が分割された昭和一八年以前、大宮西之町一丁目と二丁目の南側半分は旭区榎並校（昭一八城東区）の通学域であった。大宮西之町一丁目、二丁目町会も戦災跡である。なお、大宮西之町一丁目・同二丁目町会域は、ほぼ現在の高殿三丁目・四丁目に該当し、三丁目には高殿南小学校が新設されている。

高等科校の高殿校が建っていた大宮二丁目町会の児童の通学先も挙げておこう。同町会長からの報告によると三三人全員が大宮校へ通い、四月から入学予定の子ども一〇人も大宮校就学予定であった。ほかの町会の情況については割愛するが、報告を受けた高殿町会連合会は通学学校別に集計し、通学児童数五二三人、新入学予定児童九七人に挙がることを明らかにした。なお、京都の聖母女学院、東区の偕行社など私学通学者を除いた人数である。通学先別に多い順から五校を挙げると①関目校（一五九人）、②大宮校（一三五人）、③高倉校（一〇五人）、④榎並校（八九人）、⑤大宮西校（一六人）となる。次年度新入生は①大宮校（三五人）、②榎並校（二三人）、③高倉校（一六人）、⑤大宮西校（三人）であった。

　前項で触れた旭区役所が算定した通学児童数二五六人比べると町会側が調査した児童数五二三人は二倍以上に達する。疎開復帰による増加を考慮したとしても、この開きはやはり行政と町会の地域への密着度の違いを感じさせる。

　高殿町会連合会では通学の実情とそれに伴う不安及び町会運営上の困難を基軸に初等科校の設置を大阪市長に訴えるべく、次の「嘆願書」[61]を作成した。読み易いように句読点を入れ、ルビを振っておく。

嘆願書

当連合会創立以来四ヶ年以上の星霜を重ね居りしも、未度《いまだ》当連合会区域に初等科の国民学校設立なき有様にて、管下の通学学童は、別紙送付の通り数校に分れて通学致し居る次第にて、新入学生の如きは、運河を渡り数十町離れて居る大宮校に多数通学する始末にて、殊に運河の橋は最近破損致し、雨天の場合は此の上もなき危険にして、又都島区高倉校の如きは戦災跡を通りて通学の際は種々なる最近生ずる事件が発生致す際には誠に不安、父兄達は其れのみ案じて居る有様にて、教育上にも及ぼす影響が多々、且つ町会運営上並に事務連絡上にも不便を感じ居候。幸にして、当連合会管内に高殿国民学校高等科が設置致して居る。其の校舎の横にバラック建の仮校舎が終戦後使用せず其儘に相成居り、其れを此際《このさい》初等科として設立御許可賜はれば、各校に分散せる生徒を収容が出来る上に通学にも便利のみならず、諸事其上にも非常に便利と存せられ、何卒右事情を格別の御詮議の上一日も早く設立許可賜度、茲に町民一同代表致し只管《ひたすら》歎願及び候次第宜《よろしく》敷御取計《おとりはから》ひ下度《くだされたく》、篤《とく》に右御願申述候

昭和二十一年二月七日

大阪市旭区高殿町会連合会

森小路町一・二丁目町会長　小口修三　印

森小路町三・四丁目町会長　臼井美之助　印

大宮町一丁目町会長　小林彦市　印

大宮町二丁目町会長　山本惣太郎　印

大宮西之町一丁目町会長　林　恒雄　印

大宮西之町二丁目町会長　津田助次　印

生江町一丁目町会長　浅田照志　印

高殿町会連合会長　吉野盛雄　印

右之通連名ニテ歎願申上候

大阪市長　中井光次殿

歎願書は高殿町会連合会管外への通学に城東運河に架かる橋梁を渡らねばならないこと、事件頻発の空襲被災

空地を通過しなければならないことの危険性と保護者の不安及びそこからくる教育への影響を訴え、初等科の開設を求めていた。

嘆願書は通学調査票とともに、旭区役所を経て二月九日、教育部長（昭二一・二・八教育局を教育部に縮小改組）に提出された。二月一一日の通学実態調査の開始から約一か月にわたる活動であった。

（4）大阪市の対応と設置への経過措置

高殿町会連合会の歎願を受けた大阪市は教育部庶務課において検討を行い、高殿校教室の現況調査を実施した。教室については、「嘆願書」が指摘するバラック教室（一六室）を含む全教室数四五室（内特別教室五室）中使用教室は二〇学級（児童数九六一人）であるので、初等科児童五二〇人（一一学級）を新たに受け入れても十分収容可能であることが判明した。

問題は次年度、青年学校（高殿商工学校、同実科女学校）併置予定であることと、バラック建教室には大阪鉄道学校（阪南大学付属高校）が入っていることであった(62)。青年学校は生徒数が少なく教室も三学級程度（一年六六―二学級、二年二一―一学級但し昭二一・九調査）であり、初等科設置の障害にならなかった。大阪鉄道学校についても、三月一二日から二〇日の間に交渉が成功したのか、「他校へ移転セシム予定」と本件市役所内「回覧」文書に書き込まれており、賃貸契約が完了したものと考えられる。

以上の手続と検討を終えて、「昭和二十一年度ヨリ初等科併置予定」の庶務課長判断となり、教育部長、助役、市長決裁を得て、高殿国民学校は昭和二一年度から初等科・高等科併置校に転換された。

但し初等科の実際的開設は九月五日である。この日、まず、高殿地区から城東区榎並校就学中の五・六年児童と同じく関目校通学中の一～四年児童が高殿校初等科へ編入学し(63)、他は後日の転入となった。敗戦直後の高殿町会連合会の運動が実を結んだ日でもあったが、本来は行政が先に取組むべき課題であったろう。先に触れた榎並校の通学域であった大宮西之町一丁目を例にとると、この地域は城東区分割前、旭区榎並町会連合会の一町会[64]であったが、昭和一八年、旭区から分かれて城東区が設置され、城東区榎並町会連合会に改組された際、旭区高殿町会連合会の町会となったのである。本来なら、この時点で、高殿校に初等科も開設する教育行政措置がなされるべきであったろう。もっとも、それ故に敗戦直後といえども、町会活動の活発な展開を実証し得る一事例となり得たのだが。

（二）生野区生野田島町会連合会による田島小学校設置運動

（1）田島地区の形成過程と学校

生野区田島小学校の通学域である田島地区の形成過程を明治二二年四月の市制町村制施行時まで逆上ると東成郡生野村を編成した五村のなかの一村であった。五村は国分・舎利寺・林寺・林寺新家・田島の各村で、田島村域はこのとき、生野村の大字となる。旧五村唯一の学校であった東成一区六番小学舎利寺学校（明一〇・六・二二創立）は生野村誕生に伴い東成郡生野村立尋常小学校（一時簡易小）となった。

大正一四年、大阪市に編入、東成区の一部となり、大字田島は同区生野田島町と改称されたが、学校は元通り生野尋常高等小学校（明四四・高等科設置）へ通学した。校下は昭和一〇年代に急速に人口が増え都市化していった。生野田島町域でも、昭和一二年から土地区画整理事業が始まり宅地化が進んだ。生野小学校の児童数も増加、昭和九年に生野第三小学校（林寺小）を新設して、児童の分割を行ったが、翌年早々、増加に転じ、生野校の昭和一六年度の児童数四〇〇〇人、翌一七年度には四三二二人（七七学級）に達した。そのため生野田島町に分校を二か所に設けねばならなかった(66)。

土地区画整理事業が進捗し、大阪市は児童のさらなる増加を予測し、「第四次小学校設備計画」に生野小学校関連予算を計上、仮称田島小学校用地買収に乗り出し、田畑約二千五百坪を取得、昭和一三年六月二〇日付で「大阪府告示第七四〇号」で「位置指定告示」を得た。なお、最後の買収は昭和一九年五月一九日であった(67)。用地となった田畑は、地元の尾垣卯一、尾垣政雄、尾垣徳雄、吉村広太郎、藤木定次郎らの所有で、子どもの為になるなら、と快よく買収に応じた。〝隣の鶴橋村〟の大地主として権勢を誇った木村権右衛門の田畑も当然含まれていた(68)。

市街化による人口増加はこの地域だけではなく、大正一四年に大阪市に編入した市周辺部で進行した。とりわけ、人口増の著しい東成区と港区では、昭和七年、分区を実施、旭区と大正区が新設されたが、それも束の間、区の人口のアンバランスの解決が、市行政上の重要課題になり、遂に昭和一八年四月一日を期して一五区が二二区に再編成された。その結果、東成区は、現・近鉄線で分割し、以南は生野区となり、生野小学校通学域は新設の生野区となった。こうした区の再編成は、町会にも反映し、田島地区は生野町会連合会から独立、昭和一八年三月、生野田島町会連合会を結成した(69)。

しかも昭和一八年といえば、二月七日ガダルカナル島撤退、四月一八日、山本五十六連合艦隊司令長官戦死、五月二九日、アッツ島日本守備隊全滅と戦況は悪化、翌一九年には建物疎開、人員疎開で人口は減少に転じ、田島校の新設どころではなくなった。そのうえ、昭和二〇年六月一五日の空襲で生野校は半壊した。そうしたなかでの敗戦であった。

表1-11　生野校児童数と田島地区児童数（昭21・2・5現在）

国民学校児童数	1年	2年	3年	4年	5年	6年	計
生野校	354	459	449	464	444	400	2570
田島地区児童	146	218	214	214	184	154	1130

（2）生野田島町会連合会の「学校開設方陳情書」作成とその背景

戦争が終わると、戦災を被らなかった地域は、焼け出された人が家を建てたり、家を借りたりして世帯数や人口が膨らむ。被災が局地的だった生野校の校区もそうした地域の一つであった。敗戦の翌年・昭和二一年二月の児童数は二五七〇人まで回復したが、そのうち一一三〇人は生野田島町の児童で、約四四パーセントを占めた。

この情況を根拠に生野田島町会連合会は、田島校の新設に向けて動き出す。大阪市教育局において進められている戦災校、八九校の休校、廃校措置を耳にしながらの署名運動と陳情書の作成であった。しかも、二か月を切った昭和二一年四月の開校を目指すという性急さであった。作成された文案は墨書で清書された（句読点、ルビ赤塚）。

田島国民学校開設方陳情書(70)

我ガ生野国民学校ハ生野町会連合会、田島町会連合会ノ全域、並ニ舎利寺連合町会区域ノ大部ヲ通学区域トシ、児童数ハ実ニ一昨年学童疎開ノ実施セラルヽマデ無慮四千数百ヲ算ヘ学級数八十、職員百名ヲ擁セシ厖大校ニシテ、校舎ノ如キモ本校ノ外、分教場五箇処ヲ有シ、尚且不足ヲ告ゲ、為メニ永年ニ部教授ノ不便ト不幸ニ悩ミ来リシヲ以テ、我々校下の保護者一同ハ速ニ田島国民学校、舎利寺国民学校ノ開設セラレンコトヲ切願致スコト多年、本市御当局亦其ノ御計画ヲ以テ着々事ヲ進メサセラレ、既ニ我ガ田島国民学校予定校地ハ、一昨年買収ヲ了シ、今ヤイヨ〱其ノ工ヲ起サントスル際、戦局ノ苛烈ニ伴《ともな》ヒ不得止《やむをえず》一時企《くわだて》ヲ中止シテ今日ニ及ビ居リ候哉ニ承リ居リ候。終戦后ノ今日ト雖モ、尚児童数二千五百ニ垂《なんな》ントシ、尚次第ニ復帰激増ノ兆著シキ実情ニ有之候。

今般本市御当局ニ於テ、戦災復旧ニ関スル大計有之、学校ノ統廃合モ行ハセラルル由承リ候ニ就テハ、是非我ガ田島国民学校ノ創立ヲ御計画中ニ加ヘサセラレ、我等多年ノ翹望《ぎょうぼう》ヲ充タシ、不幸ヲ御除去下サル様、格別ノ御同情ヲ以テ、取敢ヘズ現ニ我ガ連合域内ニ既存ノ分教場ヲ基礎トシテ、来ル四月一日ヨリ田島国民学校ヲ開校、授業ヲ開始セラルル様、特ニ御高配相仰度、茲ニ田島町会連合会域内ノ市民ヲ代表シ、且我ガ連合内各単位町会長ト共ニ署ヲ連ネテ右陳情ニ及ビ候　希クハ何卒我々ノ微衷ヲ容レ是非念願達成ノ光栄ヲ御与ヘ下サレ度伏シテ懇願シ奉リ候。

昭和二十一年　月　日

大阪市生野区生野田島町会連合会長　藤木定次郎　印
仝　猪飼野東十丁目南町会長　和田一二　印
仝　生野田島町一丁目東町会長　船井房七　印
仝　生野田島町二丁目第一町会長　柏木栄太郎　印
仝　生野田島町二丁目第二町会長　吉村広太郎　印
仝　生野田島町二丁目東町会長　吉江鉄太郎　印
仝　生野田島町二丁目西町会長　樽谷久平　印
仝　生野田島町三丁目東町会長　木村巧治　印
仝　生野田島町三丁目中町会長　藤本秋廣　印

仝　生野田島町三丁目西町会長　高島吉次　印
仝　生野田島町四丁目東町会長　村井初治　印
仝　生野田島町四丁目西町会長　佐野利尚　印
仝　生野田島町一丁目西町会長　前川萬蔵　印
仝　生野田島町一丁目南町会長　藤原直治郎　印
仝　生野田島町一丁目北町会長　□□□彦　印
仝　生野田島町三丁目第一町会長　田中見蔵　印

大阪市長　中井光次殿

中井光次大阪市長宛に、生野田島町会連合会長・各町会長が連署で陳情した主な内容は、生野校の過大な児童数から生じる二部授業の原因を生野町会連合会・生野田島町会連合会・舎利寺町会連合会にわたる広い通学域に求め、その不幸を解消するため、多年、田島、舎利寺両校の新設を訴え、当局もそのように動いてきたが、戦争のため中断してしまっていた。終戦後の今日もなお、「児童数二千五百有余ニ垂《なんな》ントシ」さらに疎開復帰による激増も予想されるので、現在、大阪市が進めている戦災復興計画による学校の統廃合に田島校の設置を加えてほしい。校舎は、田島連合域内の既存の分教場を使い昭和二一年四月一日からの授業をできるようにして貰いたい、というにあった。

陳情書末尾の提出月日が書かれていないが、冒頭の「田島国民学校開設方陳情書」の下に「三月七日」の鉛筆による加筆があり、「市川」の印が押されていることから、市川教育部長のもとに三月七日に提出されたことが明らかになる。三月初めに提出して四月の開校を求めたことになるが、いま、この機会を逃しては実現できないとの思いが強かったのであろう。一か月後の「米国教育使節団報告」公表後に起きる「新制中学校即時実施」の要求と重なる心情であったと解することができる。

（3）生野校校長の「田島国民学校創立ニ関スル意見書」提出

前記「田島国民学校開設方陳情書」を応援するために同時に市長宛提出されたのが、生野国民学校長大西品吉作成の「田島国民学校創立ニ関スル意見書」(71)である。意見書は（1）「田島国民学校ノ通学区域、児童数」、（2）「一連合ニ一国民学校」、（3）「生野国民学校ノ経営上ノ利便」、（4）「開校上ノ便利ト効果」の四項から成り、生野国民学校用箋四枚にペンで書かれていた。大阪市当局を納得させるうえで最も必要だと考えられる二項の「一連合ニ一国民学校」は以下のように主張されている。

本市ノ実情ヨリスレバ一連合ニ一国民学校アリ　コノ学校ヲ中心ト（シ）テ凡《あら》ユル社会活動が行ハレ又行ハル、ヲ便トス　然ルニ従来田島　舎利寺　生野三連合ニ一校アリ　不便コノ上ナカリシガ若シ今回田島国民学校ノ創立ヲ見ルニ於テハ上記ノ如ク利便多カルベシ　殊ニ軍隊ナキ今后ノ日本ニアリテハ新文化ノ建設ニ　社会教化ノ浸透徹底ニ国民学校モ連合会当事者ト緊密一体活躍スルノ要アリ　連合会当事者亦学校ヲ中心トシテ企画活動スルコト、セバ何事モ纒マリヨク円滑ニ実施其ノ績ヲ挙グルニ便ナルベシ

学校中心主義の効用を強調、学区の纒りをつくりだすうえから田島校新設の必要性を訴えたことが明らかになる。このことは、生野校についても当てはまることである。その主張が、三項の「生野国民学校ノ経営上ノ利便」

であった。

最後の「開校上ノ便利ト効果」で、校長は田島校の新設について「区民多念ノ念願ナレバ之ヲ達成セシムルコトニヨリテ区内一般ノ教育熱、愛校心ヲ煽リ新田島校ノ経営ニ物心多大ノ協力援助ヲナスヤ必セリ　連合内ノ凡ユル活動亦新興ノ意気ヲ以テ必ズヤ邁進其ノ功ヲ収ムルナラント信ズ」と意見書の結びとした。

（4）陳情書、意見書への大阪市教育部の対応と遅れた開校

陳情書と意見書を受けて、日程の切迫していることもあり、大阪市教育部は直ちに昭和二一年四月開校についての検討を加えた(72)が、困難との結論に達する。理由は以下の三点である。一点は、買収済み学校用地の現況が「水田ニシテ地揚ゲヲ要スルトコロ現下ノ輸送難ノ状況ヨリハ、バラック建校舎建設ニハ相当の日数ヲ用シ《ママ》」、新年度まで一か月を切る段階により不可能である。二点目として、分校を仮校舎に開校するプランを採用すれば、既に用地買収完了し、大阪府が承認した「位置指定」と異なる場所での開校になるので許可が得られない。三点目は田島校の予定児童数、約一二〇〇人・二四学級編成となるが、分校の使用だけでは「尚相当数、二部授業トナル」ことを挙げた。

確かに大阪市教育部の結論の通りであった。しかし、田島町会連合会及び生野国民学校側に対する、断わる口実であったとも解し得る。というのは、ほゞ、同じ条件で、翌昭和二二年度の開校が承認されたからである。

昭和二一年度開校が許されないことを知った町会連合会は直ちに翌年四月開校に目標を定め、学校用地地揚げの寄付金を募り、住民から一二万円を集めた(73)。地場産業のレンズ工業が折からのインフレに後押しされて「ムラの経済が好調」(74)で集まったという。

しかし、校舎建設は間に合わず、陳情書、意見書の通りの「連合域内」の「既存の分教場の基礎」としての田

島小学校の開設（昭二二・四・一）となった。施設の不備は明らかで、占領軍命令による町会の解散で閉鎖される生野田島町会連合会の事務所（田島会館）の「移管をうけ二階を会議室に（略）一階を職員室として仮用」(75)しなければならなかった。それでも児童数一四五〇人、二二学級での発足には、教室不足を来たし四年生までは二部授業となった。

校舎が完成（昭二三・一・八）し、児童が自分たちの学校に移転できたのは一月二二日であった。その間、校舎の建設に関わったのは、解散した町会連合会に代わる田島小学校教育会であった。教育会長は、元町会連合会長であった藤木定次郎である。藤木の後を継いだのは元生野田島二丁目第二町会長の吉村広太郎で、両人とも前記陳情書の署名者として名を連ねていたことはいうまでもない。町会は名を変えて生きていたのである。

（三）戦災校の休廃校措置から学校を守る運動

（1）大阪市の休廃校措置

大阪市による空襲罹災校の休廃校措置は三段階を踏んで実施された。第一段階は、敗戦直後の昭和二〇年一一月に行われた「国民学校児童収容替《しゅうようがえ》」の「臨時措置」である(76)。「児童収容替」の名の通り、戦災による校舎全壊、半壊校の児童を被災軽微の隣接校へ児童を移す「臨時措置」であった。当該校の教員、児童が移転するだけであって、教員の異動でも、児童の転校でもなかったので、移転先には、二校以上の学校、二人以上の校長が存在した。最も多かったのは港区磯路《いそじ》校の一一校と同数の校長の事例である。臨時措置の対象になったのは、二七七校中、八七校である(77)。

この八七校に二校を加えた八九校を昭和二一年四月一日付けで休校にしたのが第二段階の措置である(78)。三月九日付、大阪市長決裁文書によると、「児童ノ復帰其他ニ因リ児童数ニ変動ヲ来《きた》シ且ツ国民学校ニ青年学校併設等ノ諸情勢ニ鑑《かんが》ミ（略）松ケ枝《まつがえ》国民学校外《ほか》八十八校は当分休校」とする旨の記載が認められ、この通り実施されたのである。国民学校としての改組であるので、ここには記されていないが、のち、新制中学校の独立校舎となる高等科国民学校が増加したのは本措置によってである（本章第一節参照）。

第三段階は、前記休校八九校を復校させるか、廃校にするかを決定する措置であるので、休校八九校の児童数、校区内の復興状況等によって時期はそれぞれ異なる。最も早く廃校になったのは「夜間小学校」の系譜を持つ浪速区南栄校（元有隣校）と西成区の徳風校であった。他に転用された此花区桜島校（日立造船）、東区森之宮校（市立労働会館）も同じ昭和二五年三月三一日である。最も多数の学校が廃校になったのは、昭和二六年八月三一日の三四校である。区画整理による換地のための廃校（九条中校）、他施設利用（心華校）、借地返還（上本町校）など理由は様々だが、「中学校に校舎転換のため」が群を抜き、二〇校に挙がる。その殆どは、高等小学校（表1―（5））で、例外的に初等科校（北区菅南校・此花区春日出校）が含まれている。青年学校に転換していた三軒家南校（大正区）も廃校となった。

（2）町会による学校復興運動

町会による学校を守る運動は、戦災校の移転、休校、廃校という大阪市の措置に対して起きた学校復興（校）運動というべき性格も持っている。時期としては前記第一段階の移転措置に反応しての復興運動が最も多かったように思われる。

西淀川区姫里《ひめさと》校も隣接校への移転候補に挙げられたなかの一校である。同校の空襲罹災状況は二階建校舎、八教室が残っただけであった。その姫里校が移転の対象になっていることを知るのは、同区選出市会議員から姫里町会連合会長というルートを通してであった。町会では、「姫里国民学校がなくなるということは、姫里連合町会がなくなるということで（略）、姫里の住民お互いの絆が（略）元のもくあみ」になってしまうと姫里校移転に反対の意向を示すだけではなく、絶対的に不足する児童用机・椅子を同区大和田西校を初め、遠くは南区道仁校、北区滝川校の余剰品を譲り受け、リヤカーで運搬作業を行った(80)という。学習条件を整え、少しでも休校の原因を除去しようとする学校復興運動であったが、ここにも、一つの町会連合会に一つの小学校の「学校中心主義」の思想が認められよう。こうして移転を止めることができた。

ただ、姫里校を巡る一連の動きが、いつ起きていたのかが判然としない。最も早い時期を想定すると、大阪市教育局長が移転対象校に通知を発する一〇月八日直前が考えられる。それでないとすると全市移転日の一一月八日までである(81)。

生野区東中川《ひがしなかがわ》校の場合は、軍事工場に転用された全校舎が、第四回大空襲（昭二〇・六・一五）により全壊し、集団疎開復帰後、隣接校に入らざるを得ず、廃校の危機に見舞われることになる。その状況を「学校を愛する父兄は敢然と立って復興に努力し、戦後の逼迫した中で当時の金七〇万円を募り」(82)、校舎を復興させることによって打破できたという。「学校を愛する父兄」とは、中川町会連合会を指していると考えられる。学校再建事業がかなり長期にわたったことは容易に推察でき、その途中での総司令部の町会の解散命令（昭二二・五・三）があり、こうした表記で伝えられてきたのである。

疎開復帰後、直ちに隣接校の校舎一部を借用せざるを得なかった東中川校のケースは、一一月の大阪市による「国民学校児童収容替」を待つ余裕のない緊急避難的移転といえよう。それでも、二つの学校、二人の校長が存続していた時期であるので、第一段階の措置と同様に取扱わねばなるまい。

第二段階のケースとして浪速区元町《もとまち》校を挙げておこう。同校には、一一月一日付措置の結果として、同区塩草《しおくさ》・稲荷《いなり》・難波《なんば》校が統合されたが、それでも児童数五〇人程度に過ぎず、元町町会連合会では、元町校も休廃校になるのではないか、という危機感を持たざるを得なかった。

そうしたときに、戦災復興事業による道路建設が計画され、学校校地を通過するという話が町会にもたらされる。廃校が現実味を帯びてきたと判断した町会は直ちに疎開先から戻ってきていない家庭に連絡、現状を訴え、早急な復帰を促した(83)。とにかく児童数を増やすことだと考えたのであろう。町会には町籍簿が備えられ、疎開先が記録されていたのでできた活動であった。

元町校に統合された前記塩草・難波・稲荷校は休校となるが、塩草校は昭和二九年、難波校は昭和三一年復校、稲荷校は廃校となった。第三段階における決着であった。難波校復校の昭和三一年は町会が解散させられたままでまだ復活していない。そこで、旧町会にかえて地区代表とし、町会連合会にかえて全地区代表として、復校運動をリードした(84)。

(四)　生活共同体としての町の区割—町会域に先行した学区域—

敗戦直後における小学校の新設、戦災学校の休廃校措置に抗しての学校の保護に町会が果たした役割と影響は既に述べた通りである。この事実は、単に通学域と町会連合会域が重なるというだけではなく、〝学校中心主義〟ということばに象徴されるだけではなく、その区域が、生活共同体として最適の単位に形成されていたことを示している(85)。

とはいえ、町会連合会は、国民精神総動員運動の渦中に萌芽し、大阪市においては、昭和一三年の自治制発布五〇周年を記念し結成された(86)短い歴史しか持たず、生活共同体として有効性を発揮し得たのは、先行する学区が存在したからであり、したがってまず区画に限定しながらも学区の形成を追う必要がある。

（1） 旧大阪市域の学区の形成

学区の区画の源を尋ねると明治二年六月二日、大阪府が旧来の南・北・天満の三郷を廃止して、東・南・西・北大組を新設したとき六百余町を編成した六三の町組に行き着く。ただし、このときは、町組という地域区分法が新しく導入されただけで、町域には変更が加えられていない。それが実施されるのは、明治五年三月一七日の大阪府申第八七号によってで、町の分割、合併の結果、五三一町に減少し、再編成された町組は逆に七九区に増加した。こうした町を統廃合し、町組を新設した一連の措置は、近世都市大坂の行政単位であった旧来の町域を否定し、これからの都市行政が町割を中心に進められることを町民たちに印象づけた(87)。

町組を都市行政の基本単位として整備した直後の明治五年五月、大阪府は申第一七二号を以て、各区（町組）を小学校を設立すべき区画に定める(88)。これに基づき、七月一日、北大組第九区小学校（伊勢小、西天満小）、七月一五日、北大組第一六区小（肥後島小、後中之島小）、七月二一日、東大組第五区小（和泉小、現南大江小）などが設立されていったので、明治五年三月設定の町割・区を学区の始まりと見ることができよう。

府の指示による小学校設立が市中で開始されて早々の八月、明治政府最初の教育法規・学制（文部省布達第一三号）が制定され、「邑に不学の戸なく家に不学の人なからしめん」と小学校の設立を促してきた。学校設置に当たって、大阪府は従来の方針通り、同じ区域を学区とした。その学区は学校の設置や教育費を負担する区画であった。当然、財政を安定させるために学区統合も必要になる。

学区域に大きな変化の起きたのが、明治一七年八月二一日の申第六二号通達による学区の統合で、三九学区に半減した[89]。即ち、東区九学区、北区八学区、南・西区各一一学区（東・西・南・北区、明一二・二・一〇設置）に再編成され、それに応じて小学校も統合されることになる。

例えば、東区第一三連合と第一五連合を統合、二一か町で構成された東区第九連合は、明治一九年七月、愛日小学校を開設する（北浜小と道修小統合）。西区では、三か連合を統合して新設された第六連合は三小学校を統一し、西六《さいろく》小学校を設立した（明一七・一二）。西六小の校名は西区第六連合に由来する。

以上の町組―学区―連合町制は明治二二年の大阪市制実施後も安定的に続いた。東西、南北約四キロメートルの正方形の大阪市中に、約五百メートル平方の町組の存在は日常生活上、適切必要であった[90]からであろう。なお、学区について厳密に言えば、明治一九年の小学校令によって東・西・南・北区の四区となり、続いて明治二二年の市制特例に伴い大阪全市が一学区となる[91]が、連合町で学校敷地を用立て、校舎を建設してきた関係から財産区を設けて管理する体制になったので財産区即ち学区として生き続ける[92]。

（2）接続町村の大阪市編入と学区廃止問題

現行大阪市は各三回の市域拡張と区画変更によって成立したが、ここでは学区に関わる明治三〇年の第一次市域拡張と大正一四年の第二次市域拡張をとりあげる。

第一次市域拡張は、東成郡、西成郡七一か町村のうち、二八か町村の全部または一部の編入で、学区即ち連合は、旧町村を基準に二一連合を設定[93]、旧市域三九区と合わせて六〇連合となった。区名は旧市域が番号であったのに対し、新市域は原則として、旧町村名からとられた。旧町村の一部しか編入しなかった場合は、春日出、市岡のように旧大字が使われた。

こうして、大阪市域は広がったが、学区財政の豊かな旧市域に対し、編入学区は担税力が低いうえに、人口急増による小学校施設整備費の負担が極めて重く、問題山積となった。そのうえ、明治四一年には義務教育が六年に延長され、相当な整備費を必要とした。市岡学区のように、市岡第二小（大五）、第三小（大八）、第四小（大九）を新設しなければならない学区もあった。

さすがに、大正一〇年度から各学区学校費の大半とその教員給与費だけは市が統一して支弁することになった(94)ものの、市中央部と周辺部の較差を埋めることはできなかった。大正一四年の大阪市第二次市域拡張の際、編入町村側は、学区統一を条件としたが、実現せず。新たに生れた五学区（西淀川・東淀川・住吉・東成・西成五区）も教育費に苦しむことになる。本節（一）（二）で述べた高殿、生野地区はこのとき東成区（学区）として編入した地域であった。大正一五年の調査によると中央部の汎愛学区（東区第五連合）児童一人当りの学校費四三円に対し、東成・西成区では七円余に過ぎず、六分の一の僅少さを示した(95)。

この差異は、当然、施設設備、教員人事に反映した。裕福な学区は大正一三年から昭和三年ごろにかけて競うように木造校舎から鉄筋校舎への建替えを行い、東区第五連合が建てた汎愛小学校の校舎などは地下一階、地上五階で、通常の学校建設費二〇～二五万円だった当時、七一万円がかけられた。内装費一五万円及び超過した費用は全額、連合町で負担している(96)。施設も充実し、例えば、採光天井の図画教室、グランドピアノが備えられた防音の唱歌教室、全室スチーム暖房、エレベーター付きという具合である。教員人事も町会が見込んだ人物を校長として招聘、欧米教育事情視察のため、半年間派遣した。費用はもちろん、学区で負担した(97)。

対照的に編入町村は、人口流入による児童数の増加で学校を新設しなければならず、前記市岡学区では大正一一年から三年という短期間にさらに六か校を開設、各小学校に前掲汎愛小のような建築費をかけることは不可能で、すべて木造校舎となり、充分な特別教室を用意することもできなかった。そのうえ、急激な児童数増加に二部授業で対応するしかなかった。

もちろん、すべての編入町村が、こうした事態に陥ったわけではなく、西浜連合のように、住民から寄付金を募り、すばらしい設備の鉄筋校舎を建てた栄第一小のような事例はある(98)。しかし、西浜連合には、栄第二小があり、第一小学校と同様の設備というわけにはいかなかった。

こうして、学区の豊かな財政力を一小学校に投入できた旧市域の学校とゆとりのない資金を数校に振り分けねばならない新市域の学校との教育条件の不均衡はますます拡大、問題化し、昭和二年、遂に六五学区を廃止し、学区の財産及び負債は大阪市に帰属することになる。

（3）通学域と町会連合会域

学区が歴史を重ねると既に述べたように生活共同体化してくる。二校以上の小学校が立地する学区では通学域がその役割を果たす。地域団体が設立される場合も、学区、通学域が単位となる。例えば、大正八年に成立した大阪市連合青年団は学区ごとに組織された(99)。在郷軍人会、軍人援護会、衛生組合、消防団等々も学区、通学域単位である。学区制度が廃止されて以後も学校単位、通学域単位に市民の結合が進行したと言えるであろう。所謂「学校中心主義」の成立である。

昭和一二年の日中戦争勃発と国民精神総動員運動の展開を機に結成された町会の組織方法にも、旧市域においては連合町・学区の影響が認められる。準備段階から学区（小学校）ごとに町会結成打合会を開催、市から通学区毎に町会連合会を結成し、校名を連合会名にするよう指示されていた。実際、東区では、昭和一三年三月一四日の北大江校における北大江町会連合会の結成を手始めに次々と設立され、二八日の集英・船場町会連合会創立で一六校の校区（下）町会連合会の編成を終えた(100)。

町会結成時まで、一学区一小学校を維持してきた旧市域では、例外を除いて学区域と通学域は同じ区画を意味したが、新たに大阪市に加わった地域では、人口増加に伴う児童増加によって、次々、小学校を建設、小学校通学域が生活圏となっていった。明治三〇年、西区に編入、大正一四年に港区となった地域には、もともと、市岡学区と築港学区に各一小学校しかなかったが、町会結成時には、合わせて一九校に増えていて、同数の町会連合会が成立している(101)。

以上の西部の人口急増時期から遅れて増加した東部地区では、太平洋戦争最中に例えば、生野区（大正一四年、東成区として編入、昭和一八年分離）では、次のように対応している。小学校通学域ごとに、昭和一三年、一〇町会連合会で発足した同地区では、昭和一八年、東小路小学校（国民学校）の小路小学校からの分離独立に伴い、東小路町会連合会を発足させた。続けて、児童数過多の生野・林寺小から田島・舎利寺・西生野各小の独立を図ったが果たせず、先に町会連合会を分離新設した(102)。このとき、生野町会連合会から分かれた田島町会連合会が、戦争が終わると直ちに、田島小学校の生野小からの独立運動を起こしたことは、本節（二）に詳述した通りである。

この明治期以来の町組・学区・財産区・連合町という生活共同体（意識）が、そのまま戦時期の町会連合会域となり、戦災による町会の統合という行政による押しつけを経ても元の共同体意識が消えることなく、戦後、その遺産としての町会による新制中学校づくりへと繋がるのである。

第一章註

（1）正式の敗戦は昭和二〇年八月一五日ではなく、ミズーリ号で行われた降伏文書調印式の九月二日であるが、当時の市民感覚としては八月一五日であった。

（2）大阪市教育部学務課学事係「昭和一九・二十・二十一年度事務事業概要」（付属教育概況表）『大阪市戦後教育行政文書

（3）昭和21年度（2）』（複写資料）、大阪市教育センター所蔵。
（4）後年、復校した学校もある（大阪市教育研究所編発行『大阪市立教育機関沿革資料』、昭和五八年）。
（5）大阪市教育センター編発行『戦後大阪市教育史（Ⅱ）』、昭和六一年、一三二頁～一三五頁。
（6）五十嵐兼次『実録梅田更生館2　あの鐘の音いつまでも』、勝見哲朗、昭和六一年、八頁。中馬は市民局長（昭二〇・九・一二）、社会部長（昭二一・二・八）、助役（昭二三・七・一）、市長（昭三八・四・一九～）の経歴で、死去する昭和四六年一一月まで大阪市政の中枢を担った。
（7）註（2）「昭和一九・二十・二十一年度事務事業概要」付表。
（8）『朝日新聞』、昭和二〇年一一月二二日。以下断わらない限り本書で使用するのは大阪本社版、朝刊である。
（9）赤塚康雄『続消えたわが母校　なにわの学校物語』、柘植書房新社、二〇〇〇年、一三二頁。
（10）同前、九四頁。
（11）大阪民衆史研究会編発行『大阪民衆史研究会報』、通巻二五八号、二〇一六年二月。
（12）大阪府内政部長発、各学校長宛、昭二〇・一・二五付「第三回大阪府私立青年学校女教員養成ニ関スル件」、『公文書綴　大阪市立生野西青年学校』、大阪市立大池中学校所蔵。
（13）社団法人大阪府教育会発、青年学校長宛　昭一九・四・二八付「職員生徒数調照会の件」への回答及び生野西青年学校長瀬戸彦平発　大阪府内政部長宛　昭一九・一〇・二七付「青年学校生徒数並職業調査ノ件」、同前『公文書綴』。
（14）同前「青年学校生徒数並職業調査ノ件」。
（15）同前。
（16）大阪市立生野西青年学校長発　大阪市教育局長宛「昭和一九年度青年学校学級編成ニ関スル件」（教第四〇二号）、註（11）『公文書綴』。
（17）大阪市立生野西青年学校長瀬戸彦平発、大阪府内政部長宛、昭一九・七・五付「青年学校職員及生徒ニ関スル調査」、註（11）『公文書綴』。

(17) 註(2)「昭和一九・二十・二十一年度事務事業概要」(付属教育概況表)。
(18) 大阪市教育局長市川寛発　各青年学校長宛、昭二〇・一〇・二七付「青年学校生徒収容替臨時措置ニ関スル件」、註(11)『公文書綴』。
(19) 大阪市生野区長発　生野西青年学校長宛　昭二〇・一一・一付「青年学校生徒収容替臨時措置ニ関スル件」、同前。
(20) 註(18)「青年学校生徒収容替臨時措置ニ関スル件」。
(21) 大森久雄「旧制大阪市立青年学校の消長とその教育について」、大阪市教育研究所編発行『研究紀要』第九八号、昭和四二年、一二頁。
(22) 「大阪市青年懇談会々則案」、註(11)『公文書綴』。
(23) 「大阪市青年推進会々則案」、同前。
(24) 全国青年学校教育振興協議大会議長黒田毅「全国青年学校教育振興協議大会決議事項」、赤塚康雄編著『戦後教育改革と青年学校　資料で見る機会均等運動の展開』、クリエイティブ21、二〇〇二年、一四八頁～一五三頁。
(25) 大阪市教育部学務課「公立青年学校　大阪市商工(農工)学校　大阪市実科女学校教職員配置一覧表(昭和二十一年四月一日)」『大阪市教育関係書類綴』、大阪市立中央図書館蔵。
(26) 大阪市教育部学務課「根本的方策案」註(2)『大阪市戦後教育行政文書　昭和21年度(2)』。
(27) 註(21)「旧制大阪市立青年学校の消長とその教育について」。
(28) 同前。
(29) 全国青年教育振興協議大会「全国青年教育振興協議大会決議事項」(昭和二十一年六月八、九日於三島市)、註(24)『戦後教育改革と青年学校　資料で見る機会均等運動の展開』六六頁～六八頁、一五七頁～一五九頁。
(30) 『教育タイムス』第三号　昭和二一年七月六日、大阪教育大学関係図書館所蔵。
(31) 土井竹次「経過報告」原稿、同原稿は昭和二一年一二月一七日に開催された京都府青年学校長会での報告用に準備されたもの。土井は京都府福知山市青年学校長。

(32) 昭和二一年一二月四日、五日に静岡県伊東実務中学校、同女学校（青年学校）で開催された第四回全国青年教育大会記録を報じる目的で発行された全国青年学校協会『会報』（昭二一・一一・一〇）の「最近の情勢」欄に「十一月十一日には文部省学校教育局長から地方長官宛『義務教育年限延長に伴ふ準備資料調査について』の件名で初級中学校の計画基準を通牒しましたから、よく御連絡の上準備を進めて下さい」との記事があること（註（24）『戦後教育改革と青年学校　資料で見る機会均等運動の展開』一九四頁）や京都の青年学校運動の指導者土井竹次（福知山市青年学校長）が同前「経過報告」に「文部省より各府県に、各府県より各地方事務所及市に㊙『義務教育年限延長に伴ふ準備資料調査』が来ました。之の調査内容、計画基準要領を仔細に検討すると略本省の意図する所が推察出来るのでありますが、期せずして吾々の実施案と略同一方向にあることは、非常に愉快であり、意を強くしました。」と記したうえ、文部省通牒全文を写し取っていることから全国の青年学校教員の多くが文部省通牒の内容を共有していたと推定できる。

(33) 三羽光彦『六・三・三制の成立』、法律文化社、一九九九年、二三八頁～二三九頁。

(34) 大阪市教育部学務課長発、各国民学校長宛、註（2）『大阪市戦後教育行政文書　昭和21年度(2)』。

(35) 大阪市町会規則第四八条は「町籍簿ヲ備付ケ区域内会員ニ付キ漏レナク調査整理」する仕事を課していて、敗戦後も配給業務など町会網は維持されていた。

(36) 大阪市教育部学務課長発　各青年学校長宛、昭二一・一一・二五付「生徒及学級に関する調」註（11）『公文書綴』。

(37) 一二月一八日付　学校教育局長発・地方長官宛。

(38) 佐々木享「中学校論研究について」、日本教育学会教育制度委員会編発行『教育制度研究委員会報告　第五集　現代社会における子どもの発達と教育制度　改革原理の研究』、一九八八年　一二一頁～一二二頁。

(39) 註（32）全国青年学校協会『回報』及び註（31）土井竹次「経過報告」。

(40) 日本近代教育史料研究会編『教育刷新委員会　教育刷新審議会会議録』第六巻、岩波書店、一九九七年、四〇〇頁～四〇一頁。

(41) 三重県員弁郡員弁町では国民学校、青年学校の校長や教員が直接、この調査に関わったという（註（33）『六・三・三制の成立』、三一八頁）。
(42) 『教育タイムス』第一三号、昭和二一年一二月五日。
(43) 『朝日新聞』、昭和二二年一月七日。
(44) 石川謙編『近代日本教育制度史料』第二十三巻、大日本雄弁会講談社、昭和三二年、二三九頁。
(45) 註（33）『六・三・三制の成立』、二四〇頁〜二四一頁。
(46) 文部省学校教育局『新学校制度実施準備の案内』、註（44）『近代日本教育制度史料』第二十三巻、二三九頁〜二四〇頁。以下、同案内に関してはすべて本書（二三九頁〜二四〇頁）からの引用である。
(47) 久保義三『対日占領政策と戦後教育改革』、三省堂、一九八四年、四一二頁。
(48) 『朝日新聞』、昭和二二年二月一五日。
(49) 『教育タイムス』、第一六号、昭和二二年二月五日。
(50) 註（47）『対日占領政策と戦後教育改革』、四一二頁。
(51) 小山静子ほか『戦後公教育の成立―京都における中等教育―』、世織書房、二〇〇五年、二八八頁。
(52) 『新修大阪市史』（第八巻　新修大阪市史編纂委員会編、大阪市発行、平成四年、六六五頁）では「大阪市学制改革協議会」と各「区学制改革協議会」と記載されているが、区協議会は、『朝日新聞』（昭二二・三・七）により「新学制協議会」に修正した。大阪市学制改革協議会は、前記『大阪市史』のみならず、『毎日新聞』（昭二二・三・六、昭二二・三・二五）もそのように報じている。
(53) 同前『朝日新聞』、『毎日新聞』。
(54) 大阪市都市協会編『旭区史』、旭区創設五〇周年記念事業委員会、昭和五八年、一一六頁〜一一七頁。
(55) 新修大阪市史編纂委員会『新修大阪市史』、第七巻　大阪市、平成六年、六八頁、表一九より算定。
(56) 大森久治『榎並と野江の歴史―近郊農村から都市への発達―』、泰流社、昭和五一年、九九頁。

(57) 学童集団疎開先は、『大阪の学童疎開』（赤塚康雄編著、クリエイティブ21・一九九六年、三〇九頁、三一二頁、三一四頁、四六〇頁、四六八頁〜四六九頁）を参照されたい。
(58) 大阪市旭区長発、大阪市長宛、昭二〇・一〇・二三付「高殿区域内ニ初等科国民学校設置方上申」付属表「収容児童見込数」大阪市教育局校舎管理係『昭和二十一年起　児童収容対策一件綴』。本件に関しては以下すべてここからの引用である。なお、各校別就学児童数は次の通り。榎並校（四七人）、関目校（七五人）、高倉校（五一人）、大宮校（七一人）、大宮西校（五人）、古市校（七人）。
(59)「初等科国民学校設置方上申ノ件（高殿町会連合会区内）」の回覧文書に付された起案の日付による。本件に関してはすべてここからの引用である。本文書は註（58）『昭和二十一年起　児童収容対策一件綴』に収められている。
(60) 註（58）『昭和二十一年起　児童収容対策一件綴』。
(61) 同前。
(62) 大阪市教育部回覧文書（昭二一・三・一二）「高殿国民学校初等科設置歎願ノ件」本件に関してはすべてここからの引用である。註（58）『昭和二十一年起　児童収容対策一件綴』。
(63) 註（56）『榎並と野江の歴史―近郊農村から都市への発達―』、一二五頁。
(64)『大阪市公報』、昭和一六年一一月二〇日　号外　第二二五九号。
(65) 大阪市立生野小学校創立一〇〇周年記念誌委員会『生野　創立一〇〇周年記念誌』同事業委員会、昭和五一年、三七頁、六一頁。
(66) 同前。
(67) 大阪市庁内回覧文書　昭二一・三・二〇付「田島国民学校開設陳情ノ件」備考欄の記載による。註（58）『昭和二十一年起　児童収容対策一件綴』。
(68)『大阪市公報』昭和一三年六月二〇日、第一五〇三号、『田島小学校沿革誌』及び尾垣隆雄・大野敏・西田宏談（平一五・一一・一〇）。買収地は現田島小学校用地で、当時の地番は東成区生野田島町四七四〜四八一、五〇二〜

五〇八、五一〇～五一四、五二五～五二七番地である。
(69) 大阪市生野区創設十周年記念事業実施委員会編『生野区史』、生野区役所、昭和二八年、七四頁。
(70) 註(58)『昭和二十一年起　児童収容対策一件綴』に採録。
(71) 同前。
(72) 註(67)「田島国民学校開設陳情ノ件」添付「(別紙其ノ二)本件対策」による。
(73) 註(68)『田島小学校沿革誌』。
(74) 註(68)尾垣隆雄・大野敏・西田宏談(平一五・一一・一〇)。
(75) 註(68)『田島小学校沿革誌』。
(76) 大阪市教育センター編発行『戦後大阪市教育史(Ⅰ)』、昭和六〇年、二一一頁。
(77) 同前、二一九頁。
(78) 同前、二二一頁～二二七頁。
(79) 大阪市教育委員会「大阪市立小学校廃止の件」(議案第五四号)、昭二六・八・二八提出、大阪市教育研究所編発行『大阪市戦後教育行政資料(2)』、昭和五三年、三二頁～三四頁。
(80) 大阪市立姫里小学校五〇周年記念事業委員会編発行『ひめさと　創立五〇周年記念誌』、平成四年、八四頁～八五頁。
(81) 此花区『恩貴島《おきじま》小学校沿革誌』、昭和二〇年一一月八日条の「十月八日附教育局長指示ニヨリ島屋国民学校ニ桜島国民学校トトモニ児童ヲ収容授業ヲ開始ス」から推定。同沿革誌は大阪市教育センターが保管。
(82) 大阪市立東中川小学校編発行『二五年の歩み―灰燼の中から立ち上る―』、一九六五年、五頁。
(83) 佐竹暲三談(平八・四・一〇)。
(84) 大阪市立難波小学校創立百十周年記念事業委員会編『難波　難波小学校百十年の栄光』、大阪市立難波元町小学校、昭和六二年、一二八頁～一二九頁。
(85) 松下孝昭「大阪市学区廃止問題の展開―近代都市史研究の一視覚として―」日本史研究会編発行『日本史研究』第

二九一号、一九八六年、五九頁。
(86) 註(55)『新修大阪市史』、第七巻、一五一頁～一五二頁。
(87) 原田敬一『日本近代都市史研究』、思文閣出版、平成九年、六六頁～六八頁。
(88) 大阪市東区法円坂町他一五七箇町区会編『東区史』、第二巻、行政編、昭和一五年、一七三頁。
(89) 同前、一七五頁
(90) 註(91)『日本近代都市史研究』、六八頁。
(91) 註(88)『新修大阪市史』、第五巻、大阪市、平成三年、六九二頁。
(92) 註(88)『東区史』第二巻　行政編、二一九頁。
(93) 新修大阪市史編纂委員会『新修大阪市史』第五巻、二四四頁、七三一頁～七三二頁。
(94) 新修大阪市史編纂委員会『新修大阪市史』第六巻、大阪市、平成六年、七八七頁。
(95) 註(88)『東区史』第二巻　行政編、一八一頁。
(96) 藤田邦昭『大阪市立汎愛小学校のこと』、自家版、頁数、奥付けなし。藤田は執筆当時、都市問題経営研究所長。
(97) 同前。「大阪・船場　汎愛小学校」『東京新聞』、二〇〇八年一〇月一二日。
(98) 浪速同和教育推進協議会歴史部会『浪速区の教育のあゆみ』、浪速同和教育推進協議会、一九八〇年、八二頁～八三頁。
(99) 註(94)『新修大阪市史』、第六巻、七七一頁。
(100) 註(88)『東区史』、第二巻、行政編、二二一頁～二二三頁。
(101) 関西地理学研究会編発行『パイオニア』、第八八号、二〇〇九年、一六頁。大阪市教育研究所編発行『大阪市立教育機関沿革資料』昭和五八年、八三頁～八四頁。
(102) 註(69)『生野区史』、六四頁。

第二章　大阪市立中学校設置案の策定

第一節　中学校設置原案（第一次案）の作成

（一）大阪市教育部内の中学校設置構想

大阪府が府下各市町村へ新制中学校の準備開始を指示したのは、昭和二二年一月六日であった。その内容を七日の新聞は次のように伝えている(1)。

大阪府では六・三・三・四新学制により、来る四月の新学期から義務制中学校を全面的に実施と決定、これにともなう新措置を立案中であるが、中等入試は御破算、校舎その他の下準備は早く整えるよう六日府下市町村へ通知した。なお校舎は当分青年学校、国民学校高等科の建物と、新学制採用で空屋となる現中学校の教室一部を動員する予定である。

大阪府は新学制の四月実施を確実視、設立中学校数の決定、教室、教員の確保等々の実務に取りかからねばならない最終の時期、と判断しての市町村への要請であった。「中等入試は御破算」の報道からは、六年生児童の進路先の視界不良が続く状況への府民の不安と怒りを早く収めねばならないとの大阪府の焦りも読みとれる。

大阪市が府の通知を受けて、一月早々、中学校準備に動き始めたことは、二月の大阪市定例市会における和爾《わに》俊二郎教育部長の答弁、「文部省からの府を通じての内命によりましても、六・三・三・四制の中、六・三制の問題だけは、つまり新制中学までは昭和二十二年度より実施する考えで（略）、本市といたしましてもこの線に沿いまして本年初頭よりいろいろ研究いたしましてわれ〳〵の方の一定の方針を持ちました（略）」(2)から明らかになる。「本年初頭」、即ち昭和二二年一月初旬である。

この答弁にある「われ〳〵の方の一定の方針」とは、教育部内で検討作成された中学校設置のための基本方針程度の意味で、続く答弁から以下のように整理することができる。

① 各行政区域（区）を基準に通学域を設定し、そのなかのある中学校を通学先として指定する。

② 校名に行政区名を冠し、同じ区内に二校以上設立した場合は、区名の次に第一、第二などと付けて区別する。但し、それは仮称であって、後日、各学校で正式な校名を民主的に決定する。

③ 校舎は青年学校及び高等科国民学校の転用による独立校舎の創出と小学校、中等学校（高校）教室の借用による。

④ 通学先は地域制による指定とする。

⑤ 男女共学を原則とするが、入学先設備の都合により困難な場合もある。

⑥ 必要な教職員は約千二百人〜千三百人である。国民学校高等科、青年学校の教職員を充て、初等科の優秀な教員も抜擢する。

このほかに、各区毎に計画、確定すべき事項として、中学校設置場所（本校・分校）、通学域、生徒数などを挙げている。おそらく、昭和二二年一月初旬から下旬にかけて、大阪市教育部内で話し合われた基本事項であろう。

以上の中学校設置方針を策定した責任者は、大阪市教育部の秦博《はたひろし》学務課長であった。本来は教育部長の任であるが、市長秘書室理事との兼務で多忙な和爾部長は中学校設立事務一切を課長に一任していたのである(3)。

この頃、中央は難しい局面に陥っていた。例えば、一月七日、大蔵省議が文部省提出の昭和二二年度六・三制経費予算七五億円を全額削除したのに反応して一七日、教育刷新委員会第一九回総会は、六・三制の昭和二二年度実施を決議、内閣総理大臣宛建言しなければならないほどの緊急事態となっていた。

のみならず、あの二・一ゼネストに向けて、市役所内も学校現場も騒然としていた。大阪市各区内で教員ゼネストを支持する保護者大会が開催される(4)など混沌とした社会状況にあった。こうしたなかで前述の作業が行われ、次項の作業が続くことになる。

(二) 中学校設置各区原案の作成

先の作業に続く各区中学校設置原案づくりは、早くて一月中旬、遅くても二月に入いると同時に開始されたと考えられる。その時点では『新学校制度実施準備の案内』は届いておらず(文部省発送二月一二日)、当然、各区に新学制協議会はできていない。

必然的に、設置原案の策定は、大阪市教育部、なかでも、秦学務課長の肩に掛かることになる。とはいえ、大阪市全二二区に及ぶ膨大な計画案づくりであり、教育部のみでの対応は不可能で、行政としては区内の情勢に詳しい区役所の参画が必要であった。区役所は地域の組織である町会連合会(以下町会)の窓口という事情もある。中学校の通学域は国民学校通学域の組み合わせによって設定されたが、一町会に一国民学校が伝統の大阪市の場合、町会の組み合わせを意味することになり、町会の地域における位置から町会は真先に招請すべき対象であった。もちろん、国民学校長、青年学校長の協力も欠かせない。生徒を送り出す側というだけでなく、両校の施設設備を使用することになるからである。特に国民学校長は貸与可能教室などの情報力を頼りにされたはずである。空襲罹災から立直れず、なお、校舎に官公庁舎、会社等が居座っている状況のなか、貸与教室数を算出できるのは校長しかなかった。

こうした人々によって、中学校設立案が話し合われるが、食糧事情が配給だけで得られる熱量一千キロカロリーを切り(5)、栄養失調に近い身体状況下でのプランづくりであったことや空襲で住宅を失った人、再建中の人も参画していたことに留意したい。前述した第九二帝国議会における石橋蔵相の六・三制を実施する財政上の余裕がないとの発言（第一章第三節（一））は、各地方が厳しい状況下、設置プランを策定している最中に行われたことになる。即時実施を否定するかのような中央からの情報にどうせ〝新学制は永続《ながつづ》きしない、仮の中学校をつくっておけばよい〟と安易な設置方法を思いつく地方の財政力の弱い村もある(6)。当時のわが国の現実から考えれば、石橋蔵相の発言の通りであったが、〝戦争でひどい目にあわされた。せめて子どもたちだけには立派な教育を〟と日本再建、平和日本の建設を教育に懸けて中学校設置プランの作成に動き始めた市民にとってはむごい蔵相の発言であった。

(三) 中学校設置原案（第一次案）とその概要

各区単位で策定された大阪市立中学校設置案は、大阪市教育部に集約され、大阪市の中学校設置原案となった。原案は、教育部学務課員の手で謄写印刷のうえ、冊子にされた。表紙に「二月二六日」と記されているので、これを「二月二六日案」(7)または「第一次案」と称することにする。「修正案」(8)が生まれてくるからである。

第一次案の形式、内容は北区から西成区までの二二区別に設置中学校名、設置場所（本校、分校）、収容学年別生徒数、通学域に含まれる国民学校名が次のように記されている。

表2—1　中学校設置案（第一次案）

通学区名	中学仮称名	仝上 本校	仝上 分校	生徒数 一年	二年	三年	計	被収容校
北	第一	曽根崎		四〇〇			四〇〇	曽根崎、西天満、梅田東、済美
	第二	北天満		三九四			三九四	北天満、滝川、堀川、菅北
	計	2		七九四			七九四	
都島	第一	淀川	桜宮	四七一	七一	一五	五五七	全部
	計	1	1	四七一	七一	一五	五五七	
福島	第一	八阪		三〇一	三四九	五八	七〇八	八阪、野田、海老江東、八阪青年
	第二	鷺洲		三三八			三三八	鷺洲、福島、玉川
	第三	海老江西		三七六			三七六	海老江西、新家、吉野、大開
	計	3		一〇一五	三四九	五八	一四二二	
此花	第一	春日出		五二二	二〇一	四五	七六八	全部

（以下略）

註　最下段の備考略

設置中学校が最も多い区は東淀川区の六中学校、次いで生野・城東・住吉区の四校、最小の一中学校設置予定は、表2—1に示した都島区を始め、此花・東・西・港・南・浪速・大淀区の八区で認められる。但し、中学校数は、二次案、三次案と進むにつれて増減が認められる区がある。例えば、表2—1冒頭の北区は二校設置が一校に減少する。まして、通学域、設置場所などは、もっと大幅に変更される。更に第二次案、第三次案を追跡しなければならない理由である（本章第二・三節に詳述）。

校数といえば、前記二月大阪市会（定例会）で、和爾教育部長は「五十校」程度と答弁している(9)。実際に設置したのは、五二校であったからほぼ正確に答弁していたことになる。正確な答弁ができたのは、中学校設置原案―第一次案が用意されていたからである。答弁したのは二月二六日であることを想起すれば、第一次案が「二月二六日」付で準備された意味が理解できよう。即ち、市会に合わせて、原案を冊子化したと解して間違いないであろう。

設置案の末尾は「総計」欄である。「本校五二、分校二六、生徒数一年二五〇八七、二年七三一三、三年一六四二、計三四〇四二」と記されている。生徒数は前章第二節で取り上げた「義務教育年限延長に伴ふ資料調査」の結果が有力な作成資料となったはずである。ただ、予定した疎開からの復帰数に達しなかったこと、私学への進学予定数を把握できなかったこと、予算同様の多い目の算定等々が重なり、実数は減少するが、学級数、教室数、教職員数等々の算出基準として重要視され、設置案策定の拠り所になったと考えられる。

(四) 第一次案確定二七校とその特徴

第一次案（二月二六日案）で確定した中学校は二七校で、四月に開校する五二校の半数を越える。僅か一か月内外の審議機関での二七校の確定は評価されねばならないであろう。しかし、また、本格的な設置案の策定作業を次年度に回避したと推定し得るようなプランのあることも事実である。ここではそれを問うのではなく、承認された一次案の策定過程をたどることに力を注ぎたい。

とはいえ、二七校すべてをカバーすることはできないので、六中学校という最も多くの学校を構想した東淀川区と最も少ない一中学校で済んだ東区と西区の第一次案策定過程を追跡し、残りの二五校については、本節末に掲出する表2―2を参照されたい。但し、生徒数は割愛してある。

（1）東淀川区の六中学校設置案

大阪市二二区中、最も多い中学校六校の設置案を策定した東淀川区は、生徒を中学校へ送る側の国民学校も最多の一七校であった。そのうち、一二校が初等科校、五校が初高併置校である。高等科単置校も青年学校の校舎も持たなかったので、そこを独立校舎として活用、生徒を入学させた他区のように処置できない東淀川区では、やはり初高併置あるいは初等科国民学校の校舎を頼りにしなければならなかった。

その頼みの校舎は、大阪大空襲で豊里・新高・三津屋校が全壊、西淡路・加島校が半壊の状態であった。空襲被害はなかったが、児童数千数百人の新庄校も中学校に貸すゆとりは全くなく、これらの六校は中学校設置対象から除外しなければならない実情にあった。

中学校設置場所が限定されるのに対し、入学予定生徒数は三三四五人（二次案）で、大阪市各区のなか最も多く、設置場所、通学区編成等をより困難にさせることになる。ちなみに、同区には田園地帯が残り、昭和一九年八月に始まった学童集団疎開の実施を見送った国民学校が三校もあったほどである（大空襲後実施）[10]。また大空襲後、疎開対象地となり人口が流入した地域もある。生徒数の多かった一つの理由である。

教室の絶対的不足と大阪市最多の生徒数という条件のなか、策定された設置案を義務制中学一年の通学域の視点から俯瞰しておこう。

東淀川一中（十三中《じゅうそう》）の通学域は、本校の置かれた十三校と東に隣接する木川校、やゝ北西方向に離れた位置

図 2-1　東淀川区新制中学校設置第一次案通学域図（決定案）

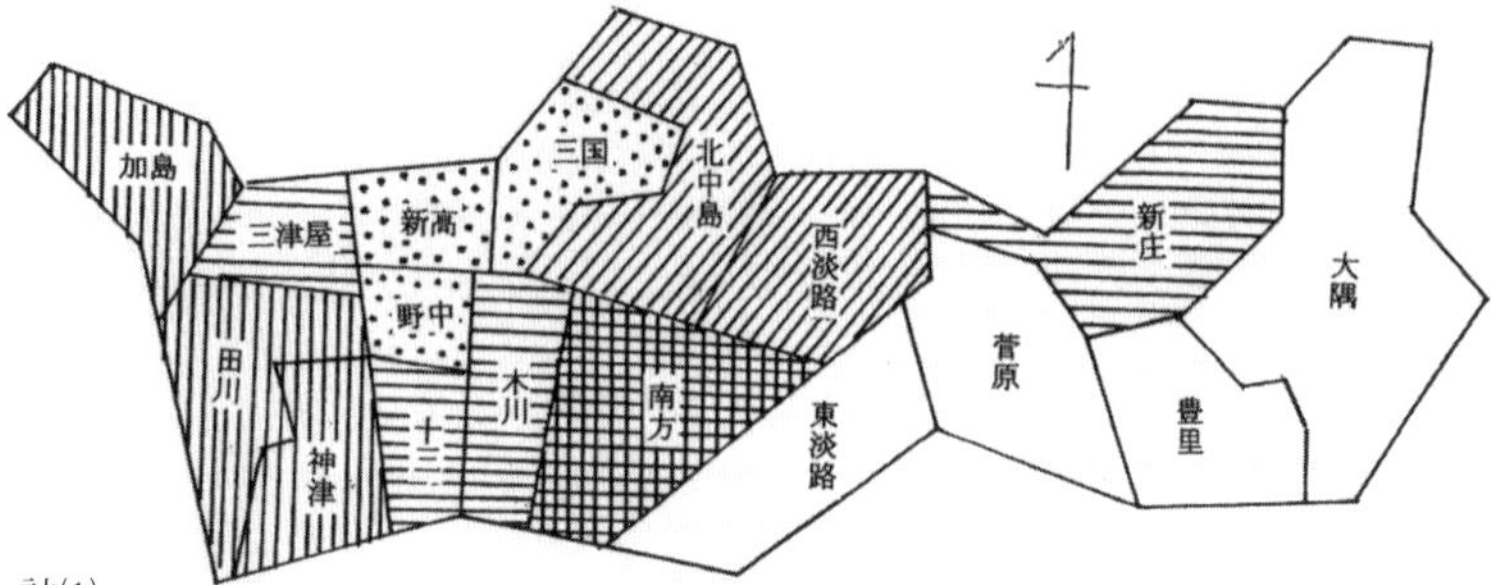

註(1)

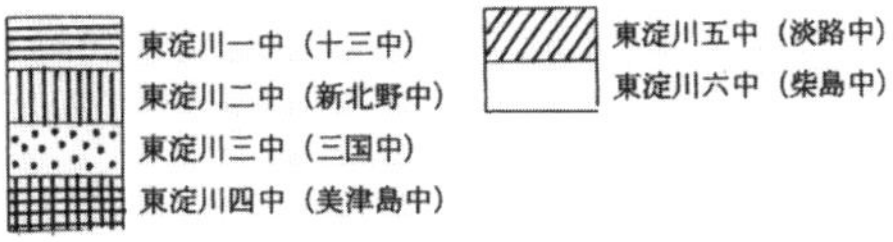

(2)「大隈」「豊里」などは国民学校名

にある三津屋校及び遥か東方の新庄《しんじょう》校の校区で形成され、飛び地状になっていることが、図2―1から明らかになる。一中は、一年だけで六九二人と区内で最も生徒数の多い学校で、分校に大阪市立第七商業学校（淀商業高校）を借用する予定であった。

区の中央部、南方《みなみかた》国民学校（西中島《にしなかじま》小、昭三五）一校区を通学域にしたのが東淀川四中である（東淀川四中を美津島中に改称したとされるが筆者は疑問視している。詳細は第五章第三節（二））。一国民学校、一中学校という組合せは、極めて稀で、大阪市ではこの事例のみである。但し、南方校は、空襲で校舎が全壊した啓発校を昭和二〇年度末、統合しているので、実質は二国民学校である。統合時の初等科児童数、南方校六八九人、啓発校五八〇人だったから、一学年にして、約二一〇人、第一次案の二一二人の予定生徒は納得できる数字である。なお、昭和四九年の東淀川区と淀川区の分割線は、両校区を分けるＪＲ東海道本線京都線である。また、東海道新幹線新大阪駅は西中島校（南方校）区の北端に当たる。

東淀川四中の東隣りは東淀川六中（柴島《くにじま》中）の通学域で、東淡路校、菅原《すがはら》校、豊里校、大隅校の校区を合わせた広大な地域で、四中に比べて不均衡な形状を呈している。入学予定生徒は四中のほゞ二倍、四一〇人が算定された。開設場所は校舎全壊の豊里校を除く三校である。

義務制一年の通学域に飛び地状や不均衡が認められる以上、東淀川区の通学域は不適切と言わざるを得ないが、第二次案に「決定」の印が付けられ、区新学制協議会が承認し、同案通りに実施されているので、変形通学域等問題は残るが、その時点で、最善と判断しての結果であろう。

しかし、この通学域は、発足の昭和二二年度限りとなり、東淀川区新学制協議会は、次年度に向けて、大幅な再編成に取り組まざるを得なくなる（第五章第三節（二）参照）。

（2）東・西両区の各一校設置案

⑴ 東一中（東中）一校案

大阪市による昭和二〇年度末の学校統廃合によって生まれた昭和二一年度の高等科校の北大江国民学校、北大江青年学校（北大江商工学校・同実科女学校）の存在が、東区の中学校一次案の決定に大きく影響したと思われる。即ち、二〇年度末、北大江校の児童を他校へ移し、高等科単置（兼青年学校）の国民学校に改組（第一章第一節参照）、東区のみならず北区、都島区の高等科児童及び北区、大淀区の青年学校（北大江商工・実科女学校）生徒を受け入れた枠組が、そのまま東一中となった。但し、初等科六年修了の中学一年への入学は、もちろん、地域性の原則に基づき、東区内の国民学校に限定された。

こうして、東一中一次案の一年は集英・玉造・南大江・中大江・愛日各国民学校及び疎開復帰からの三三二人を算定、二・三年は、前記北大江国民学校及び青年学校一・二年の進学希望者三六一人（二年二四五人、三年一一六人）を想定のうえに策定された。

設置場所は、当然、北大江国民学校であった。同校の鉄筋三階建校舎は、空襲罹災なく、三〇教室を備え、発足時はその半分もあれば十分であったろう。

このように見てくると、東一中は、前記昭和二〇年度末の統廃合時から設置に向けて動き出していたと解することができるようである。

(2)　西一中（西中）一校案

東一中と同様の構図で策定されたのが西一中設置第一次案である。即ち、敗戦直後の学校統廃合で、花園国民学校初等科児童を日吉校へ移動させ、区唯一の高等科校に改組、翌年、西一中（西中）としたのである。義務制一年へは、区内六国民学校初等科修了生を入学させ、非義務制の二・三年へは、花園校一・二年、及び九條南青年学校（南九條商工学校、同実科女学校）一・二年の生徒（西区・港区）を編入学させようとしたのが、西区の第一次案である。

設置場所は、花園国民学校である。高等科校と青年学校が同居していた東区とも異なるのは、青年学校が九条南国民学校に併置されていたことである。だから、一次案策定の過程で、同校への設置が考えられたようで、設置場所欄外に「九条南」と鉛筆で加筆した跡が認められる。すぐに消えたことは、二次案、三次案が、設置場所「花園」のみで通されていることから明らかになる。

表2―2　第一次案確定中学校一覧

番号	校名（現校名）	設置場所 本校	設置場所 分校	収容学年	通学区
1	都島一中（高倉中）	■淀川	桜宮	一〜三	■淀川、高倉、桜宮、中野、榎並（城東区一部）
②	東一中（東中）	□×北大江	―	一〜三	×北大江、南大江、中大江、愛日、□北大江、集英、玉造
③	西一中（西中）	□花園	―	一〜三	□花園、本田、西船場、日吉　×九条南、九条南、九条東、九条北
④	大正一中（大正東中）	×三軒家南	―	一〜三	×三軒家南、中泉尾、三軒家西
⑤	大正二中（大正中央中）	□三軒家南	―	一〜三	□三軒家南、泉尾東、北恩加島、南恩加島
6	天王寺一中（天王寺中）	□×大江	―	一〜三	■大江、×大江、聖和
7	天王寺二中（夕陽丘中）	五条	―	一、	五条、生魂、味原、桃陽、真田山
8	大淀一中（大淀中）	浦江《うらえ》	―	一〜三	■豊崎東、■中津、豊崎本庄、浦江
9	東淀川一中（十三中）	×十三	○市立第七商	一・二	十三、三津屋、木川、×十三、■新庄（初等科）
10	東淀川二中（新北野中）	■神津	○府立北野中	一〜三	■神津、加島、田川、■新庄（高等科）
11	東淀川三中（三国中）	三国《みくに》	■野中	一・二	■野中、三国、新高
12	東淀川四中（美津島《みづしま》中）	■南方	―	一・二	■南方
13	東淀川五中（淡路《あわじ》中）	■北中島	―	一・二	■北中島、西淡路
14	東淀川六中（柴島《くにじま》中）	東淡路《あわじ》	■大隈　菅原	一・二	■大隈、東淡路、菅原、豊里
⑮	東成一中（東陽中）	□西今里	□阪東	一〜三	深江、神路、□西今里、□阪東
16	東成二中（本庄中）	中本	―	一	中本、東中本、今里、片江
17	東成三中（玉津中）	東小橋	北中道	一	東小橋、大成、中道、北中道
⑱	生野一中（大池中）	□×大池	□猪飼野	一〜三	×大池、□大池、□猪飼野、東小路、東中川、御幸森

19	生野三中（生野中）	東桃谷	○府立生野中	一	鶴橋、北鶴橋、生野、林寺、勝山、東桃谷（以上六校の男子）
20	生野四中（東生野中）	中川	小路	一	中川、小路
21	旭一中（旭陽中）	■×高殿	―	一～三	■高殿、×高殿、大宮、古市、清水、思斉
22	旭二中（大宮中）	大宮西	―	一	大宮西、城北、生江
23	住吉二中（南稜中）	粉浜	―	一	粉浜、安立
24	住吉四中（我孫子《あびこ》中）	長居	―	一～三	■長居、依羅
25	東住吉二中（平野中）	平野	育和	一	平野、育和
㉖	西成一中（天下茶屋中）	□浜田	―	一～三	□浜田、橘、天下茶屋
27	西成二中（今宮中）	■×弘治	今宮	一～三	■弘治、×弘治、今宮、松宮、梅南、長橋、萩之茶屋

註(1)　国民学校の記号別、■初・高併置、□高等科校、無記号は初等科校。
(2)　青年学校は×印、中等学校は○印
(3)　番号欄○印は独立校舎の中学校

第二節　中学校設置第二次案の作成――一次案の修正とその経過

第二次案は、第一次案で確定できなかった二五中学校の修正案で、三月八日から大正区を皮切りに開催される各区新学制協議会(11)（前章第三節（二）参照）に間に合うようにと三月七日付で冊子にされた。

第一次案の二月二六日から第二次案提出の三月七日までの期間に六・三制の四月実施閣議決定、文部省主催の教育主管局部長会議を受けての浅野大阪府教育部長による新制中学校長の三月末日発令―開校四月末との発表

(12)等で、新制中学校設置案作成関係者はもちろん市民の意識も大きく変化し、新制中学校制度が現実味を帯びるに至る。中等学校入学試験のための国民学校の補習教育が完全に止まるのも、この時期であった。

それゆえに、第一次案を修正して第二次案を作成する作業は、緊迫した雰囲気のなか、本気度を持って運ばれたと考えられる。本案で、最も大きな修正を迫られたのは、阿倍野区と城東区である。

両区に共通する変更要因は、大阪市の一五区制(昭七・一〇実施)から昭和一八年四月の分区による二二区制への増区後も本来通学すべき国民学校へ転入学せずにいる六学年児童を新制中学校入学予定生徒として正確に扱えなかったことにある。即ち、阿倍野区は同区から東住吉区へ通学している児童を第一次案で入学生徒数に算入しなかったし、城東区は都島区から通学している児童をそのまま城東区側の中学校で引き受けるものとして第一次案を策定していたのである。大阪市の「中学校設置方針」の一項、「④通学先は地域制による指定制」(前節(一))が第一次案作成時に忘れられていた結果であった。

大阪市は分区に当たって、住民を納得させる一手段として、分区で通学校が住所地と異なる区になってもそのまま通学することを認めたのであろう。それを中学校入学を機に住所地へ戻そうとしていたのである。こうして第二次案での修正作業となる。

(一) 阿倍野区―三校設置計画(第一次案)から四校体制へ

(1) 分区の国民学校通学域への影響

第一次案で確定できず、第二次案で修正し直さなければない原因となった阿倍野区の問題の地域は、住吉区から分区した阿倍野区と東住吉区の境界地帯で、およそ現在の阿倍野区文の里地区(13)に該当する。分区以前、この地域に国民学校が立地していなかったので、子どもたちは家から近い北田辺・長池・常盤《ときわ》各校へそれぞれ通学した。この通学方法は分区後も続いた。

問題の始まりは、昭和一八年の分区によって、北田辺校が東住吉区に入ったことであった。中学校設置案策定に当たって、阿倍野区に住みながら、東住吉区側へ通学する子どもの存在を視野に入れていなかったのである（長池・常盤校は阿倍野区側であり当然問題にならない）。

しかも、三校のなかで、東住吉区北田辺校へ通学する児童が最も多く、昭和二二年四月に新制中学校生徒になる六年生は一四三人(14)もいたのである。

因みに、文の里地区全学年を通しての通学校別児童数はどれほどになるのだろうか。中学校が発足して三年目に当たる昭和二四年度の資料だが、文の里地区の小学生一一二六人のうち、北田辺校四五九人で最も多く、次いで常盤校四二八人、長池校二三九人となっている(15)。

（2）確定第二次案と問題点

阿倍野区の入学予定生徒一八八五人（一年）に応じて三中学校設置を計画した第一次案から、北田辺校（東住吉区）一四三人の増加分に対応して四中学校設立に変更したのが第二次案である。当然、それに伴い、通学域も修正された。

その通学域の設定に阿倍野区は苦悩しなければならなかった。八回に及ぶ大空襲による被害は丸山校区以外なく、小さな空襲罹災だけで終ったので、人口減少率も一三パーセント(16)と低く、したがって児童数は減らず、中学校用に借用し得る国民学校教室が限定された。そこで、不足分を中等学校教室（高等学校）で補わざるを得ず、

表 2-3　阿倍野区文の里地区児童の通学先小学校と児童数（昭和 24 年度）

	北田辺小	常盤小	長池小	計	本来の通学校
昭和町東一丁目	58		20	78	長池小
昭和町東二丁目	59		60	119	〃
昭和町中二丁目	112		10	122	〃
昭和町西二丁目	47			47	〃
桃ケ池町	21		49	70	〃
天王寺町	162	327		489	常盤小
北田辺西町		101		101	〃
昭和町東三丁目			50	50	〃
昭和町中一丁目			20	20	長池小
昭和町中三丁目			20	20	〃
昭和町西一丁目			10	10	〃
計	459	428	239	1126	

大阪市「文の里地区児童関係学校在籍数調」（昭 24・9・9）から作成

そのことが通学域の設定を大きく制約することになった。中等学校と高等女学校では便所等の設備条件が違うので、中等学校には男子生徒のみ、高等女学校には女子生徒しか収容できないからである。

この厳しい条件のもとで、中学校設置場所の選定と通学域の設定作業が進められ、阿倍野二中から阿倍野四中までの設置場所を、本校は国民学校に、分校は中等学校に確定し、阿倍野一中を高等科単置校の昭和国民学校と決定した。したがって、阿倍野一中だけが独立校舎に入れることになる。また、高等科一・二年の児童が中学校二・三年に編入されるので志望者は自動的に阿倍野一中の二・三年となった。

以上を前提に初等科六年生の進学先中学校、即ち中学校通学域を確定する作業が行われ、結果は第二次案（三月七日案）として示された。

一次案より設置中学校と借用中等学校（高校）が一校ずつ増えたために、国民学校によっては、男女が別の中学校の通学域になるなど、入学先が複雑であるので、男女別の通学域図（図2―2）を提示する。

通学域図で国民学校ごとに通学先を見ると、区北部に位置する高松・常盤・金塚・丸山国民学校は、男女が共に同じ中学校へ入学するプランであるのに対して、南部の阿倍野・晴明丘・阪南・長池の四校は、男女別に進学する案になっていることが判明する。被災の丸山校を除き、自校々舎を中学用教室として提供できるか否かが鍵になったように思われる。

以上の関係を阿倍野二中（文《ふみ》の里《さと》中）通学区及び同中学校の本校・分校設置場所から具体化しておこう。まず、

表 2-4　中学校設置場所

中学校名	設置場所	
	本校	分校
阿倍野一中（昭和中）	昭和校	—
阿倍野二中（文の里中）	常盤校	府立阿部野高女
阿倍野三中（阪南中）	高松校	私立工芸学校
阿倍野四中（松虫中）	金塚校	府立住吉中
計四校	4 校	3 校

図 2-2　阿倍野区新制中学校設置第 2 次案通学域図（決定案）

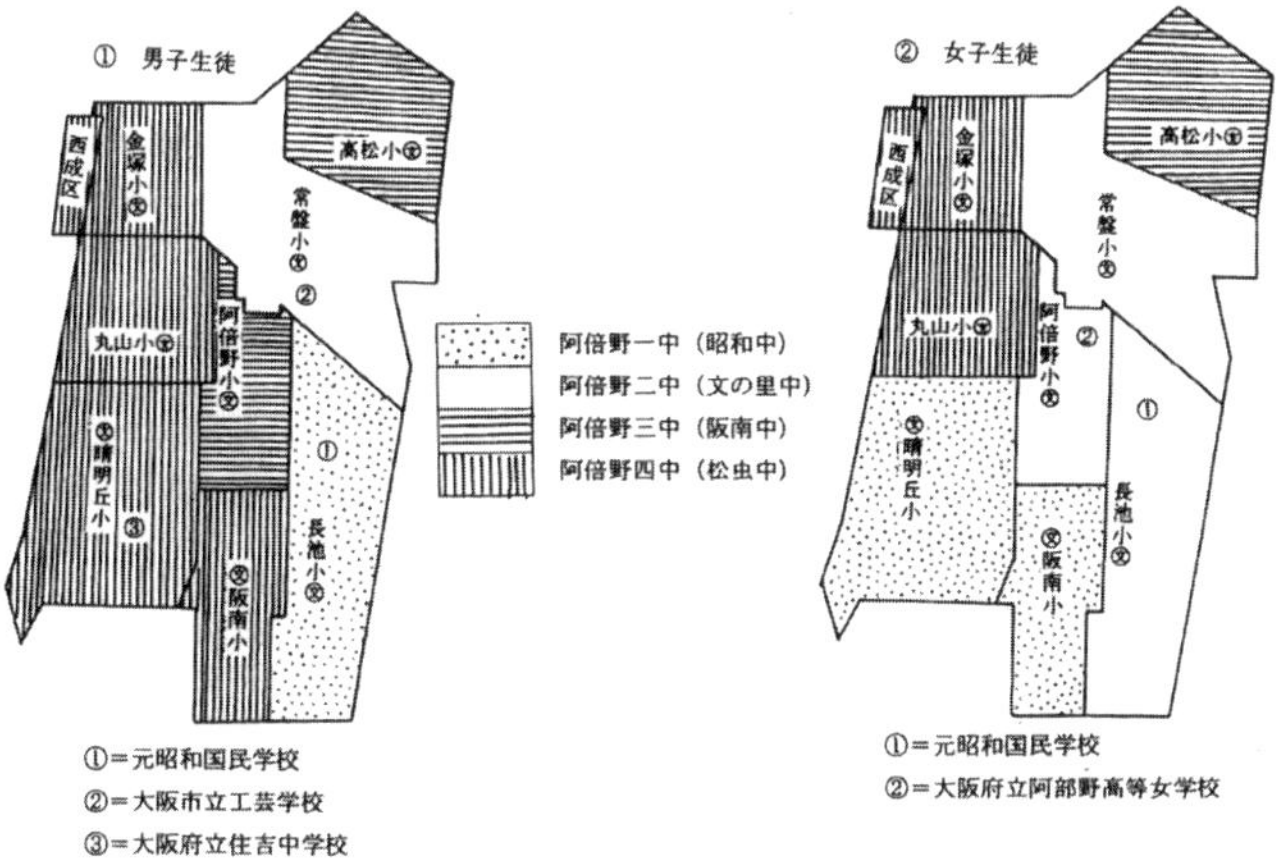

阿倍野二中の本校は常盤《ときわ》校、分校は府立阿部野《あべの》高等女学校(17)に設置されたことを再確認（表2―4）し、そのうえで、常盤校卒業生（初等科修了生）の通学区は阿倍野二中であることを認識（図2―1）しておこう。これらの条件から常盤校卒業生が阿倍野二中へ入学すると言っても、同じ常盤校内での移動に過ぎず、当然、男子生徒、女子生徒ともに行動し得ることは明らかであろう。

他方、女性しか使用できない分校の阿部野高等女学校の借用教室へは阿倍野・長池校からの女生徒が入ることになる。ちなみに両校の男子生徒はどこに位置づけられたであろうか。阿倍野校は阿倍野三中の通学域となり市立工芸学校（工芸高校）、長池校

は阿倍野一中（昭和中）の校区に位置づいた。また、東住吉区北田辺校文の里地区生徒は阿倍野三中（阪南中）を就学先と定められ、男子は同中学の分校市立工芸学校へ、女子は、本校が設けられている高松校を通学先として指定された。

（3）阿倍野区の教室事情

以上に述べた通学域は通学域と呼べないであろう。国民学校の教室不足から中等学校を借用せざるを得なかった阿倍野区の事情に起因するが、このとき、国民学校はどのような情況にあったのだろうか。まず、中学校に教室を貸与できなかった学校の教室事情を明らかにしておかなければならない。

太平洋戦争の影響を受けたのは、丸山・阪南国民学校である。丸山校は第四次大阪大空襲（昭二〇・六・一五）の際、半分以上の教室が罹災し[18]、阪南校は建物疎開（昭二〇・五・一五）により二棟一〇教室が撤去されていた[19]。阿倍野国民学校は、四教室を使用していた瓶回収会社が退去したものの、区内で最も多くの児童（二二六一人、四三学級）を抱え、昭和二二年度、二部授業が確実視される事情を持っていた[20]。晴明丘校については、私立小西幼稚園が一教室使用との情報[21]があるだけだが、ほかに事情があった可能性も考えねばなるまい。

それでは教室を中学校に提供できた学校の現場は如何だったのだろうか。高松国民学校は、大阪府食糧営団が一室無断使用中、常盤国民学校は私立常盤幼稚園園舎として七教室使用しているが、昭和二一年度末退去予定、金塚国民学校は私立金塚幼稚園四教室使用中だが同園も年度末退出[22]の情況にあった。

こうした条件のなかで、阿倍野区は、昭和二二年度の小学校教室借用と中等学校空き教室（入試中止により一年生徒は入学してこない）の借用を決断し、新制中学校四校の開設を決定したのである。

(二) 城東区――四校設置計画(第一次案)から三校体制へ

第一次案の四中学校設置計画を阿倍野区とは逆に一中学校減らし、三中学校設立で確定したのが城東区の第二次案である。第一次案で確定できなかった原因は阿倍野区と同様、分区によって生じた越境通学児童を把握できなかったことによる。但し、阿倍野区との相違は本来の通学域に戻すことによって入学予定生徒が減少したことである。

したがって、第二次案策定の焦点は、東成区から分区(昭和一八年)し、都島区側に入りながら城東区榎並国民学校に通学を続ける生徒の入学先として指定した城東三中から都島区の中学校へ変更すること及び同中学校の処理であった。前者の解決は簡単であった。都島区内で唯一開設予定の都島一中(高倉中)への入学に修正された[23]。

城東三中は第一次案で榎並国民学校と今福国民学校の通学先として設定されたが、榎並校から都島一中(高倉中)へ入学する生徒分が減少すること、通学域が飛び地状で不自然なことを理由に城東三中解消を第二次案策定の方針とされた。同時に一次案の城東四中を城東三中に変更した。

そのうえで、今福校の入学先を城東一中(放出中)に、榎並校を城東三中(蒲生中)の通学域に編入することによって城東区第二次案の確定を見た。当然、この措置によって城東一中及び二中の入学予定生徒数は、第一次案より大幅に増加した。即ち、一中は一〇三人増の四九八人、二中は三五七人増の七二〇人の受入予定となった。三中は一次案の四中が繰り上っただけなので、予定生徒数六八〇人に変更はなかった。なお、高等科校・青年学校を独立校舎として使用する一中には、二・三年に編入する生徒五〇四人(二年四二四人、三年八〇人)がいるので、一年と合わせて一〇〇二人の規模になった。二中が鯰江校、三中が鴫野校を借用しなければならなかったのに対し、

図2-3　城東区新制中学校設置第二次案通学域図（決定案）

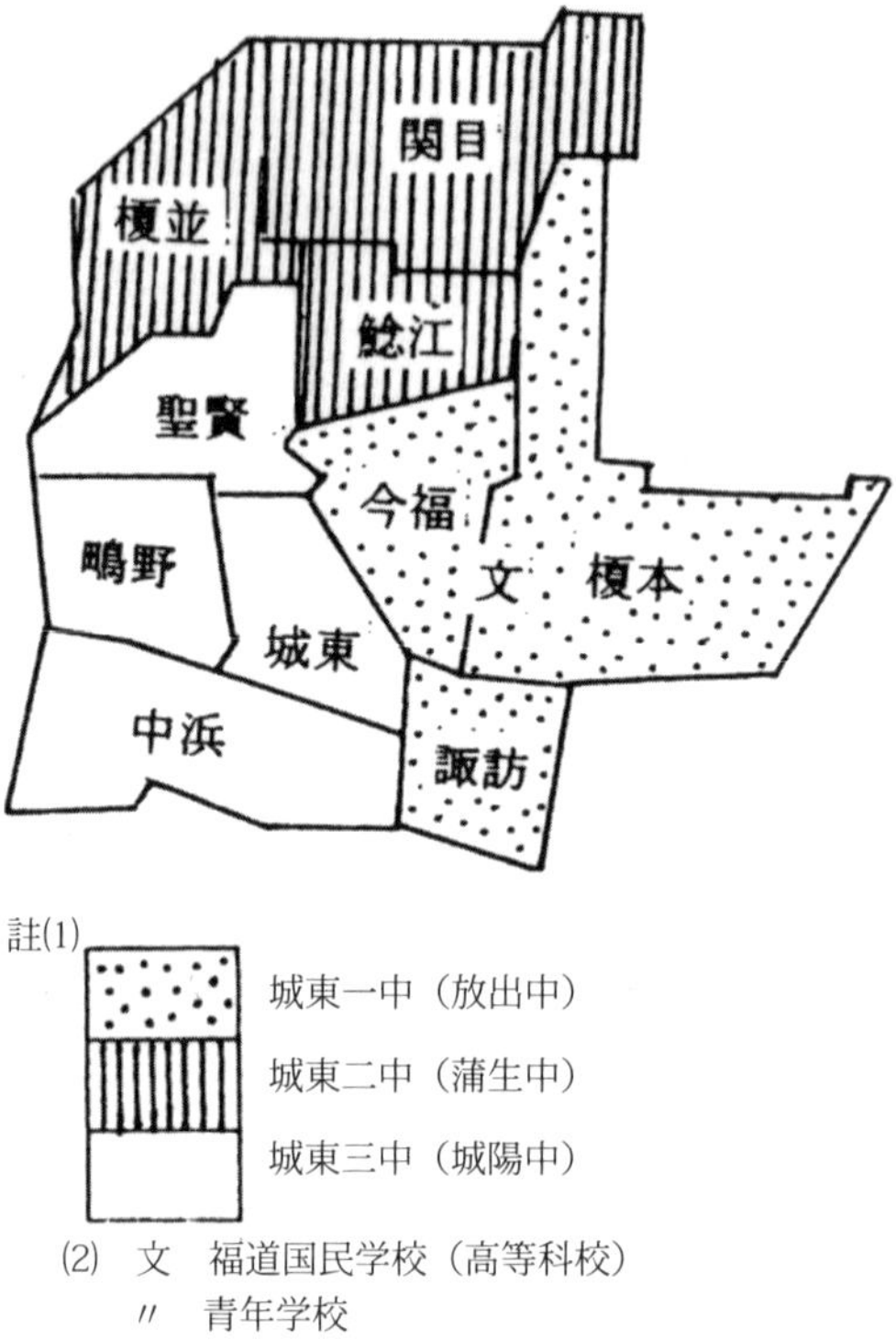

一中は独立校舎であったので、十分対応できた。

城東区の唯一の初高併置校・鯰江校の高等科の児童は独立校舎の一中へ入学することが第一次案から決められてから変更はなかった。ほかの区でも認められることであるが、高等科は高等科校へ集めたのである。

(三) 西淀川区——不均衡通学域の是正

中学校設置案策定当時、西淀川区内には国民学校一〇校が分布していた。一・二次案を通して中学校は二校の初等科高等科併置国民学校と一校の高等科国民学校に設置とされている。即ち、大和田西校（高等科校）に西淀川一中（淀中）、姫島校（初高併置校）に西淀川二中（西淀中）、野里校（初高併置校）に西淀川三中（歌島中）である。姫島校には青年学校（姫島商工・同実科女学校）も併置されていた。この三校は校舎の規模が大きく、高等科・青年学校生を二・三年へ受入れ易く、区内で最適の中学校開設場所と考えられたのであろう。

にも拘らず、第一次案で確定できなかったのは、肝心の通学域があまりにも不均衡な情況を呈していたからである。最も極端な例を挙げると、西淀川二中は姫島《ひめしま》国民学校のみの入学先となっているのに対し西淀川一中の通学域は香蓑《かみの》・佃《つくだ》・大和田西《おおわだにし》・川北《かわきた》・福《ふく》国民学校の校区に広がっていた。結果として、新一年生徒数は二中が一八八人、一中が五一九人というアンバランスを来たした。

この欠陥の修正のために、西淀川区は第二次案（図2―4）を必要としたのであった。その結果、問題の姫島校のみを校区とした西淀川二中は、一中から福校、三中から姫里校の校区を移し、三か校で通学域を形成した。さらに一中の香蓑校を三中の通学域に編入し平均化が図られた。

図 2-4　西淀川区新制中学校設置第二次案（決定案）

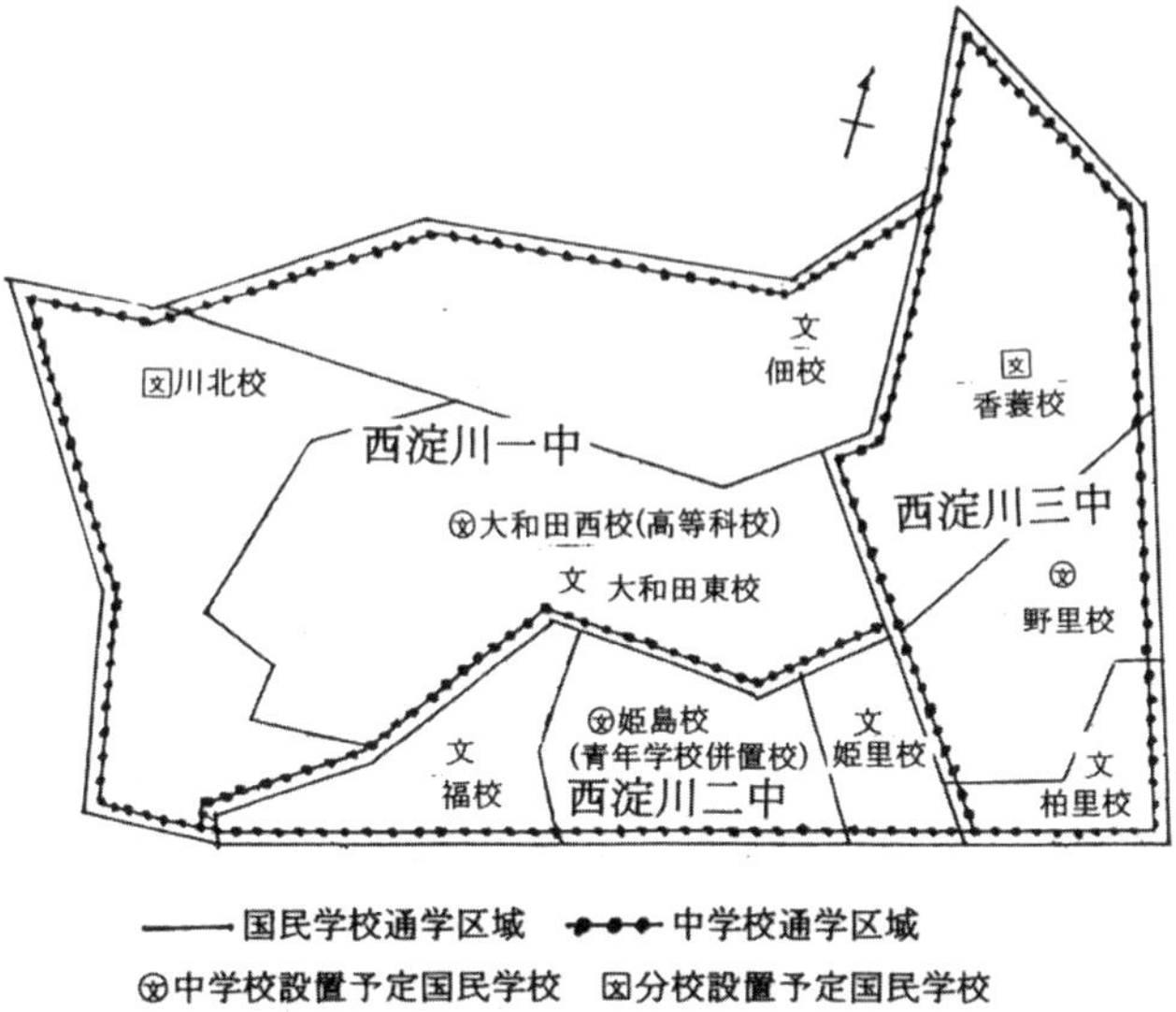

これによって、義務制一年の予定生徒数は、一中三五三人、二中三〇八人、三中三三〇人へと均衡のとれた員数に変った。非義務制の二・三年については、それぞれの高等科から希望生徒が編入学するので、一中一一一人、三中九六人（いずれも二年のみ）となり、二中は、高等科、青年学校両校からの進学となるので、二年一八九人、三年六六人の多数となった。なお三年の六六人のなかには、野里校、大和田西校の高等科二年を卒えた生徒も含まれる。西淀川区の中学三年はすべて、西淀川二中に集めたからである。

以上の経過で西淀川区は第二次案をもって確定した。ただし、開校直前、一中の分校が川北校から大和田東校に変更された。

(四) 住吉区と西成区における一部未確定校の処理

住吉二中(南稜中)、同四中(我孫子中)及び西成二中(今宮中)の設置原案が第一次案で確定済となったことは、本章第一節で明らかにした(表2―2)。ここでは第一次案で確定できなかった住吉一中、同三中(三稜中)及び西成一中(天下茶屋中)、同三中(成南中)の修正点を探ることになる。

(1) 住吉区―高等科児童の受け入れ先中学校を巡って

住吉一中と住吉三中の間で高等科児童の受入れを巡って紛糾したのが第一次案で確定できなかった理由である。住吉一中は西粉浜国民学校(高等科校)、西粉浜青年学校(西粉浜商工・同実科女学校)を独立校舎にして設置された中学校である(表2―5)。当然、二・三年に両校からの生徒が編入することになる。義務制の一年へは加賀屋《かがや》・敷津浦《しきつうら》・東粉浜国民学校初等科六年修了の生徒が入学する。

墨江《すみえ》国民学校を借用して開設される住吉三中には、墨江・遠里小野・清水丘・住吉国民学校の初等科六年を卒えた生徒及び墨江校高等科一・二年修了の生徒を受け入れる予定であった。しかし、墨江校の高等科へは安立校(昭一七年度～)、依羅《よさみ》校(昭一八年度～)の児童も通学していて、二百人を越える児童で満杯の情況を呈していた(24)。墨江小学校自体、昭和二二年度の児童数が千二百人内外と予測され(25)、同居する住吉三中の生徒数をできるだけ押さえたかったはずであり、高等科を独立校舎を持つ住吉一中へ移すことを町会から要望されたのではないかと推測できる。対象にされた住吉一中も、独立校舎であるとはいえ、第一次案で八七二人の生徒数を算定しており、これ以上の生徒増は困難であると思われた。

この問題の妥協点を探すことが第二次案策定の焦点であった。最終的に三中の高等科二年（中学校三年編入）を一中に移すことで解決した。これによって、住吉区の全中学校の設置案が確定できたのである。なお、第二次案の住吉三中の生徒数は九四〇人を数えるが、住吉国民学校に設置予定の分校の生徒数も含まれている。

この分校は第一次案策定中から住吉国民学校出身生徒用中学校として独立させたいとの保護者の動きを押さえて分校方式が採られた経緯があり、翌年度には独立するが、それについては第八章第一節に詳述したい。

（2）西成区——本校・分校の設置場所を巡って

西成区は、第一次案で確定した西成一中（天下茶屋中）、西成二中（今宮中）に対して、西成三中（成南中）だけが遅れることになった。三中の通学域は岸里《きしのさと》、千本、玉出、北津守《きたつもり》、津守、南津守各国民学校下に及び、西成区の半分以上を占めるほど広大であったことが、本校、分校の場所決定に影響、混乱させたのかもしれない。もちろん、大阪の全国民学校に通じることだが、空襲による教室被災情況も勘案されたであろう。

その結果としての一次案における本校・南津守国民学校、分校・津守国民学校借用の提案であった。南津守校は空襲被災もなく、高等科を併置している唯一の学校であったから、そのまま中学校を受け入れ得るとの判断も働いたであろう。学校位置からもほゞ中央に位置し、通学にも適当であると思われた。

この案が通らず、本校、分校を取り換えて、津守校を本校とする第二次案で落着したのは、南津守校には一五教室しかなく、収容能力に疑問が持たれたからであろう。津守校は空襲の傷跡が残るとはいえ、小・中学校合わせて二六教室が使用可能であった(26)。

中学校設置計画に関わった町会の影響も考えられる。津守地区に中学校用校舎を用意しなければならないのであれば、分家筋の南津守校（大一三設置）ではなく、明治一〇年以来の伝統を誇る本家の津守校[27]であろうとの町会の自負も推察できるからである。

（五）各区新学制協議会における中学校設置案の報告と承認

各区の新学制協議会は、三月八日の大正区を皮切りに順次開催され、中学校設置案の報告を受けて協議、結果は大阪市に提出された[28]。

審議したメンバーは町会及び町会連合会代表、国民学校長、区内有識者、区選出市会議員らであった。町会関係者や国民学校長は設置案の作成に関わってきただけに、基本的に反対するはずはなく、協議会の開催が、「通学区、校舎、新設校数などの決定に最も民主的な方法をとるため」[29]であったとはいえ、通過儀礼、もっと言えば大阪市のポーズに過ぎないと解することもできよう。もっとも、大阪市学制改革協議会に送るための承認という意味は持っていた。

各区協議会が承認した中学校は四一校（第一次案二八校、第二次案一三校）であった。残り一一校は、なお結論が出ていなかったか、修正要求が出たか、であろう。

図 2-5　西成区新制中学校設置第 2 次案（確定案）

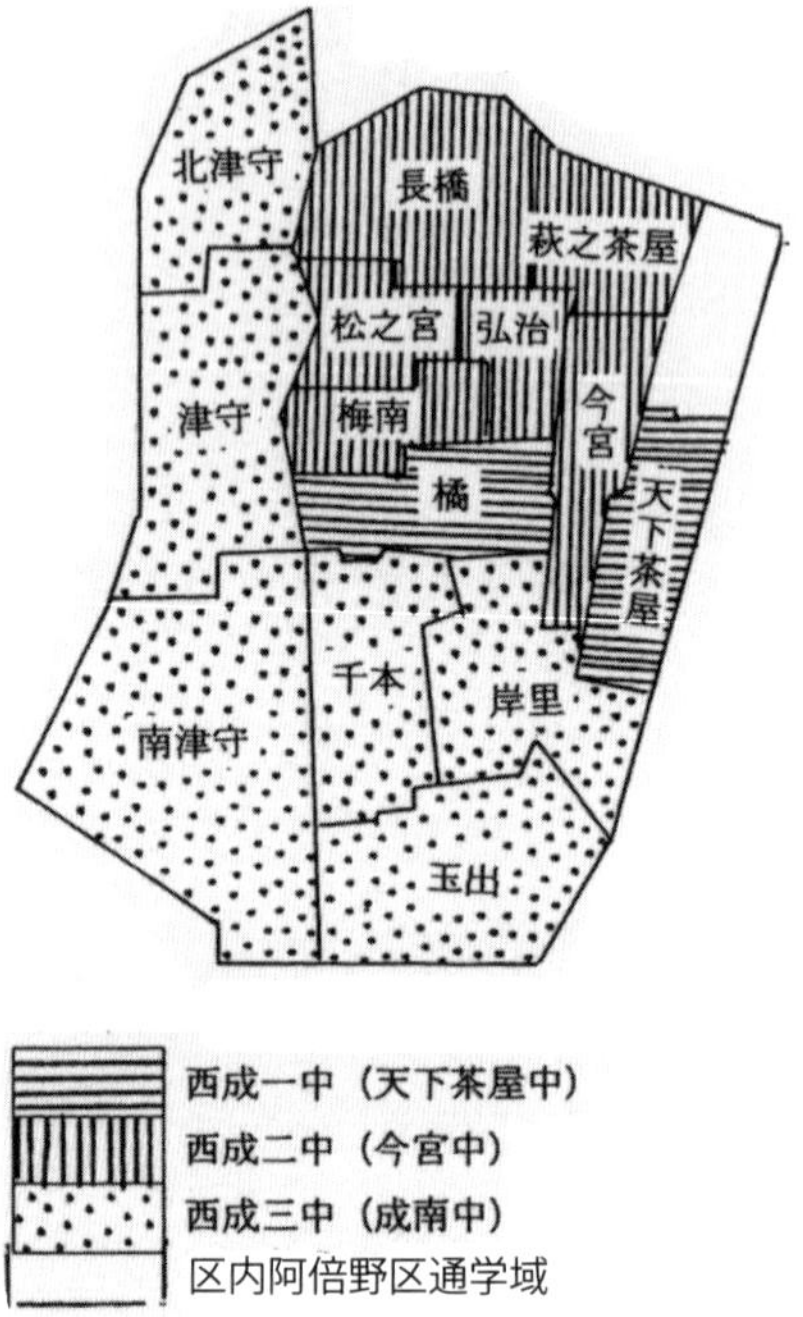

表2―5　第二次案確定中学校一覧

	校名（現校名）	設置場所 本校	設置場所 分校	収容学年	通学先
①	西淀川一中（淀中）	□大和田西	川北	一〜二	□大和田西、川北、大和田東、佃
2	西淀川二中（西淀中）	■×姫島		一〜三	■姫島、×姫島、福、姫里
3	西淀川三中（歌島中）	野里	香蓑《かみの》	一〜二	野里、柏里《かしわさと》、香蓑
④	城東一中（放出中）	□×福道		一〜三	□福道、×福道、榎本《えのもと》、諏訪《すわ》、今福《いまふく》、鯰江高等科
5	城東二中（蒲生中）	■鯰江《なまずえ》		一	■鯰江、関目、榎並
6	城東三中（城陽中）	鴫野《しぎの》		一	鴫野、城東、聖賢、中浜
⑦	阿倍野一中（昭和中）	□昭和		一〜三	□昭和、阪南（女）、長池（男）、晴明丘（女）
8	阿倍野二中（文の里中）	常盤《ときわ》	府立阿部野高女	一	常盤、阿倍野（女）、長池（女）
9	阿倍野三中（阪南中）	高松	市立工芸学校	一	高松、阿倍野《あべの》（男）、北田辺（東住吉区）
10	阿倍野四中（松虫中）	金塚《かなづか》	府立住吉中	一	金塚、丸山、阪南《はんなん》（男）、清明丘《せいめいがおか》（男）
⑪	住吉一中（住吉一中）	□×西粉浜		一〜三	□西粉浜、×西粉浜、東粉浜、加賀屋、敷津浦、墨江（高）
12	住吉三中（三稜中）	■墨江	住吉	一〜二	■墨江、遠里小野《おりおの》、清水丘、住吉
13	西成三中（成南中）	津守	■南津守	一〜二	■南津守、津森、北津守、玉出、千木、岸里

註 (1)国民学校の記号別、■初・高併置、□高等科校（無記号は初等科校）
(2)青年学校×印
(3)番号欄○印は独立校舎の中学校
(4)①西淀川一中の分校欄「川北」校は開校時「大和田東」校に変更

第三節　中学校設置第三次案の作成――二次案の修正とその経過

(一) 東住吉区―三校設置計画（第一・二次案）から四校体制へ

東住吉区は、初等科国民学校一〇校と高等科国民学校一校を擁する区であった。ほかに高等科校と設備を共有する青年学校一校も立地していた。第一次案、第二次案はこれら国民学校通学域を三等分し、中学校三校を設立するプランであったが、一中学校は決定したものの残りの中学校の策定作業が難航し、第三次案へと持ち越された。

第一次案で確定したのは、東住吉第二中学校（平野中《ひらの》）で、育和《いくわ》・平野《ひらの》両国民学校の通学域を校区とした（表2―2）。両校からの一年入学予定生徒四八一人も変わることはなかった。平野校に本校、育和校に分校を置いた。

第三次案まで確定に至らなかったのが東住吉一中である。この区域には、広野国民学校、広野青年学校（広野農工学校・同実科女学校）が立地し、中学校の独立校舎として使用できるので決定は容易かと考えられた。しかし、高等科、青年学校生徒の中学校編入志望者を二・三年に受け入れ、校区内国民学校からの一年に加えて、校区外の桑津・北田辺国民学校（女子）からの入学も計画され、二千人近い生徒の入学は収容能力をはるかに越えるというので第一次案は見送り、第二次案の策定となった。

第二次案でも受け入れの方式は変らず、わずかに北田辺国民学校の阿倍野区からの越境通学生徒が減少したに過ぎなかった（本章第二節（二）に詳述）。抜本的に解決するには、校区外である北田辺・桑津校からの入学を止める以外になかった。両校の本来の通学先である東住吉三中の受け入れ状況はどうなっていたのであろうか。

三中を入学先とする国民学校は、北田辺・桑津校のほかに田辺・南田辺校であった。校区外の中学校に預けねばならなかった北田辺校・桑津校の教室事情といえば、両校それぞれ千数百人の児童に対して北田辺校は二八教室を持っていたが、第四次大阪大空襲（昭二〇・六・一五）による半壊状態から完全に立ち直っていなかったし、桑津校に至っては僅か九教室のみ[30]という窮境にあった。これでは、中学校に貸与できるはずはなく、校区外の東住吉一中へ通学させる方策を採らざるを得なかった。

この絶対的な教室不足のなか、大阪府・市は、隣接阿倍野区に立地する府立天王寺中学校（天王寺高校）の一部教室を借用、東住吉三中に回す施策を行った。こうして、田辺国民学校に本校を、南田辺国民学校及び府立天王寺中学校に分校を設置した東住吉第三中学校第一次案の計画が可能となった。天王寺中分校へは、桑津・北田辺両校からの女生徒が配置された。第二次案は、北田辺校女子生徒のうち、阿倍野区からの越境生徒が住所地へ戻され、生徒数が八百人余に減っただけで、一次案と変わらなかった。

東住吉一中・同三中は、設置案を抜本的に改めねば中学校を発足させることができないと第三次案の策定に向かう。焦点は三中の校区の改革であった。これを南北に分割、田辺校と南田辺校を校区とする東住吉三中（田辺中）、桑津校、北田辺校を通学域にした東住吉四中（東住吉中）の設置を決断したのである。

これによって、旧三中を構想しながら、一中への通学を予定された北田辺校の女子生徒が、本来の中学校へ戻ることになり、一中の生徒数問題も解決することになった。とはいえ、相対的に好転したというだけで、教室不足は続くことになり、府立天王寺中も四中の分校として使用された。

最終プランとしての第三次案の生徒予定数は、一中一五九五人（一年～三年）、二中四八一人（一年）、三中五八一人（一年）、四中六二七人（一・二年）が算定されている。

生徒数を巡って阿倍野区との関係で述べておかなければならないことがある。阿倍野区文の里地区から東住吉区北田辺校へ通学していた六年児童一四三人が、新制中学校入学を契機に阿倍野三中（阪南中）へ戻されたことについては第三節（一）で明らかにしておいたが、東住吉区側の生徒数は当然、それだけ減少する。即ち、東住吉区第一次案、一年生徒二五八九人は、第二次案で二四四六人へと減少した。

しかし、第三次案では、一年生で二四人、二年生で八人(31)増加している。理由は郊外学園の大阪市立長谷川学園中学部（現柏原市）の生徒が、計画段階で東住吉四中（東住吉中）で計算されているからである。第三次案の四中分校欄に天王寺中と「郊外」が並記されていることから明らかになる。

前記阿倍野区との関連といい、この郊外学園の増加分といい、各区毎に独立して中学校設置計画を進行させているなかで連繋が取れていたことをうかがわせる事例である。大阪市教育部による連絡調整の結果であろう。なお、郊外学園は、最終的に東住吉一中（摂陽中）の分校に変更されるが、この時期、戦争孤児の中学校と位置づけることができる。これについては第六章第一節に詳述する。

（二）福島区——設置場所の確定

（1）設置案策定直前の学校現況

新制中学校設置案の策定にかかったとき、福島区内には一〇国民学校が立地し、その中の一校は高等科単置国

図 2-6　東住吉区新制中学校設置第三次案

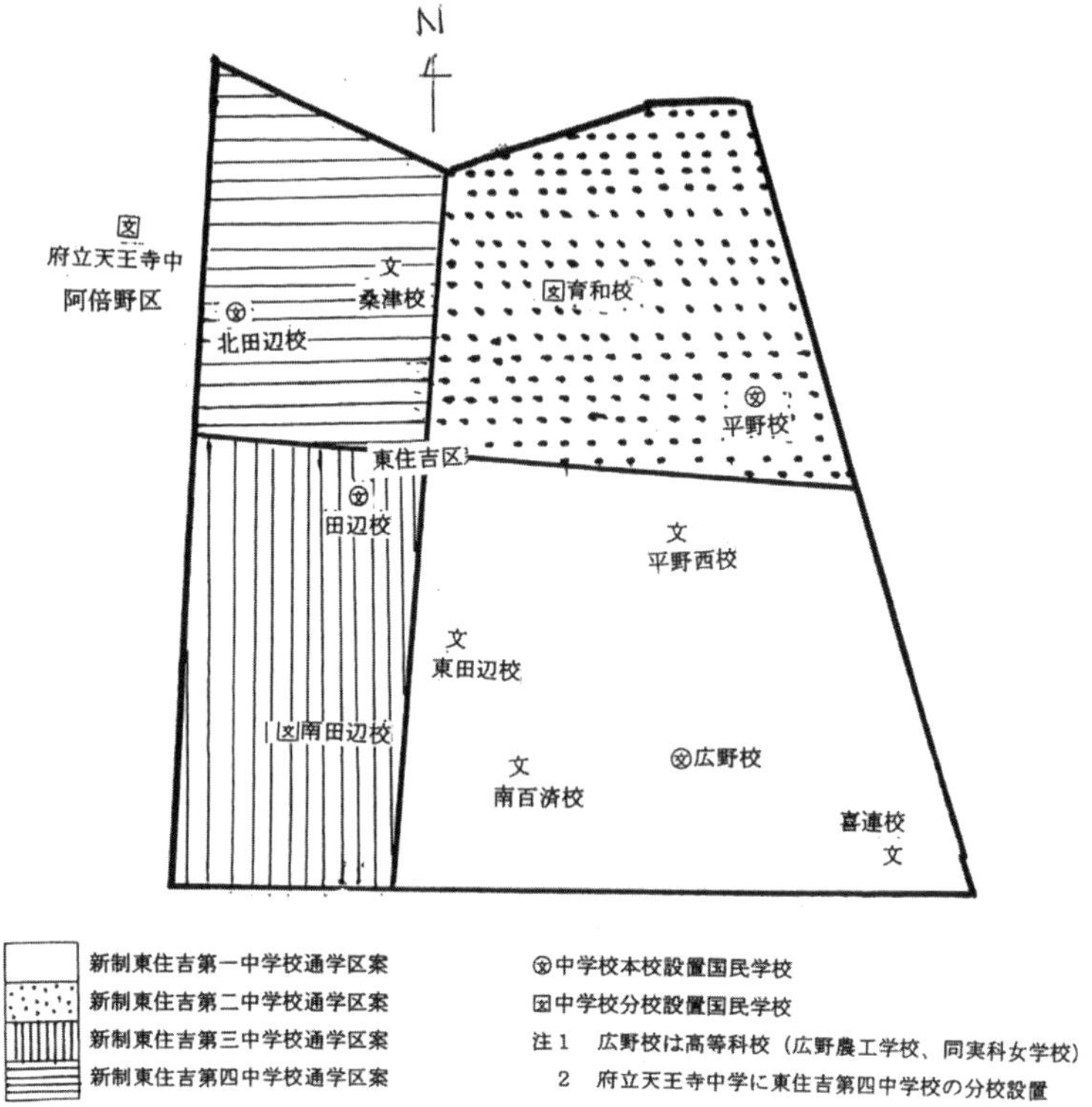

民学校（八阪国民学校）で、青年学校（八阪商工学校、同実科女学校）を併置していた。さらに、もう一国民学校（新家国民学校）は、昭和二一年、「四月、初等科入学児童数名ニ過ズ学校経営不能ノ域ニ達セリ　依ッテ町民大会並ニ保護者会役員等ノ激議ニヨリ是ニ休校ト決定セリ」と学校沿革誌[32]に記載しなければならないほど、校下に戦争の傷跡（疎開・空襲）を残していた。事実、新家校は、昭和二二年三月末をもって閉校する。当然ながら、これら二校は新制中学校開設場所の候補施設とされてよいはずである。

区内にはもう一校、中学校開設候補学校があった。大阪市立下福島高等女学校である。昭和一七年四月、中等学校の入学試験難緩和を理由に、下福島国民学校を転換した学校で、戦争が終わり、教育改革が進行するなか、地元住民からすれば、中学校用に返還して貰いたい施設であった(33)。

このように、新制中学校の受け皿となり得る施設が三校分もあるので、他区より有利に設置案を策定できるはずであったが、結果として三次案まで難航する。

(2) 一次案の通学域と中学校設置場所

福島第一中学校は海老江東国民学校及び野田国民学校からの一年生で通学域を形成し、さらに、八阪国民学校(二・三年男女)、新家国民学校(二年男)、吉野国民学校(二年女)の高等科からの生徒を受け入れる中学校として構想された。設置場所は、独立校舎として使用し得る八阪校であった。この構想は区北端の海老江《えびえ》東校と南端の野田校での通学域が飛び地状になること、設置場所の八阪は通学域外に立地することから根本的な修正が必要とされた。

福島第二中学校は、区東部の福島・玉川・鷺《さぎ》州《す》国民学校の校区を通学域に設定し、鷺州校に中学校を開設する計画であった。鷺州校は戦禍を蒙らず、四二教室を使用できることが、本校設置の根拠となったようだ(34)。しかし、同校には区第三番目の七〇〇人を越える児童が在籍し、中学校への貸与など思いもよらなかったであろう。

福島第三中学校の通学域は、区中央部の吉野・大開《おおびらき》・新家《しんけ》・海老《えび》江西国民学校の校区で形成し、中学校を海老江西校に設置する構想であった。同校も空襲の被害なく、三五教室が無傷であった(35)ことから選定されたのであろう。しかし、ここにも六〇〇人以上の児童がいた。

区内に中学校三校を設立するという第一次案は策定されたが、福島一中に典型的に現われたように通学域に致命的な欠陥があり、中学校設置場所も、福島二中、三中とも適切な選定ではなかった。なぜか適当と考えられる下福島高等女学校も新家国民学校も全く視野の外に置かれた。

（3）二次案の通学域確定と新たな設置場所の登場

二次案において福島区の通学域㊱は確定する。一次案から大きく転換し、福島一中は区北部、二中は区東部、三中は区中央部という区内を三区分した安定的な通学域を形成した。

中学校設置場所の選定も通学域の変更によって容易になった。一中の設置場所に予定された八阪校（高等科校・青年学校）は、一次案では通学域外であったが、二次案では八阪校の立地する鷺州校が二中から一中へ移動したことによって通学域内に建つ中学校になった。

図 2-7　福島区新制中学校設置第一次案
（2 月 26 日）

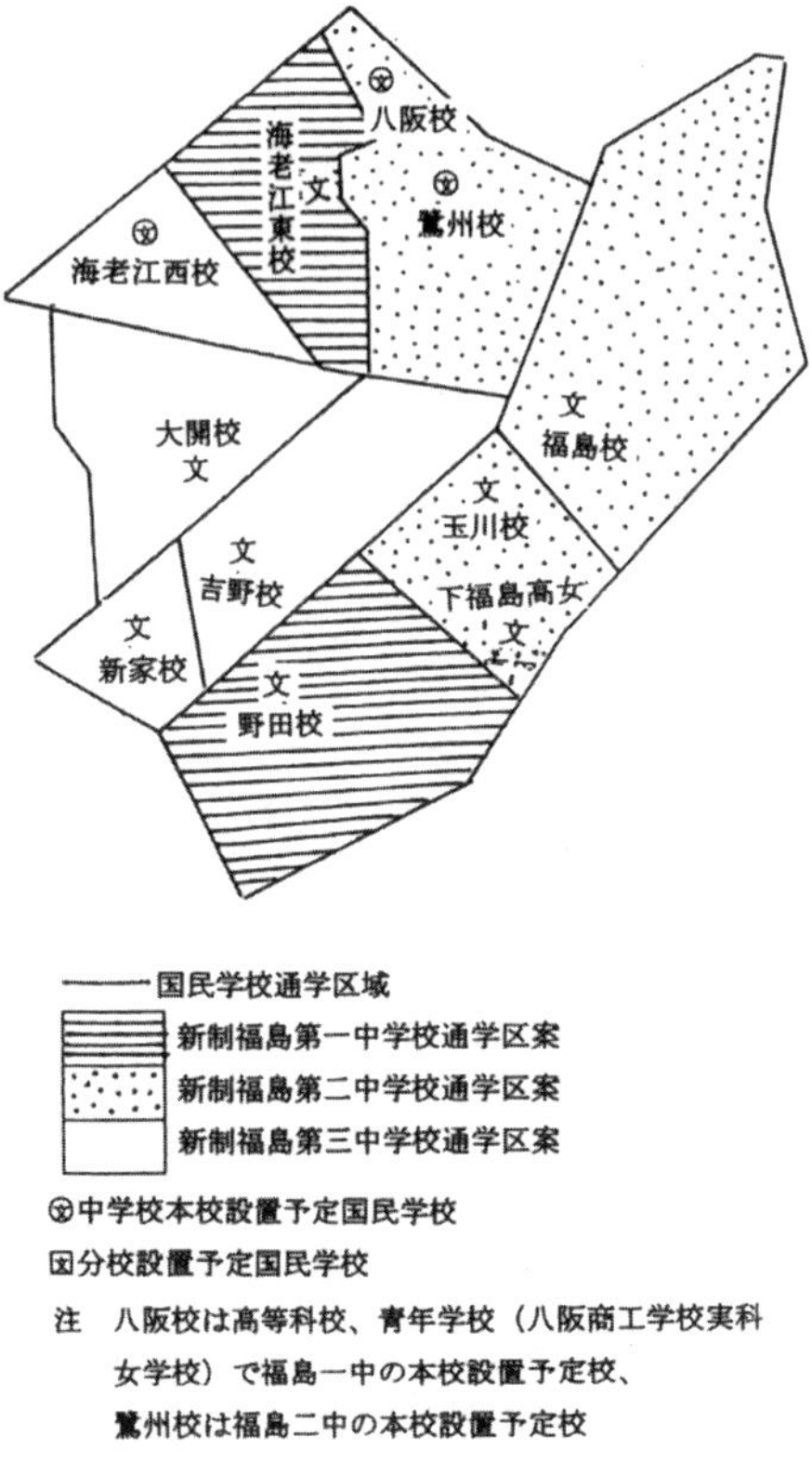

注　八阪校は高等科校、青年学校（八阪商工学校実科女学校）で福島一中の本校設置予定校、
鷺州校は福島二中の本校設置予定校

二中は本校に福島国民学校、分校に下福島高等女学校を選定した。分校ながら下福島高女が初めて、中学校設置場所として登場したことに注目しないわけにはいかない。下福島高女は、翌二三年度、高校に改組のうえ、西区へ移転するので、独立校舎として展望できるからである。それを予測し得る情報を第二次案策定中に教育部から入手したのであろうか。

三中の設置場所にも、二中と同様の現象が起きた。新家校が新しい設置場所として選定されたのである。二次案策定作業の最中に新家国民学校の閉校ニュースが入ったのであろう。とはいえ、福島区の設置案はこれで終了ではなかった。区協議会での検討の結果、生徒数、二中の本校に修正意見が出た。

（4）生徒数の調整と本校、分校の入れ換え

三次案での検討課題は、二次案の福島一中七二九人、三中の二九一人という生徒数のアンバランス是正と二中の本校・福島校の収容能力の問題であった。

確かに一中の七三九人という生徒数は、独立校舎（八阪校）であるにしても、あまりにも過多であった。その原因は、非義務制、二・三年の福島区の全生徒を一中に集めたことにあった。そのため、二年三四九人、三年五八人、合計四〇七人に達していた。

解決策として、吉野国民学校高等科一年（女子）、および新家国民学校高等科一年（男子）からの二年生の生徒一三五人を本来の通学域である福島三中に戻すことになった。この措置による福島一中、五九四人、同二中四〇二人、三中四二六人の生徒数は許容範囲として落着した。

福島二中の開設場所の問題については、確かに本校とした福島国民学校は空襲被害がなく一七教室は無事であったが、第二回大阪大空襲（昭二〇・六・七）で校舎全壊した上福島国民学校の児童を年度初めに受け入れたばかりで(37)、中学校の本校を開設できるほどのゆとりがなく、分校の下福島高等女学校と交替することで解決した。

大阪市立下福島高等女学校の校舎は、第三回大阪大空襲（昭二〇・六・一）で焼夷弾を受け、内部に火が回ったが、市の教育局へは「半壊」と報告された(38)程度であったし、翌昭和二二年度は、教育改革により入学生徒がなく、教室に余裕が生れるので、同校を本校にと判断したのであろう。

こうして、福島区の三つの中学校は、第三次案で発足体制を整えることができたのである。

（5）校名と独立校舎

最終案としての第三次案で、福島一中などと区名に番号を付けて仮称で呼ばれた学校名が、入学受付の書類では「八阪」中、「下福島」中、「新家」中が使用されている。第三次案は三月一八日付で冊子にされ、入学受付日は四月一〇日であるので、その間に正式校名として採用したようだ。大阪市二二区中、正式名称への改称は福島区だけである。教育委員会（昭二三・一一・一発足）が各中学校に暫定校名から正式校名への変更を求めるのは、義務制完成に当たる昭和二四年度である(39)から、福島区は自らの判断で、最も早く正式校名を採用したことになろう（第八章第五節に詳述）。このとき、新家中学校は野田中学校に変更している。

図 2-8　福島区新制中学校設置第二次案（3月7日）

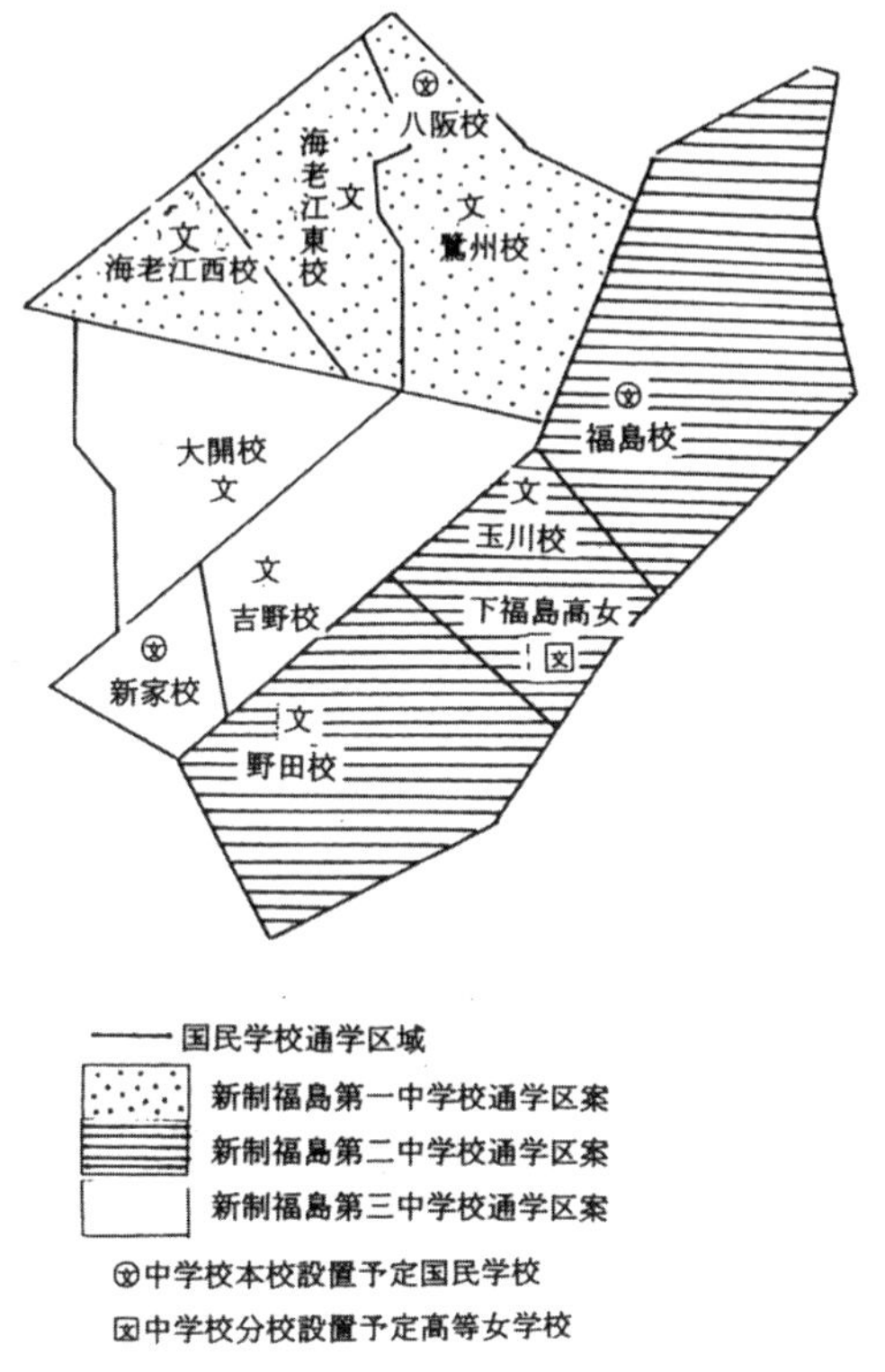

校舎についても、発足時、または一年後に独立校舎を持つという幸運に福島区の三中学は恵まれた。高等科校、青年学校の校舎を利用した八

阪中、国民学校の閉校校舎に入れた新家中、高校に改組のうえ、西区西華高校と合併のために去った下福島高女の校舎を独立校舎として使用できた下福島中という具合である。

(三) 港区、浪速区――戦災の傷跡深く設置案難航

港・浪速両区が、大阪大空襲(昭二〇・三・一四、六・一)で、ほゞ壊滅したことは、被災前・後の人口減少率九六・一パーセント(港区)、九五・七パーセント(浪速区)に及んだことから明らかになる(40)。減少率九〇パーセントを越えるのは、市内二二区中、この両区だけである。

戦時期に人口流出が多いということは、逆に復興期に流入が多くなることを示し、中学校設置案の策定に当たって、生徒数の把握を混乱させた。そのうえ、中学校の教室を国民学校に頼らざるを得ない情況のなかで国民学校も半壊、全壊の状態で、中学校の教室確保を困難にさせた。両区が三次案まで難航した背景である。人口減、教室難の両区の現実は、新制中学校各一校の設置を目指すことになる。

(1) 港区の場合

新制中学校設置場所としての国民学校の教室の情況をまず押さえておこう。

昭和二一年四月一日を期して実施された戦災校の統廃合資料(41)によると、港区は初等科国民学校二〇校を三校に、高等科国民学校二校を一校に統合している。元の二二校のうち、校舎全壊、したがって残存教室零の国民学校が一八校に上り、残りの四校も半壊という惨情である(表2―6)。

中学校設置案の策定は、この一年後であるが、厳しい情況は基本的に変わることはなかったと見なければなる

まい。そのなかで、中学校の本校設置場所として選択されたのが、菊水国民学校（高等科校）、分校として本市岡国民学校（現・市岡小）であった。この方式は第一次案、第二次案を通して変化がなかった。本来なら半壊ながらも三〇教室が残った本市岡国民学校を本校にしてもよさそうであるが、区の東端過ぎるとでも思われたのであろうか。

本校に指定された菊水国民学校は、校舎が全壊していたので、磯路《いそじ》国民学校へ統合され、空屋となった湊屋《みなとや》国民学校の半壊校舎に移っていた。即ち、菊水校とは湊屋校（校舎）のことであった。その校舎は、第二回大阪大空襲で、二・三階教室に火が回り、僅かに一階の六教室が残っていた。だから菊水校は一年生（九〇人）二教室、二年生（八〇人）一教室、残りを職員室、特別室として使っていた[42]。

ここを本校に定めた中学校設置案の一年入学予定生徒は二四四人と算定されている。統合時、初等科の総児童数（七六二人）から一学年一八〇人程度と計測すると、六〇人強多く、疎開復帰、もしくは疎開からの復帰を予測しての員数計算であったろう。非義務制三年生への入学は一八人が計上されていて、高等科二年生八〇人から大きな減員となっている。志望者が極めて少なかった結果であろう。

以上の内容は一次案、二次案共通であるが、異なるのは、二次案に「〇」印が付され、「決定見込」とされていることである。区協議会で承認されるはず、と大阪市教育部が判断していたことを示している[43]。

しかし、三次案まで持ち込される。三次案に変更内容を求めると、分校欄、「本市岡《ほんいちおか》」の記載が、「市岡女」と変更されている。即ち、分校設置場所が本市岡国民学校から府立市岡高等女学校（港高校）に変更になったのである。さらに備考欄に「一年市岡女、二・三年菊水」とあることから、義務制一年を分校の府立市岡高等女学校、非義務制の二・三年を本校の菊水国民学校に収容しようとしていたことが読みとれよう。港区の中学校設置問題は三次案によって決着するが、実際の開校に当たっては、市岡高女の使用が、一年女子に限定される[44]など、様々

表 2-6　港区戦災校の統廃合

校名	児童数	被統合校	児童数	教室の情況と教室数	
本市岡	231 人	本市岡	136	◇ 30	
		南市岡	95		◇ 9
磯　路	330 人	東市岡	18		● 0
		波　除	31		● 0
		市　岡	36		● 0
		南　寿	6		● 0
		魁	14		● 0
		磯　路	48	◇ 14	
		湊　屋	41		◇ 6
		吾　妻	60		● 0
		音　羽	58		● 0
		石　田	10		● 0
		田　中	8		● 0
三　先	201 人	築港北	14		● 0
		池島	2		● 0
		八幡屋	12		● 0
		三先	147	● 4	
		錦	3		● 0
		八幡屋北	11		● 0
		築港南	12		● 0
菊水（高）	169 人	菊水（高）	98	● 0	
		東田中（高）	71		● 0

大阪市「国民学校児童収容者調査」から作成

註(1)　●校舎全壊　◇半壊

(2)　児童数は児童収容替時の員数

の困難と問題を抱えての出発となる（詳細は第三章第八節（三）参照）。

（2）浪速《なにわ》区の場合

港区に次ぐ戦争被災区・浪速区の中学校設置案策定の経緯は、第三次案で、分校に府立中学案が提起されるなど、構図が港区に酷似している。

まず、敗戦直後の戦災国民学校の処理では一八校が六校に統廃合された。全壊五校、半壊九校、無被害または破損なしが四校であった。こうした状況のなかで、浪速区の新制中学校設置第一・二次案は大国国民学校を中学校設置場所として選定した。同校は第一次大阪大空襲の被災校で、一二教室を残すだけであったが、児童数が少ないので、他の国民学校より条件的によいのではないか、という消極的選択が行われたのである。

区内には、休廃校に小修理を行い、逢阪国民学校を浅香山《あさかやま》電機学校（清風高校）、日本橋国民学校を桃山中学校（桃山学院高校）が使用している例があり(45)、戦災校舎の復旧次第戻っていくはず、との期待感から大国校の確定には至らなかったようで、第二次案（三月七日案）に至るも「未決定」の印が付けられている。

一方、浪速一中への入学予定生徒数は、一年二九一人、二年三四人、三年二七人、計三五二人が算定されていて、浪速区の生徒数は他区に比べて最も少ない。ちなみに港区は三五九人、浪速区は次いで少ない。ここにも大空襲の影響が残っていたといえそうである。

この生徒数に対して、大国校借用だけでは教室不足を来たすと考えたのであろう。第一次案分校欄に「日東《にっとう》」という鉛筆による加筆が認められ、第一次案に対して、日東国民学校分校案が出てきていたことが判明する。

確かに、二二教室を持つ日東校は、分校というより本校にでもしたい候補であったが、同校の児童数は、区内で最多の五百人近く（表2—7）、中学校に貸与できる情況でなかった。結局、分校を確定できず、浪速区新学制協議会の第二次案には、「未決定」の印が付されている。

三次案策定に当たっては、おそらく大阪市教育部が大阪府と折衝したのであろう。区内の府立今宮中学校（今宮高校）の教室を借用できることになった。こうして、本校用として大国《だいこく》国民学校から三教室、分校用として府立今宮中学校から二教室(46)の貸与を受け、第三次案で浪速一中の構想を完了させることができたのである。

（四）此花《このはな》区——最高の国民学校を転用へ

戦時期、大工場地帯・此花区の国民学校一二校も空襲に晒された。敗戦後、全半壊校七校が整理統廃合となる。そのとき、高等科校の中春日出国民学校は、春日出国民学校へ統合され、初等科国民学校四校と初・高併置国民学校一校となった。中学校設置案策定に取りかかったときの国民学校の情況である。

此花区の設置案は、第一次案から第三次案まで一貫して此花一中の設置場所を春日出国民学校としている。し

表 2-7　浪速区戦災校の統廃合

校名　児童数	被統合校　児童数	教室の情況と教室数	
立葉　172 人	芦原　116		◇ 10
	立葉　47	◇ 25	
	桜川　9		○ 21
元町　209 人	塩草　25		● 0
	元町　58	◇ 7	
	稲荷　35		● 0
	難波　91		◇ 8
大国　187 人	大国　134	◇ 12	
	敷津　53		◇ 12
恵美　299 人	戎　84		● 3
	恵美　177	◇ 12	
	浪速津　38		◇ 8
日東　461 人	日本橋　—		◇ 13
	日東　218	○ 22	
	逢阪　243		◇ 12
栄（初・高）　220 人	東栄　26		● 0
	栄　55	○ 20	
	南栄（高）　139		● 0

大阪市「国民学校児童収容調査」から作成

註(1)　●校舎全壊　◇半壊
　　　○損壊軽微　破損なし
(2)　—児童数の記載なし

かし、一・二次案と三次案の間には質的な違いがある。即ち前者は春日出校の借用であり、後者は転用である。それは、三次案備考欄に「春日出校休校　四貫島校へ収容」と記されていることから明らかになる。確定に三次案（三月一八日案）までの時間を必要としたのは、春日出校廃校の是否はもちろん、児童の四貫島《しかんじま》校への転校を地元住民に納得して貰わなければならなかったからである。

　転用の対象になった春日出校は、明治六年三月七日創立、という区内で最も長い歴史と伝統を誇りとした学校であった。施設設備も鉄筋校舎三階建、空襲による被害も出したが、二五教室使用できる状態である。

　発案者の考えはこうである。即ち、中学校は国民学校より施設設備とも秀れていなければならない。教育面から見ても、中学校と国民学校を併置すると弊害も生むこと必至であり、単独中学校を設立する必要がある。そのためには万難を排して春日出国民学校を新制中学校に変更する必要がある。各方面との折衝は自分が当たる(47)、というのである。

春日出校転用を発案し、主張したのは、地元の有力者中谷郁三郎《なかやいくさぶろう》である。中谷は当時、家業の運送会社を経営していたが、九州帝国大学（工科）を卒業し、大阪市会議員。方面委員（民生委員）や春日出国民学校保護者会長も歴任していた。翌二三年度には、新設の此花区新学制実施協議会委員、議長に就いている。これらの経歴から、中谷は地元の名士であったことがうかがえよう。中谷であればこそ、現役の国民学校々舎を新制中学校に転用するという大阪市唯一の設置方法を実現させ得たのかもしれない。

とはいえ、強引に運ぶのではなく、新制中学校の意味も説き、理解を得ながら進められたことは、三次案までかかったことで明らかになる。春日出国民学校最後の卒業生（昭二一・三）で、春日出中学校最初の一年生、旧家としての付き合いのあった吉本昭は、「大学教授タイプの物静かで品格のある紳士」との印象を語り、郁三郎の父、中谷徳恭《なかやとつきょう》の日記を復刻した大阪市史編纂所長堀田暁生は、徳恭について「好奇心と探求心を持ちあわせた一教養人の姿がうかがえる」(48)と解説していることから、品格のある一教養人としての一族の姿がうかび上がる。

初等科児童の在籍する国民学校を廃校にして、新制中学校に転用した事例は、大阪市では、この春日出国民学校一校に過ぎないが、京都市においては数例、認められる。即ち、上京国民学校（上京中）、滋野《しげの》国民学校（滋野中）、嘉楽《からく》国民学校（嘉楽中）、朱雀国民学校（朱雀中）、柳池国民学校（柳池中）、東山国民学校（洛東中）である。

以上は、春日出中学校のように、昭和二二年、新制中学校制度の発足と同時の事例であるが、高等科校や昭和二三年度以降を加えると更に増加するであろう。

いずれにしても、新制中学校の校舎の獲得は、それほど厳しかったことを示している。

第四節　第三次案確定後変更中学校とその理由

第三次案の策定作業が終了した段階で、一・二次案も含めた全五二中学校の設置案を三月一八日付で、大阪市教育部学務課は一冊の冊子の形にまとめた。二四日、大阪市中央公会堂で開催される大阪市学制改革協議会への報告資料にするためである。

しかし協議会報告後、修正しなければならない中学校が現われる。北一中（菅南中）、南一中（南中）、生野二中（勝山中）の三校である。その理由は学校によって異なるが、生野二中は、入学受付の日に来校した生徒の挙動を見て、変更を迫られている。

この節は、三校の修正理由を明らかにするために設けたものである。

（一）北一中（菅南中）の場合

（1）第一・二次案の概要

北区は、国民学校高等科児童、青年学校生徒の教育を東区（北大江国民学校・北大江商工学校・同実科女学校）に委託しているので、中学校二・三年の生徒収容策を必要とせず、国民学校初等科からの一年入学生徒のみを対象に中学校設置案を策定し得る有利な条件下にあったが、第三次案を越えてまで検討を加えねばならなかった。その理由と経緯を明らかにするのが本項の目的である。

表2―8 第三次案確定中学校一覧

	校名(現校名)	設置場所 本校	設置場所 分校	収容学年	通学区
①	福島一中(八阪中)	□×八阪		一~三	□八阪 ×八阪 海老江西 海老江東 鷺洲
2	福島二中(下福島中)	○下福島高女	福島	一	福島、玉川、野田
③	福島三中(野田中)	■新家		一~二	■吉野 ■新家 大開
④	此花一中(春日出中)	春日出		一~三	□中春日出、春日出、西九条、四貫島、島屋、伝法
⑤	港一中(市岡中)	□菊水	○府立市岡高女	一~三	□菊水、三先、磯路、本市岡
6	浪速一中(難波中)	大国	○府立今宮中	一~三	■栄、立葉、元町、大国、恵美、日東
⑦	東住吉一中(摂陽中)	□×広野		一~三	□広野 ×広野 南百済 喜連 平野西 東田辺
8	東住吉三中(田辺中)	田辺	南田辺	一	田辺、南田辺
9	東住吉四中(東住吉中)	北田辺	○府立天王寺中 郊外長谷川学園	一~二	桑津、北田辺、郊外長谷川学園(事務手続上東住吉一中へ)

註(1) 国民学校の記号例 ■初・高併置校、□高等科校、無記号は初等科校
(2) 青年学校×印
(3) 中等学校○印
(4) 番号欄○印は独立校舎の中学校
(5) 東住吉四中分校欄の「郊外長谷川学園は事務手続上所属、後、東住吉一中へ移動。第三次案での確定後、変更した中学校は除いてある。

まず、北区新制中学校設置構想の枠組である。中学校に入学させる生徒七九四人は第一次案から二次案を通して変化がない。この生徒たちを入学させる中学校を第一次案、第二次案では二校必要とし、三次案に至って初めて、中学校一校設置に絞られる。三次案後の修正においても、一中学校に変りはなかった。

続いては修正への起点になる一次案の概容である。北区二つの中学校――北一中と同二中の通学域は図2―9に示すように、一中が曽根崎・梅田東・済美・西天満国民学校区、二中が北天満・菅北・堀川・滝川各国民学校区であった。生徒数は、一中四〇〇人、二中三九四人が見込まれている。

以上から、生徒数がほゞ同数になるように、北区の国民学校通学域を東・西に分けて二中学校通学域を構成したことが明らかになる。中学校設置場所は、一中が曽根崎国民学校、二中が北天満国民学校である。

この一次案に対して異議が出され、二次案の策定となった。二次案における主な変更点は、一中の西天満国民学校区（菅南校区を含む）を二中の通学域とし、二中の北天満国民学校区を一中に編入したことであった。即ち西天満校区と北天満校区を入れ替えたのである。一中側に入った北天満国民学校を二中の設置場所と定めていたので、改めて二中の設置場所を滝川国民学校に設定した。

このような変更の場合、殆んどは生徒数の調整にあるが、北区では一中の三八七人に対して、二中は四〇七人を数えるので、一次案と大差は認められず、理由はほかにあったと見なければなるまい。

（2）修正の理由―歴史と現状から

第一次案の修正に当たって、北天満校、西天満校が焦点となったので、ここでも両校（区）を中心に見て行こう。

まず、西天満国民学校である。同校は、大阪市中で最も早く開校した伊勢小学校（北大組第九区小学校、明治五年七月一日）の伝統を継ぐ、学区民自慢の学校であった。学区の歴史は前章第四節（四）に譲るとして、明治

図 2-9　北区新制中学校設置第一次案（2 月 26 日）

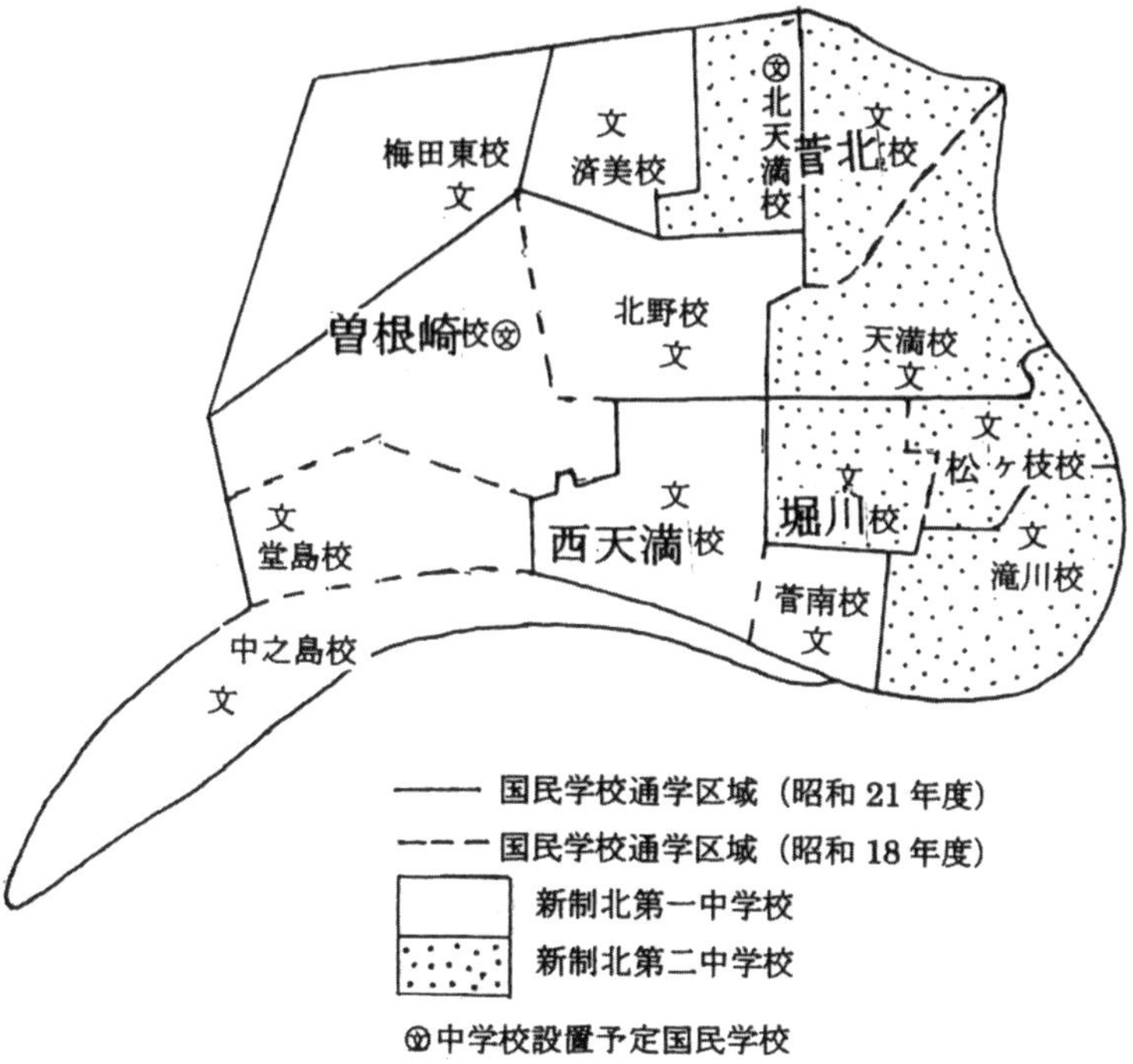

一七年以来、北区第六連合として生活共同体を形成し、西天満校を支えてきたことだけは触れておかねばならない。

　この連合域は、戦時期の町会連合会域に繋がり、戦後、中学校設置案策定時には、住民の声を代弁することになった。したがって第一次案修正には町会、とりわけ、西天満側の意向が強く働いたと思われるのである。理由は大坂三郷以来、共に行動してきた菅南はもちろん、堀川、滝川、松ケ枝など伝統ある地域と中学校を一緒につくりたかったのである。これらは旧市域三九学区に属する地域であった。

　一方の北天満校は、第一次市域拡張により大阪市に編入した新市域であった。一次案の一中側では済美・梅田東・曽根崎（北野を含む）も新市部分であるが、地理的位置から北天満校が西天満校の交替要員に選ばれたのであろう。

その北天満校区では、敗戦と空襲罹災の影響が強く現われ、「天六の闇市」近くの学校として北天満国民学校のニュースが新聞に掲載されるようになった。一例を挙げると、昭和二一年度の夏休み前、母の会から、長い休暇中、子どもが闇市に出入りし、悪癖をつけるので、夏季休暇の中止を要望され、学校側は一三学級を七学級に縮小、一六人の教師で授業を続けることになったと報じられた(50)。省線(国鉄を経てJR)大阪駅前に当たる曽根崎校区にも類似の形態が認められ、結果として、そうした区域が一中側に含められたことになる。

こうして、一次案が修正され、第二次案が設定されるのだが、二次案制定中から異論が現われてきた。区内には、二〇年度末で休廃校になった国民学校々舎が四校分もあり、いずれかを独立教室として使い、そこに中学校一校を設立すべきだという意見である。しかし、まとめることができず、市教育部へ二次案提出の期限がきたので、二次案とともに、北区の状況を報告したと推察される。教育部学務課が二次案に「未決定」の印を付けて、区新学制協議会用の資料(冊子)を作成した理由であろう。

(3)第三次案で一校設置へ

二次案での対立の結果として、三次案は中学校一校設置での結着となった。抜き差しならない事態に、中学校一校設置で解決を急いだのである。

しかし、設置場所は、独立校舎ではなく、依然として借用校舎で、本校に北天満国民学校、分校に菅北国民学校が充当された。当然、独立校舎を主張する区民からは不満の声が挙がっていたが、期限切れとなって、この案で三月二四日の大阪市学制改革協議会に提出されたのである。

(4)元菅南国民学校を独立校舎に

市協議会で北一中案は了承の形になったものの、中学校教育は独立校舎で行われねばならないとの信念を持った区民は、諦めることなく、校舎探しを始めた。中心になったのは、滋賀県北杣村《きたそま》（現在甲賀市）立尋常高等小学校を出て来阪、梅田東国民学校の校区に住み、貸家業を営んでいた門坂清助であった。町会関係者らと図り、独立校舎獲得を目指した(51)。しかし、廃校になった北野校には市立扇町商業学校（扇町総合高校）が入っている（昭二〇・一一・三〜昭二四・一〇）、天満校は、大阪工学校に使われている（昭二一・四・一〜昭二三・三・三一）など戦災を受けた学校の臨時校舎になっていた。

そうしたなか、西天満校へ統合された菅南国民学校に身を寄せている市立酉島《とりしま》工業学校が退去するらしいという情報が入った。事情を調べると酉島工業学校は第二次大空襲（昭二〇・六・一）で校舎を失い（半壊）、市教育局の指示により、菅南校を使っていたが、二月末には、市立都島工業学校へ移転する、ということが判明した。

前記門坂らの運動が実り、北一中は菅南国民学校々舎を独立校舎として使用できることになった。もっとも、菅南校は空襲罹災なく一九教室使用可能(52)と報告されているが、学校近くで爆弾が炸裂、窓ガラスの破損、木質部分の破砕は免れなかった（第一次大空襲、昭二〇・三・一四）。それでも、北一中にとって鉄筋三階建、独立校舎を得られたことは、その後の教育展開に大きな役割を果たすことになる。

（二）南一中（南中）の場合

南区の新制中学校設置案の策定は、大宝《だいほう》国民学校、桃谷《ももだに》国民学校（以上初等科校）、桃園《とうえん》国民学校（初等科・高等科併置校）からの一〜三年の生徒五六七人を受け入れる中学校一校を設立する計画で進められた。三次案で決まらなかったのは、中学校設置場所が二転三転したからである。その要因は、南区国民学校施設の中等学校への転換という歴史と交通の利便性、難波、心斎橋など盛り場に立地、他施設が利用しているなどの事情にあった。

（1）国民学校側の諸事情

国民学校令が施行された昭和一六年、それは太平洋戦争突入の年でもあるが、南区には国民学校一〇校が設けられていた。戦争最中の昭和一八年、区界の変更があり、隣接区から二校が編入(53)、合わせて一二校となった。その殆んどの学校の施設は鉄筋三階建、地下一階建であった。

翌一九年に入いると、戦局は一層厳しく、男子の動員体制の強化から、事務補助員、現金出納係、保険外交員、駅の出改札など約二〇業種に男性が就けなくなった。学校への影響としては中堅技術職員の大量育成という国策から男子商業学校の工業学校への転換が行われ、それに伴い女子商業学校の増設を迫られる。南区では、大阪市の施策として、御津・芦池・河原国民学校を昭和一九年度で休校、校舎をそれぞれの女子商業学校に譲らねばならなかった。こうして、国民学校三校が消える(54)。

国民学校々舎の次の受難は第一次大阪大空襲（昭二〇・三・一四）被災による高津《こうづ》・東平《とうへい》（以上全壊）、渥美《あつみ》（半壊、一四教室残存）各国民学校の戦災処理としての休廃校である。

罹災しなかったにも拘らず、休校処理された国民学校がある。精華《せいか》・道仁《どうにん》・金甌《きんおう》国民学校である。南海・地下鉄難波《なんば》駅に近接、ミナミの盛り場、真只中に位置する精華校の場合、新制中学校の設置が話題になり始めたころには、地下室に理容店、理髪店、喫茶店、写真館、ビリヤードが開店し、運動場では植木屋が営業していた。教室、講堂は大阪市立図書館、大阪商科大学（市立大）経済研究所、大阪市文化会館など公的な施設が使用した。ほかに中等学校教護連盟、配給協会、洋画研究所、朝連学生連盟などの看板も認められた(55)。道仁校には大阪商科大学の図書類が預けられていた。同大学は、占領軍が進駐、キャンパス全体が使用できなくなり、大阪市立国民学校多数を講義棟、図書、書類置き場として使っていたのである。
金甌《きんおう》国民学校は、昭和二〇年一一月から空襲被災校（昭二〇・六・一五、全壊）の大阪市立天王寺商業学校（大阪ビジネスフロンティア高校）の校舎に転換していた(56)。

以上、三校は空襲に罹災せず、校舎がそのまま残っていた(57)が、休校に入らねばならなかった。否、残っていたがゆえの休校、と理解すべきかもしれない。この時期、大阪市の施策は上級の学校のために下級の学校に犠牲を強いる方向にあった。

以上の休廃校の児童を引き受けたのが、大宝《だいほう》国民学校である。同校は三八教室、講堂、地下室を持っていたが(58)、二階一二教室、三階一三教室は前記大阪商科大の書庫として使用されていた(59)。当然、教室数に比べて児童数は過多になり、農山村からの復帰児童が増えるに応じて、一層の過多状況に陥いることになる。大宝校としては、教育局に対策を求めざるを得ず、「大宝小学校児童激増に伴う児童収容対策に付ての陳情」(60)を出している。そのなかで、「元精華校部内より精華校復興を希望する」声の挙がっていることに言及、「精華校部内としては最もな事」と述べられている。部内とは通学区という平面的な意味ではなく、かつての学区、財産区、当時の町会連合会という活動体を指していることに留意したい。戦禍のなかを生き残った校舎を持ちながら休廃校へ、あるいは中等学校に譲った町会の共通の思いであったろう。復校への願いや動きが、町会には絶えずあったのである。そうしたなかでの新制中学校設置案の策定であった。

（2）設置場所――三転後、第一次案で決着

南区新制中学校設置案は第一次案から出発して、二次案、三次案へと修正を重ね、最終的に一次案に戻って落着するという経過をたどる。第一次案は市教育部のリーダーシップにより、二次案以降は町会の力学が働く一般

表2-9　編入校別、時期別大宝校児童数（昭21・4～22・10）

年月	大宝	河原	精華	高津	御津	芦池	道仁	渥美	以外	計
昭21・4	43	31	87	10	31	8	15	12	24	261
昭22・4	108	65	190	78	52	35	54	26	38	646
昭22・10	150	98	201	112	81	53	84	35	82	896

大宝小学校「児童数異動調」から作成

註(1)　大宝校へ編入した学校別に児童数を調査記録してある。

的な傾向から南区はそれが典型的に現われた区であるように考えられる。

第一次案は南一中の本校を天王寺商業学校（金甌校校舎）、分校を御津《みつ》女子商業学校（御津校）に設置するプランであった。中学校設置は市教育部学務課の秦博《はたひろし》課長が統括していたこと（本章第一節（二））を想起すれば、秦が南区新制中学校設置第一次案に影響を与えたことは十分考えられよう。広島高等師範学校卒業（昭和四年）後、各地の師範学校教諭を務めていたという前歴[61]から教育的知見に照らして国民学校借用よりも中等学校に同居と判断しても不思議なことではない。御津女子商も天王寺商業も市立中等学校であり、秦課長の管轄下にあることも一層そう判断させたであろう。地理的にも南区の東西に位置していて申し分なかったであろう。

しかし、町会関係者が加わる第二次案策定作業段階では、それぞれの部内（町会）の意向が押し出されてくる。それを受けとめた第二次案の本校設置場所は桃谷国民学校、分校は天王寺商業に変更された。桃谷校は南区東北部に位置し、空襲被害もなかった学校である。分校の天王寺商（金甌校々舎）に近く、中学校もこの辺りにまとめようとしたのであろうか。あるいは、御津校復興を願う御津町会連合会から反対の声が挙がった可能性もある。しかも「決定」を示す「◎」印が付されている。

この二次案に区新学制協議会で反対の声が挙がったとしか考えられないが、同案も承認されるに至らず、第三次案の策定となった。三次案は二次案の本校と分校を取り換えて、本校天王寺商、分校桃谷校に変更されたに過ぎない。しかし、確定印が付された第二次案を否定したのであり、余程の理由があったのであろう。あえて推定すると、桃谷校区・部

図 2-10　南区国民学校・小学校の通学域（昭和 21 ～ 22 年度）

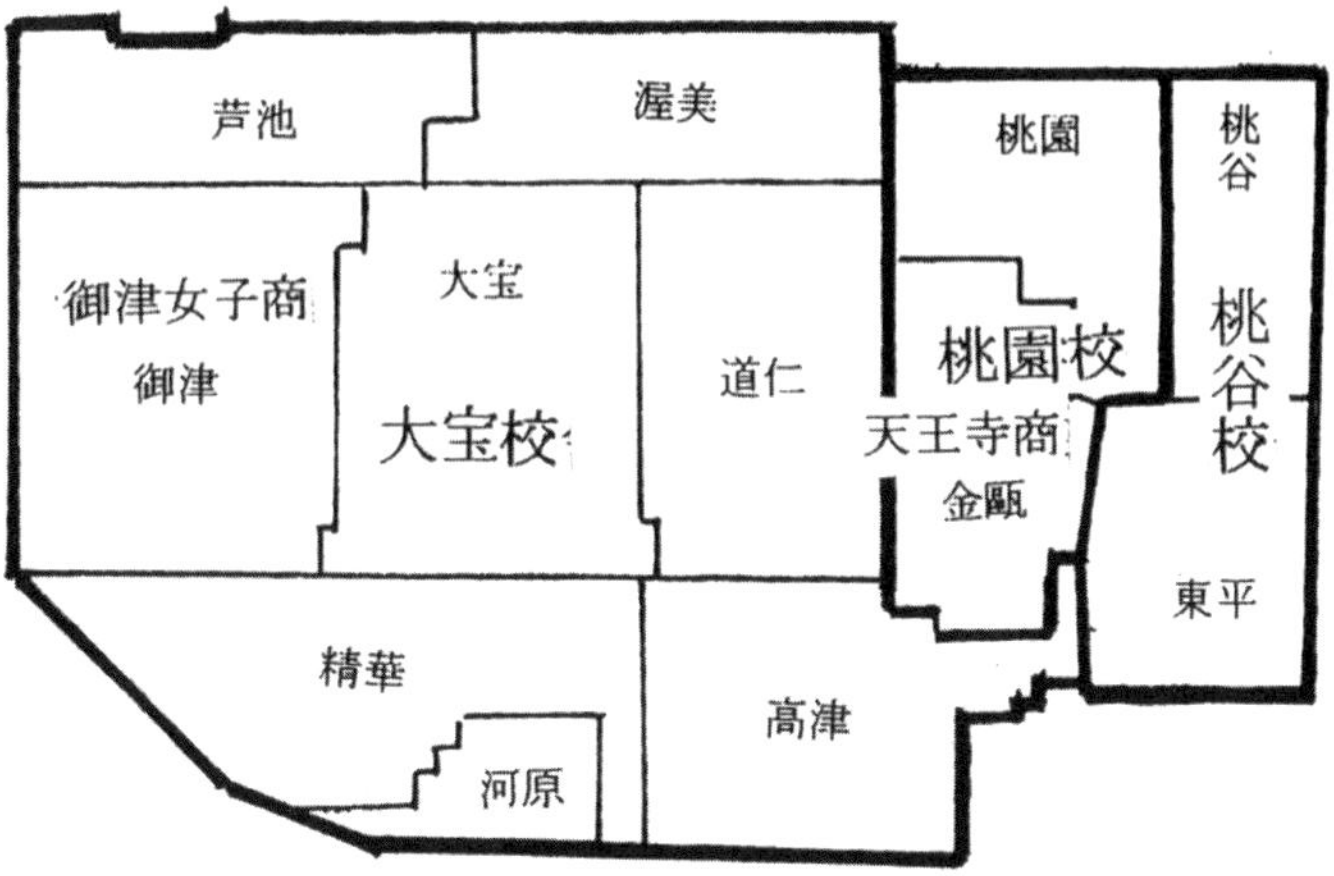

（太線＝国民学校・小学校通学域、細線＝統合前の国民学校通学域と学校名
昭和 19 年の中等学校へ転換した国民学校通学域名もそのまま表示）

内から同校に中学校を置くことに反対意見が出たように思われる。というのは、第二次案の本校、第三次案の分校案も認められなかったからである。

以上の経過をたどり、開校近く、一次案の本校天王寺商、分校御津女子商で決定する。教育部学務課が事態を収拾したと考えられる。本校分校とも中等学校に置いたのは南一中だけである。

（三）生野二中（勝山中）の場合

（1）設置案に瑕疵《かし》はなく

生野二中は第一次から第三次案まで、一貫して本校を鶴橋国民学校、分校を府立生野高等女学校（勝山高校）に定め、一年生七二二人を受け入れる中学校として構想されていた。生野高等女学校を借用するので、生徒は全員女生徒で、鶴橋・北鶴橋・生野・林寺・東桃谷・勝山各国民学校初等科からの進学であった。

一次案から三次案まで変更が認められないということは、女子生徒の進学先・生野二中とセットになる男子生徒受入校の生野三中（生野中）と同様に、第一次案で決定（本章第一節　表2―2参照）しているはずであった。即ち、設置案そのものに問題はなかったのである。もちろん、教育改革の目玉ともいえる中等教育の男女共学が実現しない案ではあったが、ここでは別問題である。

（2）設置場所の変更要請を受け入れて

生野二中（勝山中）の設置場所は、一次案から三次案を通して鶴橋小とされていたが、開校直前になって、貸し主側の鶴橋小から変更を申し渡される。その経緯と善後策を同校初代校長の永原正美が記録しているので、それに拠りながら明らかにしておこう(62)。

永原が大阪市長代理から生野二中開設事務を委嘱する旨の内示を受けるのは、三月二五日である。その足で、三次案に付された鶴橋校（本校）及び府立生野高等女学校（分校）を「下見検分」と挨拶を兼ねて訪れる。おそらく教育部から指示されていたのであろう。

訪れた鶴橋校では思いもかけない「本校教室は貸せない」との断わりの言葉を聞かされることになる。鶴橋校から改めて提示されたのは、同校から南東方向へ数百メートルも離れた東桃谷町四丁目一五四番地（現勝山北四丁目）に建つ同校の分教室で、平屋建一棟四教室の建物（昭一三・五・二七開設）である(63)。早速検分した永原が「室内煤煙で汚損し、硝子障子も大部分破損され、室内何一つもなく、到底使用されそうもなかった」と慨嘆せざるを得ない現状にあった。

永原の頭に去来したのは、「楽しく進学して来る生徒達の教育の将来を思い、悲痛の思いに沈むと共に、責任の重大さ」であった。そうした思いでいた永原は、四月八日(64)、「林寺小学校の卒業女生徒が校長に引率されて入《(ママ)》学して来」た一行を迎えた。そのとき、女生徒たちの一瞬、「暗い憂鬱な顔色」に変わる姿を目撃することになる。

永原が「一刻も早く明るい気持を与えねばならぬ」と生野二中の設置場所の再変更を決断したのはこのときであった。

（3）開校日近く、猪飼野国民学校跡で落着

生徒たちを迎えた生野二中のあの校舎（鶴橋小分教室）から、少し、東南方向へ行った所に生野一中（大池《おおいけ》中）が管理する元猪飼野《いかいの》国民学校（高等科校）がある[65]ことに永原は気付く。「本校の現状としては、ここに移転するより外ない」と思いを定め、生野一中と交渉、開校の日も迫った四月一一日、同校から了解を得ることができたのである[66]。

こうして猪飼野校を生野二中の本校設置場所としたが、同校の校舎も「トタン葺　平屋造建」で、使用できる教室は「僅か六教室」しかなく、分校となる生野高等女学校と折衝、さらに借用教室を増やしてもらわねばならなかった。それでも、独立校舎に違いなかった。

教職員構成、学級編成、備品の確保など、この時期、校長としてやるべき事務は数々あったが、生野二中では校舎の心配から始めねばならなかった。鶴橋校の校長も少くとも、中学校設置二次案の策定作業、区新学制協議会にも参画していたのだから、鶴橋校を中学校に貸与できないことをその時点で申出ておくべきだった。それがなかったのは、疎開復帰学童が学年末に急増、昭和二二年度の学級編成上、中学校に貸すゆとりがなくなったこと以外、考えられない。

第三次案確定後に再修正を迫られ、そのように動いたのは、教育的良心以外の何物でもない。遅くなったからといって責められる理由もないであろう。生徒のためにねばり抜いた学校側の措置はむしろ賞賛されるべき行為

であったのかもしれない。

当然ながら、これら三中学校の変更内容は、各区新学制協議会はもちろんのこと、大阪市学制改革協議会に諮ることも、事後報告することもされていない。両協議会は、その程度の存在だったのである。

第二章註

（1）『朝日新聞』、昭和二二年一月七日

（2）大阪市会事務局『昭和二十二年二月六日大阪市会（定例会）会議録』。和爾教育部長の新制中学校に関する答弁は、『大阪市戦後教育行政資料(1)』（大阪市教育研究所編発行、昭和五三年、八八頁～九〇頁）に収録してある。

（3）秦博『教育五十年―訓導から教授まで―』、私家版、昭和四七年、七八頁～七九頁。

（4）例えば『住吉小学校学校沿革誌』、昭和二二年一月二六日の条。大正区では、二七日、区内六校、百人の教員が参加した組合大会に保護者も加わり、保護者側は「ストに入れば子供達は家庭でよく学習させましょう、大いにやって下さい」と激励している（『朝日新聞』昭二二・一・二八）。

（5）読売新聞大阪社会部『終戦前後』、角川書店、昭和六二年、一二三頁。「二十年、二十一年は千カロリーから千百カロリーに落ち、遅配、欠配がピークに達した二十二年八月は、なんと五百七十カロリー。」の記載からの推定。食糧に関しては、戦時中よりも新制中学校が開校して三か月目に当たる昭和二二年八月が最も厳しかったのである。

（6）赤塚康雄『戦後教育改革と地域―京都府におけるその展開過程―』、風間書房、昭和五六年、八二頁。

（7）大阪市立中央図書館所蔵。

（8）修正案の第二次案（三月七日案）、第三次案（三月一八日案）も中央図書館所蔵。

（9）註（2）『昭和二十二年二月大阪市会（定例会）会議録』に記載された和爾《わに》俊二郎大阪市教育部長の答弁は次の通り。

新制中学が二十二年度から発足するといたしますれば大阪市としてどの位の校舎がいるかと申しますと約五十箇程度

表2—10　第三次案確定後に修正した中学校

番号	校名（現校名）	設置場所 本校	設置場所 分校	収容学年	通学区
①	北一中（菅南中）	菅南	—	一	曽根崎、北天満、梅田東、済美、西天満、滝川、堀川、菅北
②	南一中（南中）	○市立天王寺商	○市立御津女子商	一〜三	桃谷、■桃園、大宝
③	生野二中（勝山中）	□猪飼野	○府立生野高女	一	鶴橋、北鶴橋、生野、林寺、勝山、東桃谷（以上六校の女子）

註　表中の記号例　□高等科校、○中等学校
番号欄ゴチック体は独立校舎の中学校

に考えております。

(10) 赤塚康雄編著『大阪の学童疎開』、クリエイティブ21、一九九六年、四五頁。豊里・大隈・南方各国民学校。東淀川区以外では喜連《きれ》国民学校（東住吉区）、思斉国民学校（思斉特別支援学校）。

(11)『朝日新聞』、昭和二二年三月七日。

(12)『朝日新聞』、昭和二二年三月五日。

(13)「文の里」の由来は大正中期から始まった地域の開発により、中等学校、高等女学校が次々進出、通学の便を図るために開発業者・天王寺土地ＫＫが寄贈した南海平野線の新駅「文の里」に因む。したがって文の里は通称。昭和一八年三月一五日、大阪市告示七八に「文の里町会連合会」とある（『大阪市公報』五号号外）。正式に大阪市の町名になるのは昭和二六年二月である（角川日本地名大辞典編集委員会『角川地名大辞典』27大阪府、角川書店　昭和五八年、

一〇三二頁～一〇三三頁)。

(14) 阿倍野区新制中学校設置第一次案、同第二次案より算出。

(15) 大阪市教育委員会「文の里区域児童関係学校在籍数調査」(昭二四・九・九作成)、大阪市教育委員会施設課『昭和二十四年度　収容対策一件』)。こうした事態は昭和二六年の苗代小学校の開設により順次解消され、昭和二八年度末で完全に解決した(赤塚康雄「大阪市阿倍野区新制中学校成立期通学域の形成過程」、関西地理学研究会編発行『パイオニア』、第九三号、二二頁～二三頁)。

(16) 昭和一九年二月二二日付調査と昭和二〇年一一月一日付調査による人口比較。各区人口は『新修大阪市史』第七巻六九八頁(新修大阪市史編纂委員会編　大阪市発行　平成元年)参照。なお、人口減少率の最も高かったのは港区の九六パーセント、低かったのは東住吉区の八パーセントであった。

(17) 阿部野高等女学校は、昭和二三年一〇月一五日、大阪府高等学校設置条例第九八号で阿倍野高校と改称。第七章第五節(一)(4)参照。

(18) 川端直正編『阿倍野区史』市域編入三十周年事業委員会、昭和三一年、三四一頁。

(19) 阪南小学校創立四〇周年記念誌編集部編『はんなん』、阪南小学校、昭和五五年、一二頁。

(20) 大阪市教育部校舎管理係「昭和二十二年度小学校教室使用状況調」。「阿倍野区小学校学校編成状況調書」、『昭和二十一年度児童収容対策一件綴』

(21) 大阪市教育部校舎管理係『昭和二十二年四月十日現在　大阪市立学校々舎目的外使用状況調書』

(22) 同前。

(23) 大森久治『榎並と野江の歴史―近郊農村から都市への発展―』、泰流社、昭和五一年、一二七頁。なお、都島区側では、城東区榎並校へ越境通学している児童が中学校就学を期に帰還することを把握していたようである。

(24) 昭和二〇年には長居国民学校高等科の児童も墨江校へ移った(長居小学校創立八十周年記念事業委員会編発行『ながい』、昭和五〇年、一三頁)が、昭和二一年度には戻ったようである。なお、昭和一九年度の高等科児童数は一五七人と記録されている（同前、一九頁）。
(25) 墨江小学校位一〇〇周年記念誌編集委員会『創立一〇〇周年記念誌　墨江』、墨江小学校、昭和四七年、三〇頁。
(26) 大阪市教育部『国民学校児童収容替調書』『大阪市教育関係書類綴』。
(27) 第六大区第一小区第八番小学津守学校として津守新田に明治一〇年三月二六日設置された。なお、『西成区政史』（西成区役所編発行、昭和二六年、八一頁）には、明治八年設置とある。
(28) 註（11）『朝日新聞』、昭和二三年三月七日付「区別に新学制協議会　進む六・三制準備」記事に拠る。
(29) 同前。
(30) 大阪市教育部「空襲罹災校園一覧表」、「国民学校児童収容替調書」、『大阪市教育関係書類綴』。
(31) 第三次案策定に当たって入手した教育部からの情報であろう。昭和二二年四月現在、一年三二人、二年九人である（「大阪市立郊外小学校　学級編成（四月二日現在）」大阪市教育局学務課体育係『昭和二十年十月以降　戦災孤児集団合宿教育所原議綴』）。学園の性格上、月々によって変化している。
(32) 大阪市第四西野田尋常小学校、大阪市新家国民学校『学校沿革誌』（昭和二十一年再調）。同校木造校舎は昭和二〇年六月一五日の第二次大阪大空襲で焼夷弾の直撃を受け講堂とともに全焼、鉄筋校舎にも火が回った（赤塚康雄『続消えたわが母校　なにわの学校物語』、柘植書房新社、二〇〇〇年、八九頁）ので、沿革誌が損傷、再調されたと推定。
(33) 赤塚康雄『消えたわが母校　なにわの学校物語』、柘植書房、一九九五年、一〇頁。一二七頁。
(34) 註（30）「空襲罹災校園一覧表」、「国民学校児童収容替調書」。
(35) 同前。
(36) 国民学校高等科児童・青年学校生徒の志望者は中学校二・三年へ編入するが、非義務制であること、高等科・青年学校ともに一区に一校程度で、生徒数が少なく、独立校舎に集められるので二・三年に通学域の概念は通用しない。
(37) 註（30）「空襲罹災校園一覧表」、「国民学校児童収容替調書」。
(38) 同前「空襲罹災校園一覧表」。註（33）『消えたわが母校　なにわの学校物語』、一二七頁。

(39) 大阪市教育委員会「市立中学校校名変更の件」『昭和二十四年四月起　会議録綴』、なお、同件については、『大阪市戦後教育行政資料（1）』（大阪市教育研究所編発行、昭和五三年、一二〇頁～一二二頁）に復刻されている。

(40) 昭和一九年二月二二日付調査と昭和二〇年一一月一日付調査による人口比較、註（16）『新修大阪市史』第七巻六九八頁。

(41) 註（26）「国民学校児童収容替調書」。

(42) 大阪市教育部学事係「国民学校高等科学級数児童数調」（昭二一・九）、大阪市教育センター『大阪市戦後教育行政文書昭和21年度(2)』。原文書をコピーのうえ合冊。

(43) 第二次案、最終頁の「三月七日現在　◎決定　○決定見込　☆未決定」の説明より。

(44) 大阪市立市岡中学校所蔵「学校沿革資料」（ペン字横書きメモ）昭和22年4月23日の条に「分校を設置し1学年女子2学級を収容す」とある。なお、同校四〇周年記念誌に「港高内に分校（2年女子2学級）を開く」とあるが、「1年」の間違いである。（『市岡』、一〇頁）

(45) 註（21）『大阪市立学校々舎目的外使用状況調書』。

(46) 大阪市教育部校舎管理係「昭和二十二年四月十日現在」、註（20）『昭和二十一年起　児童収容対策一件綴』。

(47) 大阪市教育委員会此花区事務局長発、大阪市教育長宛、昭二五・八・一九付「六三制学校施設功労者推薦について」大阪市教育委員会施設課企画係『六・三制実施にともなう美談苦心談並悲劇　六・三制実施施設功労者推薦一件』。

(48) 吉本昭発、赤塚康雄宛、平二四・一・一一付書簡及び『中谷徳恭戸長日記』、大阪史料調査会、昭和五七年、一八七頁。

(49) 『毎日新聞』、昭和二三年三月二五日。

(50) 『朝日新聞』、昭和二一年七月七日。この年、大阪全市の三六パーセント・六一校が同様の措置をとった。

(51) 大阪市教育委員会北区事務局長発、大阪市教育委員会教育長宛、昭二五・八・二六付「六三制学校施設功労者推薦」、註（47）『六・三制実施にともなう美談苦心談並悲劇、六三制実施施設功労者推薦一件』。門坂に関する記述はすべて本資料によっている。なお門坂はこの功績により、北一中（菅南中）初代教育後援会長（ＰＴＡ会長）に選出される。

(52) 註(26)「国民学校児童収容替調書」。
(53) 天王寺区から東平国民学校、浪速区から河原国民学校が南区へ編入。
(54) 註(32)『続消えたわが母校』、一四頁。註(16)『新修大阪市史』第七巻　一〇〇四頁、一〇〇八頁。
(55) 大阪市立精華小学校長石田末吉「六・三・三制施設功労者推薦報告書」、註(47)大阪市教育委員会『六・三制実施にともなう美談・苦心談並悲劇、六・三制実施功労者推薦一件』。大阪市立大学百年史編集委員会『大阪市立大学百年史全学編　下』、大阪市立大学、一九八七年、八八〇頁。なお、大阪市文化会館は大阪復興博覧会場(天王区)内に設けられていた旧観光館を改装、昭和二五年五月三日に移転した(大阪市教育委員会事務局『教育月報』一九五〇年四月号、一八頁)。現在クレオ大阪中央が建つ。
(56) 大阪市立天王寺商業高等学校創立七〇周年記念誌委員会『創立七〇周年記念誌　天商』、天王寺商業高校、昭和五九年、一一頁。なお、天王寺商高は市立東商高、市立市岡商高を統合、市立大阪ビジネスフロンティア高校(平成二四年)
(57) 精華校三六教室、道仁校二五教室、金甌校二六教室及び各校の講堂(註(30)「国民学校児童収容替調書」)。
(58) 同前「国民学校児童収容替調書」。
(59) 大阪市立大宝小学校長竹本録松発　大阪市教育局庶務課長柏原好夫宛　昭二二・一〇・九付「大宝小学校児童激増に伴う児童収容対策に付ての陳情」付属図面、註(20)『昭和二十一年起　児童収容対策一件綴』。
(60) 同前。
(61) 註(3)『教育五十年—訓導から教授まで—』。
(62) 永原正美「創立当時の思い出」、大阪市立勝山中学校PTA編発行『20周年記念号』一九六六年、五頁。
(63) 大阪市立鶴橋小学校八〇周年記念誌編纂委員会『鶴橋小学校八十年のあゆみ—郷土鶴橋の歴史』、昭和三一年、一二頁。
(64) 註(62)『20周年記念号』三頁。
(65) 猪飼野校学校用地を大阪市が買収するために用意した「税務署図面写　東桃谷四丁目地図」(購入は昭和一六年四月であるので、そのころの図面であろう)によると、鶴橋校分教室所在の東桃谷四丁目一五四番地は「猪飼野校の西北一〇〇メートルぐらいの位置にある。猪飼野校については、註（32）『続消えたわが母校　なにわの学校物語』（二二五〜二二七頁）参照。

（66）註（62）『20周年記念号』、三頁。猪飼野校々舎中学校設置案で生野一中の分校とされていたが、第三次案で生野二中の本校へ変更を示す矢印が、加筆されている。生野一中としては、実入学生徒が、入学受付生徒より百数十人減少することが分かり、分校として使用予定はなかったと推定される。

第三章　開校準備から開校へ

第一節　大阪市教育部による開校準備日程の公表

昭和二二年三月二四日、この日は大阪市の新制中学校の開設準備にとっては、画期的な日となった。午前は新制中学校へ最初に入学してくる国民学校児童の修了式（卒業式）が挙行され、午後は開校準備日程が公表される大阪市学制改革協議会が開催される日であったからである。先ずは、開校準備日程の内容を見ておこう。

（一）中学校開校準備日程

三月二四日午後の大阪市学制改革協議会は大阪市立中央公会堂（中之島公会堂）で開催された。ここで、市教育部は、大阪市立中学校五二校の設置案を報告し、以下の開校への準備日程を公表、承認を求めた。

①、入学受付は、四月二日、午前一〇時から本校設置場所で、一斉に行う。
②、開校日は、大阪府市とも、五月一日とする。
③、新制中学校設立準備委員である校長の内命は、三月二六日とする。
④、教職員の内示は、一学級一人の割合で三月二八日に行い、不足教職員をできるだけ早く任命したい。
⑤、中学校へ入学できる生徒の条件は、①通学区域内に本籍のある生徒または居住証明書を持つ生徒、②本年

三月、国民学校初等科修了であることを証する出身国民学校長の証明書を持参できる生徒であること。

学制改革協議会は、以上の内容を承認し、正式に決定(1)、これに従い開校に向って準備が進められる。もちろん、日程通りにいかない面もある。例えば、入学受付が、ほゞこの通り進行したのに対し、開校日は、ほゞ、四月に前倒しとなる。入学受付といえば、四月八日に行われた生野二中（勝山中）の一件が想い起される。入学受付に来校した生徒が、あまりに荒れ果てた校舎に顔を曇らせ、それを契機に新たに校舎探しを始めた件である（第二章第四節（三））。

③の「新制中学校設立準備委員である校長の内命は、三月二六日」ではなく、一日早い二五日であったようだ。詳細は次節で明らかにしたい。

（二）国民学校最後の卒業生が新制中学校最初の入学生

この卒業式について、卒業式翌日の三月二五日の毎日新聞は次のように伝えている。

大阪市国民学校二百八十八校、二万五千百十一名の卒業式は二十四日挙行された。これで六・三・三制実施前の旧制度による国民学校の幕がとじられ、希望をもって一斉に新制中学校へ進学することになったわけである（傍点赤塚）。

この記事で注目すべきは、「希望をもって一斉に新制中学校へ進学する」の一節である。前年度までは、国民学校を一緒に卒業しても、進路は中等学校か高等科国民学校、青年学校進学、あるいは家業家事従事、さらには就職と分かれたが、この卒業生からは、一斉に中学校へ進学できる、という中等教育の機会均等理念の実現を「希望をもって」と報じていたからである。

記事に「大阪市国民学校二百八十八校」とある。その内訳は、初等科校一四九校、初・高併置校二四校、高等科校一五校であったから、卒業生数「二万五千百十一人」は、初等科六年、高等科二年を卒業した児童数ということになる。厳密に言えば、国民学校は卒業ではなく修了であったので、六年修了生は義務的に中学校一年へ、高等科二年修了生のうちの志望者は中学校三年へ入学する。もちろん、高等科一年の中学二年進学希望者もである。

三月二四日は、中学校設立計画段階から開校準備段階へ移行する日となった。

第二節　学校長、教職員の任命

（一）学校長の任命

（1）中学校開設事務の委嘱状

中学校設置案及び開校準備日程が、市学制改革協議会で了承された翌三月二五日、大阪市教育部は、市役所に近い愛日国民学校へ新制中学校長内定者五二人を集め、「中学校開設事務」の委嘱状を手渡した(2)。委嘱状の書式は「大阪市立〇〇第〇中学校開設事務を委嘱す　大阪市長代理」(3)とあった。

委嘱状を受けて、校長たちの多くは、その足で各中学校の設置場所へと赴いたようで、各中学校の沿革誌、三月二五日の条にその旨の記録が残る。例えば、都島区高倉中学校（都島一中）の沿革誌は「大阪市立福道《ふくみち》国民学校長福山孫治は大阪市立都島第一中学校長《ママ》事務取扱を命ぜられ本校創立準備に努力する」と記載し、住吉区我孫子《あびこ》中学校（住吉四中）沿革誌には「古谷金喜氏に大阪市立住吉第四中学校開設準備事務を委嘱」とある。

準備事務の内容は、教室数・机・椅子の点検、教室配置、学級編成などである。机、椅子などでは大抵、不足した。実務は一般教員の赴任後となるが、どこから持ってくるかを初め段取りをしておかなければならない。事務用品は、独立校舎の場合、残されていたが、借用校舎では何一つなく、貸し主の小学校と折衝しなければならなかった。

予算も「開校費は一校一卒《ママ》に五千円、年度内の備品費として一校あたり十万円」(4)配当の予定であったが、開校に間に合うはずはなく、校長のポケットマネー、借用、地域篤志家の寄付に頼らざるを得なかった。生野二中（勝山中）では、「生徒となるべき者の父兄の有志の方、お一人宛二百五十円、合計七千五百円をお貸し願って、それで文房具を仕入れ、出席簿や学校日誌を謄写印刷で作り上げて、晴れの門出の間に合わせた」(5)という。

もう一校、開校準備の様子を挙げておこう。校長が先ず、「友人から五百円を借りうけ、それからは、保護者の藤島氏」に頼ることになる。訪問して借金したときの様子を「奥からお金を持って来て下さって、ぱらぱらと出して頂いた時の金三万円。当時はものすごい大金で（略）、有難い有難いの連発。当時は、ぶっそうな時でありましたので鞄に入っているお金を拝むような気持で、大事に大事に頂いて帰った」と回想するのは、阿倍野四中（松虫中）の開校事務に当たった渡辺喜一と校務主任の中田作衛である(6)。

開校準備資金の不足に直面し、すべての中学校が、さまざまな工夫、才覚で、開校の準備を急いだのである。

（2） 校長辞令の発令

校長辞令は、大阪府から昭和二二年四月一日付で発令された。新制中学校最初の辞令であった。東淀川一中（十三中）高崎巽校長への辞令には、「地方教官　高崎巽／十九号俸下賜／大阪市立東淀川第一中学校長ニ補ス／昭和二十二年四月一日／大阪府」(7)とある。

同種の辞令は、大阪市立中学校長五二人全員に交付されたが、このなかの一三人は、同時に青年学校長の兼務辞令を受けた。住吉一中の校長は「地方教官　岩井鑒一／兼補公立青年学校大阪市西粉浜商工学校長／公立青年学校大阪市西粉浜実科女学校長／昭和二十二年四月一日／大阪府」(8)の辞令を受けている。東一中、天王寺一中、大正一中などもそれに該当する(9)。

新生の中学校開校準備に立ち向かう校長辞令にしては、戦後処理過程及び戦後教育改革過渡期の古い文言が並ぶ。「地方教官」、「下賜」、「青年学校」等である。因みに、「地方教官」は「公立学校官制」改正（勅令第二一三・同三一四号）に基づき、大阪府教育部長が昭和二一年七月二五付「公立学校官制改正の件」で指示した官名を地方教官に、職名を学校長に、の通達から用いられた。

「青年学校」制度は、昭和二二年度末まで存続したのだが、大阪市は、新学制発足（昭二二・四）と同時に青年学校を廃止にした(10)ので、前記兼務辞令は、形式に過ぎず、実質的な意味を持たなかった。文部省、大阪府との関係での措置であったと考えられる。

(二) 教職員の内示と発令

(1) 辞令の内容

一般教職員の内示は、三月二八日に行われた。それは大阪市教育部が大阪市学制改革協議会で提示した通りの日であった。

この内示について、大阪市立放出《はなてん》中学校の『学校沿革誌』は、「三・二八　教官・事務官の内示」と記載し、続けて教職員二〇人(地方教官一九人、地方事務官一人)の氏名、俸給、資格、出身学校、性別、年齢、叙級を記している。同中学校は高等科単置校であった福道《ふくみち》国民学校及び併置されていた青年学校(福道農工学校、同実科女学校)から校舎を継承した学校で、教職員も、福道校七人、青年学校六人が両校からの転入であった。

放出中(城東一中)と同じ条件の住吉第一中学校(西粉浜国民学校、西粉浜商工学校、同実科女学校継承)に残る内示に基づく四月一日付の発令通知(11)によると、やはり青年学校から五人、国民学校一人の転入が認められる。

注目される青年学校との兼務発令については、一般教員にも認められ、その年一二月に発令された松川教諭の辞令も以下の通り記されている。「地方教官／松川正雄／二十号俸給する／大阪市立住吉第一中学校教諭兼／公立青年学校大阪市西粉浜商工学校教諭／公立青年学校大阪市西粉浜実科女学校教諭に補する／昭和二十二年十二月三一日／大阪府」(12)。青年学校を独立校舎とした中学校に赴任する校長、一般教員を問わず、兼務発令されたことが明らかになる。

「地方教官」のほかに「地方技官」、「地方事務官」の発令もある。地方技官は養護訓導を改めた官名で、前記「公立学校官制改正の件」(昭二二・七・二五付府教育部長通知)から使用された。

（2）教員配置の実態

教職員の発令書が送付されてきても、そこに記されているだけの教職員が全員揃うとは限らない。『大阪市立八阪中学校沿革誌』（附記創立開校）に「開校当時の職員23名、内10名は未復員、或は教職員適格未了のため実人員13名」とある。軍隊からの復員を予測しての教員も含まれていたのである。

八阪中学校の場合、八阪青年学校の継承校であり、同校からの転勤教職員が多数含まれていたはずで、同校の昭和二一年度初めの教職員三五人中、一五人が「応召入営者」で未復員、と記録されていて、その影響が大きかったと思われる。青年学校全体で未復員の教員が一六二人を数えたので、青年学校の継承校は同様の事態にあったと考えられる(13)。当時、戦争の影響はなお色濃く残っていたのである。

もう一方の教員適格審査は、全教職員が戦時中の行為、行状及び地位、経歴について審査されたが、教職員として〝適格〟との判定を得られなければ授業をすることはできなかった。八阪中には、この時期に入っても審査の終らない教師が含まれていたのである。西成二中（今宮中）の学校日誌四月一五日の条に「昨日付ニテ野間氏資格審査合格サル」と記載されている。

このように、辞令が出ても、名前だけで、実働できない教員がいることに加えて、年度初めに定員に満たず遅れて発令される教師もいた。例えば、大正二中（大正中央中）では、五月二六日、六月一〇日、一六日、七月四日、八日、九月一日、一〇月一日、一二月一日と遅れての赴任が認められる(14)。前記住吉一中でも、一六人の四月一日付けのあと、四月三〇日、五月二〇日、六月二日、三日、八月三一日、一〇月三一日、一二月三一日（前記松川教諭）と五月雨式の発令となった。

飢餓とインフレは、サラリーマンを直撃、教師志望者が絶対的に少なく、阿倍野四中（松虫中）は古新聞に毛筆で〝教員募集〟と書き、校門に貼りつけた程、と校長は回顧している⒂。

慢性的な教員不足は、中等教育の一つの特徴である教科担任制を危うくしかねなかった。

（三）校長の供給源

文部省は新制中学校長の資格として、「中等学校、青年学校の助教諭、教諭、校長及び国民学校の訓導、校長」を「八年以上従事した者」⒃と規定していた。この枠のなかで大阪市立中五二校の校長をどこから任用したのであろうか。

（1）青年学校

先ず、青年学校から検討を始める。新制中学校発足前の大阪市の公立青年学校は、一三校である。したがって、一三人の校長がいた。彼らの転出先を追うと、一一人が大阪市立中学校長に任用されたことが判明した。

青年学校教諭からの中学校長への抜擢も行われた。大池青年学校の久保徳人教諭は、大正一中（大正東中）校長へ、同じく十三青年学校の

表3―1　青年学校長の就任先中学校

	就任先	（現校名）	校長名	青年学校
①	南一中	（南中）	平沢平三	大江
②	西一中	（西中）	川原孝治	九条南
③	大正二中	（大正中央中）	吉川済	高殿
④	西淀川一中	（淀中）	橋岡熊四郎	姫島
⑤	東淀川六中	（柴島中）	神田重治	十三
⑥	東成三中	（玉津中）	村内淳一	三軒家南
⑦	城東三中	（城陽中）	稲垣金弥	福道
⑧	阿倍野一中	（昭和中）	穴吹好雄	西粉浜
⑨	東住吉一中	（摂陽中）	吉木幸三郎	北大江
⑩	東住吉二中	（平野中）	森田寛治	八阪
⑪	西成二中	（今宮中）	萩谷留吉	弘治

註『大阪府学事職員録』、『大阪市衛星都市学校大鑑』、『大阪市教育者写真名鑑』、『公立中学校創設十周年記念誌』、各中学校創立記念誌から作成。

後藤正身は東成二中（本庄中）へ、八阪青年学校の渡部喜一は阿倍野四中（松虫中）へ、西粉浜青年学校の川村市兵衛は西成一中（天下茶屋中）へと四人の昇格が認められる。

以上、青年学校からは一五人が新制中学校長に就任したが、それぞれ特徴と経歴を持っていたようである。例えば、穴吹（阿倍野一中）は、大正自由教育のリーダー・小原国芳（玉川大学長）から高く評価され、期待されていたし(17)、久保（大正一中）は大阪外国語学校（現在大阪大国際学部）ロシア学科卒、早稲田大文学部卒という学歴を持つ研究家であった(18)。学歴と言えば、渡辺（阿倍野四中）は東京高等師範学校（現在筑波大）出身であった(19)。

青年学校長、教諭から中学校長任用は一五人、中学校五二校中一五校、即ち二八・八パーセントが青年学校からの任用であった。

（2）国民学校長の転用

新制中学校長に転用された国民学校長は一九人認められ、そのうち初等科校からは一三人、高等科校は六人である。高等科校は、青年前期の児童を扱っていた関係上、当然の措置であったといえる。

それに対して、初等科国民学校長からの転用は、当の校長にとってでき得れば避けて欲しかった人事であったかもしれない。そのまま、小学校（昭和二二年四月国民学校改組）に残れば、中学校教員の確保、校舎の交渉、中学校用地の買収などに苦労する必要がないからである。「校舎もない、校地もない」、「中学校は永く存続し得るのか」……聞き取りのなかで筆者がよく耳にした中学校への不安の言葉である(20)。

もちろん、そうした環境に置かれる中学校のために何とかしてやりたいと積極的に転進した校長も少数ながらいたことは否定できないであろう。

あるいは、青年学校が併置された国民学校長の場合、校種間の壁が低かったかもしれない。例えば、広島高等師範学校（広島大学）出身の赤阪靜住吉三中（三稜中）校長の前歴は阪南国民学校長であるが、太平洋戦争当時、成小路国民学校長と同青年学校長を兼務していた(21)から、青年前期を扱っていた経験で中学校転進は容易であったと思われる。初・高国民学校長のそれぞれの任用先中学校は、表３―２の通りである。全五二校中一九校、三六・五パーセントに当たる。

表 3-2 国民学校長の就任先中学校

	赴任先（改称）	校長名	科別	前任校
①	都島一中（高倉中）	福山孫治	高等科校	福道
②	西淀川三中（歌島中）	伊藤祐栄		大和田西
③	東淀川三中（三国中）	国井実平		西今里
④	生野一中（大池中）	西岡耕作		昭和
⑤	阿倍野三中（阪南中）	大安芳蔵		阪東
⑥	住吉四中（我孫子中）	古谷金吾		菊水
⑦	北一中（菅南中）	厳西真乗	初等科校	豊崎本庄
⑧	新家中（野田中）	小林好太郎		浦江
⑨	此花一中（春日出中）	坂井清治郎		鷺洲
⑩	東一中（東中）	堀 勝		中大江
⑪	天王寺一中（天王寺中）	関口平太郎		金塚
⑫	大淀一中（大淀中）	早川政吉		日東
⑬	生野二中（勝山中）	永原正美		中本
⑭	城東一中（放出中）	川西松太郎		鴫野
⑮	城東二中（蒲生中）	船田 哲		福島
⑯	住吉一中（住吉一中）	岩井鑒一		生野
⑰	住吉二中（南稜中）	友成義春		依羅
⑱	住吉三中（三稜中）	赤阪 靜		阪南
⑲	西成三中（成南中）	服部 勲		城東

（３）旧制中等学校からの転進

旧制中等学校（中学校、高等女学校、商・工業学校、工芸学校）校長・教頭・教諭から新制中学校長への転進組が一三人認められる。

校長経験者は、大阪市立御津女子商業学校門田重夫と同安治川女子工業学校長渋川五郎で、門田は東淀川二中（新北野中）、渋川は旭二中（大宮中）校長に就任した。工芸学校（工芸高校）教頭の岡本正修は阿倍野二中（文の里中）校長へ昇進した。

市立中等学校教諭からの新制中学校長抜擢は一〇人に及ぶ（表３―３）。例えば、市立天王寺商業学校（天王寺商業高校を経て現在大阪市立ビジネスフロンティア高校）教諭坂口利夫は、港一中（市岡中）校長、市

表 3-3　新制中学校長への
旧制市立中等学校長・教頭・教諭からの任用

	就任先（改称）	氏　名	前任校	職名
①	東淀川二中（新北野中）	門田重夫	御津女子商業学校	校長
②	旭二中（大宮中）	渋川五郎	安治川女子工業学校	
③	阿倍野二中（文の里中）	岡本正修	工芸学校	教頭
④	港一中（市岡中）	坂口利夫	天王寺商業学校	教諭
⑤	天王寺二中（夕陽丘中）	森脇二一	船場高等女学校	
⑥	浪速一中（難波中）	横山群造	扇町商業学校	
⑦	西淀川二中（西淀中）	小野勝夫	泉尾工業学校	
⑧	東淀川四中（美津島中）	福沢瀬一	西島工業学校	
⑨	生野三中（生野中）	尾埜善一	生野工業学校	
⑩	生野四中（東生野中）	勝井春継	汎愛中学校	
⑪	旭一中（旭陽中）	山田明	東商業学校	
⑫	東住吉三中（田辺中）	村井弥六	下福島女子商業学校	
⑬	東住吉四中（東住吉中）	野中俊三	住吉商業学校	

立扇町商業学校（扇町商業高校を経て現在扇町総合高校）教諭横山群造は、浪速一中（難波中）校長、市立汎愛《はんあい》中学校教諭勝井春継は、生野四中（東生野中）校長に就任した。こうして旧制中等学校の一三人が校長への道を歩む。

大阪市立中学校五二校のなかで、旧制中等学校から任用された校長の占める割合は二五パーセントになることが明らかになった。しかも、その全員が大阪市立中等学校からで、府立中等学校、私学関係は一人もいないという人事方針も見えてくる。

（4）大阪市・府、供給源の特徴

各中学校の運営に大きな位置を占める学校長の前歴は、青年学校一五人、二八・八パーセント、国民学校一九人、三六・五パーセント、旧制中等学校一三人、二五パーセント、不明五人、九・七パーセントになることが明らかになった。残りの五校、五人については、就任先、氏名は判明するが、前歴を追いきることができていない。不明とした理由である。

一校は福島区の八阪中学校である。同校の校長塚本清は、大阪市視学、大阪市教育研究所研究調査部主任、再び大阪市視学を経て、八阪中学校長に就任している(22)。彼は「奈良女高師附属訓導として、戦前の新しい教育運動で名を知られた教育者」㉓の教育実践歴を持ち、中学校長としては、「大阪府公立中学校長会（当時学校長協議会）の初代会長を務め、全日本中学校長会（当時中学校長協議会）の結成と運営に貢献した人物」として知られた㉔。

下福島中の栗山芳雄・東淀川一中（十三中）の高﨑巽・同四中（美津島中）の福沢瀬一・東成一中（東陽中）の阿野敏一各校長らの前歴も確認できていない。

旧制大阪市立中等学校から新制中学校長を任用した大阪市と対照的に府下衛星都市、町村には、府立中等学校（旧制）からの登用が多数認められる。

例えば、吹田市の第一・第三中学校は府立北野中学校（北野高校）教諭を、豊中市の第三中学校は府立豊中中学校（豊中高校）教諭を校長に迎えている㉕。郡部町村では、国民学校・青年学校長の任用が圧倒的に多いなかで、府立中等学校が立地する地域では、同中学校教諭を招聘する事例がある。府立八尾高等女学校（山本高校）の教諭が、中河内《なかかわち》郡八尾《やお》町立中学校長に就任したのがその一例である㉖。府立北野中学校教諭が豊能郡箕面町萱野《みのおかやの》村組合立箕面中学校（箕面市立一中）長に就任したのは、箕面町出身の故である㉗。地縁による要請に応えた例である。

新制中学校発足時は、食料不足の最も厳しい時期である。大阪市中の遅配欠配のピークは、昭和二二年八月であった㉘。食料難を理由により農村部へ異動する教師もいた。府立大津高等女学校（泉大津高校）の教諭が泉北郡南池田村立中学校（和泉市立池田中）長に就任した理由を「食糧難からの脱出」㉙と述べている。飢えは戦時中より敗戦後が厳しかったのである。食糧難の具体的な姿を同校長は「米麦は皆無、敗戦後二年で、米と交換する家内の着物も底をつき、毎朝大津の埠頭から海水を汲んできて、それにセリやヨメナや芋《いも》づるを混入する雑炊が飢えを凌ぐという始末」と回想している。

校長人事が真空のなかではなく、厳しい現実のなかで行われたことを想起させる回想である。前章で扱った中学校設置案策定はもちろん、すべてが当時の厳しい社会現実のなかで進行していたのである。

（四）校務主任（教頭）の選出

一般教職員の内示、辞令を経て校長は生徒受入れのために早急に教員を組織化する必要に迫られる。なかでも校長を補佐する〝教頭役〟の選出を急がねばならなかった。

学校教育法（昭二二・三・二九公布、法律第二六号）に教頭は位置づけられていなかったので、新制中学校ではその役割を分掌する担当者を決めることになる。伝統を継ぐ中等学校や国民学校との違いである。

大阪市では、開校準備の過程で〝教頭役〟を選出、「校務主任」と称した学校が多数を占める。都島一中（高倉中）の『学校沿革史』、昭和二二年四月一日の条に「校務主任に清水三郎（略）を無投票にて決定、全職員開校準備に努力する」と伝え、選挙が前提であることも知ることができる。

しかし、食べることで精一杯のこの時期、校務主任の希望者が少なかったのか、校長が知己を招聘するケースや大阪市教育部が中等学校教諭を校務主任として送り込んだ形跡も認められる。後者の事例では、大阪市立中等学校教員を校長に宛てた措置と異なり、府立中等学校はもちろん、府外の県立中等学校も視野に入っている。中等教育としての学校経営の補佐を期待してのことであろうか。それほど幹部教員が不足していたということであろうか。

大阪市立扇町商業学校（扇町総合高校）教諭から西成二中（今宮中）へ校務主任として異動した八木三二の証言によれば、「新制中学校を新設せねばならぬから、そちらに出る希望者は申出よと言われ（略）市当局に申出」[30]た結果の校務主任である、という。八木は戦時中の一時期、教頭を経験していて、「男女共学の中学校ならばやれる」と確信しての市当局への申し出だったというから、市当局から中学校経営についての打診があったと推察される。

他方、国民学校訓導だった高岡政一の証言は、中学校転出希望調査に自ら教育部へ出向き希望を申し述べると、課長から「それは君、無理だ。新制中学校をそう安っぽく見てもらっては困る。新制中学校へは、旧中学校や女学校からの転任もあるだろうから、校長や教頭はその中から任命することになると思う」(31)と一蹴されたことを回想している。課長とは、当時教育部は三課制で庶務課、学務課、社会教育課が置かれていただけなので、教育部長から新制中学校開設の一切を任されていた秦《はた》学務課長のことである。秦課長は小学校の延長としての新制中学校ではなく、中等教育のなかの前期を担当する新制中学校と認識のうえで回答したのであろう。

中等学校教諭を前歴とする校務主任の例を挙げると、北一中（菅南中）へ和歌山県立和歌山中教諭安田道章尊、生野四中（東生野中）へ大阪府立夕陽丘高等女学校教諭井上喜一、東淀川一中（十三中）へ大阪府立堺中（三国丘高）教諭乾隆次、阿倍野四中（松虫中）へ大阪市立都島工業学校（都島工高）教諭中田作衛などである。ちなみに前記高岡は校務主任への異動となった。

今日、聞きなれない職位となった「校務主任」の呼称はいつまで続いたのであろうか。翌二三年度から「教頭」に変更する中学校が現われ、昭和二四年度には激増する。昭和二四年度の『学事職員録』(32)によると、大阪市立中学校六八校中、三五校で「教頭」が使用され、二三校に記載が認められない。北・都島・西・福島各区は不明である。記載のない学校は校務主任を使用していたことが推定される。小学校、高校に合わすようにとの要請でも、教育委員会（昭二三・一一・一設置）から出たのであろうか。

校務主任は、小学校、高校とは異なる位置（中等教育の機会均等）から出発した新制中学校独特の発想であり、門出にふさわしい新生の意味を込めた呼称であったが、義務制完成の昭和二四年度には姿を消そうとしていた。

第三節　入学受付

（一）入学受付の意味

各中学校の入学受付は、三月二四日、大阪市中央公会堂で開催された大阪市学制改革協議会で、大阪市教育部が報告した通り、「四月二日　午前一〇時」、「本校設置場所で、一斉に」[33]実施された。

近年、各中学校では、入学前の一通過行事として扱われているが、初回のこの年の入学受付は、大きな意味を持っていた。先ず、生徒、保護者にとっては、全員入学できる中学校など、本当にできるのか、との疑問と進路への不安を解消させる意味を持っていたし、行政や中学校側にとっては、入学生徒数を初めて把握できる機会であると同時に用意した教室で足りるのかを判断し得る重要な行事であった。

大阪市教育部は、入学受付後、学校図面に中学校使用範囲を図示し、教室毎に使用学年、生徒数（男女別）を記入した書類を提出するように各中学校に求めた[34]。

（二）入学受付の実際

（1）城東一中（放出《はなてん》中）の場合

高等科国民学校の福道校、青年学校の福道農工学校・同実科女学校を独立校舎とする城東一中（放出中）の入学受付の準備は、三月三一日、受付事務の担当教員を決定することから始まった。通学域である今福《いまふく》・榎本《えのもと》・諏訪《すわ》各国民学校及びその他の学校毎に教員二～三名を割り付け、さらに高等科・青年学校からの二・三年生徒用の受付係に一人の教員を決定[35]、入学受付体制を整えた。

表 3-4 城東一中（放出中）入学受付生徒数

	1年	2年	3年	計
今福校	62	―	―	62
榎本校	144	―	―	144
諏訪校	94	―	―	94
鯰江校	―	67	5	72
福道校	―	61	15	76
福道青年学校	―	28	27	55
その他	8	3	1	12
計	308	159	48	515

（放出中学校『学校沿革誌』）

註(1) 福道校は高等科国民学校

(2) 鯰江校（初高併置校）は高等科のみ城東一中へ

四月二日の入学受付に登校した生徒は、一～三年五一五人で、内訳は一年三〇八人、二年一五九人、三年四八人である。一年生は通学域の生徒と縁故疎開先から復帰予定の生徒(その他)である。二・三年は福道国民学校(高等科)、福道青年学校及び鯰江国民学校高等科の中学校入学希望者であった。

午前中に入学受付事務を終えた城東一中では、午後職員会議を開き、学級編成を話し合う。

結果、学級は男女共学とすること、出身国民学校単位ではなく、混合させること、身長順に各学級に割りふることなど学級編成の基本を決め、一年九学級、二年八学級、三年一学級編成を予定とした。

入学受付に登校していない生徒があり、今後の増加を予測したのであろうか、実際の学級編成作業の四月九日には、一年で六二人、二年で一八八人増加という希有な結果になった[36]。

表 3-5　生野一中（大池中）入学受付生徒数

		1年			2年			3年			合計		
		男	女	計	男	女	計	男	女	計	男	女	計
指定域の国民学校	大池	—	—	—	—	203	203		21	21	—	224	224
	猪飼野	—	—	—	228	—	228	65	—	65	293	—	293
	御幸森	63	41	104	—	—	—	—	—	—	63	41	104
	東小路	75	62	137	—	—	—	—	—	—	75	62	137
	東中川	22	33	55	—	—	—	—	—	—	22	33	55
指定青年学校大池実科女		—	—	—	—	82	82	—	6	6	—	88	88
指定青年学校大池商工		—	—	—	47	—	47	15	—	15	62	—	62
指定外国民学校		1	6	7	15	19	34	6	2	8	22	27	49
指定外青年学校		—	—	—	10	5	15	—	—	—	10	5	15
合計		161	142	303	300	309	609	86	29	115	547	480	1027

大池中学校所蔵、『庶務報告文書綴』より作成

入学受付という行事はもちろん、男女共学という今日では当然のことが、理解できない時代であったことがうかがえるのである。

（2）生野一中（大池《おおいけ》中）の場合

生野一中（大池中）は、大池青年学校（大池商工学校・同実科女学校）、大池国民学校（高等科女子校）の校舎と児童生徒を継承し、猪飼野《いかいの》国民学校（高等科男子校）、美幸森《みゆきもり》・東小路・東中川各国民学校（初等科校）からの生徒を受け入れた中学校である。

入学受付生徒数は、以上の構成校の情況を端的に現わす結果となった。即ち、義務制の一年（三〇三人）より、非義務制の二年（六〇九人）の生徒数が圧倒的に多いのである。三年を含めるとその傾向は一層強くなる。

高等科校、青年学校を引継いだ各区の第一中学校は、区内全域の二・三年入学希望生徒を収容することになるので、この様な傾向を示すが、生野一中ほどではなかった。学校も一年より二年が多いのはほかに住吉一中、西成一中（天下茶屋中）だけである。

但し、入学受付段階の生徒数が、入学時にはどうなるか、義務制でないだけに減少する可能性も十分、考えられよう。生野一中の場合、一〇二七人から八八四人[37]へと大幅に落ちこんだ。学年別の減少数

は不明だが、義務制一年の通学域が飛び地状に形成されていたので、二・三年だけではなく、一年でも減少したことは十分推察できるのである。

(3) 阿倍野《あべの》一中（昭和中）の場合

阿倍野一中（昭和中）は、高等科国民学校の昭和国民学校跡に設置された中学校で、同校の一・二年を二・三年に受け入れ、一年は長池《ながいけ》校の男子、晴明丘《せいめいがおか》・阪南校の女子生徒を入学させた。

義務制一年の男女別進学体制（第二章第二節（一）参照）は、入学受付で、阪南校男子生徒も登校してきて「阪南校は女しか入れない」と説明されて引き返したり、逆に女子生徒が金塚校（阿倍野四中）へ手続に行き断られたりの混乱をきたした[38]。阿倍野一中の入学受付生徒数は、学校別に『学校日誌』[39]、四月二日の条に記録されている。一年二九七人、二年二六八人、三年五六人が登校し、入学手続を済ませたことが判明する。

前掲日誌によると、入学受付後の四月八日、生徒を招集し、「(1)校長講話、(2)職員紹介、(3)生徒ニ対シ諸注意」が行われ、一六日には「学級編成（ママ）、学級担任発表」と開校準備が進められている様子が明らかになり、入学受付が、開校準備への起点になったことが判明する。

表 3-6　阿倍野一中（昭和中）入学受付生徒数

学年	出身国民学校				計
	男子（人）		女子（人）		
1年	長池校	116	晴明校	76	
			阪南校	105	297
2年	昭和校	163	昭和校	105	268
3年	昭和校	29	昭和校	27	56
計		308		313	621

阿倍野一中『昭和廿二年度学校日誌』から作成

第四節　教室と学習机、椅子の確保

（一）教室確保とその実情

新制中学校設置案策定過程を通して教室の確保が考えられ、開校日前後までに六九六室（学級教室用五八三室、職員室・特別教室用一一三室）取得できたとされている(40)。

調達先の最も多いのは、小学校の借用三二〇室で、全体の四五・九パーセントに上がる。次いで、青年学校、高等科国民学校併置校舎を新制中学校に転換して生み出した一四七室（二一・一％）である。高等科国民学校の中学校への転換は一〇校で、これによって九三室（一三・四％）入手可能となった。さらに、中等学校からの借用七〇室（一〇・一％）を加え、全体の九〇パーセントを越えた。

残りは、国民学校（北区菅南・福島区新家・此花区春日出各校）校舎の中学校々舎への転換四四室（六・三％）、青年学校（大正区三軒家南校）校舎の転換一三室（一・二％）及びその他（郊外学園等）であった。

以上のなかで最も困難だったのが中等学校からの借用であった。昭和二二年度は、国民学校初等科修了生が全員中学校へ入学し、中等学校（旧制）へは一人として進学しないのだから、空きの教室ができるはず、というのが、新制中学校設置案づくりに励む側の読みであった。その獲得は最終解決策であった。

当時、大阪市域に立地する大阪府立の中学校は七校、同高等女学校七校、大阪市立の中学校一校、同高等女学

表 3-7　新制中学校教室の確保数と確保方法

室数（%）	確保先と方法
320（45.9）	小学校から借用
147（21.1）	青年学校・高等科校（併置）転換
93（13.4）	高等科校の転換
70（10.1）	中等学校から借用
44（6.3）	国民学校の転換
13（1.9）	青年学校の転換
9（1.3）	その他
696（100）	

「昭和二十二年度新制中学校々舎使用状況調」（大阪市教育部）から作成

校八校、同男子商業学校七校、同女子商業学校三校及び市立工芸学校一校、計三三校[41]である。借用できたのはその中の一三校からであった。

　大阪市としては、小学校、青年学校の教室で済ましたかったが、中等学校からも借用せざるを得なかった。それも、市の管轄下にある市立中等学校三二室の借用に対し、府立中等学校三八室と多かったのである。地域的に見れば、大阪市東南部に集中しているようである。空襲被災が相対的に軽く、それだけ生徒が多かったのであろう。

　こうして準備された五八三教室に対して、入学予定生徒は二万八四一一人[42]であったから学級平均四八・七人分の教室が確保されたことになる。実入学生徒数は減少したので、実際はさらにゆとりが生れたはずである。にも拘らず、下福島中など八校で二部授業が予定され、浪速一中ほか九校で職員室を設置できない程の窮屈さ[43]から平均的には充足していても学校によっては、不足を来たしたことは明らかであろう。

　教室を貸与した側の小学校、中等学校にも二部授業、移動授業などの影響が及んだ。旭二中（大宮中）に七教室を貸与した大宮西小は三十八学級が二部授業を実施しているし、阿倍野四中（松虫中）に六教室貸した北田辺小は二〇学級で二部授業である。中等学校でも、阿倍野三中（阪南中）に三教室貸与した工芸学校では五年生三学級で移動教授を行わねばならなかった。また、生野四中（東生野中）に五教室を譲った中川小で三二学級を三〇学級に圧縮する[44]という犠牲を強いた。

表 3-8　新制中学校用教室の中等学校からの借用情況

	新制中学校		貸与中等学校	教室	職員室その他	計
①	下福島中	大阪市立中等学校	下福島高女	8	—	8
②	南一中（南中）		天王寺商	5	2	7
			御津女商	5	2	7
③	東淀川一中（十三中）		第七商（淀商）	6	1	7
④	阿倍野三中（阪南中）		工芸学校	3	—	3
小　計				27	5	32
①	港一中（市岡中）	大阪府立中等学校	市岡高女（港高）	2	—	2
②	浪速一中（難波中）		今宮中	2	—	2
③	東淀川二中（新北野中）		北野中	5	1	6
④	生野二中（勝山中）		生野高女（勝山高）	4	3	7
⑤	生野三中（生野中）		生野中	6	—	6
⑥	阿倍野二中（文の里中）		阿部野高女（阿倍野商）	4	—	4
⑦	阿倍野四中（松虫中）		住吉中	5	—	5
⑧	東住吉四中（東住吉中）		天王寺中	5	1	6
小　計				33	5	38
総　計				60	10	70

「昭和二十二年度新制中学校々舎使用状況調」（大阪市教育部）から作成

（二）学習用机、椅子の確保

教室は中学校設置案策定過程、学校長の開設事務開始によって確保の目途は立つが、学習用机、椅子は、入学受付事務が済み、生徒数、学級数がほゞ確定して初めて過不足が明らかになる。借用校舎の中学校は、貸し主の小学校・中等学校側との折衝が、必要であった。そのうえで不足が明らかになれば、余剰の学校（主として小学校）から譲り受けることになり、開校日までに運搬作業を行い、机、椅子を揃えねばならなかった。

独立校舎に入った阿倍野一中（昭和中）の学校日誌、四月二二日（昭和二二年）の条に「職員出張等、角野、浦部、桜井、真水、木藤各教官、大阪市立泉尾《いずお》東小学校へ（机、椅子引取ノ為）」の記載が残る。阿倍野区から泉尾東小学校の所在地・大正区までは相当の距離である。運搬手段は明らかにされていないが、もしも徒歩での運搬なら大変な作業となったであろう。

もう一校、西成二中（今宮中）の学校日誌から、同様の作業を見ておこう。四月一五日付記事に「三A男子十八名、白杉、柴本両氏附添ニテ北恩加島《きたおかじま》校ニ赴キ机運搬ヲナス」、一九日付記事に「今宮校ヨリ机等ノ運搬」とある。一五日の運搬作業は、生徒一八人を引率しており、徒歩で持ち帰ったことが推察できる。大正区（北恩加島校）には、当時、運河が走り、そのうえ木津川を渡って西成区まで運搬することになるので、回り道も必要であり、これまた難事業であった。一九日の作業は、分校を設けた今宮校と本校の弘治校は隣接校であるので、それほど厳しくはなかったであろう。

同校学校日誌には「補欠時ヲ利用シテ諸室模様替、机搬入作業ヲナス」（四月一七日）、「補欠時を利用して教室整備作業」（四月一八日）、「補欠時利用教室整備作業」（四月一九日）等の記事が散見され、教職員が開校へ向けて環境整備を行っている姿が伝わってくる。

第五節　大阪市立新制中学校五二校の設置と開校

（一）学校沿革誌（史）に記載された中学校設置

昭和二二年度に発足した各中学校の始まりを学校沿革誌（史）はどのように記録しているであろうか。中学校のスタートを当時の人々がどのような意識で迎えたのを知るには、学校沿革誌を繙くのが捷径だと思われる。

中学校五二校すべてに目を通すことはできないが、沿革誌四月一日の条の記載内容を四種に分類できるようである。

第一は、教育基本法（昭二二・三・三一公布施行　法律第二五号）、学校教育法（昭二二・三・三一公布　四・一施行　法律第二六号）による中学校の設置であることを明記した沿革誌である。西一中（西中）は、「教育基本法及び学校教育法の定めにより、大阪市立西第一中学校として設置される」(45)と法律名を明記し、大正二中（大正中央中）は、「法律第二十五号及び第二十六号に拠り新教育制度が発布せられ大阪市に於ては大阪市立大正第二中学校を新設す」(46)と教育基本法、学校教育法を法律番号で記している。

学校教育法にのみ触れたのが、阿倍野二中（文の里中）の「法律第二十六条《ママ》に基き大阪市立阿倍野第二中学校を創立」(47)の記載である。「条」は「号」の誤りであることは断るまでもあるまい。

第二は、青年学校、高等科国民学校の継承を重視した記載である。例えば、大正一中（大正東中）は、「学制改革により元公立青年学校大阪市三軒家《さんげんや》南商工学校、公立青年学校大阪市三軒家南実科女学校の校舎を受けつぎ、大阪市立大正第一中学校として創立する」(48)と記し、西淀川二中（西淀中）は、「教育制度（6・3・3制）改革により商工学校・実科女学校は、大阪市立西淀川第二（新制）中学校となる」(49)旨述べて、青年学校の継承を重視している。

高等科国民学校との繋がりについては、阿倍野一中（昭和中）の「元昭和高等小学校のバラック校舎二ムネを引き継ぎ、阿倍野区昭和町東三丁目三十八番地に創設。大阪市立阿倍野第一中学校と称す」(50)の記録を挙げておこう。

第三は、設置した事実のみを簡潔に述べるタイプである。住吉第三中学校（三稜中）の学校沿革誌、「昭和

二十二年四月一日　大阪市立住吉第三中学校トシテ大阪市立墨江小学校内（大阪市住吉区墨江東一四四）ニ並設《ママ》、別ニ分校トシテ大阪市立住吉小学校内ニ一部生徒ヲ収容ス」[51]の記載がそれである。おそらく、この種の記載が最も多いと思われる。

　第四は設置についての記録が認められないケースである。敗戦直後の混乱期での慌ただしい中学校の発足及び翌二三年度の大幅な通学域変更の影響と考えられる。その典型が、発足時の一切の記録を残せなかった東淀川四中（美津島中）であろう。後章で詳述することになる。

（二）開校と開校式、入学式

（1）学校沿革誌に見る開校

　設置と同様に各中学校の沿革誌（史）は、開校式を記録している。殆んどの学校は、開校式と入学式を同時に挙行した。各学校は、いつ開校できたのであろうか。

　四月二〇日に実施した都島一中（高倉中）では、「午前十時、本校々庭に於て第一回の入学式並に開校式挙行す」[52]と「日時」「場所」「第一回」と厳密に記載された。しかし、場所の「本校々庭」は、同校を設置した淀川小学校であることはいうまでもない（第二章　表2―2）。

　これと対照的に、東住吉三中（東住吉中）は、四月二一日の条に「大阪府立天王寺中学校に於いて入学式並びに開校式を行う」[53]と設置場所を明記した。但し、時刻の記載はない。また、借用校である天王寺中学校（天王寺高校）の講堂を使えたのだろうか、という疑問は残る。

四月二二日挙行の住吉三中（三稜中）は、「本校創立開校式挙行、入学式挙行」(54)と記録するのみで、同校の借用校・粉浜小学校での開校（表2―2）であることがわからない。現在であれば、この記述で十分であるが、どこかを借用して開校した当時のこと、歴史が重なれば不明になることも多いのである。

入学式と開校式を同時に実施した学校が多数を占めるなかで、別日の中学校もある。例えば西成三中（成南中）は入学式を四月一六日、開校式を四月二三日に分けて実施した(55)。

（2）開校式の順序

大阪市立中学校五二校で挙行された開校式の式次第・順序はどのような姿であったのだろうか。新制中学校最初の開校式であるだけにその内容を知るうえで式次第のみが頼りということになる。記録として目にすることができたのは城東一中（放出中）の学校沿革誌と西成二中（今宮中）の学校日誌であった(56)。

両校の式次第は表3―9の通りである。

両校の式次第から大阪市教育部の指示もなく、それぞれ、独自の方式で開校式を挙行したことを推察し得る。それでも、君が代斉唱を除いて、ほゞ同じ内容が並んでいるとみてよいであろう。城東一中の「学校長誨告」は、西成二中の「学校長挨拶」に相当し、「府知事、市長の祝辞」は「知事、市長の告示」に当たり、生徒の「誓詞」は「喜びの言葉」に該当するからである。おそらく、すべての中学校の開校式は、このように推移したのであろう。

（3）生徒の目に映った開校の日

生徒は開校式をどのように感じ、受け止めたのであろうか。まず、此花一中（春日出中）の生徒の日記(57)から開校式の様子、生徒の反応を押えておこう。

　昭和二十二年四月二一日（月）曇暴風吹く
　暴風吹く新制中学校開校式、今日は晴の新制中学として発足する此花一中の開校式である。長年勉強した春日出小学校が新制中学校として発足するのだ。（略）開校式といえども、風強く冬のような寒さ、講堂のガラス全部割れ、床板はね上り、言語に絶するほどだ。されども赤間大阪府知事代理、近藤大阪市長代理、此花署長、区長その他来賓及び保護者各位の参列を仰ぎ、歴史的なる式を挙行後、記念品を頂き暴風の中を帰る。川水増し海の如くなり。家に帰れども家が今にも倒れる思いをしながら昼食

四月二一日は、此花一中ほか二七校という最多の中学校が開校式を挙行した日である（詳細は後述）。あいにく、当日は暴風吹く寒い日であったようだ。そのなか、府知事・市長（代理）ほか来賓を迎えて、生徒が「歴史的」ととらえた開校式が行われたのである。なお、此花一中は、春日出国民学校を中学校に転用して出発した学校である。「長年勉強した春日出小学校が新制中学校として発足」と生徒が書いた背景である。

　此花一中のように独立校舎を確保できた生徒は「歴史的」な日ととらえられたが、そうでない東淀川一中の生徒は、「校長以下来賓の祝辞があったが、その感激薄く、明日からはどこで勉強ができるのだろうという気持」(58)との作文を残している。この生徒はまた開校式後に起

表3―9　城東一中、西成二中開校式次第

城東一中	西成二中
開式の辞	学校長挨拶
君が代	大阪府知事告示
学校長誨告	大阪市長告示
祝辞　大阪府知事	来賓祝辞
大阪市長	保護者代表挨拶
来賓	喜びの言葉
誓詞	閉会の辞
閉式之辞	

註　放出中学校『学校沿革誌』西成第二中学校『学校日誌　昭和二二年度』から作成

きた他校出身生徒間との縄張り争いを、次のように回想する。

「乾上ったプールの底で片や木川、片や新庄を代表するボスを中心にナイフ　ツバを手にした両校の腕白どもが向かいあって、はや勢力争い（略）敗戦という経験をなめた当時の世情は何事にも権威がなく騒然として、私達の間にもそれが反映していた」。

当時の世相を的確にとらえていたというべきだろう。これをもっと根源のところで見つめていた旧制中学生がいた。新制中学校の開校式が挙行されていたこの時期、昭和二二年四月一五日に発行された府立北野中学校物象班の機関誌に次のような記事が掲載されている(59)。

灰色の世の中に無数の人間がうごめいている。彼等はごみ臭い巷で絶えず争いを続けている。弱肉強食とはこのことか。目の当たり見せつけられる心地がする。ああ、あそこで乳呑み児を背負い、五つ六つの男の子の手を引いたおかあさんが……男の子はひもじくて泣いている……、それに冷たい取締りの目は僅か五合の米さえも取上げた。
またまた、こちらで幾日も飯の顔をみたこともない女の子がひいひいと悲しい声を張り上げている。その母親らしい人が泣く子をあやしすかし乍ら、節くれ立った手、赤く膨らませた目、ぼろをまとうて、せっせと賃仕事に励んでいる。（略）
狂乱の巷、矛盾の世界、阿鼻叫喚の地獄絵は我々の眼前に展開されている。交通地獄、白狼の跳梁、正直者の不利、あらゆる矛盾と撞着の世の中、益々灰色は濃くなった。もう我々の目には乳色の霧状のものしかみえない。ただ悲しい叫び、狂舞のどよめき、怒り狂う罵声のみが耳に入るのみである。

窮乏のどん底にある庶民の生活に触れた文章である。敗戦直後から普通の市民はこうした生活に追いやられていた。新制中学校の生徒は、このなかで生活も学習も遊びもスタートさせたのである。

（4）大阪市立中学校開校日一覧

大阪市教育部の市学制改革協議会（昭二二・三・二四）における発表「開校日は、大阪府・市ともに五月一日」よりもほぼ一〇日早い開校となった。

各学校の沿革誌、日誌等の記録から、最も多くの学校が開校したのは、四月二一日の月曜日で、二八校に上がる。続いて四月二二日の九校である。二〇日は日曜日であるに拘らず七校が開校し、この三日間で四四校、全体の八四・六パーセントが開校したことになる。

二八校という半数を越える学校が開校した二一日は月曜日であり、週明けのこの日には開校しなければならないという強い思いの結果であろう。二一日をはさんだ二〇日、二二日にもそうした意思が感じられる。

もっとも、保護者の側から見れば、新学期は四月七日ごろには始まって当然のことで、二一日といえば、国民学校修了の日から約一か月も経過しており、闇市などへ出入りして悪い遊びをしていないか心配の種は尽きなかったであろう。

そうしたなかの四月一四日、東一中が開校した。急いだ理由を、同校校長は「六年を卒えた生徒を毎日遊ばせて置かずに一日も早く新制中学へ登校させて、不十分ながらも日々の教育をして行くことは、敗戦直後の人心不安な当時に一番大切なことと考え、四月十五《ママ》日の目標をたてて、開校準備を急ぎ予定通り開校した」[60]と回想する。

この東一中を皮切りに、一五日北一中、一七日南一中と続き、二〇日の西一中ほか六中学校の開校へと推移す

表 3-10　大阪市立中学校開校日一覧表

開校日	中学校名 （）内は改称後の校名	校数
4・14（月）	東一中（東中）	1
4・15（火）	北一中（菅南中）	1
4・17（木）	南一中（南中）	1
4・20（日）	都島一中（高倉中）、西一中（西中）、大正一中（大正東中）、天王寺一中（天王寺中）、東成二中（本庄中）、旭一中（旭陽中）、東住吉三中（田辺中）	7
4・21（月）	下福島中、新家中（野田中）、八阪中、此花一中（春日出中）、港一中（市岡中）、天王寺二中（高津中経て夕陽丘中）、浪速一中（難波中）、大淀一中（大淀中）、西淀川一中（淀中）、西淀川二中（西淀中）、東淀川一中（十三中）、東淀川二中（新北野中）、東淀川三中（三国中）、東淀川五中（淡路中）、東成一中（東陽中）、生野一中（大池中）、生野二中（勝山中）、生野四中（東生野中）、城東一中（放出中）、城東二中（蒲生中）、城東三中（城陽中）、阿倍野二中（文の里中）、阿倍野三中（阪南中）、東住吉四中（東住吉中）、住吉一中、住吉三中（三稜中）、住吉四中（我孫子中）、東住吉一中（摂陽中）	28
4・22（火）	大正二中（大正中央中）、東淀川六中（柴島中）、東成三中（玉津中）、生野三中（生野中）、旭二中（大宮中）、阿倍野四中（松虫中）、住吉二中（南稜中）、東住吉二中（平野中）、西成一中（天下茶屋中）	9
4・23（水）	西成二中（今宮中）、西成三中（成南中）	2
4・24（木）	西淀川三中（歌島中）	1
5・3（土）	阿倍野一中（昭和中）	1
不明	東淀川四中（美津島中）	1
合計		52

註　各中学校沿革史（誌）、学校日誌、創立記念誌、区史、大阪府公立中学校創設 10・30 周年記念誌より作成

る。この流れから大阪市中心部の東・西・南・北区の早期開校が注目される。四校に共通する条件は、区内一中学校設置、鉄筋建独立校舎の確保である。しかも校舎は大正末期から昭和初期に連合町によって建設されている（第一章第四節（四）参照）。

複数の中学校を設置した区は、開校の分布状況（表3―10）を見ると福島区三中学だけが一斉に開校し、その

ほかの区では準備の整った中学校から順次、開校していったことが明らかになる。最終は、五月三日の阿倍野一中（昭和中）である。

阿倍野一中、五月三日の根拠は、同校学校日誌、昭和二二年五月三日の条の「開校記念式」の記載である(61)。そのうえ、毎日、記入する出席状況欄が五月五日から始まっていることも、それを裏付ける。即ち五月三日は土曜日で、四日の日曜日は当然、無記入となり、五日から平常授業が始まったとみることができる。なお、同中学校沿革誌に、開校式、入学式に関する記載は認められないので、日記の前掲記事が開校に関する唯一の記録となっている。疑問が残るとすれば、開校式ではなく、「開校記念式」と記入されていることである。前記学校日誌によれば、生徒を時々、登校させているので、そのなかで開校・入学式が挙行されていないのか探したが記載は認められない。何年か経過、同校は「四月二一日を創立記念日と定める」(62)措置をとった。したがって、同日を開校の日とすべきだが、中学校成立期を研究する本書では、五月三日としておく。

高等科校を引き継いだ同中学校では、二・三年の生徒を教室の整備、清掃などで何回も登校させていて、開校式、入学式を挙行する必要のない雰囲気になっていたことが、十分考えられ、区切りとして五月三日に、「開校記念式」を挙行したのであろう。五月三日は、周知のように日本国憲法施行の日に当たる。憲法への当時の熱い思いから他府県では五月三日に開校した中学校が多数認められる(63)。阿倍野一中においても、そうした憲法発布への意識の高さから五月三日を開校の日として選んだ可能性が高い。

疑問が残るのは、日曜日の四月二〇日の開校である。

開校の日を明らかにできなかったのは、東淀川四中である。翌二三年度、通学域の再編成が実施された際、同校は通学域はもちろん、学校位置、生徒を含め何一つ継承されず、解体となったからである（第五章第三節（二）で詳述）。

第六節　開校直後、中学校の実情

(一) 新聞が伝える中学校の状況

「机なく教科書なく、体操でお茶を濁す〝迷う学校〟大阪で三分の一」。朝日新聞（昭二二・五・一〇）が開校三週間後の大阪の中学校の実情を伝えた記事の見出しである。

記事は、「ようやく発足した新制公立中学校の滑り出しは極めて不調」と評価を下し、具体的に⑴教科書は揃わず、⑵机、椅子が不足し、⑶正規の授業ができず、⑷教師が新教育の方針が立たないので迷っていることを挙げた。その結果、「毎日一時間程度の授業でお茶を濁しているところもあり、甚だしい学校では毎日体操ばかりというのもある」と報じた。

同記事に添えられた大阪市立東第一中学校長の談話はさらに具体的である。即ち、同校長は「授業は午前中三時間、二十八日から五時間に延長した。教科書がないので英語はヒヤリング、数学は旧中学校の教科書をもとにして教えている。社会科では選挙、新憲法など手頃な時事問題をとらえて教えているが国語は全然教えていない。午後はほとんど体操、野球などをやっている」と語ったうえ、見聞した他の中学校に触れて、「授業を始めているのは三分の二位《ぐらい》で、三分の一は机、イスの不足などで仕事にならないそうだ」と述べた。おそらく、これが開校直後の中学校の実像であったろう。

この中学校の現情について、たまたま来阪していて記者団から問われた有光文部次官(64)は「新制中学の滑り出しがうまくいかないというが、新憲法の精神を一刻も早く実行に移すため急速に実施することになったので、準備の整わないのはやむを得ない。おいおい完全なものにしてゆきたい」と応答し、問題の教科書については、「五月中には少なくとも二種類は出来、生徒の手に渡せる予定である」と釈明している。

中学校設置案から始まって教職員、教室の確保、生徒用机、椅子の準備と行政も保護者も町会もそして子どもも精一杯、努力してきて、なおこの結果である。敗戦後の貧しさは底なしであった。そのなかを有光次官が述べるように、「新憲法の精神」の「一刻も早い実行」を目指して、なお努力を重ねるというのが、当時の教育に関わる人々の姿であった。以下、この記事が問題にした事象を順次追っておこう。

(二)　教科書の入手状況

前記有光次官が語った「五月中には少くとも二種類は出来、生徒の手に渡せる」教科書とは、国語と数学で、大阪ではまず、一年用が五月二六日に生徒の手に渡った(65)。もちろん、大阪の新制中学校の生徒が手にできた最初の教科書であった。

正確な教科書名は、『中等国語一(1)』及び『中等数学一(1)』で、両教科書の一は一年用を示し、(1)はその第一分冊である。因みに、国語は三分冊、数学は二分冊であった。問題は用紙不足から一年生全員に行き渡らなかったことである。国語はもちろん、数学にしろ、大阪の一年生徒・国公私立六万二四四五人(66)に対して五万四二一三冊が到着しただけだから、八二四一冊不足することになり、残りは六月一五日まで待たねばならなかった。

国数一年用に続いて入手できたのは六月四日、二年の『中等国語二(1)』、『中等文法　口語』及び三年用の「中等国語三(1)」である

国語、数学の次に生徒の手に届いたのは、六月二五日の英語教科書、〝Let's Learn English〟全学年〝Book 1～3〟である。英語教科書では不思議というか、滑稽な事態が起きていた。他の教科書や平常の時なら一年には一年用が、二年には二年用が届けられて当然であるが、英語だけは一年も二年も三年もすべて初心者であり、全学年に一年用（Book 1）が配当されるべきであったのである。たとえ三年生であっても、初めて接する英語である。教師や生徒は教科書をどのように使用したのであろうか。おそらく二・三年は、学年担当の教科書を持って困惑したことであろう。

理科と社会科の教科書は単元ごとに編集、発行された。理科のなかで、最も早く六月二五日に配給されたのが、『私たちの科学1　中学校第一学年用　空気はどんなはたらきをするか』と『私たちの科学4　中学校第一学年用　何をどれだけ食べたらよいのか』であった。前者は、単元一、空気はどのようにはたらいているか、後者は、単元四、何をどれだけ食べたらよいか、に照応している。二年生用としては、少し遅れて、『海をどのように利用しているか』（私たちの科学9）が供給されたが、三年生用は一学期に間に合わなかったようである。

社会科の教科書が生徒たちに届くのは、二学期以降である。各学年六単元で構成され、三年の一単元が二つに分れていたので、それに応じて一九冊の教科書を発行する構想であったが、昭和二二年度は、一年用『社会科1　わが国土』、二年用『社会科7　地域の自然と農牧生活』、三年用『社会科13　文化遺産』が供給されたに過ぎず、ほかは次年度以降持ち越しか、『社会科3　学校生活』、『社会科11　天災とその軽減』、『社会科17　消費の問題』のように未発行に終わったかであったろう。

表3-10 昭和22年度 中学校教科書供給状況（大阪府・市 1学期中）

	教科書名	学年	翻刻発行日	配布年月日	備考
国語	中等国語一 (1)	1	昭22・2・10	①昭22・5・25 ②昭22・6・15	
	中等国語二 (1)	2	昭22・3・7	①昭22・6・4 ②昭22・7・12	
	中等国語三 (1)	3	昭22・3・18	①昭22・6・4 ②昭22・7・12	
	中等文法 口語	2	昭22・4・4	①昭22・6・4 ②昭22・7・12	
	中等文法 文語	3	昭22・4・8	①昭22・6・25	教師用
数学	中等数学一 (1)	1	—	①昭22・5・26 ②昭22・6・15	
	中等数学二 (1)	2	昭22・4・22	①昭22・6・25	
理科	私たちの科学1 空気はどんなはたらきをするか	1	昭22・3・22	①昭22・6・25	
	私たちの科学4 何をどれだけ食べたらよいか	1	昭22・3・15	①昭22・6・25	
外国語	Let's Learn English (1)	1	昭22・3・10	①昭22・6・25	
	Let's Learn English (2)	2	昭22・3・17	①昭22・6・25	
	Let's Learn English (3)	3	昭22・3・19	①昭22・6・25	
職業	家庭一	1	昭22・5・30	①昭22・7・10	女子生徒用

「新制中学校教科書供給概況」から作成

註(1) 配布年月日の①②は配布回数を示す

(2) 昭和22年度1学期中に供給された教科書のみ記載した。『あたらしい憲法のはなし』は副読本であるので、掲出していない。教科書として扱われるのは、昭和23年度〜26年度である。

(3) 国語、数学は中等学校教科書株式会社、理科は大日本図書株式会社、外国語（英語）は教育図書株式会社、家庭は大阪書籍株式会社の発行である。

(4) —は不明を示す。昭和22年発行の『中等数学—(1)』を収集できなかったので翻刻発行日を確認できなかった。

文部省は五月に続けて七月一四日にも「再び教科書の供給に関して」（発教九四号）を出し、「用紙事情の極めて悪い折から（略）供給遅延などのために授業に間に合わないようで誠に遺憾」と釈明、合わせて「発行供給一覧（七・一現在）」を送付した。「一覧」は発送済、発送中、製造中、編纂中に教科書を分類してあるが、社会科は、全冊とも編纂中であった(67)。正式には、社会科授業は二学期からの開始(68)であるにしろ、目を覆いたくなる進捗状況であった。その他の教科書で、一学期中に配布されたのは、一年職業科の『家庭一』である。ただし、夏休み直前の七月一〇日であった。

第七節　教員研修と生徒の学習

（一）教員研修

六・三制の施行とともに実施された教育は〝新教育〟と呼ばれた。指導者としての教師は新教育の本質と方法を自分のものとして、教育に当たったのではないだけに、新教育とは何かを学びながら授業を進めねばならなかった。そのために研究・研修会が多種多様に開催された。その皮切りは、昭和二二年四月一五・一六日に実施された「文部省大阪府共同主催新教育研究協議会」(69)であった。目的は「新学制実施の根本方針を明かにし、教科課程、コース・オブ・スタディの趣旨とその取扱い方」を学び、「実施上の諸問題を研究協議し、新教育の堅実な進展に期する」

とされた。内容は、「教育と新憲法」、「学習指導要領」、「新教育制度」、「社会科・理科学習指導要領と研究協議」などで、文部省の新教育研究協議会参加者を講師に進められた。いみじくも、本研究会が、その後の研究会のメニューとして提示したかのように、⑴憲法関係、⑵新教育関連、⑶指導要領と教科領域が主な内容となった。

例えば、憲法関係研究会として、「憲法精神普及講習会」（四月一七日）、「教育基本法趣旨徹底指導者講習会」（五月二七日）を実施、前者に「我が国の再建にとって重大な責務を持つ教育者に（略）憲法の精神を十分理解させる」ことを狙い、後者は「新教育の理念並に動向を明らかにし、教育基本法の趣旨徹底を期する」ことを目的とした(70)。新教育の基盤となる日本国憲法、教育基本法の精神を教職員に浸透させようとしたのである。

新教育関連の研究会としては、「討議法研究会」がある。大阪軍政部指導による教授法の改革を目的とした研究会で、各学校教員二〜三人が参加した大がかりな研究会であった。大阪を八会場に分け、大阪市は新制中、小学校、中等学校からの参加教員を一〇月一五日、大阪市立西華《せいか》高等女学校に集め、「対話法、集団討議法、陪審院式討議法」を研究内容として行なった。受講者には、予め、「男女共学の可否について」、「家族制度存続の可否について」、「天皇制廃止の可否について」、「教室内のしつけについて」研究してくるように指示し、それらについて討議を交わさせるという実践方式が採られた(71)。

テーマに選ばれた男女共学は導入されたばかり、家族制度は翌二三年の民法改正で廃止の準備中、天皇制は、憲法制定で総司令部を相手に激論した白州次郎さえ廃止を唱え(72)、内外から天皇の戦争責任を問う声が挙がっているなかで、どれもタイムリーな内容であった。教室内のしつけも、戦時期そのままの暴力的手法は通用せず、教師自身、指導に悩んでいる時期であったので討論は白熱したことが推定できる。

学習指導要領・教科領域に関する研究・研修会は、六・三制が実施され、学習指導要領（試案）が文部省から示された直後であったので、当然、数多く実施され残された資料も相対的に多いが、ここでは、新設教科を扱った「社会科研究協議会」(73)に着目したい。

この研究協議会は、「社会科取扱上の諸問題を研究協議し、正しい社会科の認識と健全なる指導法を確立すること」を目的に大阪府市全校種の教員を対象に実施された。大阪市は八月二七日から二九日までの三日間で、西区の大阪市立西華高等女学校が会場となった。指導には、大阪軍政部教育担当官のジョンソン(E.Johnson 大阪軍政部民間情報教育課長)が当たり、一日目に基調講演「社会科教授の実際と方法」を行った。午後から二日目にかけては、社会科指導に問題解決学習、プロジェクトメソッド、問答法等を導入することの長短、適否、方法を分科会ごとに協議した。最終日は、前日までに協議した内容、問題点等から自分の学校に何を持ち帰るべきかを討議し、午後のジョンソンの講演で終了した。

本協議会への参加について、予め府教育部から「この科目に興味をもって研究しようとする人の集まりを望むもので、決して強制しないことを軍政部の伝言として伝へ」られ、大阪市教育局は「会場の都合により一校二名迄(略)それ以上は特に申出る」よう各学校に指示していたが、桑津小学校、日東小学校のように七人も参加した学校がある状況で、九〇〇人近い教師が集まった。

基調講演等で研究会をリードしたジョンソン大阪軍政部教育課長はハーバード大学出身のハイスクール物理教員という経歴の持ち主である(74)。それだけに、どこまで社会科に精通していたか疑問は残るが、教授法にも力点が置かれていたので一定の成果は推定できよう。それよりも、参加者が旧指導法の古い殻から抜け出せていたかどうかが成否を決定したように考えられる。終了後提出されたアンケート回答から最も率直に評価を下した横山群造浪速第一中学校(難波中)長の意見回答(75)を挙げておこう。

去る八月二十七日、二十八日、二十九日の三日間に亘る社会科教育講習に対する所感意見を申述べます。

一、会の企画に対する主催者の苦心は従来の講習会に見ない努力が払われていることを感じました。㋑時間配当、㋺休憩時の音楽、遊戯等、㋩宝さがし）

二、研究発表の内容は余りにも貧弱で期待はづれの感がいたしました。㋑新教育としてみるべきものがないこと、㋺発表者に自信のないこと、㋩質問のなかったのはあまりにもわかりきった陳腐の感があった故だと思います）

三、研究討議の運営がうまくゆかなかった様です。㋑議長となるべき適格性をかいていたこと。㋺一般に会員は今尚新旧思想に混迷している感があったこと。㋩正しいジスカッションの方法を会得していないこと。）

四、以上とりとめないことを申上げましたが、会員が終始熱心であったのは、主催者の努力、ことにジョンソン氏の崇高なる努力が挙って力のあったことを感謝いたします。

五、尚今後こうした会は、各校より各地区に、そして全市全体に及ぼす方法を十分考慮に入れて頂きたいと思います。

上記回答いたします。

以上に見るように、横山校長は、ジョンソンの努力を認めながら、全体としては、「新教育としてみるべきもの」がなく、かなり低調であったと批判した。それは、参加者自体なお「新旧思想に混迷し」、「正しいジスカッションの方法を会得していない」なか、司会者が「適格性を欠いていた」からであると指摘した。とはいいながら、参加者は「終始熱心」に学び、社会科とはどういう教科かを学び取ろうとしていたことも読み取れるのである。この研修会が大阪の教員と社会科との最初の本格的な出会いの場となり、その意味で歴史的な研修会であったと捉えることができよう。

しかも、この研修会は一過性で終わることがなかった。参加し、受講したことによって、各学校の教育はどのように変革されたのかを軍政部に報告しなければならなかった。即ち、(1)「この会に提案された理念を討議するための研究会を自分の学校で何回開催したか」、(2)「もし教授法に何らの改善もされなかったとしたらその理由如何」、(3)「教授法研究会を設けたか」、(4)「その研究会の成績はどうなっているか」の回答を求めてきたのである(76)。軍政部では、単なる社会科指導法に止まらず、全教科に通じる研究協議会と考えていたようである。さらに言えば、学校変革をも視野に入れた研究会であったことが明らかである。

(二) 生徒の学習

開校直後の授業を生徒たちはどう受け止めていたのであろうか。教科学習の面から生徒たちの記憶に強く刻まれた国語、社会科、自由研究に絞って追跡しておく。

(1) 国語

教科書のなかで最も早く供給された『中等国語一(1)』の第一課は「第一歩」という呼びかけ教材である。

「新しい道、」／「明るい光にみちた道、」／「希望にみちた、たのしい出発。」／「私たちは、その第一歩をふみ出そうとしている。」／「さ、自分の進む道を力強くふみ出そう。」／「ふみ出そう。」

「道ばたの名もない草を、時には、ながめ、」／「途中で弱った友だちがいたら、手をとりあった、」／「川があれば、橋をかけ、」／「夜道になれば、ひをかかげ、」／「みんないたわりあって、」／「みんな、たのしく、」／「自分のえらんだ道をふみ出そう。」

「あ、希望は、めいめいの胸に、」／「ほのおのように燃えあがる。」／「――燃えあがる。」／「雲のようにひろがる。」／「――ひろがる。」／「さあ、出かけよう。」／「足並みそろえて。」

「もしも、――」／「あらしがおそって来たら、」／「もしも、――」／「難路にさしかかったら、」／「その時は、」／「みんな呼びあって、」／「励ましあって、」／「そうだ、愛をもって、」／「ほんとうの愛をもって、」／「つきぬいて進もう。」／「きりぬけて進もう。」

「さ、出かけよう。」／「足並みそろえて、」／「若々しい人生行路、」／「おごそかな第一歩。」／「第一歩。」

貧しく暗い時代を生きる生徒たちの手に待ちに待った教科書がようやく届き、頁を繰ると真っ先に目に飛びこんできたのが「第一歩」であった。希望を持って新しい世の中を開いていこうと語りかけ、声援を送ってくれているこの詩に多くの中学一年生は感動する。全国中学生の気持を最も巧みに代弁しているのは「暗いトンネルをくぐりぬけて、明るい世界にでたときのよう」と表現した『山びこ学校』の佐藤藤三郎であろう(77)。佐藤は新制中学校制度発足二年目の昭和二三年、山形県山元村立中学校に入学した生徒である。新任教員の無着成恭の指導のもと、佐藤らは生活綴方を学び、出版した作文集『山びこ学校　山形県山元村中学校生徒の生活記録』（無着成恭編、青銅社、一九五一年）は高い評価を受けた(78)。

佐藤ら山びこ学校の生徒たちは、「山形市に映画をみにいく時も、見学にいく時も、十五キロの道を徒歩であったので、歩きながらも先生と生徒がいっしょになって朗読した」(79)という。農山村、都市を問わず、この教材は、戦争を越えて来た中学生にインパクトを与えたのである。

二年生用国語の一分冊には、平家物語から採られた「一門の花」、三年用では、ブラウニングの「春の朝」、ブッセの「山のあなた」の訳詩が人気を集めた。新制中学校発足と同時に登場した『中等国語』は、このように中学生の興味を引く教材が揃えられていた。

国語の教科書は新しい日本を切り開く願いをもって、石森延男を中心に編纂され、時代性、国際性、民主性、斬新な文体が散りばめられ、その後、刊行される検定教科書の先駆となるほどの時代を画する教科書として高い評価を受けた。編纂者の石森は、文部省の図書監修官として『中等国語』に多くの書き下ろし教材を入れている。一年生に人気のあった前掲「第一歩」も石森の作品である。石森は、戦後の国語教科書の路線を定めた人物でもあった(80)。

しかし、その歴史的な教科書も、第二分冊以降の刊行が遅れ、生徒が教科書を手にしたときには学年末が迫り、すべてを消化できなかった。

(2) 社会科

国語「第一歩」と並び生徒が心に刻んだのは、社会科用副読本『あたらしい憲法のはなし』と『民主主義』上下である。ただし、一年生が学んだのは『新しい憲法のはなし』だけで、『民主主義』上下は三年生になってからである。それも中学校によって異なり、上を三年生で、下は高校一年で一般社会の教科書として使ったという卒業生もいる。これが、新制中学校成立の昭和二二年度に義務制一年生として入学した生徒たちの『民主主義』

上下使用の実態である[81]。

社会科用「教科書」として最も早く入手した『あたらしい憲法のはなし』（文部省著、昭二二・八・二翻刻発行）は、一学期中、「選挙、新憲法など手頃な時事問題」（第六節（二））を扱ってきた教師、生徒にとって、抵抗なく入れる教材であったし、何よりも、その内容が分かり易く、新鮮であった。後年、論争をひき起こし、最大の争点となる「戦争の放棄」（第六課、一七頁～二〇頁）は、次のように始まる。

> みなさんの中には、こんどの戦争に、おとうさんやにいさんを送りだされた人も多いでしょう。ごぶじにおかえりになったでしょうか。それともとう〳〵おかえりにならなかったでしょうか。また、くうしゅうで、家やうちの人を、なくされた人も多いでしょう。いまやっと戦争はおわりました。二度とこんなおそろしい、かなしい思いをしたくないと思いませんか。こんな戦争をして、日本の国はどんな利益があったでしょうか。何もありません。たゞ、おそろしい、かなしいことが、たくさんおこっただけではありませんか。戦争は人間をほろぼすことです。世の中のよいものをこわすことです。だから、こんどの戦争をしかけた国には、大きな責任があるといわなければなりません。このまえの世界戦争のあとでも、もう戦争は二度とやるまいと、多くの国々ではいろ〳〵考えましたが、またこんな大戦争をおこしてしまったのは、まことに残念なことではありませんか。（傍点赤塚）

当時、どの学級にも、父や兄が戦死した生徒、空襲で家、肉親を失った子どもがいた。そうした生徒にとって、「ごぶじにおかえりになったでしょうか。それともとう〳〵おかえりにならなかったでしょうか。また、くうしゅうで、家やうちの人を、なくされた人も多いでしょう」という問掛けは心に凍みる文章であった。また、生徒全員が、学童疎開で寂しく餓じい思いをしてきた。「二度とこんなおそろしい、かなしい思いをしたくない」「おそろしい、かなしいことが、たくさんおこっただけ」と教科書が言う通りであった。
それだけに、続く文章は生徒の胸中深く入ってきた。

そこでこんどの憲法では、日本の国が、けっして二度と戦争をしないように、二つのことをきめました。その一つは、兵隊も軍艦も飛行機も、およそ戦争をするためのものは、いっさいもたないということです。これからさき日本には、陸軍も海軍も空軍もないのです。これを戦力の放棄といいます。「放棄」とは「すててしまう」ということです。

この説明文の左側の頁全面には戦争放棄と書かれた大きな坩堝の口へ、戦闘機、戦車、大砲などが投げ入れられ、底から電車、汽船、消防車、高層建築等が出てくる挿絵が掲載されていて、生徒たちに、戦争の無益さと平和の尊さを印象づけた。そのうえで頁を繰ると以下の文章に出会うことになる。

もう一つは、よその国と争いごとがおこったとき、けっして戦争によって、相手をまかして、じぶんのいいぶんをとおそうとしないということをきめたのです。おだやかにそうだんをして、きまりをつけようというのです。なぜならば、いくさをしかけることは、けっきょく、じぶんの国をほろぼすようなはめになるからです。また、戦争とまでゆかずとも、国の力で、相手をおどすようなことは、いっさいしないことにきめたのです。これを戦争の放棄というのです。そうしてよその国となかよくして、世界中の国が、よい友だちになってくれるようにすれば、日本の国は、さかえてゆけるのです。

以上のように綴られてきた「戦争の放棄」の課は「みなさん、あのおそろしい戦争が、二度とおこらないように、また戦争を二度とおこさないようにいたしましょう。」とのアッピールで結ばれる。このように平易な文章で理解し易いように残りの十四課も説明され、挿絵一一枚が一層、その効果を発揮した。挿絵がどれほど当時の生徒たちを刺激したかは模造紙、画用紙に拡大して描き、教室壁面を飾った中学校の事例から明らかになる。

愛媛県の「谷間の村の新制中学に、最初の一年生として入学した」(82)のちのノーベル文学賞作家、大江健三郎は、「終戦直後の子どもたちにとって《戦争放棄》という言葉がどのように輝かしい光をそなえた憲法の言葉だったか。」について、「『民主主義』を教科書に使う新しい憲法の時間は、ぼくらに、なにか特別のものだった。そしてまた、修身の時間のかわりの、新しい憲法の時間、という実感のとおりに、戦争からかえってきたばかりの若い教師たちは、いわば敬虔にそれを教え、ぼくら生徒は緊張してそれを学んだ。ぼくはいま、《主権在民》という思想や、《戦争放棄》という約束が、自分の日常生活のもっとも基本的なモラルであることを感じるが、そもそもの端緒は、新制中学の新しい憲法の時間にあったのだ」と述べている。中学校開校期の生徒、とりわけ、昭和二二年入学の生徒は、大江に代表されるように、新制中学と憲法（戦争放棄）はセットになって体に残っているようである。

（3）自由研究

学習指導要領の試行錯誤の時代で、自由研究という教科のなかにクラブ活動が置かれていた。生徒は、クラブ活動が自由研究の活動で、それが教科であるという意識はなく、「いろいろなものを創ってゆくのが面白」く、「各クラブをつくりあげてゆくのは随分と力のいる仕事」(83)という充実感で活動した。学校側には教師が足りない、教科書がない現実のなかで、生徒が自主的に活動できる自由研究を勧めたいとの都合があった。こうして、クラブ活動は中学校発足と同時に花盛りの盛況となった。但し借家住いの学校は、運動場、ピアノなど家主の小学校側に気を遣わなければならなかった。

今日の〝部活〟に繋がる活動を当時の学校日誌、学校新聞に求めると、やはり野球部の立ち上げが最も早かったようである。五月三日に開校した阿倍野一中（昭和中）は、五月二一日に阿倍野二中（文の里中）、六月四日には阿倍野四中（松虫中）と対戦した記載が学校日誌(84)に残されている。このような近隣校との親善試合に過ぎなかった野球が、秋に入ると、組織だった全市的規模の大会へと発展する。六月発足の中学校教育研究会を各区毎二〜数区に分けたブロック制を採用、ブロック優勝の中学校が中百舌鳥《なかもず》競技場における全大阪市大会で覇を競う仕組がつくられた。この変化を明らかにできたのは、第一回大会に優勝した東淀川二中（新北野中）の学校新聞の記事を通してである。同時に陸上競技も行われた(85)。

同じ学校新聞から陸上競技・角力・卓球・文芸・書道・絵画・新聞・映画部（クラブ）も活動していたこともうかがえる。東生野中学校は、昭和二二年度中に発足したクラブとして、野球・卓球・ソフトボール・文芸・討論・郷土研究・書道・珠算・理科・絵画・会話・手芸各部を記録している(86)。

両中学校に記録されなかったクラブに演劇部がある。堪能で指導力ある教師がいて初めて創部できるだけに限られていたことも推察できるが、昭和二二年一一月三日に中之島公会堂で全市の学芸会を開催している。西成二中は島崎藤村の「椰子の実」を音楽と舞踊で上演した。同校の文芸クラブ顧問の教頭が解説を担当したが、準備のために大阪放送局まで出かけるほどの熱の入れ様であった(87)。阿倍野四中は英語劇で出場、出演生徒二〇人を越える大がかりな舞台で、府立住吉中と金塚小学校を校舎とする同中は総練習の場所の確保に難渋、止むを得ず、「飛田の赤線地帯の中の演舞場を借り」て切り抜け、当日の演技は満場の絶賛を受けた。臨席した大阪地方軍政部の係官も「発足したばかりの六三制の中学一年で、こんな立派な楽しい英語劇が出来るということは驚嘆の外がない」と評価したという(88)。

各中学校に弁論部があり、大阪市立中学校教育研究会の昭和二二年行事として、下福島中学校で、「全市中学校生徒弁論大会」が開催されたことも注目されよう(89)。

昭和二二年度夏季休暇中に、生徒が選択し参加した活動概要、参加者数等を記録した資料(90)が大池中学校（当時生野一中）に残されている。この活動を開校後、最初の夏休み中の自由研究実践としてとらえることは可能であろう。それによると文科系として、英語、珠算、社会、習字、洋裁、俳句、理科、図画、工作の九科目が挙げられ、体育系として、野球、ソフトボール、卓球各部の活動が認められる。活動日数は二日間から一〇日間程度である。

特徴ある部・クラブの活動を見ると英語は男子二三人、女子一七人が日常英会話練習、社会は男子七人が校下拡大図を作成、習字は男子六人、女子三一人が手紙の認め方を学んでいる。郊外へ進出する部もある。例えば、俳句は箕面山中、助松海岸へ吟行に出ているし、理科部は助松・多奈川海岸へ出向き、潮及び海生動物研究を行った。また、中央気象台、電気科学館の見学もある。参加生徒が最も多いのは珠算部で、珠算練習に六日間、延男子二一人、女子八七人を数えた。体育系は、指導と練習で、野球部は七月二一日から一〇日間、ソフトボールは四二人が五日間汗を流した。

自由研究から切り離せないのは週五日制である。大阪軍政部の強い指示もあり、まず、東一中ほか四校で、一〇月から二か月間、試験的に実施した。東一中は、五日間を学習に打ち込み、土曜日を充実したクラブ活動に当てた結果、評価は生徒保護者の六〇パーセントが賛成、二〇パーセントが反対、残りはどちらでもよいという結果になった。教職員の賛否は相半ばした。おそらく、他の四校も類似の傾向であったと推定され、二三年一月から全五二中学校で実施となった(91)。本措置によって、自由研究の充実が期待されたが、全市に広げると、週休二日制と受けとられ、食料の買い出し日に使う教師が現われるなど、機能しなくなり、二四年度で廃止される。

一方、自由研究という教科は、昭和二四年のことだが、文部省の五月二八日付通達「『新制中学校の教科と時間数』の改正について」によって、中学校教育課程時間担当表から削除され、新たに、特別教育活動が設けられるという教育課程の改訂が行われる。

自由研究の内容は、(1)教科学習の延長、発展としての研究活動、(2)クラブ活動、(3)自治活動から成っていた(92)が、成果が挙がらないと見られたのであろうか。中学校発足時の花形「教科」は、こうして消えることになる。

第八節　中等教育の機会均等から漏れた生徒たち

(一) 中学生の生活実態

新制中学校発足の年、一年生として入学した生徒たちは、六年前、小学校から改組されたばかりの国民学校へ最初の一年生として入いり、最後の卒業生となった学年である。その間に学童疎開を強いられ、戦争が終わって大阪へ帰ってみれば、空襲で家も焼かれ、親兄弟を戦場で、あるいは戦災で失っていた。

それだけに、新しい憲法のもとに生まれた新制中学校は希望の星であった。しかし、敗戦日本の現実は厳しく、衣食住にこと欠く生活が続き、不正が蔓延《はびこ》っていた。その社会と時代をどのように考え、生きていたのであろうか。まずは、大阪市立中学校生徒作文集から大正第二中学校（大正中央中）女生徒の作品を抜粋、掲出する(93)。

金《かね》の価値もだんく下って行く。つまりインフレの時代であり闇の時代でもある。個人く大阪全部が闇の都市である。私達は闇の中に住み生活しているのである。（略）

現在の様に物が高かったら現在の商都大阪全部の人間の心がわるくなり、犯罪、親子心中、自殺それはやはり生活のため物がない、高くてく手を出せない。その為にこういったことが行われる。人間の心がわるくなるのも生活のため。商人は明けてもくれてもソロバンとにらみっこである。それでは一向にたのしみもない。私達は一体いつになれば戦前の様にたやすく物を手に入れることが出来るか。私はそればかり思っている。それにはやはり大阪市を早く復興させなければならない。見るものきくもの私はほしいのだ。又珍しいのだ。でも現代ではみない、きかない方が私達にとってはよい。見ればほしい。きけばほしい。早くもとのようになり、もとの商都大阪として日本を再建しなければいつまでも闇の中で生活しなければなりません。

私達は一時も早く大阪の輝く世界になってほしい。

私達は丁度地中のもぐらと同じである。私達よい日本、明るい日本になって輝くのはいつのことだろうか。

進行するインフレーション、はびこる闇の時代と社会を生きて、明るい日本を切望する作者の思いは、大阪の中学生すべてに通じる願いであったと考えられる。生徒のみならず、教師も親も現状を克服して、一日も早く明るい所へ出たいと願っていた。

東淀川第二中学校（新北野中）の教師は、「不正と虚偽のない日本」を切望し、同校の父兄は、「すべて創業とゆうものは極めて困難なこと（略）、今吾々は敗戦日本の再建のために教育六・三制とゆう新たな構想の下、文化日本建設とゆう創業に従事している」、と生徒たちに現在に生きることの意味を語りかけた(94)。

次は当時一年生の成人してからの中学生時代の回想である。思い出の大半は食糧難のことである(95)。

インフレ不況下、闇市繁盛、食糧難の時代、弁当など作れない日もあった。親の悲しさ、やるせなさはともかく、子どもとしては、昼休みは辛かった。家に帰ったとて食べる物のないことは十分知っていて、なおかつ、十分ほどの道を歩いて帰り、ひたすら水道の水を食べて、また学校へ舞いもどる。

特別な生徒の体験ではなく、普通一般の昼食時の実態である。朝食や夕食も十分にとれていない。食糧不足は戦時中よりも戦後が厳しかった。前述したが、大阪では、一二一年八月には、配給だけで得られる熱量は一人、五七七キロカロリーまで落ち、九月末には食糧の遅配は三一日に達する(96)。翌年八月末ごろには遅配は解消するが、主食として配給されたのは輸入小麦粉、ナンバ粉、乾あんず、じゃがいもなどの代物であった(97)。当然、食事といえば、「さつま芋の葉っぱや茎がほとんどで、米粒なんかどこにあるのか、探しても見付からないような、しゃぶしゃぶのお汁だけ（略）、いつもお腹がすいてい」(98)る状態に陥いることになる。これは、新制中学女生徒としての体験であるが、育ち盛りの中学生にとって空腹感は深刻であった。

飢餓直前の生徒たちは、親と一緒に買い出しに近郊の農村を回る。男子生徒は、「何とかしたいとリュックサックを背負い（略）、食糧を求めて歩き回」るが、「お金で買うのでなく（略）、おふくろの着物、帯などを持参して米や野菜との交換」(99)という現実を知る。インフレの時代、金《かね》などは通用しなかったのである。

戦災都市、大阪に住む生徒の住宅事情も厳しかった。東淀川区阪急十三駅近くの焼跡から東淀川第二中学校へ通学した生徒の回想では、「防空壕生活から、曲がりなりにも焼跡に掘立小屋のようなバラックに、そして一家全員が住めるようになった本建築家屋の竣工は、昭和二八年春だった」(100)という。

長欠、不就学の生徒も多い。「欠席がふえる一方、該当にかせぐ新制中学生」の見出しで、生野第二中学校(勝山中)の二学期の状況が報道された(101)。同中学校は一年生女子生徒の学校である(第二章第四節(三))。記事によると、九月は在籍生徒四九九人の三〇パーセントに当たる一五二人が欠席で、その中の七五人は一日も登校せず、残りの七七人は二、三日に一回顔を見せる程度、一〇月は欠席者は同じだが、全体生徒が九九人に増え、一一月には欠席生徒一六〇人(在籍五一〇人)中全休が九九人と悪化する一方だという。欠席理由として三〇人が家事手伝い、二三人が靴磨き、封筒張り、煙草販売、六人が日雇い作業を挙げている。ほかに行方不明、病気各七人がある。ここから見えてくるのは、戦争と敗戦から来た生活難で、親が子どもの労働を必要としていたのである。

次は浪速《なにわ》第一中学校(難波中)の事例である。多くの生徒が、特定時間に教室からエスケープするので、巡回指導を強めたところ、判明したのは、走る列車から親が線路脇に放り出す闇米を家まで運ぶ役割を生徒が担っていたことである。改札口で検問の巡査に取上げられるのを避けるための生活上の手段とはいえ、授業を受けられないことに変りはなく、とはいえ、出席を強要できないことに教師は悩まされる(102)。

(二) 我が国最初の夜間中学校の実践―生野二中(勝山中)の長欠対策―

(1) 「夕方学級」開設に向けて

生野二中『学校沿革史』(昭和二二年一〇月一日)に「不就学者が多数(八五名)なるに鑑み、夕方学級を組織して、これら生徒の救済を行う為、本日より、週二回の授業を開始、一学級」（傍点赤塚）との記載が残り、いわゆる夜間中学校の設置が明らかになる。前項で触れた「街頭にかせぐ新制中学生」の対策である。

最初に動いたのは、校務主任（教頭）の吉井竹千代教諭であった。都島旭青年学校、高殿青年学校などで勤労少年の教育に従事してきた吉井は働いている生徒が気掛りになりどうしたら来てくれるのかを聞くため、夏休みに入って、一日三軒程度のペースで家庭訪問を始める。ある訪問先では、母親から娘は工場へ行っているので学校どころではない、と断られ、ある家では、夜だったら学校へ出られるかもしれないとの感触を掴んだ。ほかには、自分の工場で子どもを働かせている保護者もいた(103)。

夏休みが終わって、訪問した家族宛に保護者会を開く旨の手紙を送った。保護者会には二十数名が出席した。吉井は、名前は中学校だが、かつての中学校と違い、みんなが教育を受けねばならない学校になった、と中学校の義務制と機会均等の意味を語りかけた。そのうえで、どうしたら出席できるだろうかと問いかけると、保護者から「夜だったら何とかなるが、毎晩では都合が悪い」、「週二回ぐらいだったら出席させる」などの回答を得て、一〇月一日から週二回の授業を始めることになるが、その前に準備しなければならないことがあった。生徒たちが購入できなかった教科書代りともなる教材の謄写印刷である。

(2) 夕方学級の実施

電力不足で停電が多発するので授業は夕方となる。学級が始まると義務教育の夜間中学校は珍しい、と学級（元猪飼野国民学校・現鶴橋中）参観者が訪れてきた。ただし、新聞記者、進駐軍などで、視学など府・市の関係者はだれも来なかった、と吉井は回想する。その中の一人の記者が書いた参観記が『毎日新聞』（昭二二・一〇・一七）に「大阪に『働く子供』の学校」という見出しで以下の通り報じた。

働く子供たちの学校―家が貧しく家計のお手伝いをするためタバコ売りや靴みがき、工員になって働き学校に通学する時間のない児童たちに何とか勉強の機会をつくり前途に光明を与えようと大阪市立生野第二中学ではこのほど毎週月、水両日午後四時から六時まで授業をはじめた。

一日の仕事を終えて仕事着のまま登校する十数名の新制中学一年生たちはローマ字をはじめて習う喜びに胸をときめかし、どの学科より楽しみにしている。黒板の字を手帳にうつし取って商売や仕事のかたわらに復習しようと一心に筆を動かし、次の授業日を楽しみに夕暮の校門を家事に急いで行（略）

夕方学級は、月曜日、水曜日の週二回、午後四時から六時まで開かれていたことや十数人の生徒が仕事帰りに登校していたことが判明する。週二回の理由は、吉井が一人で授業していたからである。教師の多くが栄養失調気味で、昼間、働いたうえに、夜も教えることを要請できなかったという。子どもの側には、既に見たように家庭の事情があったが、教師たちの側もそれぞれの事情を背負っていたからである。

吉井自身、第三回大阪大空襲（昭二〇・六・七）で旭区城北公園前の自宅が焼失、学校に仮住まいし、生野二中初出勤には、同校で住むべく荷物を持っての登校であったが、戦災者住宅が当たった直後の夜間授業であった。一か月も経過すると、吉井の心情を察した塩見瑞穂・百田治人・田島正介教諭が応援を申し出、次々と手伝おうという教師が名乗りを上げたので、週三回、教科担当とするなど軌道に乗った(104)。生徒たちの多くは、国民学校から手伝い等で休まねばならなかったのか、中学校で基礎からやり直さねばならなかった。もちろん、全員ではなく、なかには昼間の生徒にひけを取らないほどの成績抜群の生徒もいた(105)。

時に授業の延長もある。敗戦直後の治安状況、外燈のない暗闇の居住区を生徒一人で帰宅させることができないので、教員が家まで送る必要があった。教師自身、昼夜の授業で疲労の極にあり、自転車に乗せて送り届けたい心境であるが、爆弾跡が池状となって道路になお残っていて、危険であるので徒歩以外の選択の余地がなかった、と吉井は回想する。

こうして、二学期を終え、三学期が過ぎ、修了式の日を迎える。生野二中沿革史、昭和二三年三月二四日の条には、「昭和二二年度終業式挙行　第一学年修了者四〇〇名、夕間学級終了者一四名」（傍点赤塚）と記され、同校『修業生名簿』にも「夜間組」として一四人の氏名が残されている。「夕方学級」、「夕間学級」、「夜間組」と名称は様々で、八十数名中、一四人の修了生に過ぎないが、中学教育における機会均等の理念を現実化した試みで、生野二中の夜間中学校は大阪府市はもちろん全国中学校に先駆けての実践であった。

（3）通学域再編成・校舎移転と夕方学級

昭和二三年度を迎えるに当たって、通学域が再編成され、前年度校区を南北に分割、南部を生野三中（生野中）、北部（北鶴橋・鶴橋・東桃谷各小学校区）を生野二中の通学域に変更された。四月一日、生徒の交流が行われ、二中、三中とも男女共学の学校となり、大阪市で唯一の男女別学の中学校という特異な体制から脱したのである。

校舎については、元猪飼野国民学校だけでは、生徒が倍増する二三年度の教室不足が避けられないので、通学域変更に合わせて、私立興国商業学校の校舎、校地を買収し、生野二中の校舎とする計画が早くから進行した。当時の事情を知る初代校長の永原正美は「新年度（昭和二三年度―赤塚）から男女共学の声があり勢い校区の変更と共に校舎の移転についても考慮しなければならぬ気運に到来（ママ）した。時しも本市に於ては興国商業学校の校舎、校地買収の計画あり、幸い買収実現の暁には本校は種々の事情から其の跡に移転するこそ最も妥当と認め、父兄の協力によって市当局への陳情やら区当局の了解に奔走した」(106)と述べている。

計画通り大阪市は校地二〇〇〇坪、校舎等地上物件二棟、備品一式を三四〇万円で取得、昭和二三年三月三一日付契約、五月六日付登記の運びとなった(107)。この校舎に二年生を入れ、一年生を昨年度の教室に収容して二三年度をスタートさせ、整備が終わり次第、一年生も迎え入れる積りであった。しかし、興国商業の撤収が遅れ、二年生を府立勝山高校（生野高女、現在府立桃谷高校の位置）の借用教室で待機させねばならなかった。興国商業跡への移転は五月八日になって実現した(108)がなお、興国商業の一部の生徒が残っていた。

保護者代表三人の名前で、五五一人の署名とともに、校舎の明け渡しを求めて、陳情書が大阪市に提出されたのは七月二七日であった(109)から一学期末が来てもなお解決できなかったようである。墨書の陳情書は「本校第一学年が現在学習を行う元猪飼野校々舎、並に第二学年の興国校とその併置が、新制中学校教育向上の上に不適当」と主張し、「大阪市に於て、興国校より校舎の明渡しを受けて同校舎に本校を完全収容せられるよう至急措置あらん事を」切望していた。

こうした事態に忙殺されたのか、生野二中二三年度の沿革史に夕間学級に関する記載は認められない。中断したのかと前記田島教諭に聞くと、校門を入ったすぐ右側に建っていた元興国商業学校の校舎で続行したという。男女共学になったので男子生徒も加わった。昭和二四年度に入ると四月一日の条に二学年、三学年に「夕間学級、男子二〇、女子二三、計四三」人在籍していることが記載されている。これに対して、一学年の欄には夕間学級の記載が認められず、入学したばかりで把握できていないということであろうか。

夕間学級三年目にもなると手伝おうという教師も増え、軌道に乗ったが、その分、生徒の身の上相談、進級相談が多くなり、夜一〇時、一一時でないと帰宅できない日が続いた。そうした時期の一〇月に起きたのが、教員のレッドパージによる馘首《かくしゅ》(110)で、熱心に教育に当たっていた教師一人が欠けたのは痛かったと前記吉井は回想する。

（4）夕間学級の廃止

勝山中学校（昭二四・五・一生野二中改称）、沿革史　昭和二五年七月二〇日の条に「在学生の通学区域が校区でなくなった為に本校の取扱外となり夕間学級を廃止する」と記されていて、夕間学級が廃止されたことが判明する。その理由に夕間学級生の「通学区域が校区でなくなった」ことが挙げられている。詳細に述べると、元猪飼野校校舎（勝山中発足時使用）に生野六中が新設され、勝山中校区から北鶴橋・鶴橋小学校区を分けたのである。六中は九月一日、鶴橋中と改称する。こうして勝山中の夕間学級が消えたことになっている。

しかし、事実は違うようで、担当者によると文部省の係官が大阪市教育委員会を訪れ、勝山中で夜間中学をやっているらしい、書類を見せてもらいたい、との要請を受けて、出席簿等を持って教育委員会に出向くと、『昼の生徒が夜間に変わる、そういうものをやってもらっては困る』と書類を全部持っていかれた」(111)、「誉めてくれるのかと思って出頭したら怒られる始末……こうなったら仕方がないとある期間おいて止めた」(112)という。昭和二五年一〇月ごろのことである。

これには次のような伏線が想定できる。昭和二四年一〇月から夜間中学を設置し、生徒の指導に当たってきた東成区玉津中学校の『学校日誌』、昭和二五年二月二七日の条に「実態調査　文部省初中局北川一敏、西村係長、中島係長」という記事が認められる。本記事に玉津中校長の「爾来各方面の無理解圧迫に抗して今日に及んでいる」との大阪市教育委員会広報誌『教育月報』(113)誌への掲載記事を重ねると文部省係官が来校した二月以来、夜間中学校に疑問を持ち、それが勝山中夕間学級への中止勧告の契機になったと推定することが可能であろう。夕間学級を開始した吉井勝山中校務主任の「はじめ、大阪市は夕間学級を認め好意的であったのに態度が急に変ったのは文部省が反対したからである」との証言とも一致する。

文部省の夜間中学校反対の根拠は、「夜間に義務教育をやるとすれば、正規の学習過程全部を履修することはとても出来ないので、戦前の中学と高等小学校のように学力の差が出てきて、新しい六・三教育がネライとする教育の機会均等が破壊されることになる」(114)にある。正しい的を得た見解というべきであろう。これに対して、夜間中学校を実践する大阪市の教師たちは、長欠・不就学に陥らざるを得ない生徒の機会均等を守るために夜間に教育に当たっていると考えていた。これもまた正しい見解であり、実践であった。このように、文部省も勝山中学校も、同じ機会均等を掲げながら、一方は否となり、一方は是となる答を出していたのである。機会均等を理念上で考えるか、実態でとらえたかの違いから起きた衝突であったと考えられる。教師たちは、目の前の生徒の長欠、不就学の実情を知る限り、夕間学級の実践に踏み込まざるを得なかった(115)。機会均等を守るための正しい選択であったと評価すべきであろう。

(三) 教室不足で途中編入学希望生徒(二・三年)の入学拒否—港一中(市岡中)

大阪大空襲によって、大阪市で最大の被害を蒙った港区は、教育施設も破壊され、敗戦後も、生き残った国民学校は二二校中、四校に過ぎなかった。その中の一校、菊水国民学校(元湊屋校校舎)の鉄筋三階建校舎を独立校舎として開校したのが港一中(市岡中)であったが、焼夷弾で火が回ったため、使用できたのは一階教室の数室だけであった。回りは焼野原で、防空壕から通学する生徒が何人もいた(116)。

そのうえ、港区唯一の中学校で通学域が広く、この環境になじめなかったのか、私立中学校へ入学した生徒は一一一人にも上がった(117)。港一中へ進んだ生徒は二四三人であったから二四・六パーセント、約四分の一が私学へ流れた計算になる。

東住吉区の当時の中学生も「金持ちは私立中学へ行かれました」(118)と語っていて、環境の整わない公立中学校で一般的に起きていた現象であったと考えられる。教育の機会均等上、本来、教育環境は私学と同様に整備されていなくてはならないが、同質にして発足できたわけではなかった。

空襲前の疎開による転出であれ、空襲後の罹災者としての港区からの脱出であれ、人口減少率の最も高かった港区である。戦災復興の過程で疎開先からの転入は当然多くなる。新制中学校が発足するころには続々と復帰してきた。学齢生徒がその中にいるのも、また当然であった。

表3―11によると、義務制となった一年生の場合、中学校開校時一二四人であった生徒数が、学期末には二倍以上の二五〇人に増加していることがわかる。それに比べると、二・三年の増加はなかったも同然であった。どうしてこうしたことが起きるのか。それは、「二・三年への転入を申込んでくる相当多数の生徒は殆ど拒絶」(119)したとの証言から明らかになる。二・三年が対象にされたのは、義務制でなかったからであろう。たとえ義務制でないにしても、戦後教育改革の柱である機会均等理念の実現に水を差す措置であり、学校として相当苦慮した末の決断であったに違いない。

その直接の原因は教室の不足であった。そこで、同中学校長は後援会長(昭二二・五・一七発足)と連名で、二・三階の戦災教室の復旧を求め、九月二二日付で、大阪市長宛に陳情書を提出する(120)。しかし、修理は二階教室のみに限定され、一一月二五日にも「三階修理工事申請書」(121)を教育局長に提出した。

修繕工事が終わり、二階を使用できたのは三学期も一月二七日からとなった(122)。これでは、中途入学生徒を受け入れることも、次年度、大量の義務制二年目の新一年生を収容することも困難であると思われた。

想定数以上の疎開先からの復帰は中学校のみならず小学校も同様であった。それに対処するためには小学校「一校新設を必要とすることが新学制実施協議会に取上げられ、審議された結果、応急の具体策として、菊水小学校

表 3-11　昭和 22 年 4 月～ 7 月生徒増加状況（港一中）

	1 年	2 年	3 年	計
22・4・21（入学式）	124（4）	100（2）	19（1）	243（7）
22・5・1	177（4）	95（2）	18（1）	290（7）
22・7・20（1 学期末）	250（4）	105（2）	20（1）	375（7）

大阪市立市岡中学校『学校沿革資料』大阪市長宛陳情書付属資料『港第一中学校生徒収容状況』から作成
註⑴（　）内は学級数
⑵　1 年用 4 教室の内、2 教室は府立市岡高等女学校使用。

の再開を市当局へ要望、再三の陳情により遂に二三年四月、幾路小学校分校として設置」(123)されることが内定する。新小学校開設予定場所、菊水小学校とはいうまでもなく港一中が使用する校舎である。港一中は、昭和二三年度、府立市岡高等学校に移転（詳細は第七章第五節（二）⑶）するが背景にこうした事態が進行していたのである。行政としての、中学校のみならず、小学校の教育の機会均等を守ろうとする苦肉の策であったと解せよう。

それにしても、開校時の生徒数一二四人が一学期末には二五〇人へと倍増した港一中の姿に戦争の酷さと復興へのエネルギーを感じずにはいられない。しかし、彼らを迎え入れるために高等科、青年学校からの二・三年編入希望生徒を切らざるを得なかった現実を忘れるべきではない。教室不足に加えて、彼らが新制中学校への就学義務がなかった制度上の問題をも浮き彫りにした事例とみるべきであろう。

（四）国民学校高等科・青年学校児童生徒の新制中学校就学の実態―西成区を事例に―

新制中学校二・三学年へ入学資格のある生徒は高等科単置校の浜田国民学校一、二学年、初高併置校の南津守国民学校高等科一学年及び弘治青年学校（公立青年学校弘治商工学校、同実科女学校）一・二学年に在籍した。前項で取り上げた港区では教室の収容力から入学を拒否された生徒がいたが、西成区では希望者全員を入学させることができた。問題は青年学校、国民学校高等科に何人在籍し、そのうち、何人が新制中学校入学を希望し、何人が実際に入学したのか、そして何人が中学校を卒業できたのか、その比率はどの程度であったのかである。新制中学校の成立が青年学校の教師たちによる機会均等運動に負っている(124)だけに義務制でなかった二・三学年段階の中等教育機会の実現度合を数値的に明らかにしておくことは必要であろう。

（1）中学校三年入学生徒の傾向

新制中学校が発足した昭和二二年、三年へ入学したのは、西成区唯一の青年学校・大阪市公立青年学校弘治商工学校、同実科女学校（以下青年学校）二年の生徒及び西成区唯一の高等科国民学校である浜田国民学校（以下高等科）二年の児童である。前者は弘治小学校を借用した西成二中（今宮中）、後者は浜田校を転換した西成一中（天下茶屋中）への進学であった。

西成区の高等科、青年学校二年の児童生徒はどれくらいいたのであろうか。昭和二一年九月末の調査では、高等科二五八人、青年学校九二人である(125)。翌二二年二月二六日付中学校設置第一次案（第二章第一節）計上の生徒数は中学志望者とみなすことができるが、それによると青年学校九二人、高等科六二人で、青年学校が前年九月の生徒数と同人数であるのに対し高等科は二五八人から六二人へ大幅な減少で、四分の一程度しか中学校編入を望まなかったことが判明する。

入学受付を経て、開校式に出席したのは青年学校六九人、高等科六五人、そのうち卒業できた生徒は青年学校六七人、高等科は一六人中退、四九人という状況であった。

これを青年学校、高等科生徒・児童の中等教育を保障された割合という視点から見ると青年学校生徒の七二・八パーセント、高等科児童の一八・九パーセントという数値となって現れる。同じ学齢にありながら青年学

表3-12　西成区新制中学校第3学年入学生徒数の推移

中学校名	生徒前歴	大阪市教育部調査	新制中学校設置第一次案	入学受付	開校日	卒業生数	青年学校、高等科生の中学校卒業割合
		昭21・9・30	昭22・2・26	昭22・4・2	昭22・4・—	昭23・3・—	
西成一中	浜田校2年	258人	62人	75人	65人	49人	18・9％
西成二中	弘治青校2年	92人	92人	78人	69人	67人	72・8％

註(1)　大阪市教育調査は「国民学校高等科学級数児童数調」「商工、農工及実科女学校学級数生徒数調」
(2)　入学受付は「新制中学校学級編成状況調書」(昭22・4・10現在)
(3)　開校日、卒業生徒数は両中学校「創立記念誌」「卒業者台帳」による。

校生徒の中学校卒業率七二・八パーセントに対して高等科一八・九パーセントという大きな落差はなぜ生まれたのだろうか。

二つの要因が考えられる。一点は昭和二一年三月の青年学校改革の成果である。敗戦で混迷に陥った従来の青年学校を解散、行政、教員一体で立て直しを図り、三年制（実態は二年制）の商工学校、農工学校、二年生実科女学校として設置、昼間全日制とし、中等学校的な教育を展開した。例えば、教科書は中等学校用の『中等物象』、『中等家庭』を使用、中等学校と変わらない授業を行った。高等科から転校してくる生徒もいたという(126)。二点目は一点目と関連して、教育（授業）への期待度の高さである。青年学校と同等の、否それ以上の教育が受けられるなら、中学校三年へ編入学し、学習しようという意欲に転じたと考えられないだろうか。

（2）中学校二年入学生徒の傾向

前項中学校三年の場合と同じ手法で二年入学生徒の卒業率を中等教育実現度と見て検討する。前年度と枠組みが異なるのは、南津守国民学校に設置された高等科一年が西成三中（成南中）二年へ入学したこと、三年へ進級する昭和二三年度に西成四中（鶴見橋中）が開設され、一部が三中から四中へ転入したことである。一部とは北津守・津守両国民学校初等科を修了して南津守国民学校高等科に入学した児童である(127)。

表 3-13　西成区新制中学校第 2 学年入学生徒数の推移

中学校名	生徒前歴	大阪市教育部調査 昭 21・9・30	新制中学校設置第一次案 昭 22・2・26	入学受付 昭 22・4・2	開校日 昭 22・4・—	卒業生数 昭 24・3・	卒業生合計	青年学校、高等科生の中学校卒業比
西成一中	浜田校 1 年	456 人	355 人	294 人	289 人	188 人	232 人	51・5%
西成三中	南津守校 1 年		82 人	74 人	21 人	21 人		
西成四中	西成三中 2 年	—	—	—	—	23 人		
西成二中	弘治青校 1 年	183 人	183 人	171 人	150 人	144 人	144 人	78・6%

註　卒業生欄の西成四中 23 人は西成三中からの転入による。

ただし、長橋・松之宮・梅南小学校（区）が、西成二中（今宮中）から新設の西成四中（鶴見橋中）の通学域に変更されたが、三中の生徒が四中へ転入した形跡はない。青年学校からの生徒は動かなかったということであろう。

以上の枠組で前項と同様に生徒数の推移から見えてくるのは、青年学校生徒の中学校進学への意識の高さである。二年生もそうであったが、一年生も一八三人全員が進学の意志を示したのである。もちろん高等科一年児童両校合わせて四三四人が入学の意志表示をしていて九五パーセントを越える効率である。高等科二年は、中学校へ入学しなくても国民学校高等科卒業の資格を得られるのに対し、一年児童は新制中学校へ進まないと国民学校（高等科）さえ終えていないことになってしまうので二年生とは全く置かれた状況が違っていた。

しかし、入学したものの卒業まで学業を続けた生徒は浜田校に例をとると二八九人中、一八八人で、卒業率は六五パーセントに過ぎず、青年学校の九六パーセント（入学一五〇人、卒業一四四人）に及ばなかった。

高等科と青年学校児童生徒の中等教育獲得程度を比較すると高等科は四五六人のうち中学校卒業まで漕ぎつけたのは二三二人、五一・五パーセントに対し、青年学校は一八三人中、一四四人が中学校を卒えていて、その率七八・六パーセントでやはり青年学校の高いことが判明する。

二年入学生と三年入学生徒を比較すると高等科、青年学校ともに二年生入学生徒の中等教育獲得率は高く、とりわけ高等科の伸びが顕著であった。それでも高等科の獲得率は、二・三年合わせて三五パーセント強に終った。

第三章註

（1）『毎日新聞』、昭和二二年三月二五日付の「きのう学制改革協議会」の記事によるが、質問、反対など討議の記載はなく、セレモニーであったと解される。断わらない限り以下すべて大阪本社版を使用。

（2）「三月二五日」は、『大阪市立八阪中学校沿革誌』、附記「創立開校」による。ペン書き、頁なし。「愛日国民学校」は、大阪市立東中学校『創立五周年』（赤松良夫編　東中学校発行、一頁）による。

（3）塚本清「中学校十年のあゆみ」、大阪府公立中学校長会編発行『大阪府公立中学校創設十周年記念誌』、昭和三二年、別二頁。委嘱状の発令者が「大阪市長代理」であるのは、初めての市長選挙（昭二二・四・五）をひかえて、第一〇代中井大阪市長が、前年度に辞職、秋元助役が代理を務めていたからである。

（4）同前、別五頁。

（5）吉井武千代「創立当時の思い出」大阪市立勝山中学校ＰＴＡ編発行『20周年記念号』、一九六六年、六頁。

（6）湯上泰男ほか編『まつむし―大阪市立松虫中学校同窓会誌』、松虫中学校同窓会、昭和三四年、二頁）。校務主任は後の教頭のことである。「保護者の藤原氏」は貸席業を営んでいたので現金収入が多かったのである。

（7）大阪市立十三中学校十周年誌編集委員会『大阪市立十三中学校十周年記念誌』十三中学校ＰＴＡ・生徒会・同窓会、昭和三二年、写真頁。

（8）『辞令写綴　大阪市立住吉第一中学校』。

（9）兼務辞令を受けた校長は、このほかに東一中・八阪中・西一中・西淀川二中・東淀川一中・旭一中・城東一中・生野一中・東住吉一中・西成二中各校長である。
(10) 大森久治「旧制大阪市立青年学校の消長とその教育について」、大阪市教育研究所『教育研究紀要』、第九八号、昭和四二年、一三頁。
(11) 大阪市教育部長発、大阪市立住吉第一中学校長宛、昭二三・四・一付「新制中学校教員転補発令の件通知」、註(8)『辞令写綴　大阪市立住吉第一中学校』。
(12) 同前。
(13) 大阪市教育部学務課「昭和二十一年四月一日　公立青年学校大阪商工(農工)学校　実科女学校教職員配置一覧」『大阪市教育関係書類綴』
(14) 大阪市立大正中央中学校創立五〇周年記念誌編集委員会『創立五〇周年記念誌』、大正中央中、平成九年、九頁。
(15) 大阪市立松虫中学校編発行『松虫　創立三〇周年記念誌』、昭和五二年、四頁。
(16) 文部行政学会『現行文部省例規総覧』、日本法規出版　昭和二五年、一七〇頁〜一七一頁。国民学校、中等学校、青年学校に配布された謄写印刷(B４)「新制中学校教官任用規定抄」に「中学校長の資格は左記官職に八年以上従事した者　中等学校、青年学校の助教諭、教諭、校長及び国民学校の訓導、校長(現国民学校本科訓導免許状所有者)又は二級教官及び三級教官」とある。二級教官とは奏任官待遇者、三級教官とは判任官待遇者のことである。師範学校卒業生は三級(叙三級)の叙級証を受け取っている(昭和二九年三月の卒業生まで)。大阪府第一師範学校昭和二二年三月卒業生の叙級証は以下の通り。「安井司／任　地方教官／叙三級／昭和二二年三月三一日　大阪府知事㊞」。安井は新制中学校発足と同時に大阪市の教員となり、昭和六二年三月、住吉第一中学校長を最後に退職。
(17) 小原国芳編著『日本新教育百年史』、第七巻、中国・四国、玉川大学出版部、昭和四五年、四九九頁。
(18) 大阪市立大正東中学校編発行『創立三〇周年　大正東中学校』、一九七七年、二二頁。
(19) 富岡勝編『昭和十六年度　大阪府学事職員録』、豊国出版社、昭和一八年、三六二頁。
(20) 赤塚康雄『戦後教育改革と地域―京都府におけるその展開過程―』、風間書房、昭和五六年、六一頁〜六二頁。

(21) 註(19)『昭和十六年度　大阪府学事職員録』、一〇二頁、三七五頁。
(22) 大阪市教育研究所編発行『大阪市教育研究所30年誌』、昭和四七年、五頁。註(19)『昭和十六年度　大阪府学事職員録』、六七七頁。
(23) 山川信夫「新制中学、三〇周年に思う」、註(3)『大阪府公立中学校創設三十周年記念誌』、昭和五二年、七二頁。
(24) 全日本中学校長会編発行『中学校創立十周年記念誌　十年の歩み』、昭和三二年、八四頁、九四頁。全日本中学校長会の機関誌『中学校』第五三号を十周年記念誌とした。
(25) 『教育タイムス』第二〇号、昭和二二年四月一〇日、註(19)『昭和十六年度　大阪府学事職員録』四六六頁、四七八頁。吹田一中平田泰雄、同三中浅田甚吾、豊中三中井町剛。
(26) 同前、『昭和十六年度　大阪府学事職員録』四九九頁、黒田謙。
(27) 同前、一六六頁、友広芳夫。
(28) 読売新聞大阪社会部『終戦前後』、角川書店、昭和六二年、一二三頁。
(29) 多田義雄「ある新制中学校陣痛記」、註(3)『大阪府公立中学校三十周年記念誌』、七八頁。
(30) 大阪市立今宮中学校編発行『十年史　その一』、昭和三一年、六頁〜七頁
(31) 高岡政一『私の歩み―自分史で折々の記―』、学伸社、昭和六一年、七一頁。自家版。
(32) 鈴木勝雄編、大阪教育通信社発行。
(33) 註(1)『毎日新聞』昭和二二年三月二五日。
(34) 大阪市教育部長発、新制中学校長宛、昭二二・三・三一付「校舎使用計画調査の件」及び大阪市教育部長発　各学校長宛　昭二二・四・一〇付「校舎使用状況調査の件」『大阪市教育部校舎管理係『昭和二十一年起　児童収容対策一件綴』。
(35) 『学校沿革誌　大阪市立放出中学校』ペン書き、頁数なし。
(36) 同前。
(37) 大阪市立大池中学校PTA広報委員会編発行『創立30周年記念誌　大池』、昭和五二年、五頁。

(38) 土井盛夫（阪南国民学校昭和二二年三月修了）談（平一一・一一・一〇）。
(39)『昭和廿二年度　学校日誌』は、筆者が閲覧した昭和四四年、阿倍野中学校に所蔵されていた。阿倍野一中（昭和中）は、昭和三〇年、現校舎（阿倍野区桃ヶ地町）へ移転、その跡に設置された阿倍野中に残されたと考えられる。
(40) 大阪市教育部庶務課校舎管理係「昭和二十二年度新制中学校々舎使用状況調（昭和二十二年四月十日現在）」（註（34）『昭和二十一年起　児童収容対策一件綴』）から算出。
(41)「中等学校ヲ分チテ中学校、高等女学校及実業学校トス」と定められた中等学校令（昭一八）による市域に立地する中等学校は以下の通り。府立中学校＝北野・高津・天王寺・市岡・今宮・生野・住吉中学校、府立高等女学校＝市岡・生野・大手前・清水谷・夕陽丘・阿部野・泉尾高等女学校、市立中学校＝汎愛中学校、市立高等女学校＝扇町・桜宮・南・東・西華・船場・下福島・中之島高等女学校、男子商業学校＝天王寺・東・西・扇町・住吉・第七・市岡商業学校、女子商業学校＝芦池・浪華・御津女子商業学校及び大阪市立工芸学校。夜間部及び工業学校は新制中学校への教室貸与対象外。
(42) 註（40）「昭和二十二年度新制中学校々舎使用状況調（昭和二十二年四月十日現在）」。
(43) 同前備考欄による。二部授業予定中学校は大淀一中（大淀中）、西淀川二中（歌島中）、阿倍野一中（昭和中）、西成一中（天下茶屋中）、東淀川二中（新北野中）、阿倍野四中（松虫中）、東住吉四中（東住吉中）。
(44) 同前。
(45)『学校沿革誌』、表紙に校名はなく、ペン書き、頁数なし。
(46)『本校沿革史　大正中央中学校』、ペン書き、頁数なし。
(47)『沿革誌　文の里中学校』、墨書き、頁数なし。
(48)『大正東中学校沿革史』
(49)『学校沿革史作成資料』謄写印刷。
(50) 大阪市立昭和中学校編発行『二十周年記念誌』中の「沿革史」の項、昭和四二年、二五頁。

(51)『学校沿革誌　大阪市立三稜中学校』、墨書き、頁数なし。
(52)大阪市立高倉中学校『学校沿革史』、墨書き、頁数なし。
(53)「本校沿革の概要」、東田五郎『創立拾周年記念誌　あゆみ』東住吉中、昭和三二年、三頁。
(54)註(51)『学校沿革誌　大阪市立三稜中学校』。
(55)田和博編『伸びゆく成南の姿　その十年の歩み』、成南中学校、昭和三二年、一六頁。
(56)註(35)『学校沿革誌　大阪市立放出中学校』、四月二一日。大阪市立西成第二中学校『学校日誌　昭和二二年度』、四月二三日。
(57)吉本昭「開校の頃」、大阪市立春日出中学校三〇周年記念誌編集委員会『創立30周年記念誌』、30周年記念事業実行委員会、昭和五二年、一八頁。
(58)岩倉一雄「東淀川第一中学校の頃」、註(7)『大阪市立十三中学校十周年記念誌』、五一頁。
(59)和田慎三による『薄明』第二号への投稿文、大阪府立北野高等学校校史編纂委員会『北野百年史』、北野百年史刊行会、昭和四八年、一三五二頁〜一三五三頁。
(60)堀勝「東中学校の生い立ち」、赤松良夫編『東中学校創立五周年記念誌』、東中学校、昭和二八年、一頁。
(61)註(39)『昭和廿二年度　学校日誌』
(62)大阪市立昭和中学校編発行『二十周年記念誌』、昭和四二年、二五頁。
(63)例えば、京都府は「本府は五月三日の憲法記念日を目途として準備を進める」(『京都新聞』、昭二二・三・六)日程であったし、実際、相楽郡泉川中、山城中、木津中(現在木津川市)、精華中(相楽郡精華町)ほか五月三日に開学した学校が多数認められる(京都府中学校長会編発行『京都府中学校沿革誌』、昭和三二年、一七八頁〜一八四頁)。
(64)大阪帝国大学における教育基本法研修会に講師として来阪、記者団からの質問に応えた(『朝日新聞』、昭二二・五・一〇)。
(65)『新制中学校教科書供給状況』(大阪市教育センター所蔵)、以下教科書供給に関する記載はすべて本資料から引用。

(66)文部省編『文部省第七十五年報』、昭和二二年度、印刷局朝陽会、一二三頁〜一二五頁。
(67)石川謙編著『近代日本教育制度史料』、第二十五巻、昭和三三年、三三一頁〜三三七頁。
(68)文部省学校教育局長、教科書局長発、地方長官、教員養成所学校長宛、昭二二・四・二二付「社会科授業について」（発学一八号）、同前、第二十三巻、三九頁〜四〇頁。
(69)大阪府教育部長発、各学校長宛、昭二二・四・九付「文部省大阪府共同主催　新教育研究協議会受講に関する件」、大阪市教育研究所編発行『教科書関係資料(1)』、昭和五二年、五六一頁。
(70)大阪府教育部長発、各市長宛、昭二二・四・九付「学校教職員に対する憲法精神普及講習会に関する件」（学第六二五号）大阪府教育部長発大阪市長宛、昭二二・五・一九付「教育基本法の趣旨徹底指導者講習会に関する件」、同前『教科書関係資料1』五六一頁〜五六二頁。
(71)大阪府教育部長発、各地方事務所長、各市長、公私立中等学校長宛、昭二二・一〇・四付「討議法研究会開催の件」（発学二〇四六号）、同前『教科書関係資料(1)』、五六四頁〜五六五頁。
(72)河上徹太郎『河上徹太郎全集』、第五巻、勁草書房、昭和四五年、三〇二頁。
(73)大阪府教育部長発　各市長、各地方事務所長、公私立《ママ》高等学校長宛、昭二二・八・一付「社会科研究協議会開催の件」（学第一七九一号）、註（69）『教科書関係資料(1)』五八〇頁。大阪市教育局「社会科教授に関する講習会開催並びに経費支出について」大阪市教育センター編発行『戦後大阪市教育史(1)』、昭和六〇年、二五六頁〜二五九頁。
(74)阿部彰『戦後地方教育制度成立過程の研究』、風間書房、昭和五八年、三二頁〜三三頁。
(75)横山群造発、大阪市教育局佐藤視学宛、昭二二・九・五付「社会科教育講習に対する意見回答」、註（73）「社会科教授に関する講習会開催並びに経費支出について」添付資料、註（69）『教科書関係資料(1)』、五八一頁。
(76)大阪府教育部長発　各市長、各地方事務所長、公私立中等学校長宛、昭二二・一〇・六付「社会科研究会成果に関する件」（学第二〇四九号）。
(77)佐藤藤三郎「ドロンコの青春　農村・狸森から若者へ」『のびのび人生論9』、ポプラ社、一九七七年、九七頁。

(78) 重苦しい生活現実を直視し、貧しさからの解放を模索しながら現実に立ち向かう生徒と教師の変容過程が読み取れる点が評価された。生活綴方運動の遺産を受け継いで開花した教育実践としての評価も高い。なお、初版（一九五一年三月五日）を初め何冊発行されたのか不明だが、四月から毎月重版を重ねた。
(79) 佐藤藤三郎「江口江一君の死と山びこ学校」、『展望』、筑摩書房、一九六七年一一月号、七三頁。
(80) 吉田裕久『戦後初期国語教科書史研究—墨塗り・暫定・国定・検定—』、風間書房、二〇〇一年、四九四頁〜四九五頁、四九九頁。
(81) 昭和二四年一〇月一二日付、文部省通達「中学校三年一般社会単元『民主主義の発展』および高等学校一年一般社会科単元『民主的生活の諸問題』の要項について」による使用である。昭和二三年度中学校入学生徒は『民主主義』上下とも、中学校三年での使用となった（片上宗二『日本社会科成立史研究』、風間書房、平成五年、九〇四頁、九二八頁）。
(82) 『厳粛な綱渡り』上（全エッセイ第一）文芸春秋、一九七五年、一九二頁〜一九四頁。
(83) 高松邦夫「新学制の申し子」、大阪市立東中学校創立十周年記念誌編集委員会『十年の歩み』、東中学校、昭和三三年、一三頁。
(84) 註（39）『昭和廿二年度　学校日誌』
(85) 大阪市立東淀川第二中学校新聞部『東淀川二中新聞』、昭和二三年新春号。本号が創刊号に当たる。
(86) 大阪市立東生野中学校創立50周年事業記念誌準備委員会『大阪市立東生野中学校創立50周年記念誌』、東生野中学校、平成九年、一〇頁。
(87) 大阪市立今宮中学校編発行『十年史　その一』昭和三二年、七頁〜八頁。
(88) 荒木信「いまだから話そう」、湯上泰男ほか編『まつむし』、大阪市立松虫中学校同窓会誌』、松虫中学校同窓会、昭和三四年、六頁。飛田演舞場借用に当たって、「こんなとこを学校の学芸会のけいこに使いはって、あとで校長先生からおこられても知りまへんで。先生が責任持ちはりまんな」と念を押されたが、顧問は自分が責任を持つと校長には報告しなかったという。「いまだから話そう」の表題の所以である。世情の混乱のなか、問題にはなるまい、と校長は黙認していたと推察される。当時の雰囲気を推定させるエピソードである。
(89) 大阪市立中学校教育研究会編発行『大阪市立中学校教育研究会30年のあゆみ』、一九七七年、一五頁。
(90) 生野第一中学校長発、教育局竹内視学宛、昭二二・九・一三付「夏季休業中の行事実務報告」、『庶務文書綴』
(91) 註(60)『東中学校創立五周年記念誌』、三頁。
(92) 肥田野直、稲垣忠彦『教育課程総論』戦後日本の教育改革6、東京大学出版会、一九七一年、四一七頁〜四二八頁。
(93) 水谷末子「大阪人」、大阪市立中学校教育研究会国語部編『中学生の文集』第一輯、三精堂、昭和二四年、二一頁〜二二頁。大阪市立中学校教育研究会は、教師の研究会で、中学校発足の昭和二二年設立。同研究会国語部による文集第一輯の応募締切は、昭和二四年四月であるので、この作品は昭和二三年度に書かれたと考えられる。
(94) 註(85)『東淀川二中新聞』、昭和二三年、新春号。
(95) 海野晴男「戦前・戦中・戦後の私」、小野京子編『伝言―次の世代へ―』、新北野中学校三希会、平成一九年、一一五頁。
(96) 註(28)『終戦前後』、一二三頁。
(97) 永原寛一編『朝日年鑑』、昭和二四年度版、朝日新聞社、昭和二三年、二六四頁。
(98) 中野洋子「昭和十九年縁故疎開の思い出」、註(95)『伝言―次の世代へ―』九二頁。
(99) 中川弘「つらかった戦後」、八八頁。同前。
(100) 註(95)「戦前・戦中・戦後の私」、二七頁。
(101) 『朝日新聞』、昭和二三年一二月二三日。
(102) 大矢祐司「昭治さんの戦争体験の聞き取り」、横山篤夫編『関西大学文学部日本史　特殊講座課題論文集』、二〇〇二年、四五頁。「昭治さん」とは浪速一中(難波中)英語担当教員蒲田昭治教諭のこと。
(103) 吉井竹千代談(昭五一・六・一〇)。以下吉井に関しては当日の聞き取りによる。
(104) 元大阪市立生野第二中学校教諭田島正介談(昭五一・七・九)
(105) 元大阪市立生野第二中学校教諭塩見瑞穂談(昭五一・六・一七)

(106) 永原正美「創立当時の思い出」、註（5）『20周年記念号』、五頁。

(107) 大阪市教育局『中学校小学校敷地買収引継一件』。買収費内訳、校地五〇万円、校舎二棟二七二万四〇一八円、備品一式一七万五九八二円。計三四〇万円。

(108) 「20年のあゆみ」、註（5）『20周年記念号』、三頁。

(109) 大阪市立生野第二中学校生徒保護者代表神代三十□、小畑良一、祇川ユキ発、大阪市長近藤博夫宛、昭二三・七・二三付「陳情書」及び「署名簿」、大阪市教育局施設課第一企画係『昭和二十三年度　決裁綴』

(110) 大阪市立中学校教員は一七人が該当した（『朝日新聞』、昭二四・一〇・二三）が、そのなかの一人が、勝山中夕間学級に関わる教員であった。一〇月二二日正午、大阪府市九八人の教員に対して、各学校長から一週間の期限つきで、一斉に退職勧告が行われた。大阪市教育委員会関係は三四人（小一四人、中一七人、高三人）であった（大阪教職員組合編発行『大教組運動史』第一巻（一九四五〜一九六四）、一九九〇年、一五四頁〜一五五頁。

(111) 註（103）吉井竹千代談。

(112) 註（104）田島正介談。

(113) 古川清作「夜間補習授業を提唱する」、大阪市教育委員会編発行『教育月報』第三六号、一九五二年四月号、一七頁。

(114) 『朝日新聞』（東京）、昭和二六年七月三日。

(115) 赤塚康雄『新制中学校成立史研究』、明治図書、一九七八年、一〇五頁〜一三四頁。

(116) 大阪市立市岡中学校創立40周年記念事業委員会編発行『市岡』、昭和六二年、一一頁。

(117) 大阪市立港第一中学校後援会長太田松太郎、同中学校長坂口利夫発、大阪市長近藤博夫宛、昭二二・九・二二付「陳情書」付属資料「港第一中学校生徒収容状況」、大阪市教育局施設課『学校申請書綴（新中）（二十二・三年度）』。なお、私立中学校進学生徒の学年別、男女別内訳は以下の通り。一年八七人（男四八、女三九）、二年二一人（男一二、女八）、三年三人（男二、女一）。

(118) 大阪市立田辺小学校創立100周年記念誌編集委員会『田辺百年のあゆみ』、田辺小学校創立100周年記念事業委員会、昭和四八年、一一六頁。
(119) 註(117)「陳情書」付属資料。
(120) 同前。
(121) 大阪市立港第一中学校長坂口利夫発　大阪市教育局長板東遼次宛、昭二二・一一・二五付「三階修理工事申請書」。註(117)『学校申請書綴(新中)(昭二十二・三年度)』。
(122) 註(116)『市岡』、一〇頁。
(123) 大阪市教育委員会港区事務局長発　大阪市教育長宛、昭二五・八・二一付「六三制学校施設功労者推薦について」、大阪市教育委員会施設課企画係『六・三制実施にともなう美談苦心談並悲劇　六・三制実施施設功労者推薦一件』
(124) 日本国憲法第二六条の制定に関わり義務制中学校の設置に大きな影響を与えた青年学校による機会均等運動の展開については、註(115)『新制中学校成立史研究』参照。
(125) 大阪市教育部学事係「国民学校高等科学級数並児童数調」「(青年学校)商工及農工・実科女学校(第一部)学級数並生徒数調」、『大阪市戦後教育行政文書　昭和21年度(2)』。
(126) 註(10)「旧制大阪市立青年学校の消長とその教育について」、一二頁。研究担当の大森久治は「学校教育法施行一年前に、商工(農工)学校・実科女学校がすでに発足していた」と総括している。
(127) 西成三中(成南中)の学校沿革史、昭和二三年三月三一日の条に「大阪市立津守、同北津守小学校々下生徒を大阪市立西成第四中学校(鶴見中学)に転籍」と記載されている(和田博「本校十年の歩み」、田和博編『伸びゆく成南の姿　その十年の歩み』、成南中学校、昭和三二年、二六頁。

第四章　校歌の制定

本章を始めるに当たって、断っておきたいことが五点ある。

一点は、中学校開校の章（第三章）の次の四章に置いた理由である。それは、開校直後、もしくはそう遠くない日に校歌が作成されていた中学校があることである。

大阪市立中学校のなかで、最も早く校歌を準備したのは、おそらく西中学校（西区）である。作詞者の同校教諭は、「机・椅子を生徒たちと一しょに、九条南小学校から運びこんだ創設期」に「何とか学校らしさを造り出」したかったからだという。そして、その生徒たちの姿といえば、「長ズボンあり、半ズボンあり、、黒色あり、国防色あり、（略）、学生帽あり、運動帽あり、無帽あり、運動靴をはく者、ゴム靴、草履ばき、中には下駄ばきもあり、女子の場合（略）、戦争中の名残りのモンペ姿もあった」（『創立二十周年記念誌』）と同校の教師は回想する。

だから、校歌は、設備の揃わない学校、生活に不自由な生徒たちへの応援歌だったのである。こうした学校が一校でもある限り、開校の次の章に位置づけなければならないと思った次第である。

二点目は、校歌には教育目標・方針、地域環境などが収まっているという性格上、二二年度開校の中学校のみならず、せめて、二十年代設立の学校校歌を扱わねばならないと考え、それらの校歌も対象とした点である。厳密に言えば、昭和三〇年、大阪市域拡張によって編入した学校も含めている。

三点目は、校名の扱いである。番号を付けて呼んでいた校名が、現校名に改称されるのは昭和二四年五月一日（市立中学校校名変更の件）であるが、本章では、それ以前であっても、現校名を使用している点である。

同様に、大阪市編入、分区・合区以前に校歌を作成した中学校の所在区を現区名で示してある。それが第四点目である。

最後は著作権の関係から校歌全文を掲出できなかった学校があることである。

第一節　新制中学校校歌の特徴

その学校の全体を歌という形式をとって、教育目標、校風、地域の風景等々を歌い込まれたのが校歌である（1）といわれる。その観点から見ると、確かに浪速区日本橋中の校歌には、「いざ満てよ　すがしき思考」、「健康の溢るる胸に」、「実行の翼は若し」と校訓の「思考、健康、実行」が歌われ、西成区成南中では、「純真明朗輝く行手」、「誠実勤勉　たゆまずうまず」、「いざ自主協同　まことの道を」と教育目標が読み込まれている（2）。

地域の風景にしても、大阪市西部の美津島《みづしま》中（淀川区）は「六甲の峯　雲晴れて」と六甲山を、南部の文《ふみ》の里《さと》中（阿倍野区）は「金剛、生駒の山脈を」と金剛・生駒山を眺望し、同じく摂陽《せつよう》中（平野区）は「かつらぎ澄みて」と葛城山を歌った。「二上の峯に」と二上山を入れたのは、最南部に位置する郊外羽曳野中（羽曳野市）である。

もちろん、河川も用いられ、「夕陽きらめく淀川の」（淀川区十三中）、「清き流れの大和川」（東住吉区矢田中）、「流れ豊けき木津川の」（大正区大正東中）などでそれぞれの校区を流れる河川を歌っている。ここまでは、前記校歌観の範囲に収まる歌詞である。

しかし、新制中学校の校歌には、そこに収まらない語句が用いられることに気付く。例えば、大正東中の校歌には、「吹雪と嵐の中に立ち」、瓜破中（平野区）では「荒きこの世の波風も」と、厳しい語句が使われていることである。ほかにも、「嵐も風も何かせむ」（此花区春日出中）、「こがらし吹けど」（西成区天下茶屋中）、「茨の径を越え行きて」（西成区今宮中）といくらでも挙げることができる。

敗戦直後の貧窮と社会の混乱が渦巻くなかを舟出した新制中学校である。当然、生徒たちへの社会の影響は大きく、ある生徒は「日本中の人、全部が光がなくなった」(城東中)と作文し、またある生徒は「私達は闇の中に住み生活している」(大正中央中)と文集で訴えていた(3)。

校歌に見られる厳しい歌詞は当時の世情の反映であると見られるし、そうした社会に生きる生徒たちへの応援歌とも解されるのである。この種の語句が含まれるのは新制中学校の校歌の特徴の一つといえるようである。

生徒たちが苦しんだ窮乏と混迷は、戦争に起因することはいうまでもなく、大阪大空襲による親、兄弟、姉妹との死別やわが家屋の焼失が生徒たちをどれほど悲しみと苦しみのどん底に落としたか、しかも、それは戦争が終わったからといって止まるものではなかった。学童疎開で命長らえたとしても、心の傷を後々までひきずって生徒たちは生きていた。

昭和二〇年度の学童疎開は、国民学校一年生も対象にしたので、その子どもたちが新制中学校に入学するのは昭和二六年度、卒業は昭和二九年三月であった事実を考えてみても、昭和二〇年代を通して、戦争の影響が続いていたことになる。

そうした現実の反映として、戦争の対極にある平和、または平和を希求する文言が校歌に取り入れられたことは想像に難くない。実際、各中学校の校歌には「平和」を含んだ文言が多く認められる。例えば、長吉中(平野区)の校歌は「平和の光　輝きぬ」から始まるし、中央区上町中は「波ひたす　平和の都」と歌い始めるのである。ほかにも、「平和の鐘に　心澄まして」(美津島中)、「ああ夜は明ける　世界平和の夜は明ける」(東成区本庄中)、「平和の港を君見ずや」(東区船場中)などを挙げることができる。

このように「平和」が多くの中学校の校歌に認められるのは、敗戦直後に産声を挙げた新制中学校校歌の第二の特徴であるといえよう。第一の特徴である「嵐」「吹雪」と対になっているとも考えられる。それでは、「平和」

はどれほどの中学校の校歌に取り入れられたのか、それを次節で明らかにしたい。

第二節　歌詞に多用される名詞

本節の目的は、昭和二〇年代、厳密に言えば、昭和三一年四月までに開校した九一中学校中、校歌を収集し得た八六中学校（収集率九四・五%）の歌詞から名詞を抽出し、どの名詞が多かったかを調べることである。ただし、一中学校の歌詞に同じ名詞が含まれている場合は一名詞とする。

表 4-1　校歌に使用された名詞と校歌数

	使用名詞	校歌数（%）
1	平　和	28（32.6）
2	文　化	27（31.4）
3	希　望	26（30.2）
4	真　理	15（17.4）
5	理　想	11（12.7）
6	自　由	9（10.5）
	愛	
8	民　主	6（7.6）
9	産　業	5（5.8）
	正　義	

註(1)　86 中学校の校歌中の使用名詞と校歌数（学校数）を示す。
(2)　上位 10 位までを記した。

結果を上位一〇位まで示すと表4―1の通りである。そのなかで、平和二八校歌（三二・六%）、文化二七校歌（三一・四%）、希望二六校歌（三〇・二%）は、三〇パーセントを越え、他と比較して、圧倒的に高い数値である。一位の平和については前節で述べたので、二位以下の使用例を見ることにする。二位の文化は、「輝け文化　この街に」（生野区東生野中）、「文化日本の礎と　大地踏まえて立ち上がる」（福島区野田中）などと歌い、三位希望は、「希望を高く、生きのびん」（生野区田島中）、「希望輝く青空に　映えて燃え立つ若き魂」（中央区南中）と合唱している。物質的には全く恵まれない生活のなかで、「平和」、「文化」、「希望」は明日を期待し、展望し得る意味ある言葉としてとらえられていたと解することができる。

　敗戦から新制中学校発足期にかけて、ラジオ、新聞は平和日本建設、文化国家再建を報じ、教師も生徒たちに熱っぽく、それらを語りかけた。新しく生まれた中学校は、平和日本建設、文化国家再建の一翼を担うものとして期待され、教師も生徒もそのように考え行動した。平和、文化、希望が校歌に取り入れられた背景であった。

　この平和、文化、希望を第一のグループとすれば、第二のグループは一〇パーセント内外の学校が歌った「真理」、「理想」、「自由」、「愛」である。真理については、「真理の光求めて行かん」（住吉中）、自由は「自由の光　身に受けて」（福島区八阪中）、あるいは「自由の大空、ゆくて隈なし」（都島区桜宮中）がある。理想については、「理想にすすむ若人の　血潮あふれて雲を呼ぶ」（生野区勝山中）の一節を紹介しておこう。どの名詞も戦時期にはあまり使用されなかったし、むしろ自由などは禁句であった。新しい世界に向かって伸びて行こうとする中学生への応援歌でもあった。

　このグループの最後の「愛」は、「愛と信とに睦《むつ》みつつ」（旭区大宮中）、「愛と勇気を糧として」（城東区放出中）のように他の価値とセットにして使用されている。

　商工業都市大阪市の中学校の校歌として注目されるのは、少数ながら、「産業」及び同種の名詞を使った校歌が認められることである。

　例えば「活気溢るる　産業の町」（福島区下福島中）、「産業のまちは気おいて」（都島区高倉中）とあり、難波中（浪速区）は「商業都」（校歌一連）、「工業都」（二連）、「産業都」（三連）を配した校歌であった。また、城東中は「商都さかゆる春秋よ」と歌っている。これらを産業と見なすと産業を使用した校歌はさらに増えることになる。大阪の戦後復興への希望を表わしていたといえそうである。

第三節 学校関係者による校歌の作成

学校関係者とは、生徒・保護者・校区の市民・教員（教諭・学校長）のことである。校歌作成にこれらの人びとが参画したのも、新制中学校の特徴である。窮状に耐えながら学ぶ中学生への応援と学校づくりへの気負いから校歌作りに関わるのである。

（一）生徒による作詞――加美中、北稜中

生徒自らが母校の校歌をつくる事例がある。北稜中（北区）、住吉一中（住之江区）、加美中（平野区）である。まず、加美中の校歌から見ていこう。作詞者が最も心を砕いたのは、「希望はてなき若人は　深き真理の使徒となる」（一連）、「正義にもゆる若人は　清きまことの友となる」（二連）、「世界を学ぶ若人は　寛き文化の民となる」（三連）の句であろう。「希望はてなき若人」、「正義にもゆる若人」、「世界を学ぶ若人」とは生徒はかくあれ、との理想像を示し、それを受けた「真理の使徒」、「まことの友」、「文化の民」は努力目標、到達点を提示したと解される。

作詞者は、義務制第一期生（昭和二二年度一年入学）の大谷（のち橋田）カオルで卒業直前の応募作品であった。橋田の回想によれば、〝君たちは新制中学校が存続できるか否かを決するテスト生である〟との入学式での厳しい校長の祝辞に強い責任感を抱きながら中学校生活を送った、その気持がこの歌詞をつくらせた、という。ただ

し、この歌詞が校歌になるのは、作曲に関わる上野克祐教諭が就任する昭和二五年度であるので作詞者が卒業してからであった(4)。

北稜中の歌詞は「深き眠りを　打破り　新生日本の　黎明に　生れ出でたる　北稜の」に始まり、最後の三連で「今ぞ若人　奮い立て　祖国の使命　双肩に　背負いて立たん」と結んでいる。大人が破壊した祖国を自分たち新制中学生が再建していかねばならぬという当時の生徒たちの強い思いが表現されているように思われる。作詞者の生徒（太田明江）は、「思いつくまま綴った文章」であるが、「歌い易く覚え易い古風な七五調に並べ変える工夫をした」と回想する(5)。

住吉一中は生徒の作品を詩人の小野十三郎が補作して校歌となった。生徒名を明らかにできなかったので、ここで取り上げないが、生徒を校歌の作成に参加させた事実は残る。

以上、三校の事例に見られるように校歌の作成に生徒を参加させたこと自体、当時の中学校の姿勢が現われていると評価することができよう。生徒の創意と自主性を重んじた創立期ならではの試みであろう。

（二）保護者、校区市民による作成―摂陽中、中島中―

保護者が作詞した校歌を持つのは摂陽中（平野区）と中島中（東淀川区）である。

摂陽中の場合、校歌作成に当たり、同校は教師、ＰＴＡ会員、生徒から歌詞を公募、三十点余の応募作品から一位に選ばれたのがＰＴＡの植原初の歌詞であった。ちなみに二位は校長であった。選衡に当たったのは、奈良女子大教授、国文学者の曽沢太吉である。曽沢教授は熱心に検討、出張先から添削の手紙を届けたという。

校歌三連に「むらさき匂う　校旗のもとに　明朗温雅　自律をかかげ　友愛ふかく　集えるわれら　ああ摂陽

中」とある。「明朗　温雅　自律」は、同校の校訓で、運動場に面して常掲されていたのを作詞者は読み込んだのである(6)。昭和二七年度か二八年度の選定であった。

中島中の校歌一連は次の通りである。

あたらしき　光をあびて
そだつわれらの　中島　中島中学
理想はたかし　大地ふんで
胸をはり　ひとみをあげて
われらは　あおぐ　真澄の空を

一連の理想に対し、二連に「真理」、三連に「希望」を配した歌詞である。作詞者のＰＴＡ会員の深田耕次は、「勉学の理想郷を描きながら未来のにない手が目をかがやかし、ほほを灯くそめて奮励する姿を歌った」(7)と語る。谷山茂大阪市立大教授が補作している。作曲は山中二郎大阪市教育委員会指導主事である。

大正西中では、校区に住む一般市民の河野佳子の歌詞が選定された。大正中央中から分れての設立が昭和三一年であったので、校下の工業地帯の復興がかなり進んだ様子が「工場のひびき高らかに　産業の唄　流れ来る」（二連）から読み取れよう。それでも終連には「平和の鐘を打鳴らす　希望に燃える若人」と、戦後価値が位置づけられている。作曲は、大阪学芸大（教育大）を卒業したばかりの新鋭梅田功哲教諭が当たった(8)ので、女性市民と新任教員による合作といえよう。こうしたコンビも時代を象徴していた。

（三）教職員による校歌の作成

（1）教諭による作成

大阪市の中学校で最も早く校歌が作成されたのは、西中学校（西区）である。同校沿革史には、開校日の昭和二二年四月二〇日と記載されている。作詞は大阪青年師範学校（大阪府立大）新卒教員の松井則康教諭である。

前述したように、同教諭は、西中学校の開校準備に当たり、「机・椅子を生徒たちと一しょに、九条南小学校から運びこんだ」りして「何とか学校らしさを造り出そう」(9)という意図から、校歌の作成を思い立ったようである。しかも作業した生徒の姿と言えば、松井の同僚教員によれば、「男子の場合、長ズボンあり、半ズボンあり、黒色あり、（略）運動靴をはく者、ゴム靴、草履ばき、中には下駄ばきもあり」という家に残るもので何とか間に合わせての登校であった。こうした生徒を元気づけるために、物質ではできないので、せめて校歌の贈り物をと思ったのであろう。

松井の歌詞を同校の永野秀次郎教諭（大阪音楽学校（大阪音楽大）昭和二年卒）が作曲して校歌は完成するが、同校沿革史に記載されているような、開校日に間に合ったかは疑問が残る。というのは、西中開校の年の通学域は西区全域であったにも拘らず、西区のある特定の地域が記されるなどの誤記が認められ、作成日にも誤りが及んでいる可能性が考えられるからである。

それでも、最も早い制定であったことに間違いはないであろう。

さて、西中学校の校歌の検討であるが、歌詞三連の中から特徴の出ている連を挙げると「世の荒波も　何かせ

ん　学びの庭は　みをつくし　道を求めて　ひたすらに　希望の海へ　進みなん　理想は高き　われら友」と歌われる終連である。「世の荒波」の現実を乗り越えて「希望の海へ」、「理想は高」く進もう、との文言は、開校当時の暗い時代の生き方への提言であったし、このような提言ができたのは、勤労青年の教育を担当した青年学校の教師を目指した松井教諭らしい生徒への気配りであったととらえることができる。

義務制完成の翌昭和二五年度に制定された西成区今宮中学校の校歌も、同校国語担当の吉川昌英教諭によって歌詞に綴られた。一連で「朝風清き　茅渟《ちぬ》の海　満ちくる潮　逞しく　平和の光　輝けば　わが学舎は　息吹して　若さははづみ　意気は燃ゆ　あゝ今ぞ　今中の鐘は響く」（傍点赤塚）とやはり平和を取り上げ、二連でも「剛健明朗　和をもって　文化日本建設を」と戦後の合言葉、目標であった文化日本建設を強調した。子どもとして戦争を体験した生徒にとっては大きい意味を持っていたのであろう。

しかし、「もはや戦後ではない」（経済白書）の昭和三一年をとっくに経過した高度経済成長の昭和四三年、歌詞が改訂され、「平和の光　輝けば」は、「あふれる希望《のぞみ》　湧きたてば」に、「剛健明朗　和をもって　文化日本建設を」は、「自主協調の　誓いもて　集える若人　今ここに」へと置き換えられた。社会的変化の影響もあるが、直接には、「自主・協調・健康」の校訓設定にともなう変更であったという(10)。

今宮中の校歌は前記永野秀次郎教諭によって作曲された。西中の校歌を作曲した大阪音楽学校出身のあのベテラン音楽担当教師である。昭和二五年度に転勤してきていたのである。ちなみに、西中の校歌を作詞した松井教諭も校区を分割して新設された花乃井中へ異動、同校の歌詞も書いている（作曲井上昇教諭）。西区は西中一校で出発し、翌々年、花乃井《はなのい》中が生れたので、教員が大挙、新設校へ移り、両中学校の作詞に関わったのである。松井教諭のような事例は港区にもある。即ち市岡中のみで発足し、分校が独立して港中となった港区も同様で、市岡中で作曲した（作詞山中覚教諭）飯島たみ教諭は異動先の港中学校の校歌でも同じ役割を果たした。東京音楽学校（東京芸術大学音楽学部）昭和二年卒業の力量が頼りにされたのであろう。

校長が作詞した港中（後述）を除いて、こうした教諭コンビによる校歌の作成はほかに一〇例確認できる。列記すると①此花区春日出中（作詞井守健次郎　作曲永井英一）、②北区豊崎中（矢原登　佐々木隆子）、③浪速区木津中（松井満里子　大西克幸）、④東淀川区柴島中（野々口直　小松原実）、⑤東淀川区淡路中（山崎衛　橋本寿治）、⑥東住吉区東住吉中（東田五郎　田中信昭）、⑦平野区瓜破中（藤田堅正　清水修）、⑧西成区天下茶屋中（巽忠之　広瀬みよ）、及び作詞、作曲を国語部（科）、音楽部（科）とした⑨住吉区住吉中、⑩東住吉区中野中である。

以上の一〇校のなかで、作成経緯が明らかになるのは天下茶屋中・中野中・淡路中である。天下茶屋中（西成区）の場合、作詞者の巽忠之教諭の以下の回想(11)が参考になる。即ち、初代川村市兵衛校長（昭二二・四～昭二三・九）から校歌作成の指示を受け歌詞づくりに取り組み、他の教師からも応援、修正を得て歌詞ができあがった。作曲は音楽の広瀬みよ教諭（のち阪南中異動、高橋姓）に依頼した、という。校歌一連と終連は次の通りである。

一、望は高し大空に　白雲おいて少年の
　誠を共に誓いたる　瞳は澄みて清らかに
　輝け我等中学生
四、世界の平和日本の　重き任務をになうべく
　築け文化の礎を　新しき世は近からん
　歌わん我ら中学生

歌詞の内容についても、巽教諭は、「少年が野外で蝶・トンボを追いかけたり、草原に寝ころんでは空に浮かぶいろいろ形の変わる白雲を見ながら、友達同志語り合っては将来の夢を見る……こんな都会の悪に染まらない純真無垢な姿を私達も追い求めていた」と語っている。逆に言えば、それほど世情は悪かったという事である。

だから二連に「柳は折れじとたわむとも　耐えなん我ら中学生」という厳しい語句を入れている。そのうえで四連の「世界の平和日本の　重き任務をになうべく、築け文化の礎《いしずえ》を」へと続き、「新しき世は近からん」と激励したのである。

歌詞には「天下茶屋中学生」は読まれていない。これは「やがて校名は変わるとのうわさは聞いていたので校歌には入れなかった」からである。西成一中から天下茶屋中への改称は、昭和二四年五月であるから当然であろう。同校の校歌もかなり早く完成していたのである。

東住吉区中野中の校歌（作詞国語科　作曲音楽科）の一節に「ああ四つ葉の園　中野中学校」という一節がある。四つ葉は勿論、四つ葉のクローバーのことで、ここには、昭和二四年の開校に先立つ校地買収に当たって難局を突破したという次のエピソードが込められている。即ち、校長や建設委員らが「いく度か思わぬ障害と困難に遭遇して、ついに精根尽き茫然と路傍に立ちすくんだある日、足もとに生ひ茂るクローバーの草むらの中に一本の四つ葉のクローバーを発見し、これに希望を得て、くじけんとする意欲と勇気をふるい起こし、学校建設へのたゆまぬ努力を重ね、今回の姿を見るに至った」(12)という。この困難を克服して校舎建設をなし遂げた姿を〝四つ葉の園〟として校歌に表現した中野中は、校章、教育目標にも取入れ、生徒たちへの激励の贈物としたのであった。

前楽章と後楽章の二つの校歌を持つ珍しい学校がある。淡路中学校（東淀川区）である。前楽章は式や行事の初めに歌われ、後楽章は最後に歌われる。この方式は同中学校の校歌制定の経緯を語っている。

淡路中で校歌制定の話が持ち上がったのは、昭和二六年半ばのことである。国語担当の山崎衛教諭が歌詞を書き、図工・音楽の橋本寿治《しげはる》講師が作曲して、年末には制定の運びとなった。しかし、開校から四年近く過ぎていて、それまでに山崎教諭が作詞、作曲し、校歌として生徒たちが歌ってきたもう一つの校歌が既にあり、いずれかを選択する時期が来て、奥村安久第二代校長が下した裁定が前記「前楽章後楽章方式」であった(13)。

前楽章作曲の橋本教諭(元講師)は、食糧には事欠いたが、自由主義を吸収しようという進取の気に富んだ時代で、生徒も知識欲に燃えていた。より時代の雰囲気と勢いが校歌づくりに反映していた、と回想している。新卒の教員もベテラン教師も校歌の作成に参画するという傾向は淡路中だけでなく、また校歌作成に限ったことではなかった。学校経営、教育経営全般に認められる中学校発足期の特徴であった。

教諭コンビによる作詞作曲の中学校一三校のなかで、春日出中(此花区)の曲の変更について触れておかねばならない。昭和二四年一月という比較的早い時期に制定されていた同中学校の校歌は昭和四二年になって、詞はそのままにして、メロディーのみの変更が行われた。契機は生徒が同じ箇所で何度もつまるのに気づいた教師がいたことにある。改訂に当たって、三人の音楽担当教員がそれぞれに作曲、全教員の投票で決定した。選定されたのは、その年赴任したばかりの永井英一教諭の曲であった(14)。作詞者の井守健次教諭は既にその時、春日出中を去っていた。

咲けよ花々　におやかに
春日の野辺に　満ち満ちて
四方に送らん　その香
げにうるはしき　我等が母校(一連)

作詞を学校側で行い、作曲を専門家に依頼した校歌が認められる。城陽中(城東区)の作詞は、同校村田孝也教諭(関西大　昭和二二年卒)で、以下のように始まる。

一、生駒の峰のあけぼのに
　はえて燃え立つわかうどよ

相携えて青空の
高き理想に進まなん
わが城陽に希望あれ

作曲は長崎県出身で、同志社大に学び、作曲を山田耕筰に師事した専門家の橘静雄である。ＮＨＫ、朝日放送などで交響曲、劇音楽の作曲に関わった。

平野中（平野区）の校歌の作曲も橘である。作詞は、同校の姥浦《うばうら》作次教諭（立命館大、昭和一七年卒）で、その一連は次の通りである。

一、仰げば清し金剛の
山なみはるかいただきて
緑の原もかぐわしき
ここ摂南の野に生いし
深きめぐみの学びやや
その名もゆかし平野校

この歌詞の「金剛の山なみはるか」から大阪市東南部に位置する中学校であること、「緑の原」から田園地帯に立地することなど、その学校の教員でないと描けない言葉が並んでいる。

戦争孤児の生活・教育保障のために開校した大阪市立郊外羽曳野《はびきの》中学校（第六章第一節に詳述）の校歌も教員が作詞し、専門家が作曲に当たった。佐藤格之介教諭作詞による一連を挙げておこう。

一、見よ羽曳野の　あかつきは
二上の峯に　くれないの

旭はいまや　青春の
　希望をのせて　のぼるなり

作曲は大阪音楽大（元音楽学校）の創詞者であり、学長を務める永井幸次である。

この校歌の制定は昭和三〇年であり、戦争孤児を偲ばせる語句はない。該当生徒は既に卒業していたからである。

孤児が在学したころ、歌われていたのは、寮歌であった。校歌代りに使われていたのである。その終連は次のように歌われる。

　羽曳野丘《はびきのおか》の月高く
　樹間《このま》清らに照らすころ
　父母よ兄弟《けいてい》今いずこ
　思いかえればなつかしの
　灯《ともしび》ともる友の窓
　　うまきまどいの声知るや

作詞は下村末治（昭和二三年六月一日〜二五年三月三一日）指導員である。人手不足を補うために富山地方検察庁検事任官前のひとときを戦争孤児のためになるならと手伝っていたのである。

作曲は一期生、二期生とされている。歌っている間に一定の曲に落ち着いてきたということであろうか。

（2）校長による作詞―大正東中、東中、天王寺中、玉出中ほか―

校歌を作詞した校長七人の中で注目されるのは大正東・菅南両中学校の校歌を作詞した久保徳人校長であろう。

大阪外国語学校（大阪外国語大を経て大阪大国際学部）ロシヤ学科を経て早稲田大文学部で真山青果（劇作家）の研究を手がけるという経歴が作詞へ向かわせたのかもしれない。加えて、大阪市立西青年学校、大池青年学校（大池商工学校・実科女学校）で勤労青年の教育に当たってきたことが、教科書不足、教員不足、教室不足の新制中学校の生徒の教育に重なり、一日も早い真っ当な中等教育をという願いから作詞に取組んだことが考えられる(15)。

大正東中（大正区）の校歌は、「朝さぎりをおしわけて　暁光東に昇るとき　日本の文化を仰ぎつゝ　ともに学ばんわが母校　大正東中学校」と始まり、「ゆうべ落陽　たゞよわせ　ちぬの海辺におしよする　世界の文化を求めつゝ　ともに進まんわが母校　大正東中学校」（二連）と受ける形式をとったが、やはり、文化が核になっていた。当時、文化は野蛮な戦争に対置できる言葉であった。戦災校舎（三軒家南国民学校）をいち早く復興、整備した中学校として森戸文相が視察に訪れた昭和二二年九月九日までにこの校歌は制定されたと推察される。

久保が第三代校長として菅南中学校（北区）へ赴任したのは、昭和二五年九月一日である。ここでも、「新しき春の文化を学ばんと」と文化を中心とした歌詞を綴っている。

島津徳治郎初代校長が作詞した東中学校（中央区）の校歌も、「文化の理想　仰ぎつゝ　ともにやしなひ　みがくべし」（一連）とまず、文化が歌われる。二連で「平和の島の　舞ふぞみゆ　ともにたたへん　ひたすらに」と平和が用いられ、最後に「自由平等の　旗印　かかげて進む　朝夕に」（三連）と自由、平等が強調された。文化、平和、自由、平等は何度も述べたように敗戦後、最重要とされた価値であった。

作曲は音楽担当の富里静夫教諭である。富里は昭和二四年度末で退職しているので、中学校義務制完成年を意識しての校歌の制定であったとも考えられる。

敗戦後の世相と戦後精神を最も反映させたのは天王寺中学校（天王寺区）の校歌（作詞関口平太郎校長、作曲菅生直巳指導主事）であろう。三連の「ほろびの影は消えうせて　清く明るき日は来ぬと　港に立ちて人呼ぶも　正義の光なほくらし」の一節は、食糧難の中、生きのびるために利己心まる出しの市民が配給、買い出しにと走り回らねばならなかった新制中学校発足時の世情を映し出していた。それでも「理想の平和うちたてん」（四連）と生徒たちの「望は高く責重し」の世の中であった。そのためには、「行くべき途はいや遠し」（五連）であるが、「天中《てんちゅう》の唄をうたひつつ」進まねばならなかった。その苦難の道を「進む我らに光あれ」と終連（第五連）を結ぶ。

校長が作詞した校歌としてほかに、中央区上町中（戸石政恕）、阿倍野区文の里中（河野良作）、西成区玉出中（上田正貴）、東住吉区矢田中（阿比留正夫）を挙げることができる。作曲は矢田中の藤岡啓教諭以外は、大阪音大学長、指導主事が当たった。

（3）校長による作曲—西淀中—

珍しい例に校長が作曲した校歌がある。西淀中（西淀川区）である。作詞は京都府立女子専門学校（京都府立大）を昭和一五年に卒業した国語担当の馬場かをる教諭であった。歌詞は次の通りで三連からなる。

一、武庫の嶺　陽に照り映えて
　　淀の水　流るるほとり
　輝やかに　そびえて立てる
　　西淀の　自治の学園
二、たぎりたつ　熱き血潮よ
　　強き身と　清き心を
　深き智を　もとめて集う
　　西淀の　若人われら

三、いざや友　手をとり行かん
　　光ある　希望の道を
　高らかに　掲げて行かん
　　西淀の　学徒の理想

殆んどの校歌が七・五調であるのに対し、この歌詞は五・七調を採っていること、内容的に「自治の学園」という積極的な語句を使用していることが特徴となっている。作曲の小林校長は、二代目校長として昭和二三年の着任、作詞の馬場教諭は昭和二三年八月から二五年三月までの在職であることから、校歌制定は昭和二四年度の可能性が高い。

この項は、校長が校歌の作詞・作曲に当たった事実を紹介したが、このことから当時の校長は管理者に止まらず、教育実践者としてのリーダー役であったことがうかがえよう。

第四節　文化人による校歌の作成

校歌の作成を文化人に委ねた中学校は半数を少し越える。作詞作曲とも依頼した学校もあれば、いずれか一方を委ねる場合もある。ここでいう文化人とは、作詞であれば、主として歌人、詩人、作家、国文学者、国語学者であり、作曲では、作曲家、指揮者、音楽学者、教育委員会指導主事などである。その殆んどは在阪、関西圏の著名人であった。以下ジャンル毎に五〇音順に取り上げよう。

（一）歌人による作詞

（1）今中楓渓《ふうけい》――歌島中ほか八校

今中楓渓《ふうけい》（保治朗）作の校歌は最も多く、中学校九校に及ぶ。歌島・瑞光・相生・田島・大宮・旭東・蒲生・茨田・加賀屋の各中学校である。

蒲生中（城東区）の校歌三連で、楓渓は「正義に愛に勇気に生きて　世界の平和　誓うとも　明るき窓に　風さえ匂う　栄あれ　栄あれ　吾等の学舎　光あれ　光あれ　吾等の学舎」と愛を強調、瑞光中（東淀川区）では「生駒嶺とおき白雲に　愛と希望のかげ宿し　ながれは尽きぬ大淀に」（二連）と愛と希望をセットで提示、茨田中（鶴見区）でも「愛と信とに睦みつつ」（三連）と、愛を含めている。楓渓にとって、歌は「愛の表現であり愛は人間性の発露」⒃であって、教育に欠かせない価値であった。教員が作成した歌詞に「愛」は対象とされていなかっただけに一層、目につく。

その楓渓が田島中（生野区）の歌詞では一転、地場産業を取り上げて「レンズ産業　拓《ひら》きたる　人の意力を偲びつつ　大大阪の青空に　はるけき夢を　相追いて　清く正しく　健やかに　希望を高く　生き延びん　田島田島　楽しき吾等の学園」（二連）と綴った。幕末は安政年間、田島村の庄屋の家に生まれた石田六次郎のねばり強い努力によって始められた眼鏡製作が戦後の眼鏡レンズ生産へと拡大した経緯を校歌に入れたのである。田島は大正期の大阪市編入前、楓渓の生家がある英田《あかだ》村（東大阪市）と同じ中河内郡、そのうえ小学校からの進学先は、やはり中河内の府立八尾中学校（八尾高校）であったので、レンズ産業発生の挿話を聞く機会は十分あり得たであろう。それとも、敗戦直後の窮乏期にも拘らず好調だったレンズ工業から産み出された寄金によって、昭和二二年に田島小学校、二四年に田島中学校を発足させたという地元の自負が作者に伝えられていたのであろうか。

楓渓は八尾中（三期生）を経て、広島高等師範学校（広島大）に進学、教職の道を選ぶ。広島・栃木県で中等学校（高校）の教員をしていたが、明治四四年、帰阪、現府立寝屋川高校（河北高女・寝屋川高女）教諭を務める傍ら、大正三年には前田夕暮が主宰する白日社の同人として短歌を発表、中央歌壇で認められた。昭和期に入って、新聞、ラジオで短歌を発表する一方、講演会を精力的にこなしている⒄。教育界、短歌界で名が知られた楓渓を社会的に有名にしたのは、野崎小唄であった。昭和八年、北河内郡野崎村（大東市）からの依頼を受けて、歌舞伎で知られる物語を織り込みながら野崎観音を歌詞にしたのである。大村能章が作曲し、東海林太郎が歌って大ヒットとなったのは、昭和一一年のことである⒅。中河内、北河内は彼の生活舞台といえるが、その関係からか、大宮、相生、蒲生、茨田中学校など、大阪市東部の中学校校歌の作詞が多い。

前掲、蒲生中、田島中校歌の作曲は、ピアニストで作曲家の高木和夫である。楓渓が作詞した九中学校のうち、大宮中、茨田中を除く残りの七中学校は、高木の作曲である。

（2）土岐善麿《ときぜんまろ》―城東中

歌人の土岐善麿は国文学者でもある。だから敗戦直後、国語審議会会長を務め、当用漢字、新かなづかいの制定にも関わった。関西へも「国語国字問題の方向」と題する講演に訪れている⒆。また、石川啄木と昵懇の歌人として知られた。その土岐善麿博士（文学）に作詞を依頼したのが城東区城東中学校（当時城東五中）である。

歌詞一連は「東に生駒の峰を仰げば　みどりあかるく雲高し　西にそびゆる天守閣　松も歴史のかげ深く」から始まり、「希望新たにまなぶは楽し　みな健やかにほがらかに」と受ける形式をとっている。同様に二連も「平和の心に花も薫りて　商都さかゆる春秋よ　橋をわたりて道ひろく　常に世界の前にあり　語る友情ちからをあわせ　いざたゆみなく進むべし」と受け、最後に「われらこぞりてここに立つ　城東第五中学校」と結んでいる。

城東中は昭和三〇年の創設で、校歌の制定が昭和三一年九月であったから、世情も落ち着き、そのうえ、芸術家による作詞であるので、平和を用いるにしても「平和の心に花も薫りて」とまろやかである。それはまた歌詞全体を通してもいえることであった。

城東中学校という校名に城東第五中学校から改称されるのは極めて遅い昭和五五年四月である。したがって、最終行が「城東第五中学校」から「ほこれ城東中学校」に改められるのはもっと遅くなった。土岐善麿によって書かれた「城東第五中学校」への惜別の念が校名改称を遅くさせた最大の理由かもしれない。

この歌詞を作曲したのは朝比奈隆である。朝比奈といえば、昭和三九年から死去の前年、平成一二年まで大阪フィルハーモニーの指揮者として、年末、フェスティバルホールの舞台に立っていたことを憶えている市民は多い。毎年、必ずベートーヴェンの第九を演奏、暮れの第九を印象づけた指揮者の一人であった。

大阪フィルの前身、関西交響楽団を結成したのが、奇しくも、新制中学校制度発足と同じ昭和二二年四月であり、ベルリンフィルハーモニー管弦楽団へ招かれ、世界の朝比奈への第一歩を記したのは、新制中学校義務制第一回卒業生を出した昭和二五年であった。

（3）安田章生《やすだあきお》―菫《すみれ》中

菫《すみれ》中学校（城東区）の校歌を作詞した安田章生も歌人で国文学者である。日中戦争最中に東京帝大を卒業し、太平洋戦争終結の翌昭和二一年、尾上紫舟門下の歌人として知られた父の安田青風とともに歌誌『白珠』を発刊した。菫中が発足した昭和二三年『現代短歌ノート』（有文社）、『心象』（さがの書房）を出版している。国文学者としては、大阪樟蔭女子大学、甲南大学で教鞭を執り、藤原定家や西行の研究に取り組んだ。『新古今秀歌』（創元社　昭和二八年）、『藤原定家研究』（至文堂　昭和四二年）ほかの著作がある。

安田の作詞になる菫中の校歌を以下に示すと、

はるかにのぞむ　生駒のみどり
永久なりその色　想いさやけし
希望あふれて　若き吾等
明朗勤勉ここにいそしむ
　ああ　すみれ　我が学び舎（一連）

すがしくかほる　河内野の風
かがやけ日の光　心ゆたけし
生命燃えて　若き吾等
創意工夫ここにみがかん
　ああ　すみれ　我が学び舎（二連）

「生駒のみどり」、「河内野の風」は大阪市東部に位置する中学校らしい風景表現である。「明朗勤勉」、「創意工夫」が読み込まれたのは、同中学校の教育方針の第一「明朗勤勉　創意工夫に富む職業人を育成する」から安田がヒントを得たものと考えられる。教育方針は第四まで設けられていて、第四には「平和を愛し、民主的な精神に満ちた文化人を育成する」(20)とある。ほかに社会人（第二）・健康人（第三）の育成が挙げられているが、安田は第一の明朗勤勉、創意工夫を校歌に取り入れられるべき価値として選択したのである。

作曲は斉藤定人であった。

（4）吉井勇―旭陽中

歌人で劇作家の吉井勇によって編まれた旭陽《きょくよう》中学校（旭区）の歌詞をまず挙げよう。

一、生駒の山を遠く見て
　天地悠久思う時
　おのずからなる大志《たいし》湧《わ》き
　胸こそ躍れ高らかに
　　旭陽中学いざや起て
　　新しき代をつくるべく

二、大阪城は近けれど
　平和の世をば祈る身は
　空ゆく白き雲を見て

心やはらぐなごやかに
　旭陽中学いでや起て
　新しき世をつくるべく

三、淀川の水永遠に
流れてやまずうつし身の
智慧の泉もかくあれと
我らは願う日も夜も
　旭陽中学いざや起て
　新しき世をつくるべく

四、浪華の都より起る
文化をさらに高めむと
思いて強くこの土を
踏みて励まむたゆみなく
　旭陽中学いざや起て
　新しき代をつくるべく

石川啄木らと『明星』で、北原白秋らと『スバル』で活躍した歌人・吉井勇らしく、巧みに言葉を使い、文字に配慮した校歌である。

一連から四連に配された「生駒の山」、「大阪城」、「淀川」、「浪華の都」という地域または地域からの風景を受けて望ましい旭陽中学生像を画き、将来、かく生きようと説く展開は見事というほかないであろう。それも、「代《よ》」（歴史）と「世《よ》」（世界）を使い分けての未来像である。例えば、一連では、生駒山の遠望から大自然の来し方を思うとき、大きな志が湧き上がり、新しい歴史をつくろうとの意気込みで生き抜こう、と教えたかったのであろう。三連は、淀川の水が永遠に流れるように、学習を重ねた智慧を以て、新しい世界を構築して行こうという意味であろう。そして最後は継承した大阪の文化を一段高め、新しい時代を創造しよう、と再び歴史に戻り、校歌は終わるのである。

この校歌が完成し、旭陽中が校歌を発表したのは、昭和三六年三月一三日である[21]。その四か月前に吉井は肺がんで息を引き取っていた（昭和三五年一一月一九日）ので、旭陽中の校歌が遺作になった可能性が高く、そういう意味では文学史的には貴重な作品に位置づけられねばならない。

作曲は信時《のぶとき》潔《きよし》である。信時は明治二〇年、大阪で最も古いキリスト教会の大阪北教会で牧師の三男として誕生、明治三四年設立されたばかりの府立市岡中学校（市岡高校）へ第一期生として入学した。教会育ちだけに、オルガンや賛美歌に日常的に接するという環境が音楽の才能を開かせたのであろうか。東京音楽学校（東京芸術大）に進学。ドイツへも留学、作曲技術などを学び、帰国後、母校の教授に就任した（大正一二年）。

大阪出身のこの作曲家を社会的に有名にしたのは「海ゆかば」の作曲を通してであった。昭和一二年、NHK（当時日本放送協会）から国民唱歌の第一回の曲として依頼され、作曲したのだが、太平洋戦争末期、アッツ島玉砕（昭和一八年五月）のニュースとともにラジオから流されて以来、玉砕のたびに放送され、「玉砕ミュージック」として位置づく[22]。

国民学校にも影響した。卒業式から螢の光と仰げば尊しが消え、愛国行進曲と海ゆかばに代わったのである(23)。学童疎開の出発式（壮行式）でも海ゆかばが斉唱された。大阪市長池国民学校（阿倍野区）四年の男児は「学校で壮行式が行はれ残留生の激励を受け、共に共にお国の為にがんばろうと決心した。今回程海ゆかばを歌うのに涙がこみ上げてきたことはなかった」(24)と集団疎開先で作文に書いた。因みにこの四年生の子どもらが、戦後・新制中学校義務制第一期生となる。

もちろん、信時潔に非があるわけではない。それでも、学長就任要請を彼が固辞したとき、海ゆかばが若者を戦場へ向かわせたことに自責の念を抱いていたからだろうと噂された。

敗戦直後の暫《しば》しの沈黙の後、全力投球で作曲した校歌、社歌は千曲近いといわれる。旭陽中学校と同じ旭区の大宮中学校の校歌も信時の作品である。本来は「電車ごっこ」や「一番星みつけた」（昭和七年『新訂尋常小学唱歌』）にみられるように童心に気を配る作曲家だったのである。

（二）詩人による作詞

（1）安西冬衛《あんざいふゆえ》——桜宮中、新北野中

府立堺中学校（三国丘高校）出身で、現代詩人会で活動した安西冬衛が作詞したのは、扇町・桜宮・新北野中学校の校歌であるが、旧淀川と新淀川を歌詞にした桜宮中（都島区）・新北野中（淀川区）の校歌を取り上げよう。桜宮中の歌詞に旧淀川は「そよぐ若声　きよらなり桜宮中学　世紀の潮騒　流れすがしく　風さわやかに　われら掬べば　心冴えより　芦のしらべに」（二連）と表現された。

対して新北野中の淀川（新）は「芦いのち清し　淀の広江　世紀のながれ　潮あたらしく　聰かに　こころ洗えば　六稜の星　冴えたり英知　新北野中学校　われらわれら学ばん」（二連）である。

明治一八年の淀川洪水による大阪市中壊滅に教訓を得て、新たに淀川を開削、真直に大阪湾への流路を確保する傍ら中之島など大阪市中を流れる旧淀川の水量を毛馬村に設けた閘門で調節するという大工事が終ったのは明治四二年で、安西が堺中学校に入学するかしないかのころであった。

だから、桜宮中学校の歌詞に「世紀の潮騒　流れすがしく」と旧淀川（大川）を歌い、新北野中学校の校歌に「世紀のながれ　潮あたらしくして」と新淀川を引いたのも自然のなりゆきであった、と思われる。

作曲は両中学校ともに野口源次郎であった。野口の手になる校歌、市歌は数多くあり、大阪市民には、かつてのTV番組「てなもんや三度笠」（藤田まこと　財津一郎出演）の音楽担当者として知られていた。

（2）小野十三郎《とうざぶろう》――梅香《ばいか》中ほか五校

在阪の詩人・小野十三郎の作詞は予想通り多く、住まいする阿倍野区の阿倍野中、阪南中（補作）を初め、隣接天王寺区、住吉区の夕陽丘中・高津中・三稜中・住吉一中（補作）はもちろん城東区（放出中）、此花区（梅香中）に及ぶ八校を数えた。

小野十三郎《おのとうざぶろう》といえば、詩集『大阪』（昭和一四年刊）で発表された代表作「葦の地方」の此花区の大工場地帯を連想する。「遠方に　波の音がする　末枯れはじめた大葦原の上に　高圧線の弧が大きくたるんでいる　地平は重油タンク　寒い透きとほる晩秋の陽の中を　ユーファウシャのようなとうすみ蜻蛉が風に流され　硫安や曹達や　電気や　鋼鉄の原で　ノヂギクの一むらがちぢれあがり　絶滅する」。

こう描いた工場群を、小野が戦災復興期に開設された梅香中学校の校歌にどのような姿勢で臨んだのか興味深い。

その梅香中の歌詞を小野は「みどりに映える山なみの　潮みちきたる大淀よ」と紡ぎ始める。続いて校区の住友電機・金属、日立造船、大阪ガス等の光景を「萌黄の空にたちのぼる　われらの街の生産の　煙とともに明けそむる」と校歌に位置づけた。最後の「白亜《はくあ》の園生《そのふ》　光る窓　ああ梅香中学校　わが母校」は独立校舎をようやく確保できた感激を著していると受け取ることができる。梅香中も、昭和二四年の伝法小学校での開校以来、元梅香国民学校戦災校舎（昭二〇・六・一空襲）、此花機械製作所寮など転々とし、現校地、恩貴島国民学校跡（昭二〇・六・一空襲により全壊・廃校）に鉄筋三階建校舎を建てることができたのは、昭和二九年一月であった。この校舎こそ「白亜の園生　光る窓」であった。

校歌一連で「煙とともに明けそむる」と朝を描いた小野は二連で「はるかに遠くゆく雲と　ひとみにゆれる木もれ陽よ」と昼を綴り、三連は「しずかにおりる夜のとばり　きらめき冴える星空よ」と工場街の夜の静寂を映し出す。そして、「巣立ちしのちもあいよればわれらの胸に灯がともる　平和の学園　とこしえに　ああ梅香中学校　わが母校」と終わるのである。校歌に「星」は小野の手法だが、卒業後までを扱った校歌は珍しく貴重というべきであろう。確かに同校では第一期生が卒業した昭和二七年に同窓会「暁鐘会」が結成され活動を続けている。昭和四四年に発行された創立記念誌には「同窓会の和を」(25)と訴える声も掲載されているので、長く続いたことが推察できる。しかし、日立造船を初めとした工場地帯がユニバーサル・スタジオ・ジャパン（ＵＳＪ）に変貌してしまったいま、校歌に歌われた同窓生の絆はどうなっているのだろうか。

作曲は大栗裕《おおぐりゆたか》が担当した。敗戦直後からＮＨＫ交響楽団（当時日本交響楽団）で活動していたが、昭和二五年、関西交響楽団（後の大阪フィルハーモニー交響楽団）に加わった。朝比奈隆に招かれたという。しかし、昭和四一年退団し、作曲活動に専念した。音楽教育者として京都女子大教授や大阪音楽大学の講師も務めた。こうした経歴から、大栗裕が梅香中学校の校歌を作曲したのは、関西交響楽団の団員時代であると考えられる。

小野のホーム・タウンともいうべき阿倍野区の阿倍野中学校の校歌は一連と二連で構成されているだけだが対置させた技法が際立つ。

一連の歌い出し「あかねの空の清らかに　世界をここにあけそめる」に対して、二連は「ふきたつ風のさわやかに　世界はここにひらけゆく」で始まり、それぞれを受けて「みどりにさえる山なみよ　あふれてやまぬ野のいずみ」（一連）、「うしおにけむる大海よ　はばたき高し木のこずえ」と構成されている。

三連目は一連の「われらははげむあいよりて　ああ　アベノ　阿倍野中学校」に対して「われらも巣立つあいよりて　ああ　アベノ　阿倍野中学校」（二連）と学習中と卒業後を対置させ、結びの「しずかにつよくあたたかく　わが学びやに光さす」（一連）、「しずかに強くあたたかく　わが学びやに光みつ」（二連）へと運んでいくのである。

作曲の川澄健一については日本橋中（(三)—(2)中川静村）の項で述べる。

小野が作詞した校歌にもう一校、やはり住まいに近い住吉区の三稜《さんりょう》中学校がある。

前記梅香中の校歌で「星空」に留意したが、三稜中では、「星は冴ゆ　遠き山なみ　仰ぎ見る　銀河のながれ　あいよりぬ　われらもここに　時うつり　人はかわれど　大いなる　誇りと理想　友らみな　こころにひめて」とさらに詳細に星空を描いた三連に注目したい。

「星は冴ゆ」は一連の「雲はゆく」、二連の「風は立つ」に対置された言葉であるが、「仰ぎ見る　銀河のながれ」で意味を持ち、「大いなる　誇りと理想」を「こころにひめて」巣立った卒業生が大成していくというストーリーの前置きになっているように考えられる。作曲は前記野口源次郎である。

（3）竹中　郁—昭和中

竹中の名前は教育界で児童雑誌『きりん』の編集者としてよく知られていた。神戸市出身で、兵庫県立神戸二中（芦屋高校）、関西学院大学文学部英文科を卒業しているので、関西に知己が多く、校歌の作詞も阪神間の公立私立中学校から大学にまで及ぶ詩人であるが、大阪市立中学校では、阿倍野区昭和中学校一校だけである。かつて近鉄バファローズが日本シリーズを争ったころには、近鉄バファローズの歌、大阪近鉄バファローズの球団歌の作詞者として、プロ野球ファン、とりわけ大阪のファンも竹中の名前は知っていた。

竹中郁が創った昭和中の校歌は「風はわれらを　呼びさまし　風はわられに　そよぎ添う　そよぐわれらに自律あり」で始まり、二連で「空はわれらに　抱《だ》きつつむ　空はわれらに　双手《もろ》のぶ　のびるわれらに　未来あり」と受け、終連の「枝もたわわに　桃《もも》の実は　池の水照《みて》りを　ひきまとう　みのるわれらに　生命《いのち》あり」でまとめ、各連最後に「ひかりかがやく　叡知あり　われらわれら若しわれら結ぶ」を繰り返す形をとっている。なお、三連の「結ぶ」に対して一連は「目ざむ」、二連は「学ぶ」で止めている。

叡知を軸に「風」、「空」、「枝」を配し校歌としたことがうかがえる。三連の「枝」は「桃」を導き出すために置かれたと思われるが、学校所在地の「桃ケ池町二丁目」及び「池の水照りを」とあるので隣接桃ケ池（当時股ケ池）から発想されたのであろう。

昭和中も作曲者は野口源次郎である。

（三）児童文学作家による作詞

（1）石森延男―生野中

生野中学校と鶴橋中学校の校歌を作詞したのは、児童童話作家の石森延男である。新制中学校との関係でいえば、文部省図書監修官として、最初の中学校国語教科書の編纂に当たり自らが書き下ろした教材「第一歩」（『中学国語一』(1)）が発足期の生徒たちに大きな影響を与えたことについては既に述べた（第三章第七節（二）（1））通りである。

その「第一歩」については、戦後最高の生活綴方教育実践と評価された『山びこ学校』の生徒たちが「映画をみに行く時も、見学にいく時も、十五キロの道を徒歩であったので（略）いっしょになって朗読した」(26)事実についても前章で触れたことを想起して貰いたい。

その石森が作詞した生野中学校の校歌は、「みはるかす　生駒の峰は　雲呼びて　朝《あした》に親《した》し　われもまた　大いなる望　いだきて　濁らざる　正しき道を　進まん　ともに　ああ　生野中学　わが学び舎は　つねに新し」（二連）と第一歩に通じる精神を宿していた。

作曲は下総皖一《しもふさかんいち》である。東京音楽学校では前記信時潔に師事、昭和三一年からは母校東京芸大の音楽部長を務めた。昭和一五年、文部省教科書編集委員に就任した関係から国民学校音楽教科書の作曲もある。例えば、一年用『ウタノホン上』に登場の「ウンテンシュハ　キミダ　シャショウハ　ボクダ」で始まる「デンシャゴッコ」や二年用『うたのほん下』に掲載された「どんとなった　花火だ　きれいだな」で知られる「花火」である。

なお、鶴橋中の作曲は林忠保であった。

（2）中川静村《せいそん》―日本橋中

童話・童謡作家で奈良県（橿原市）浄念寺の住職でもある中川静村によって作詞されたのが日本橋中学校の校歌である。同中学校の校歌は大阪市で唯一「清新ここに崇《たか》し」との題名を持っている。校歌三連に「風雪の　すさび吹くとも　越え行かん」とある。この風雪は敗戦後の窮乏、混迷ではなく、校歌制定時の昭和四〇年から四三年の「他校へ越境する生徒が多く、意気が沈みがち」(27)な時期を指す。同校は昭和二四年に開校し、元逢阪国民学校々舎から元浪速津国民学校跡へ移転、校名も浪速二中から浪速東中、さらに日本橋中と改称していた。そこで、「風説の　すさび」を「越え行かん」ために、校訓と校歌を制定することになった。

校訓は「思考　健康　実行」と定められた。この校訓と校名、校歌の一体化を図ったことが、日本橋中学校校歌の特徴となった。即ち

「大地の　恵みゆたかに　木の花の　吹きみつところ　くもりなき　光の窓に　いで満てよ　すがしき思考清新　こゝに崇《たか》し　日本橋　ああ希望あり　われらわれら」（一連）と思考を強調し、二連では「浪速津《なにわづ》の　潮《うしお》匂いて　南《みんなみ》に　陽《ひ》の照る極み　健康の　溢るゝ胸に　いざ呼ばん　明日《あした》の文化　溌剌《はつらつ》　こゝに挙《こぞ》る　日本橋あゝ誇あり　われらわれら」と健康を説いた。そして三連で「正しく強く実行の　翼は高し　いざ育つ　緑と虹に　誠実　こゝに誓う　日本橋　あゝ務《つとめ》あり　われらわれら」と厳しい環境に打ち勝って正しく強く誠実に生きようと努める実行の若い翼を賛えた。

校訓を校歌に納めるために作詞者は相当思い悩んだことは容易に想像できる。作制当時の津村勝次第四代校長はそれを依頼できるほど中川静村と親しかったということであろう。

作曲は作曲家で神戸女学院大教授の川澄健一である。川澄は野田中や阿倍野中にも関わっている。

（四）国語・国文学者による作詞

（1）今泉忠義―東生野中

東生野中学校の作詞者は国語・国文学者の今泉忠義である。愛知県出身で、昭和三年以来母校国学院大学の教授を務めた。大阪との関係でいえば、国文学者で歌人の折口信夫《おりぐちしのぶ》博士（釈迢空）の国学院大学における第一の弟子であった。東生野中の歌詞は次のように始まる。

一、生駒山さすや朝日のかげきよく
　雲間にあおぐ姿にも
高き文化のいにしえの香り豊かに
見よ見よここに
輝け文化この街に
　我らが街は明けわたる
　東生野の我が中学の名も高く

東生野中の所在地・東成区新今里の街から河内野を越えて東方に生駒山が臨める。その生駒山からさす朝日に奈良の都、あるいはもっと遠く飛鳥京《あすかきょう》の文化が香り豊かに伝えられて、わが新今里の街が明けていくと象徴的にとらえ、「輝け文化この街に　東生野の我が中学の名も高く」と一連をまとめていく手法はさすがである。それを受けて二連は「日はたけて光みなぎる大空に」と日が盛りになる昼間を設定し、「真理をたずね若人のいそしむ声よ」で学習する生徒の姿を表現した。こうして生徒たちは「見よ見よひび（日々）に　知識は広くなりゆかむ」と変容していく姿をとらえた。その結果「輝け文化この街に　東生野の我が中学の名も高く」なるというのである。

終連の三連には下校から夕餉時を設定し、

三、浪華の海輝く波に照りはゆる
　学びやあとに家路に来て
　向うひのもと親と師の教えつぶさに
　見よ見よ我等
　　今日のひと日をかえりみぬ
　輝け文化この街に
　　東生野の我が中学の名も高く

と結んだ。「向うひのもと」は「向かい合う灯の下《ひもと》」での夕食時の団欒を現わしているのであろう。そのとき「今日のひと日をかえりみ」ると親と教師の教えによって今日一日分の成長の姿が見えてくるというのである。人間はだれでもそうだが、とりわけ、生徒、学生は今日の自分は昨日の自分ではないほど日一日と変容していく。そうした東生野中学生によって、新今里の街の文化が輝きを増すことを願って今泉忠義は遠い東京の地で作詞したのであろう。

今泉には『源氏物語　現代語訳』全一〇巻（桜楓社）、『標準国文法』（旺文社）など多数の著書があるが、それよりも、演習《ゼミ》に合格点を取るのが極めて難しく、クラス全員が不可、五年も六年も通学しなければならない学生が多くいたという国学院大学に残る伝説を記しておこう(28)。

作曲は東京音楽学校（東京芸大音楽学部）出身のクラシック音楽作曲家、編曲家の鏑木創《かぶらぎはじめ》である。この鏑木にも伝説が残る。東生野中学校の校歌を作曲（昭二九・四・一校歌制定）してから数年後、ある映画の挿入歌の作曲を依頼される。しかし、歌謡曲の注文だったので彼にはわからない。そこでディレクターが、当時大ヒット中だった「東京ナイト・クラブ」を例に挙げる。それでも「それ知らない、どんなメロディー？」と問い返す。ディレクターは止むを得ず、作曲家の前で歌って聴かせねばならなかった。それをヒントに鏑木が初めて作曲した歌謡曲が「銀座の恋の物語」であった(29)。

（2）喜志邦三《きしくにぞう》──淀中

淀中学校（西淀川区）と三国中学校（淀川区）の校歌を作詞したのは神戸女学院大学教授で国文学者の喜志《きし》邦三である。喜志作詞による「春の唄」が大阪放送局（ＪＯＢＫ）から電波に乗ったのは、昭和一二年である。「ラララ紅い花束　車に積んで、春が来た来た　丘から町へ」で始まる歌は今でも時々、耳にする。戦後の作詞で知られているのは「さよならも　言えず　泣いている　私の踊子《おどりこ》よ……ああ船が出る」と流行歌手・三浦洸一が歌った「踊子」である。もともと、朝日ラジオ放送のホームソングとして使われたが、川端康成の「伊豆の踊子」が映画化（主演鰐淵晴子・津川雅彦）され、主題曲となって大ヒットしたという(30)。

その喜志邦三作詞の淀中学校の校歌は「友よ　流るる淀川の　水も我等に似たらずや　心に深き友愛を　湛えて学ぶ　年三年　明るく強く　大きくと　励む　いそしむ淀中学校」と、歌い出す。

西淀川区の中学校であることを意識してか淀川を取り上げ、「水も我等に似たらずや」へつなぎ、「深き友愛」、

「湛《たた》えて学ぶ」と水を軸にして教訓を示した。

二連は眼を校区に向けて、「窓をひらけばわが町に　昇る煙の数いくつ」と工場の煙突を描写しそれに関連させて「かぞうる友ら　空高く　希望の旗を　ひるがえせ」と希望を大きく持っての生活を求めた。終連の三連では「奉仕の心美しき　学びの舎に栄あれ」と奉仕の心の涵養とその大切さを提示していた。以上から喜志が淀中学校の校歌に込めたキーワードは「友愛」、「希望」、「奉仕」であったことは明らかであろう。これを目指して、「明るく強く　大きくと　励む　いそしむ淀中学校」であってほしいと願ったのである。

作曲は神戸市で生まれ、ボストン大学音楽部、ニューイングランド音楽院で作曲、ピアノを学んだ大沢寿人《ひさと》である。一九三三年（昭八）には、日本人として初めてボストン交響楽団を指揮するなどの活躍をした。戦後は神戸女学院大で教鞭を執ったり、朝日ラジオ放送の専属指揮者に就いたりしているので、喜志邦三とここで懇意になり、淀中学校校歌の作曲を依頼された可能性は十分考えられる。

大沢は舞台音楽・映画音楽の編集も手がけた。映画「夜明け前」（原作島崎藤村、監督吉村公三郎）の映画音楽の編集を終えた昭和二八年一〇月、四七歳の若さで急逝した。

先に述べたように喜志邦三は三国中の校歌も作詞している。たゞし、同中学校の場合、既に校歌が定められていて、改めて喜志に依頼し、つくり直されたようである。旧校歌の作詞者は不明だが、一連に「文化日本の我等」、二連に「平和日本の我等」などの言葉が配され、昭和二二年開校当時の息吹を感じとれるので、同校の教職員、保護者による作ではないかと推定できる。

貴志作詞による新校歌は、「はるかに連なる北摂の山」、「神崎の川」で地域を現わし、「理想」「希望」（一連）、「文化」「正義」（二連）、「真理」「未来」（三連）を含めて生徒の生きるべき方向を示したのである。

（3）谷山茂―東陽中ほか五校

谷山茂は地元大阪市立大学文学部の国文学の教授であるので作詞を依頼した中学校は船場、難波、東陽、我孫子、鶴見橋の五校と補作の中島中の六校に及ぶ。

東陽中学校の校歌は、「雲白き　生駒の峰に仰ぎ見るは　平和の光」で始まる。大阪市東部の東成区、その東端に位置する中学校であるので、同校校区から見えるのは東方の雲白き生駒山である。その生駒山から射す朝日を谷山教授は「平和の光」と表わしたが、この平和は単なる平和ではなく、校訓「平和、勤労、責任」の中の平和を意図してのことであった。

勤労については、「名に高き　深江の街にわきあがるは　産業の歌」（二連）とかつて盛んだった地場産業で代弁させた。深江といえば菅笠の産地として有名で、伊勢音頭にも「大坂はなれて早や玉造、笠を買うなら深江が名所」と歌われたほどである。本居宣長《もとおりのりなが》は「笠縫島は今摂津国東生郡の深江村といえる所（『玉勝間』）と古代、笠を縫うことを職業とした笠縫氏の一族が大和（国）から良質の菅の生い茂る深江の地に移住した歴史を述べている。その菅笠は殖産興業の明治期には外国へ輸出されていた。国文学者はこうした歴史を「産業の歌」と表現し、これから起こるであろう新しい産業を支えられる人材に育つために、「たくましき　体をきたえ　われらのあかるく　はげむ　東陽中学」と「勤勉」を表現したのである。

終連は校訓の責任を責務に代えて「新しき道の行手に　新しき責務を思い　われらの　しづかに　まなぶ　東陽中学」と作詞されている。

作曲は東陽中の音楽科教員の石本海南男教諭が当たった。石本教諭は、大阪音楽学校（大阪音楽大）昭和六年卒業のベテラン教師であった。

作詞者谷山教授の大阪市立大学キャンパスに最も近い中学校は我孫子《あびこ》中（住吉区）であった。その近隣の中学校の校歌は、「真実」、「平和」、「理想」を盛って作詞された。例えば、一連に「学びの窓に　さえわたる　真理の声の　たしかさに　自らの道　たづぬれば」と真理を置き、二連では、「浪速《なにわ》の地《つち》に咲き出づる　平和の花の明かるさに　友とたづさへ　いそしめば」と平和を強調した。そして終連で理想を掲げた。

近隣の中学校であるが、さきの東陽中学ほどの歴史性は認められない。むしろ遠い鶴見橋中学校（西成区）の校歌には、「津守に氷雨そそぐ日も」（一連）、「木津に夏雲燃える日も」（二連）と地域と歴史が読み込まれていた。

東陽中以外の谷山茂作詞による船場《せんば》・難波《なんば》・我孫子・鶴見橋中学校の校歌及び補作の中島中学校の校歌の作曲は、すべて大阪市教育委員会の音楽担当の指導主事・山中二郎が当たった。谷山も山中も大阪市の職員であるので依頼し易かったのであろうか。

（4）平林治徳―下福島中ほか八校

府立大阪女子大学（大阪府立大）教授・学長を務めた国文学者の平林治徳が作詞した校歌は、歌人の前記今中楓渓と共に最多の九校に上る。そのなかの一つ、下福島中学校の校歌は、「六甲に朝日照り映え　日の本の平和の夜明け」で始まる。ここでの平和は戦争が終って、平和が来て、教育改革で下福島中が生れたという率直な喜びを表わした意味での平和である。続く「大大阪の　ただ中に立つわが学びや　下福島に栄あれ」も平和を受けての枕詞、挨拶のように感じられる。

二連に入って、「堂島の川瀬豊かに　いで入りの船も車も　活気溢るる　産業の町」と校下の情況を産業を中心に描写し、「ここに学ぶ　下福中に栄あれ」と結んでいる。そのうえで、三連、四連に教育に関わる内容を「吹き荒ぶ嵐をよそに　人の和の愛暖かく　感謝の心　勤労の誓」（三連）、「伝統の真実一路　敬愛の鐘打ち鳴らし

表 4-2　大阪市立中学校校歌作詞者（文化人）別一覧

作詞者	作詞者の専門、職業等	中学校名
安西冬衛	詩人、府立堺中（三国丘高）卒	扇町中、桜宮中、新北野中
石森延男	児童文学作家、昭和女子大教授	生野中、鶴橋中
今泉忠義	国文学者、国学院大教授	東生野中
今中楓渓	歌人、府立寝屋川高教諭、府立八尾中（八尾高）卒	歌島中、瑞光中、相生中、田島中、大宮中、旭東中、蒲生中、茨田中、加賀屋中
小野十三郎	詩人、府立天王寺中（天王寺高）卒	梅香中、夕陽丘中、高津中、放出中、阿倍野中、三稜中、（補作、住吉一中、阪南中）
喜志邦三	国文学者、神戸女学院大教授、「踊子」作詞	淀中、三国中
竹中　郁	詩人	昭和中
谷山　茂	国文学者、大阪市立大教授	船場中、難波中、東陽中、我孫子中、鶴見橋中、（補作、中島中）
土岐善麿	歌人、国文学者	城東中
中川静村	児童文学・童謡作家	日本橋中
中西　昇	国文学者、大阪市立大教授	大池中
平林治徳	国文学者、府立大阪女子大学長	高倉中、八阪中、下福島中、野田中、十三中、三津島中、本庄中、松虫中、成南中
安田章生	国文学者、歌人、大阪樟蔭女子大教授	菫中
吉井　勇	歌人、作家	旭陽中

　　正しく強く　文化の光」（四連）と配した。

　三連の「人の和の愛暖かく」は、同中学校の教育目標の一つ「友愛の精神に富んだ人になろう」に照応し、同じく「感謝の心　勤労の誓」は「感謝の心をつちかおう」及び「勤労を尊ぶ習慣を身につけよう」を参考にしたものであろう。さらに四連の「正しく強く　文化の光」は「正しい礼儀を身につけよう」から来た文言だと思われる。

　美津島中学校（淀川区）の校歌も平林が作詞した。下福島と同様、「六甲峯　黒雲晴れて」と六甲から始め、下福島の「平和の夜明け」と違って「文化の光　燦と輝き」で受ける形をとった。そして、その後の「希望溢るる　若人吾等　美津島　美津島　吾等の母校」で一連が終る。平和は、民主日本とともに二連に「平和

表 4-3　大阪市立中学校校歌作曲者（専門作曲家）別一覧

作曲者	作曲者の専門、職業等	中学校名
朝比奈隆	指揮者、大阪フィルハーモニー創設者	城東中
大栗　裕	作曲家、指揮者、京都女子大教授	梅香中
大沢寿人	作曲家、指揮者	淀中
加藤直四郎	指揮者、関西合唱団顧問	高倉中、八阪中、下福島中、美津島中、今市中
川澄健一	作曲家	野田中、日本橋中、放出中、阿倍野中、（補作）阪南中
鏑木　創	作曲家、編曲家、木下忠治に師事「銀座の恋の物語」作曲	東生野中
下総皖一	作曲家、東京芸術大教授、信時潔に師事	生野中、夕陽丘中
高木和夫	作曲家、ピアニスト	歌島中、瑞光中、相生中、田島中、蒲生中、加賀屋中
橘　静夫	作曲家、山田耕筰に師事	城陽中、玉津中、平野中
永井幸次	大阪音楽大教授、学長	文の里中、巽中、郊外羽曳野中
野口源次郎	作曲家	扇町中、桜宮中、十三中、新北野中、本庄中、勝山中、昭和中、三稜中、成南中
信時　潔	作曲家、東京芸術大学教授	旭陽中、大宮中
林　忠保	作曲家、中国籍	鶴橋中

の鐘に　心澄まして　民主日本の　若人吾等」と位置づけられている。

何度か述べたように文化、平和、民主、自由は戦後日本のキーワードで、これによって日本人は心を落着かせてきたのである。現実は飢餓と混迷の最中にあった。そのうえで、美津島中独自の教育目標は、三連に「協同自主の　おきて正しく　倦まず　撓まず　若人　吾等」と強調した。

協同とは同校にあっては「他人の意見をすなおに聞き、真意を間違いなくつかみ協力する人」という意味であった。自主は「学力を養い自分の意見を正しく、わかりやすく発表し進んで実践する人」[31]を意味した。こうした中学生像を平林は「協同自主」として取り入れた。

下福島中、美津島中ともに作曲は加藤直四郎である。加藤は東京音楽学校（東京芸術大学音楽学部）卒業後、府立夕陽丘高等女学校で音楽を担当したが、兵役で旧満州（中国東北部）へ送られる。敗戦で捕虜となりシベリアでの厳しい労働と生活に耐え抜き帰国、戦後は府立夕陽丘高校、大阪学芸大（教育大）で教鞭を執った。加藤は平林が作詞した高倉中や八阪中の校歌も作曲している、前掲大阪市関係の谷山（市立大）―山中（大阪市教育委員会）コンビに対して大阪府関係の平林（府立女子大）―加藤（府立夕陽丘高）のラインが想像できるというものである。中学校側にとっても、依頼し易かったのであろう。なお加藤は関西合唱団の指揮者であり、最高顧問でもあった。

第五節　大阪市内小学校・高校校歌及び他府県中学校校歌

新制中学校校歌の作成が日程に上がったとき、関係者の頭を横切ったのは、小学校と高等学校（旧制中学校）の校歌である。小学校は同じ義務制という観点から、高等学校は同じ中等教育機関という視点からである。そこで大阪市内小学校・高等学校校歌一、二を選んで、その変遷を中心に見ておくことにしたい。

（一）大阪市内小学校校歌

学制発布の年、明治五年、都心部は南船場地区に創設された渥美《あつみ》小学校の校歌は、大正一三年六月に制定された。作詞は文豪の幸田露伴、作曲は山田耕筰である。第一連と四連を次に記そう。

一、難波の浦の　みをつくし
千船百船　慕ひよる
吾が大阪の　吾れらいざ
道もて人に　接《まじ》はらん
四、勤めておのれ　怠らず
道もて人に　接はらん
吾が大阪の　吾れらいざ
なにはのほまれ世にあげむ

露伴は都市の光景を多数の船舶が行き来する大阪港に代表させ、商工業が発展する大大阪市の情況をまず押さえ、そのうえで教育論を展開していく。彼が最も言いたかったのは一連にも四連にも登場させた「道もて人に接らん」であった。その真意は、歌詞とともに学校長に送られてきた「いづれの道を生きても小国民各々にその志に従ひて立派とならんことを祝します」との手紙から明らかになる。即ち教育の核心は道徳性の涵養にあり、そのように生きていく人間の育成を校歌を通して応援しようとしたと解されよう。

この校歌を戦後どのように扱ったかを知りたいところだが、大阪大空襲で校下も校舎も焼失させ、残念ながら戦後、廃校となった[32]。

そこでもう一校、大正一四年に大阪市へ編入した榎並《えなみ》小学校の校歌の変遷を見ておこう。大阪市編入一年前、渥美校と同じ大正一三年に制定された榎並校の校歌を部分的に抜き出すと「正しき勇気身にしみて」を一連に、「素直の徳をたたえつつ」を二連に、「たゆまずつとめてかぎりなく」を終連に配し、大正一〇年に定められた校則「勇敢」、「温順」、「勤勉」を取り入れている。

しかし、戦争（日中戦争）が長引くと、国情に合わない、と昭和一四年、次の校歌に改められる(33)。そこには「すめらぎの　みこと畏み」、「御代の御民と　教草」、「大き御民と　教草」などの語句が並ぶ。

歌詞は今中楓渓によるが、新制中学校の校歌九校分を作詞した歌人であることは既に触れた通りである。この校歌は、戦後、当然歌えなくなってしまった。

榎並小学校は、昭和三八年になって、またもや校歌を制定し直すことになる。「花がゆれてる　朝の教室　明るい笑顔が　よってくる　かけよきたえよ　元気一ぱい　きょうもはげもう　肩くんで　みんな榎並の　よい子ども」、文語体を口語体に変え、「明るい笑顔」、「元気一ぱい」、「きょうもはげもう　肩くんで」などを入れた内容は戦後小学校校歌の典型といえよう。小学校の校歌は時代に翻弄され続けたのである。

（二）大阪市域の府立高校校歌

大阪市域に立地する府立高校のなかから南部の大阪府立天王寺高校（阿倍野区）、北部の同北野高校（淀川区）を選んで、それぞれの校歌の変遷を検討する。

府立天王寺中学校時代、校歌が制定されたのは大正八年である。作詞は生徒三人による合作で、八連にもなる長い詞であった(34)ので、一、四、五連を掲出する。

一、黄塵はるか隔てたる　ここ城南の別天地
　紅萌ゆる桃陰の　学びの園の露分けて

巣立ちし若き荒鷲の　胸は希望に満つる哉

四、それ敬神の赤心《まごころ》を　これ愛国の旗風に
白雲なびく生駒山　世の歓楽を外に見て
久遠《くおん》の岸に目指す時　吾等の意気の高き哉

五、あゝ天中の健男児　赤き血汐の燃ゆる時
図南の翼拡げては　天地広しと誰か云ふ
いざ踏み出でんあゝ宇宙　いでや示さん我が校風

以上の大正校歌一連、四連、五連を生かして一～三連とし、語句も少々改めたのが、昭和一二年に作成された昭和校歌である。

内容上際立つのは大正校歌の「それ敬神の赤心《まごころ》」が、昭和校歌で「見よ純忠の赤心」へと改正したことである。即ち、八百万《やおよろず》の神への敬いの念が天皇への忠勇一筋に変わったのである。しかも、「純忠」は二年後（昭和一四年）、さらに「尽忠」へと変化する。当時の世相から「純忠」ではもの足りなかったのであろう。

しかし、敗戦、その後の民主化の過程で、昭和校歌が歌われることはなかった。昭和二六年に入って、ようやく新校歌作成の気運となり、卒業生の詩人・小野十三郎に作詞を依頼、戦後校歌の誕生となった。

戦後校歌は一連に、「おもえば遠し　桃陰の　花咲きかおる　その日より　明るくひらく　文化の園生《そのう》　それにかわらぬ　心のふるさと」、二連に「あふれてやまぬ　城南の　いずみの水は　あめつちに　ひろがりしみる

真実《まこと》と叡知《えいち》　不朽をほこる　われらが校風」と大正昭和校歌に歌われた「桃陰」、「城南」が配されている。「桃陰」は花咲く桃の木の下、「城南」は大阪城の南を意味するが、城に続く上町台地の東斜面には桃畑が広り桃山と呼ばれていたのである。しかし、日露戦争が始まると全国から集められた軍馬の厩舎用にと桃の木は切り倒され、戦争が終わると今度は住宅地へと変っていった。

こうして、学校の地（現在大阪国際交流センター、天王寺区上本町八丁目）は、「黄塵はるか隔てたる　ここ城南の別天地」でなくなり、現在地（阿倍野区三明町）へと移転する戦後校歌には、この歴史が秘められているように思われる。

それでは北野高校校歌はどのように変遷したのであろうか。大阪府立北野中学校の校歌は大正天皇即位式を記念して作成の話が出てきたという(35)。作詞は土井第二高等学校（現在東北大）教授、作曲は岡野東京音楽学校（現在東京芸術大音楽学部）教授に依嘱した。土井教授とはもちろん、「荒城の月」（『中等唱歌』明三四初出）の作詞者・土井晩翠のことであり、岡野教授は「故郷《ふるさと》」、「朧月夜《おぼろつきよ》」（『尋常小学校唱歌（六）』大三初出）の作曲家・岡野貞一である(36)。両教授によって作成された北野中学校の校歌は「六稜の　星のしるしを　青春の　額にかざし　紅顔の　子弟幾百」と始まり、二連で「そのむかし　難波御堂に　堂島に　次ぎて北野に　育英の　門を開きて」と学校の歴史を振り返っている。このとき、校舎は「次ぎて北野に」あった。北野は北区の北西部を指す汎称地名で、現在の芝田二丁目の済生会中津病院の地にいたのだ。校歌は五連で「大東の　邦の運命　青春の　肩にかゝれり　あゝ母校　北野中学　その健児　励まざらめや」と結ばれる。

この校歌が北野中学校の大正天皇即位の祝賀式で初めて合唱されたのは、大正四年一一月一〇日であった。しかし、それから二〇年、北野中学校も校歌の変更を迫られる時代に入いる。それほど思想・文化・教育の統制が厳しくなったのである。その間、昭和六年に学校は現校地・淀川区新北野へと移転している。

昭和一〇年の佐々木信綱作詞による新校歌第一連の核心は「皇国の為に日毎に学ぶ　永き歴史の歩みを見ずや」であろう。

「皇国の為に日毎に学ぶ」の一行が、国体観念、日本精神のアリバイとなったのであろうか。一〇年後の敗戦で、この校歌は歌えなくなる。北野中学は旧校歌を復活させ、高校になっても、そのまま使用されるのである。

このように見てくると小学校も旧制中学校・高等学校も数年から二十数年で校歌を変えていることが明らかになる。原因は戦争、あるいは政治が教育を支配した結果であった。幸い、新制中学校の殆んどは制定から、半世紀以上、不動の状態が続いたことになる。学校を取り巻く社会情況や政治・教育状況の安定していたことが原因であるが、何よりも、中学校の校歌が、平和、文化、希望、真理、愛など人類普遍の価値に支えられていることが大きいと考えられる。

第六節　他府県新制中学校校歌との比較

大阪市立中学校の校歌をより客観視するには、本来なら全国レベルでの比較が必要であろう。しかし、本書の趣旨からそこまで厳密さは求められないので、ここでは山梨大学研究チームが収集した全国規模の中学校校歌(37)から、昭和二〇年代分を借用、比較したい。

まず、気づくのは、大阪市の校歌が多用する「吹雪《ふぶき》」、「嵐」、「茨」などの名詞と他府県が使う場合との違いである。例えば、大阪市立大正東中学校の三連と兵庫県高砂市立高砂中学校四連を比べてみよう。

大正東中学校の歌詞は次の通りである。

ああ君知るや若人の
われら果さんこの使命
吹雪と嵐の中に立ち
正義を守りいざ行かん
大正東中学校

対して高砂中は

寒風すさぶ播磨灘
オリオン天に氷れども
血潮わきたつ　くろがねの
体きたえん　意気高し
行け　今ぞ
ああ　我等
我等　高砂中学校

と綴られる。大正東中の「吹雪と嵐の中に立ち」は新制中学校発足時の厳しい現実社会の比喩であり、高砂中の「寒風すさぶ播磨灘」は具体的な冬の播磨灘の情況である。

天下茶屋中二連の「こがらし吹けど学舎につどひて学ぶ文の道」も、松虫中学校の「浪荒き祖国のゆく手」（三連）もすべて比喩である。このような歌詞を点綴しなければならいほど大阪市―都市部の貧窮と混迷の状態は長く尾を引いていたのである。

平和、文化、希望など大阪市の中学校が多用した名詞は他府県ではどのような状況だったのであろうか。表4―1を参照しながら校歌の実際を見ておこう。

西条八十が作詞し、昭和二五年に制定された福島県村立西郷第一中学校の校歌には、第一連に「理想」、「真理」、「自由」、「平和」が「高き理想を仰ぐとき　真理と自由と平和の行手」と位置づけられている。

平和は大阪市の三二パーセント強の学校で、真理は一七パーセント強の学校で、理想は約一三パーセント弱の学校で、自由は一〇パーセント強の学校で校歌に使用された名詞であった。文化と希望は落ちてはいるが、大都会、田舎を問わず、新制中学校の教育に同じ期待を抱いていたことを示していたと言えよう。

その文化と希望は他の中学校でも簡単に見出すことができる。

文化は岡山県山陽町立埴生中学校の校歌一連に次のように位置づいている。

　永久《とこしえ》の明媚のさとと
　庵せし式部のゆかり
　豊かなる文化育む
　わが埴生ぞ青松白砂
　高らかにたたえる
　わが埴生中学校

和泉式部が晩年、この地に庵を結んだという伝説に寄せての文化であった。同中学校の校歌には二連に「平和なる瀬戸の港に　胸張りて語り楽しむ」と「平和」を位置づけ、三連に「理想」を配している。

希望については宮城県岩沼市立玉浦中学校の校歌終連で次のように歌われる。

　日本国の再建の

責任肩に負える子等
希望豊かにいっせいに
つとむ玉浦中学校

ここから見えてくるのは、平和、文化、希望、真理、理想などは都会、農山漁村を問わず、戦後を生きる中学生に期待した価値だったということであろう。

大阪市立新制中学校・旧制中・他府県中学校校歌に共通する傾向は歌詞が伝統的七・五語、あるいは五・七調乃至それに準ずる語調で文語体であることである。したがって、これを崩し、口語体、話し言葉による歌詞が現われるのは、近々のことであるといえる。

第四章註

（1）青木一ほか『現代教育学事典』労働旬報社、一九八八年、二七〇頁。

（2）主として大阪市立中央図書館、大阪市教育センター図書資料室所蔵各中学校『創立記念誌』及び『大阪府公立中学校創設十周年記念誌』（大阪府公立中学校長会編発行）の関係記事による。以下断わらない限り同資料からの引用。

（3）倉山玲子「愛の中に」、水谷末子「大阪人」、大阪市立中学校教育研究会国語部委員会編『中学生の文集』第一輯、三精堂、昭和二四年、二一頁、二二頁。

（4）橋田（当時大谷）カオル「創立当時の中学校」、橋本九一男ほか編『創立十五周年記念誌』、大阪市立加美中学校、昭和三七年、四一頁。二二頁も参照。

(5) 太田明江「作詞者のことば」、塩見逸雄「作曲者として」、大阪市立北稜中学校編発行『北稜十年史』、昭和三二年、七頁。
(6) 大阪市立摂陽中学校一〇年記念誌編集委員会『摂陽　創立十周年記念誌』摂陽中学校、昭和三二年、一六頁。
(7) 深田耕次「作詞者のことば」、大阪市立中島中学校PTA編『中島中学校小史　創立十周年記念特集』中島中学校創立十周年記念行事準備委員会　昭和三七年　一六頁。
(8) 河野佳子「校歌に寄せて」、梅田哲功「校歌作曲の思い出」、大阪市立大正西中学校創立三〇周年記念誌編集委員会『創立三〇周年記念誌　大正西中学校』、大正西中学校、昭和六一年、三頁、二八頁、二九頁。
(9) 大阪市立西中学校二〇周年記念誌編集委員会『創立二〇周年記念誌　西中学校』、西中学校、昭和四二年、六頁。
(10) 大阪市立今宮中学校創立五〇周年記念誌委員会編発行『大阪市立今宮中学校創立五〇周年記念誌』、平成一〇年、四〇頁。
(11) 大阪市立天下茶屋中学校創立五〇周年記念誌編集委員会『天下茶屋中　創立五〇周年記念誌』、天下茶屋中五〇周年記念事業委員会、平成九年、二頁、七頁、二二頁。
(12) 大阪市立中野中学校編発行『中野中学校創立五〇周年記念誌　四つ葉』、平成一〇年、二頁。
(13) 大阪市立淡路中学校創立五〇周年・淡中をよくする会結成三〇周年記念事業実行委員会編発行『淡路』、一九九八年、五三頁〜五四頁、五九頁。
(14) 大阪市立春日出中学校PTA広報委員会編『輝いて五〇年　大阪市立春日出中学校創立五〇周年記念号』、春日出中学校PTA、平成九年一一月。
(15) 大阪市立大正東中学校編発行『創立三〇周年　大正東中学校』、一九七七年、二一頁。大阪市学務課「公立青年学校　大阪市商工（農工）学校　実科女学校教職員配置一覧表」（昭二一・四・一）『大阪市教育関係書類綴』
(16) 大阪府立寝屋川高等学校記念誌編纂委員会『寝屋川高校百年史』、寝屋川高校創立記念事業委員会、平成二三年、二〇〇頁。
(17) 同前、一九八頁。

(18) 服部良一監修『精選盤　昭和の流行歌　歌詞集』日本音楽教育センター、三三頁。
(19) 大阪市教育長発　小中高校長宛　昭二五・五・一二付「国語公開講演会開催について」、大阪市教育研究所編発行『教科書関係資料(1)』、昭和五二年、五七六頁～五七七頁。
(20) 註（2）『大阪府公立中学校創設十周年記念誌』、二一頁。
(21) 大阪市立旭陽中学校創立五〇周年記念委員会編発行『旭陽　創立五〇周年記念誌』一九九七年、一四頁。
(22) 柳沢恭雄『検閲放送　戦時ジャーナリズム私史』、けやき出版、一九九五年、五九頁、九七頁。
(23) 山中恒『ボクラ少国民と戦争応援歌』クリエイティブ21、一九九七年、二一〇頁。
(24) 『和歌山新聞』、昭和一九年八月二九日。
(25) 大阪市立梅香中学校創立二〇周年記念誌編集委員会『創立二十周年記念誌　梅香中学校』、梅香中学校、二八頁。
(26) 佐藤藤三郎「江口江一君の死と山びこ学校」『展望』一九六七年一一月号、筑摩書房、七三頁～七四頁。
(27) 津村勝次「校名・校訓・校歌」、大阪市立日本橋中学校創立三〇周年記念誌編集委員会『創立三〇周年記念誌　日本橋』、日本橋中学校、昭和五四年、五頁。
(28) 関根賢司「今泉忠義の現代語訳」『国文学の解釈と鑑賞』、二〇〇七年一月号、至文堂、一〇〇頁～一〇二頁。
(29) 註（18）『精選盤　昭和の流行歌　歌詞集』、九四頁。
(30) 同前、八〇頁。
(31) 註（2）『大阪府公立中学校創設十周年記念誌』、四六頁。
(32) 赤塚康雄『消えたわが母校　なにわの学校物語』、柘植書房、一九九五年、一六四頁～一六八頁。露伴の手紙等は大阪市立南小学校所蔵。
(33) 大森久治『榎並と野江の歴史―近郊農村から都市への発展―』、泰流社、昭和五一年、八六頁、一〇三頁、一三四頁。
(34) 大阪府立天王寺高等学校創立一〇〇周年記念事業委員会・記念誌委員会編発行『桃陰百年』、平成八年、三七八頁～三八〇頁、九三二頁～九三五頁。以下、天王寺中・高校校歌に関してはすべて本書による。

(35) 大阪府立北野高等学校校史編纂委員会『北野百年史―欧学校から北野高校まで―』、北野百年史刊行会、昭和四八年、七七六頁～七七七頁、一一五一頁～一一五三頁、以下、北野中・高校校歌に関してはすべて本書による。

(36) 野ばら社編集部『唱歌　明治・大正・昭和』、野ばら社、二〇〇二年、七七頁、一八三頁、一八五頁。

(37) 浅見雅子、北村真一編著『校歌　心の原理風景』、学文社、一九九六年。

第五章　新学制実施協議会とその活動実態

第一節　町会連合会の退場と新学制実施協議会の登場

（一）町会の解散

新制中学校の設立準備に大きな役割を果たした町会連合会（以下町会）は、ポツダム宣言第六条に基いて進められた占領政策が中央から地方に及び、昭和二二年、第二次公職追放（地方パージ）の渦中で解散の日が来た。即ち一月一七日の「町内会、部落会等の廃止」命令から五月三日の「町内会部落会又はその連合会等に関する解散、就職禁止その他の行為の制限に関する件」（政令第一五号）公布施行に至る過程で、遅くとも五月三一日までの解散を命じられたのである(1)。

時の吉田首相は執拗に反対したが、国家組織民主化のために町会は退場せざるを得なかった(2)。総力戦体制の末端機構だっただけに戦争責任は止むを得なかったのである。しかし、市区行政の広報、伝達、物質の配給などで市民の生活に密着した活動機能は戦後も必要であった。戦後、国民学校の増設、新制中学校設置に見せた町会の働きは既に述べた通りである。

当然、その代替機関が必要となった。そこで、立ち上げられたのが日本赤十字社の各区奉仕団であった。昭和二二年秋から二三年にかけて各区に日赤奉仕団が順次設立され(3)、町会の役割を兼ねた。とはいえ、このあり方は変則的であり、講和条約締結後、町会が再生することになる。

町会の廃止は新制中学校にどのような影響をもたらしたであろうか。町会の協力で、無事スタートした新制中学校は、翌二三年の増設と通学域の再編成に早速、取り組まねばならない課題を負っていた。解散した町会に代って活動を始めるのが新学制実施協議会であった。

（二）大阪市・各区新学制実施協議会の設置

新学制実施協議会は、もともと、文部省の昭和二二年二月一七日付通牒「新学校制度実施準備に関する件」（発学第六三号）を受けて、大阪市においては「大阪市学制改革協議会」、各区「新学制協議会」として設置され、初等教育から中等教育の改革を目的としたが、組織的活動は認められず、新制中学校の設置準備も、実務は町会、国民学校長らに頼らざるを得ない協議会となった（第一章第二節、第二章第一節）。

しかし、町会の解散により、昭和二二年度からの、新学制実施協議会の本格的な始動となる。大阪市は前年度の協議会を昭和二二年五月に解散(4)、「新学制実施協議会要項」(5)を策定し、同協議会発足準備へと向かう。新学制実施協議会は、市及び各区に設置され、「新しい学校教育制度の実施に伴い本市に於ける教育上の諸問題について市長又は、区長の諮問に応え（略）研究審議した事項につき、市長又は区長若くは、教育行政当局に建議」することを目的としたが、ここでも市協議会の活動は見えず、実態は、区協議会における新制中学校の新設とそれに伴う通学域の設定及び開校した中学校の条件整備の要求に終始したように考えられる。まして、大阪市新学制実施協議会の上部に設けられた大阪市教育委員会の活動実態は全く見えてこない。

(三) 区新学制実施協議会の発足

区協議会はいつ発足したのであろうか。協議会の委員選定の時期から成立時を確定することができるので、二・三の区の事情を探っておこう。

時期が明確にわかるのは、二二区の中の天王寺・港・都島区の三区である。最も早い天王寺区は、昭和二二年七月二六日であったことが、委員の選定日から明らかになる。教員代表委員の一人として、天王寺一中の関口平太郎校長、一般代表委員として、天王寺二中の吉沢一郎後援会長の名を見出す(6)。委員構成は「新学制実施協議会要項」(7)によると三〇人である。

続く港区は、一一月一〇日、最終の都島区は一一月二〇日(8)となった。都島区新学制実施協議会の委員は、区内八校園(桜宮・高倉・中野・淀川各小学校、都島一中、都島・都島第二各工業学校、桜宮幼稚園)から選出されるので、三〇人のはずであるが、実際は三二人で構成された(9)。要項で二人とされている幼稚園からも四人選出した可能性が高い。

協議会成立の日付までは判明しないが、月までわかるのは、北区、福島区が八月、西区、生野区が九月、大正区は一〇月というところである。生野区の活動については、本章第三節、都島区は第四節に詳述したい。

次に委員の氏名、職業(一般委員)、経歴、年齢等から人物像を探ると、職業は会社員、製造会社・工務店経営者、貸席業など多岐にわたることが明らかになる。町会関係者も認められるが、太平洋戦争以前の在職で、追放を免れた人々である。年齢は四〇歳半ばから六〇歳過ぎまでの五十代中心の構成になっているようである。学歴は小学校卒から帝国大学まで多彩であったことがわかってくる。こうした人々に担われて新制中学校の施設設備

表 5-1　新学制実施協議会委員名簿（抄）―中学校選出一般委員―

選出母体	氏名	誕生年	協議会役職	その他参考事項
下福島中学校	中　平吉		区常任委員	大阪府ＰＴＡ　委員長
此花一中	中谷郁三郎	1886年	区議長	九州帝大卒　市会議員
	※八木ハツ		市協議会委員	技芸女学校卒　製函業
東一中	※西川真三		区議長、市協議会委員、市協議会副議長	市立工芸校卒　帽子材料卸商
西一中	松本萬次郎	1904年	区副議長	区復興委員長　市会議員
	南　清			ＰＴＡ会長
港一中	太田松太郎	1888年	区副議長	南寿町会連合会会長　工務店経営
大正一中	片岡茂吉	1890年	区議長	ＰＴＡ会長　三軒家町会連合会会長　片岡製作所経営
大正二中	浅野藤太郎	1902年		ＰＴＡ会長　府・市会議員　材木商
南一中	八木清八郎	1895年	区副議長	歯科医　ＰＴＡ会長(桃園小)
天王寺二中	吉沢一郎	1897年		後援会長　会社重役　早大卒
東淀川一中	※麻畠条雄		区議長、市常任委員	民生児童委員　会社員
城東二中	福川政則		区副議長	
生野四中	後藤賢延	1903年	区副議長	賃席業　ＰＴＡ会長
住吉一中	※十川　栄		区議会市常任委員	会社員
住吉二中	八木康徳			敷津浦町会連合会長
東住吉三中	※酒井吉松		区・市議長	桑津町会連合会長　市会議員　元教員　農業

註⑴　区委員のうち中学校選出の一般委員の一部である。
⑵　保護者会長もＰＴＡ会長としてある。
⑶　氏名に※印を付けてあるのは、大阪市教育委員会委員（昭 23・4・1 ～ 10・30、第 5 節参照）

の改善や通学域の変更、あるいは新制中学校の設置が進んだのである。二二区の新学制実施協議会の中から特徴ある動きを示した区協議会を選び、何を求め、その結果どのような効果を挙げ得たのかを検証したい。

第二節　大正区新学制実施協議会による中学校施設の整備改善要求

区新学制実施協議会（以下区協議会）が開設された中学校の施設設備の改善充実を求めた事実はよく知られるが、その典型的事例として大正区の活動内容と経過を明らかにしたい。

昭和二二年一〇月に設置された区新学制協議会が最初に取組んだのは、区内市立校園（幼稚園一、小学校五、中学校二、旧制中等学校二）から施設設備の改善要望を集め、大阪市教育局に陳情することであった。実際、一一月から一二月初旬にかけて、各校園の要望書を整理、一二月下旬、教育局に陳情行動を行った(10)。以下、大正一中、二中の要望内容とそれが発生する学校の実態をとらえたい。

（一）大正一中（大正東中）の場合

久保徳人大正一中校長名で片岡茂吉区協議会長に提出された昭和二二年一一月一二日付「設備改善について」(11)によると、同校の要望事項は空襲罹災の残る三教室の補修及び運動場の拡張の二点であった。いずれも次年度生徒受入れを配慮してのことで、「本年度十一学級の生徒数でも狭隘、廿三年度十五学級になれば全く体育効果は期し難く、生徒収容上非常な無理を生ずる」と述べている。運動場の拡張については、学校東北側の一角で隣接する「旧三軒家東小学校敷地を当校運動場に充当」するよう求めた。

大正一中が開校した元三軒家南小学校の鉄筋三階建校舎（昭一一・一二・四竣工）は第一次大阪大空襲の傷跡を留め、義務制二年目の生徒を迎えるには修復を必要としたのである。運動場として編入したいという元三軒家東校（昭二一・三・三一休校）敷地は同じ日の空襲により木造校舎が焼失してできた更地であった。

いずれの要求も実現したが、学校用地の拡張は、東北角で隣接という形状から、私有地との換地のうえで編入する必要があり、地主との折衝を必要とした。しかし、即時、解決したことは、一期生生徒による「校舎裏の焼け野原を運動場にと許可された時は、各クラブの生徒がカユやイモ腹で（略）グランドの整備に重いローラーをひきずり廻した」⑫との回想から明らかになる。

（二）大正二中（大正中央中）の場合

大正二中は一六項目に及ぶ「改修希望、設備改善願申出」⑬を提出したが、そのうち、「校舎修理並に戦災焼失教室の復旧」を最優先項目と見ることができる。同校が使用した元大正小学校鉄筋三階建校舎（昭一一・八・三〇竣工）は、第一次大阪大空襲による被災も一階家事室程度で教室全体としては軽微であったと考えられるが、屋上に配備された高射機関砲を狙っての米軍機による機銃掃射や兵隊の駐屯が教室を荒れた状況にしていたのかもしれない⑭。木造校舎も残存していたので、「屋根葺替工事（全体雨漏　小修理にては不可）」「木造各階教室廊下天井張り工事」も必要であった。後者は焼夷弾投下に備えてどこの学校の天井も取り払われたままになっていたからである。

次に優先度の高い要求は学校用地の拡張であった。添付図面によると東方へ広げ、二倍以上に拡張することを求めていた。同校の記録に「二五〜二七年にかけて市が購入」(15)とあり、用地問題は実現したことが判明すうる。戦災焼失教室の復旧についての予算措置、復旧工事の記録は残されていない。

(三) 区協議会の役割と委員

区内二中学校の要望とその結果から明かになるように区協議会の役割は施設設備の改修、改善要求を実現させたことにあったといえる。敗戦直後の貧困、混迷のなかにあって、こうした成果を得るには、協議会に適切な人物を得ることが必要であった。そういう意味では、どのような人物が委員に選ばれていたのかを検証しておくことも重要であろう。

大正区新学制実施協議会議長の片岡茂吉は醸造機械製造・発売の片岡製作所を経営する傍ら大正一中の保護者会長を務めていたし、地域貢献活動としては、戦前に三軒家町会連合会長を経験している。大正二中の保護者会長浅野藤太郎も区協議会委員であった。家業は材木業で、戦前には大阪府会議員、戦後は市会議員に転じていた(16)。協議会委員のみならず、発足したばかりの新制中学校に並々ならぬ関心を寄せる区民もいた。例えば前記大正一中の校地拡張に関して協力した地主の中納久次郎を挙げることができる。中納は校地拡張が提起される以前から、大正一中の教育環境を憂え、当時の庶民の日常的服装である「戦闘帽、国民服、巻脚絆」を着け「雑嚢を肩に掛けて」来校、学校長と「学校の教育事情も色々話す」機会を持っていたという(17)。大正二中にも、前記中納と甲乙つけがたい辻芳造のような人物を見出すことができる。株式会社大同造船社長という多忙な地位にありながら、子どもを私立学校、他の公立中学へ通学させている富裕層、長欠、不就学に陥っている貧困層の家庭を訪ねては、大正二中へ就学するよう説いて回ったという。その様子をある報告文書は「繁忙な自己の業務を顧みず、身の疲労も忘れて（略）連日連夜父兄説得のため、個別訪問をなすこと月余に及んだ」(18)と述べている。辻は翌二三年度、大正二中ＰＴＡ会長に選出されたほどである。辻のこうした行動は、新制中学校を「地域社会学校」ととらえ、民主々義教育は「学校・社会の緊密一体化によってのみ遂げ得る」(19)との信念から出たものであった。区協議会は中納、辻のような人物に支えられて有効な活動ができたのであろう。

（四）施設設備改善に集中できた背景

大正区協議会が施設設備の改善要求と実現に取り組めたのは、大正一中・二中とも独立校舎を発足当初から取得していたからである。それも、空襲被災を受けたとはいえ、鉄筋三階建、築二〇年余の堅固な校舎で、両校舎とも昭和五九年まで使用を続けることができた（大正二中—大正中央中校舎は昭和三六年一階部分埋立て）のである。そこで、どのような経緯で、独立校舎を取得できたのかを敗戦直後の大阪市教育局の施策のなかでの大正区の学校統廃合と校舎の関係から明らかにしたい。

昭和二〇年、戦争が終わったとき、大正区には国民学校一二校が立地していた。空襲により校舎全壊の学校三校（三軒家東・港南・鶴町各国民学校）、半壊二校（三軒家南・新千歳国民学校）、被害軽微七校（三軒家西・泉尾北・中泉尾・泉尾東・大正・南恩加島・北恩加島各国民学校）という情況であった。

昭和二一年度新学期を迎えるに当たり、大阪市教育局は学校の統廃合を実施する。教室を失った学校は隣接校へ統合された。ただし、空襲を受けず、三五教室をそのまま残す泉尾北校が中泉尾校に統合されたのは、戦災罹災者用の住居として使われていたからである(20)。

図 5-1　大正区国民学校残存教室数と中学校転用校

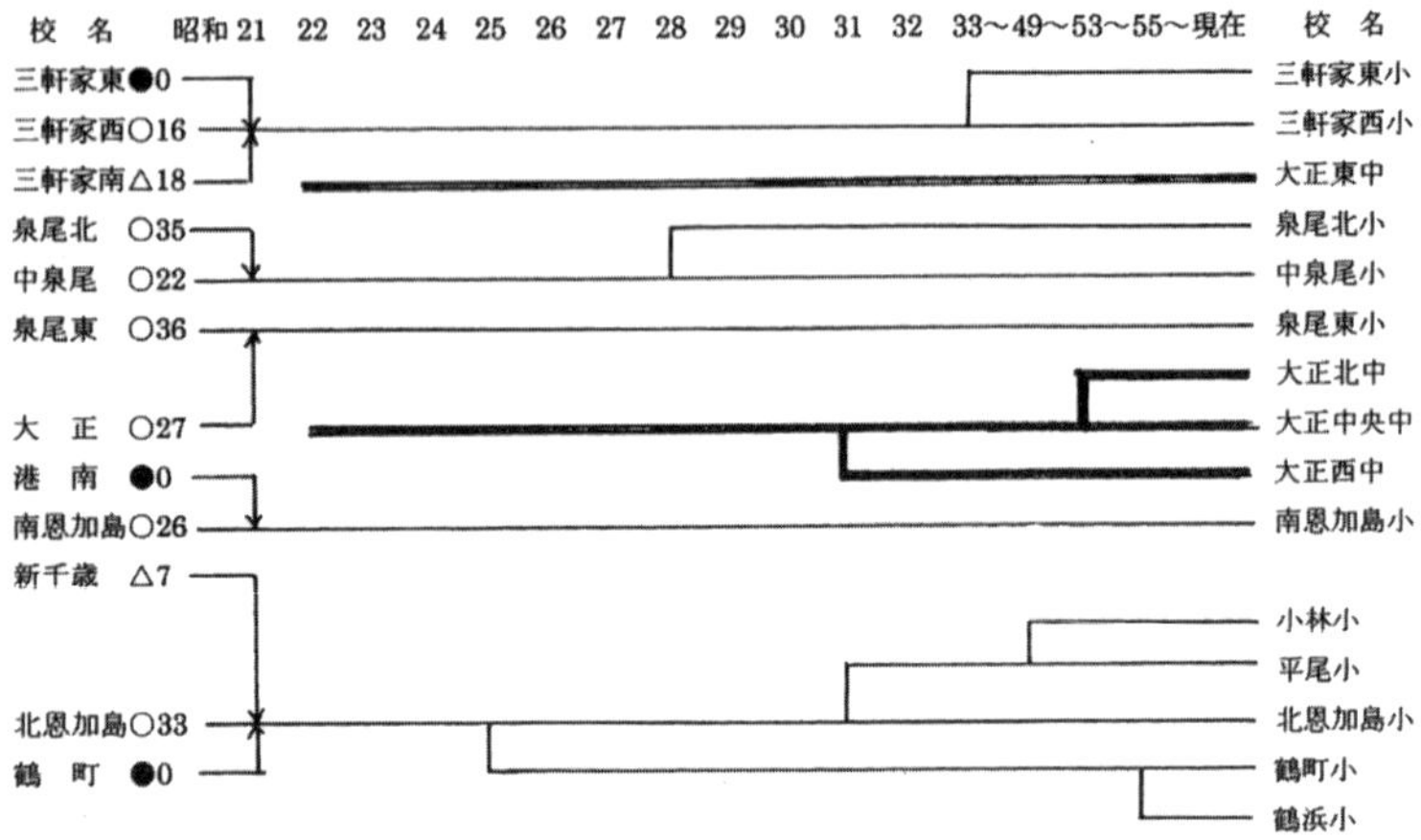

（太線＝中学校、→統合、●大阪大空襲による校舎全壊、△半壊、○被害軽微、数字＝残存教室数）

新制中学校用校舎となった三軒家南校、大正校の校舎はどのような経緯で転換されたのだろうか。まず三軒家南校についてであるが、児童を三軒家西校に編入し、空いた校舎に三軒家南青年学校（三軒家南商工学校・同実科女学校）を設置する。他方、大正校は初等科の児童を泉尾東校に移し、区唯一の高等科が併置されていた特徴を生かし、高等科のみの国民学校にしたのである。即ち、昭和二一年度は、大正区全域の青年学校生対象の三軒家南青年学校、区全域の高等科の児童が通学する大正国民学校となったのである。いずれも一、二年生を収容した。翌昭和二二年、三軒家南青年学校が大正一中、大正国民学校が大正二中となり、義務制ではなかったが、児童生徒がそのまま中学二・三年生として入学した。義務制の一年生は大正一中へは三軒家西・中泉尾校から、二中へは泉尾東・北恩加島・南恩加島校六年修了生が進学した（第二章第一節表2—2参照）。

昭和二三年度は、非義務制の三年が卒業した後へ、義務制の一年生が入学することになる。当然、義務制であるので、前年度に比べて生徒数が激増することが予測できた。中学校側、区新学制実施協議会が施設設備の改善要求に全力を投入した要因である。

第三節　生野区・東淀川区新学制実施協議会による通学域の再編成

（一）生野四中（東生野中）の通学域変更

（1）変則通学域の弊害と再編成への動き

発足したばかりの生野四中の最大の問題は、生野区北東部の東端から西方へと連なる東小路・小路・東中川・中川・御幸森小学校区を飛び地状に生野一中（大池中）と分け合い、通学域にしたことであった。即ち、生野四中の通学域は小路・中川小学校区で形成され、生野一中の東小路・東中川・御幸森小区からなる通学域と楔をはめ込み合う形状になっていた（図5―2―①）。

そのうえに、校舎位置が中川小学校を借用した生野四中と青年学校・高等科校を独立校舎に持つ生野一中とが同じ中川小学校々下にあり、したがって、生野一中の校舎が四中の通学区に越境した形になっていた。

この状況に保護者らは、通学域、校舎位置を「便宜上の決定」(21)と受け止め、占領下のことで、新制中学など長持ちしないからだろうと判断した(22)。だから、四中では、「保護者会を開いても集合が悪く（略）、学校が何

図 5-2-① 生野一中・生野四中通学域と校舎

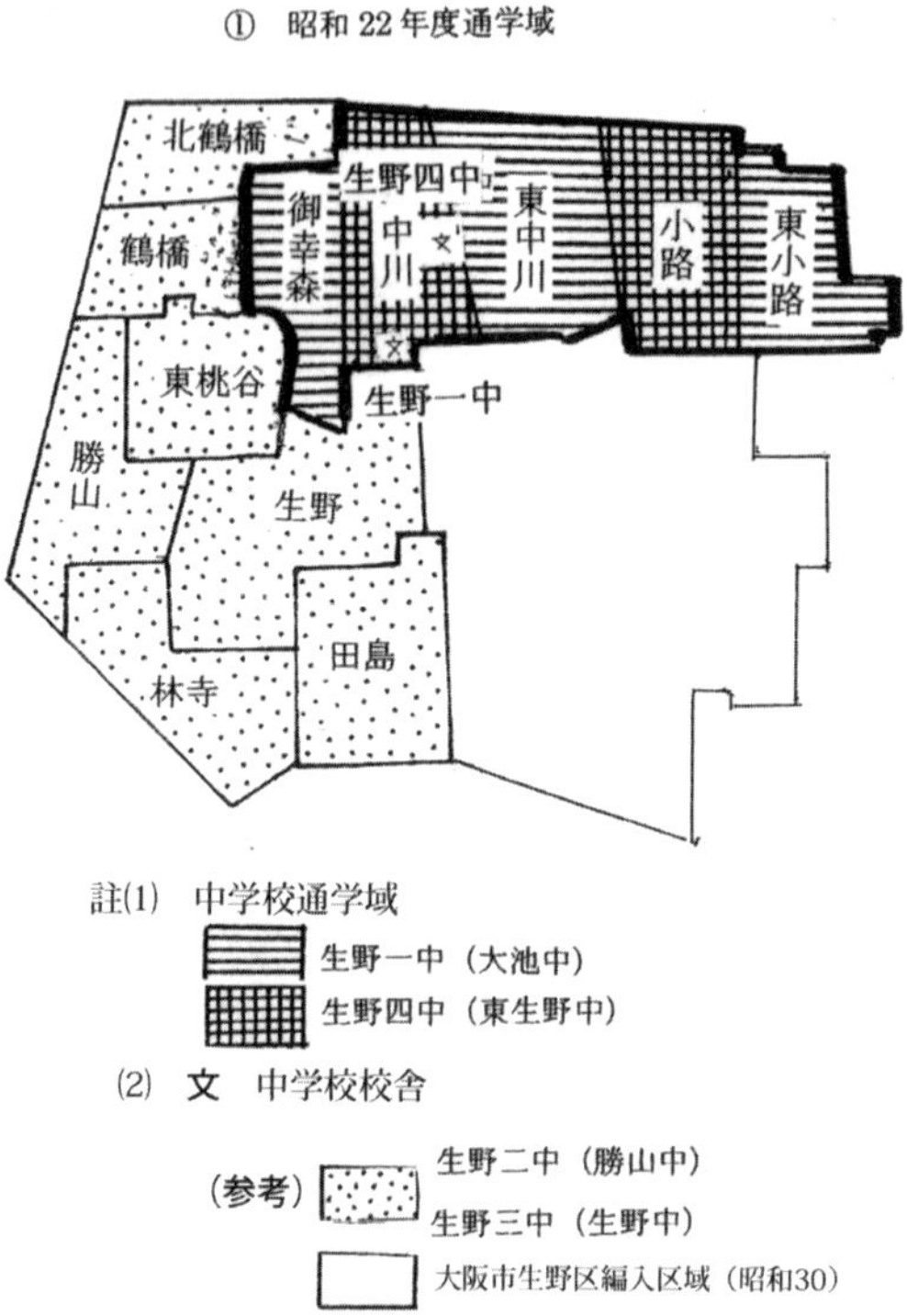

処に存在しているやら判らぬ」㉓とささやかれた。

こうした状況は生徒に影響しないはずはなく、「四中に通学する事を恥かしい事の如く思い（略）新学制が実施された事をうらみ」に思う生徒も現れた。教師もまた、「転任を希望する者多く、益々経営は困難」㉔な事態へと進んだ。

変則的な通学域を編成すれば、このような事態が起きることは容易に想定できたと思われるがなぜこれが承認されたのだろうか。新制中学校設置案策定の経過を通学域に絞って振り返る限り第一次案（昭二二・二・二六）から第三次案（三・一八）まで無修正で通している（第二章第一節表2―2）。ただし、二次案（三・七）に「未決定」の記号を付された五区のなかの一区である㉕ので確信の持てる通学域案でなかったことが推察でき、そのまゝ三次案となって決定したことも推察し得よう。

その結果としての生野四中の混迷であった。ここから四中が抜け出る必要条件は、通学域を構成する小学校区の組替えである。生野一中も同じ立場にいた。しかし、通学域再編成を図るには、生野一、四中及び通学域の五小学校の合意が必要であり、慣例的には関係町会連合会の出番であるが、町会は既に解散し、生野区親交会という同窓会的親睦団体として余命を保っているに過ぎず、動くことはなかった。
町会連合会に代って、この時期、複数の小・中学校に関わる通学域問題に発言できるのは、生野区新学制実施協議会であった。

（2）生野区新学制実施協議会による新通学域の編成

結果から先に述べると、生野四中（東生野中）の昭和二二年度の変則通学域は二三年度から「中川小学校区の生徒は大阪市立生野第一中学校へ通学し、本校（生野四中―赤塚）へは小路小学校・東中川小学校・東小路小学校の三校区から生徒通学」(26)することによって解消し、生野一中（大池中）には「中川・御幸森卒業生」を「収容」(27)することによって正常化した（図5―2―②）。同時に中川小学校区が生野一中の通学域に入ったので、同中学校の校舎が他校区に立地という問題も解消した。

図 5-2-②　生野一中・生野四中通学域と校舎

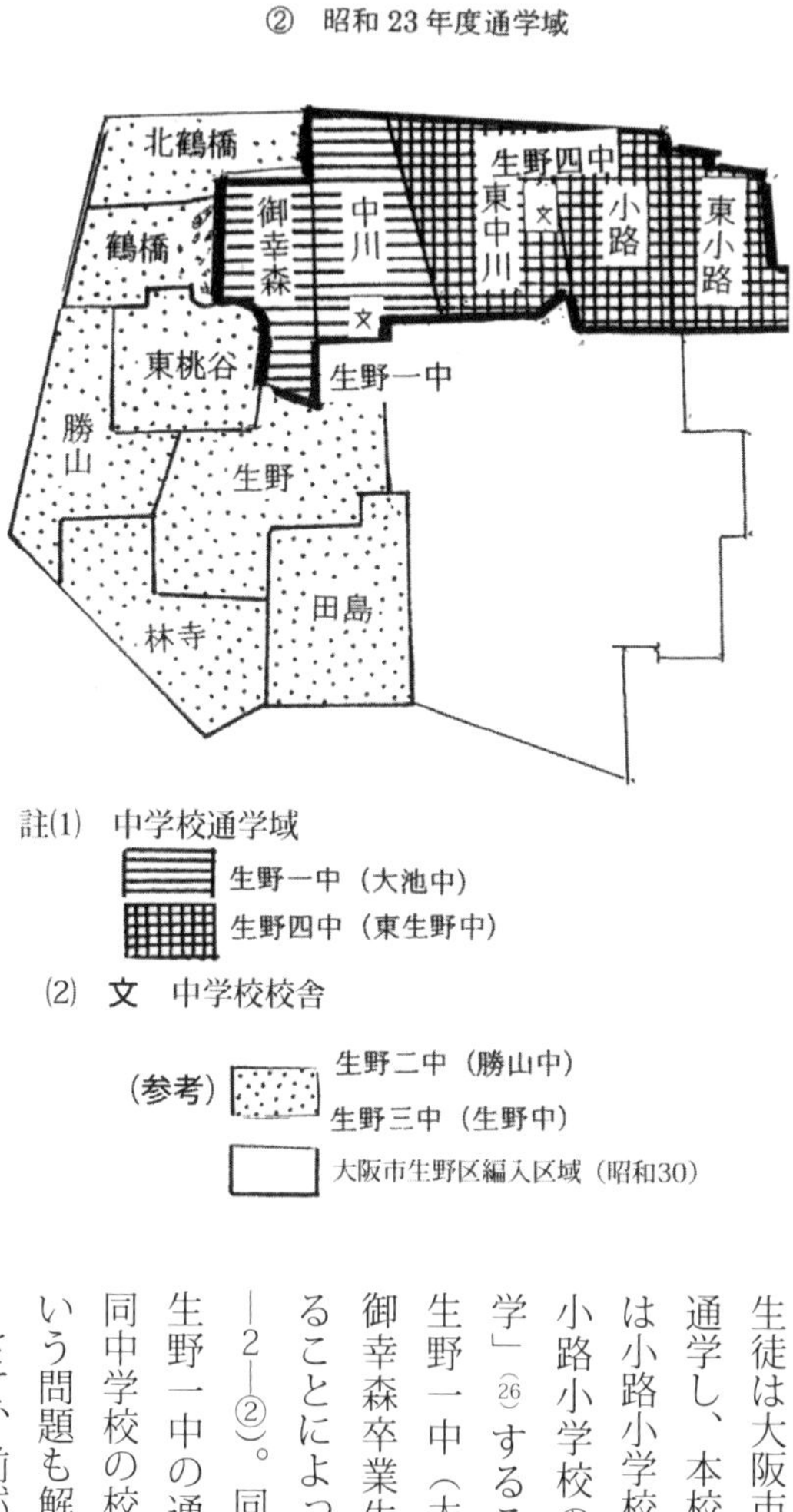

さて、前述の生野四中通学域の

再編はどのような過程を経て実施できたのであろうか。重要な鍵を握ったのは、後藤賢延生野区新学制実施協議会副議長、勝井春継生野四中校長、野々宮宗蔵東中川小学校長による昭和二二年九月一五日の三者会議であったと考えられる。会議の結果は以下のように活写されている(28)。

此の四中の困難なる状態を当時学校に直接関係はなかったのであるが協議会委員の一員としてみるにしのびず(略)、東中川小学校の保護者会長後藤賢延氏は東中川小学校長と共に四中校長を混え三氏種々、これが解決に就き懇談の結果、「よろしい、学校そのものの窮状もさることながら多数の中以下の生活程度の家庭の子供の多い中学にかかる苦労をさせるといふ事は切角の新学制が実施されるに当り、ゆゆしき問題である、私は全身全財産を打込んでも協力しよう」と決意を披れきされ三氏手を握り合ひ互に涙ぐんだ。この瞬間、学校の新校舎が決定したといってよいのである。(傍点赤塚)

本資料中に「当時学校に直接関係はなかったのであるが」とあるのは、後藤が「東中川小学校の保護者会長」の任にあり、東中川小の通学先は生野四中ではなく生野一中であったからである。後藤にすれば、区新学制実施「協議会委員の一員として」の立場でなければ関われないのである。生野四中問題の「解決に就き懇談」のなかに通学域再編成が話し合われたと見なければなるまい。具体的には東中川小学校の通学先を生野一中から生野四中に変更することであろう(29)。だからこそ、会議に東中川小学校長が加わっていたのである。

さらに、前資料は、「この瞬間、学校の新校舎が決定したといってもよい」と新校舎にまで触れられている。改めて、校区となる東中川小学校区内に独立校舎を建設する、という意味であるが、これについても、実際その通り進行した(30)。

そのためには、東中川小学校通学域内に中学校建設用地を準備しなければならないが、それについては、第八章第一節（一）で論じることになる。ここでは通学域変更から校舎建設地にまで、新学制実施協議会が深く関わったことを強調しておきたい。

（二）東淀川区各中学校の通学域再編成

（1）変則的通学域設定の背景

新制中学校二年目に向けて、大阪市二二区中、最大の通学域変更を実施したのが、東淀川区である。その影響を東淀川一中（十三中）は記録(31)に、「新学制対策《（ママ）》協議会の決定により三津屋小学校区が東淀川第四中学校（現美津島中学）に編入、新庄小学校区が新設の東淀川第七中学校（現瑞光《ずいこう》中学）に編入、新しく南方《みなみかた》小学校区（東海道線以西）が東淀川第四中学校より本校へ収容」と残している。

他の中学校でも大幅な通学域変更が実施され、そのうえ、新たに第七中学校（瑞光中）を設置したのである。

確かに二二年度通学域編成に当たって、東淀川区は悪条件を背負っていた。まず、高等科国民学校、青年学校を設置していなかったので、独立校舎を持つ中学校を一校も設置できなかった。次に広大な田園地帯も含みながら、大阪大空襲による校舎全・半壊国民学校が五校を数え(32)、罹災を免れた六校には、被災した中等学校や区役所が入っている(33)など、新制中学校の利用を制約した。そのうえ、入学予定生徒数が東淀川区がもっとも多かったのである。

こうした条件のもとに成立した変則的通学域の再編成に、七月（昭和二二年）に発足した東淀川区新学制実施協議会(34)が取り組むことになる。

（2）変則的通学域の再編成

東淀川区東部の問題点は、新庄《しんじょう》小学校区が、はるか西方に設置された東淀川一中（十三中、十三小に設置）への通学を余儀なくされたこと、及び大隅《おおすみ》小学校区から豊里《とよさと》・菅原《すがはら》・東淀《ひがしあわじ》路小学区までの東西に長く延びる区域を東淀川六中（柴島《くにしま》中）の通学域に設定したことであった。

この二点の解決がポイントであった。そこで、区新学制協議会は、東淀川六中（柴島中）の通学域を二つに分割、西側の菅原・東淡路小学校区だけを東淀川六中の通学域として残し(35)、東側の大隅・豊里小学校区と東淀川一中の飛び地状通学域の新庄小学校区とを統合し、新たに設置する東淀川七中（瑞光《ずいこう》中）の通学域としたのである(36)。

区中部における変更の第一点は、東淀川五中（淡路中）通学域の再編成である。まず、北中島小通学域を五中から東淀川三中（三国中）に編入、次いで、東淀川四中通学域の東半分（元啓発小通学域、同小学校は昭和二四年復校）を五中の通学域に編入、西淡路小通学域と組み合わせて新しい東淀川五中通学域を構成したのである。

その結果として起きたのが、東淀川四中の分解である。それが第二点である。四中通学域の東半分が東淀川五中の通学域になったのに対し、西側半分（南方《みなみかた》小学校区、同小学校は昭和三五年西中島小改称）は、東淀川一中（十三《じゅうそう》中）の校区へ入った(37)。こうして、東淀川四中の通学域は、区中部から消滅した。

区中部地区から消えた東淀川四中は、西部で復活する。即ち、東淀川二中（新北野中）通学域からはずれた加島小学校区と東淀川一中（十三中）の飛び地通学的であった三津屋小学校区で新しい中学校を設置、それを東淀川第四中学校（美津島中）としたのである(38)。

ただし、この措置には一つの疑問が残る。先に述べたように生徒及び通学域を東淀川一中（十三中）と五中（淡

図 5-3　東淀川区新制中学校昭和 23 年度通学域

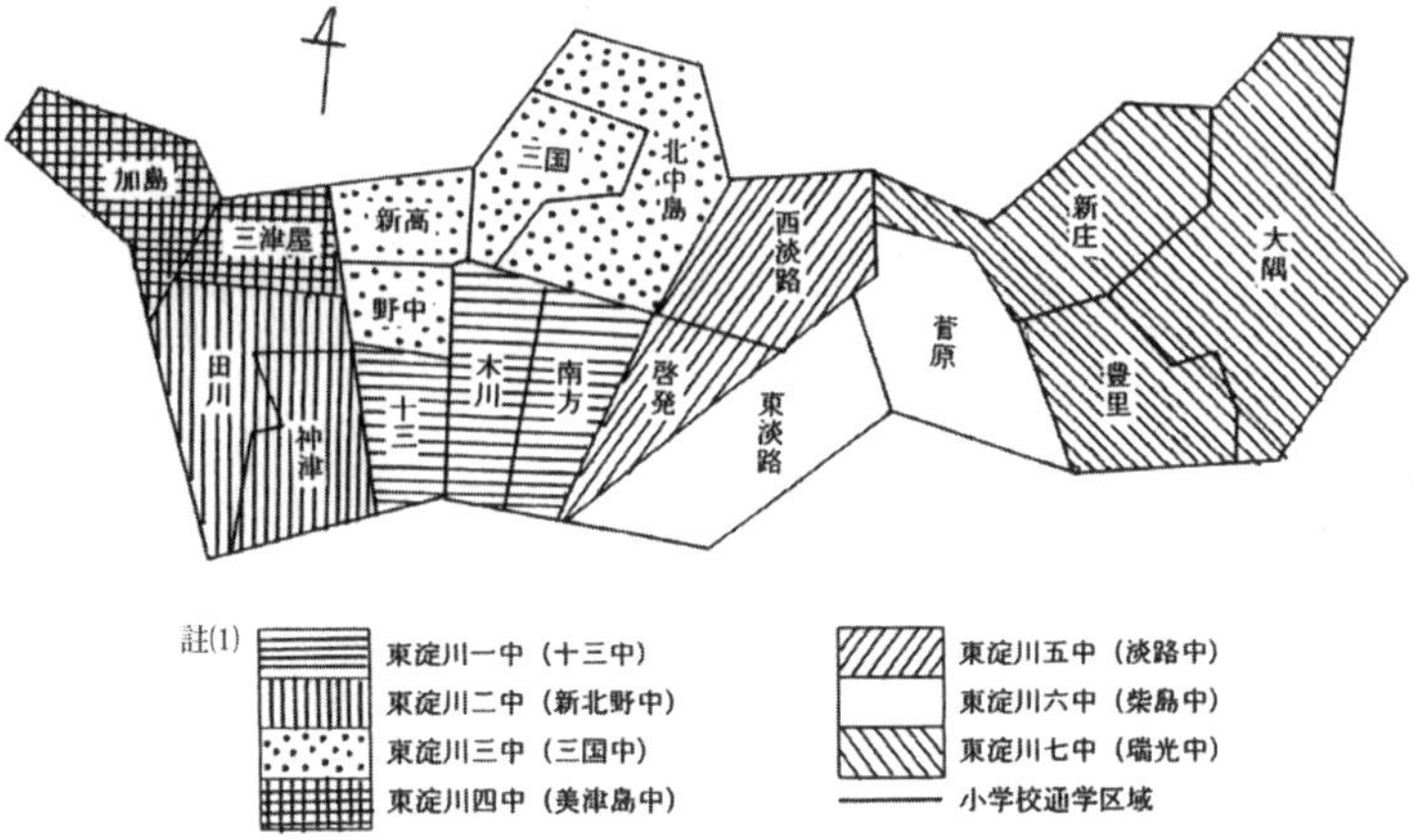

(2)　南方小学校とは現在の西中島小学校のことである
（昭和35年改称）

（参考）昭和 22 年度通学域

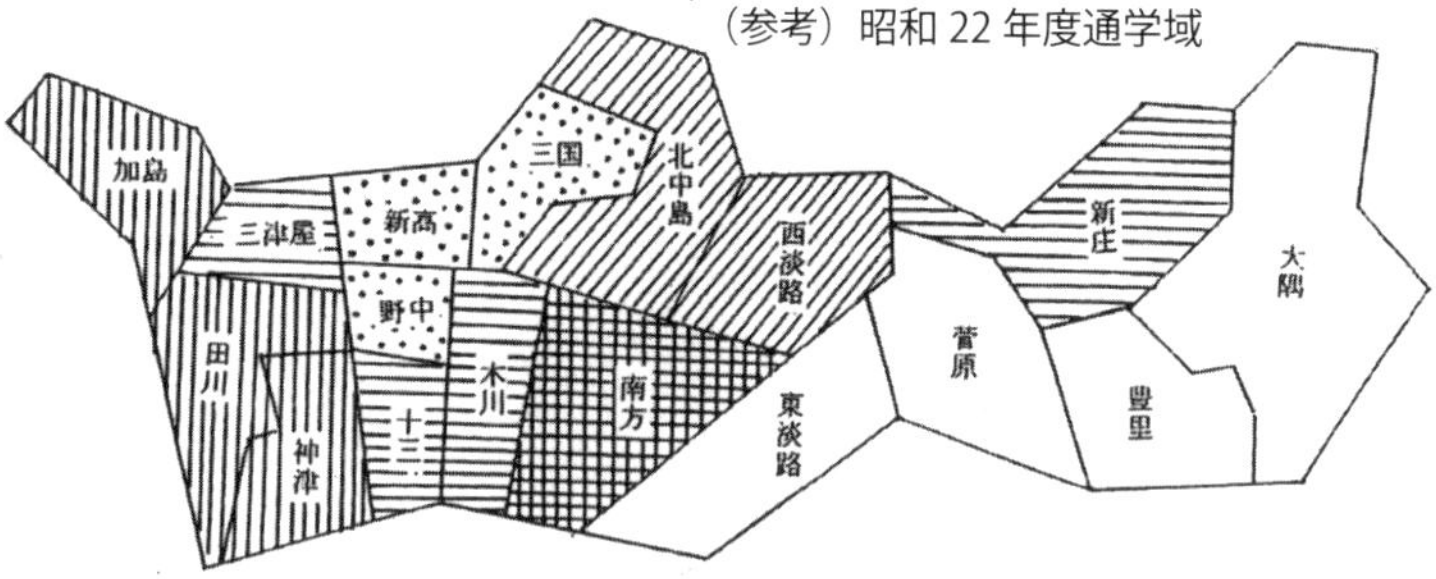

路中）に譲り[39]、新たに加島小学校区、三津屋《みつや》小学校区を通学域とする中学校に変ったのである。生徒、地域が全く入れ代り、校長、教師だけが前年通りという学校を同じ東淀川四中と言えるのだろうか。東淀川区新学制実施協議会にとって、極めて重い決断であったと思われる。

（3）難渋の教室確保

通学域の再編は、当然、教室の確保も図られねばならない。新設第七中学校（瑞光中）の教室について、一二月（昭和二二年）のある新聞に、「北区に東淀川七中」と題する記事が認められる。そこには「焼け残りの校舎にこの上、詰め込む術はなく（略）四苦八苦」していると区協議会の難渋した様子が伝えられている。同協議会は、区内に適当な建物がなく、止むを得ず区外の扇町《おうぎまち》・桜宮《さくらのみや》両高等女学校跡を候補とするに至るが、それを決定した経緯を「区内に当てもなく（略）歩いていける所なら区外でも差支えなしと迄話が進んだ」(40)と報じた。

「歩いていける所なら」とはいえ、東淀川区の東端を校区とする第七中学校（瑞光中）域からまずあの広い新淀川を渡り、旭区、都島区を通過して、さらに大川を越えて、ようやく、扇町・桜宮高等女学校が立地する北区にたどり着けるのである。東淀川区内での教室確保はそれほど困難だったことを物語っている。

結果は都島第二中学校との競争に破れた(41)。止むを得ず、東淀川区協議会は、大阪市が戦前、小松小学校用地として確保していた校地に目をつけ、そこを第七中学校の新設地とした(42)。その地に、翌昭和二三年九月、独立校舎が竣工、借用していた新庄小学校から移転する(43)。

一方、東淀川四中も行く先が決まらず、最終的に「仮校舎を大阪府立北野高等学校」(44)に定め、校地の取得、校舎の完成を待つことになる。

第四節　都島区新学制実施協議会拡大実行委員会の設置と義務教育生徒収容対策案の樹立

（一）拡大委員会設置の理由

大戦末期の六月七日、正午をはさむ一時間半に及ぶ第三次大阪大空襲により都島区のほゞ三分の二が焼野原と化した。陸軍造兵廠を狙ったはずの焼夷弾、爆弾が北側に流れ、家屋全壊二万九〇四戸、罹災者七万三二〇〇人の被害を蒙ったのだった(45)。この傷跡が戦後、新制中学校の設置、生徒の収容に大きな困難をもたらすことになる。国民学校九校のうち、八校までが校舎被災。全壊四校、半壊一校を休廃校処分（図5―4）するという状況のなか、新制中学校（都島一中）開設場所は、戦災を免がれた淀川国民学校以外に選択肢がなかった。

昭和二二年四月、こうして都島一中（高倉中）は、淀川小学校を借用して発足したが、淀川小の校下は、非戦災地区であるので、罹災者が住居を新築したり、借家住まいしたりして移り住み、淀川小も都島一中も児童生徒の転入相次ぐ事態となる。編入中学生は義務制の一年生に集中、九学級を二学期から一学級増やさねばならなかった(46)。

この状況は都島区全域に広がり、敗戦直後二万人以下に落ちこんだ人口が、昭和二二年一〇月には三万五千人に達し、中学校は義務制の進行も重なり、昭和二三年度の生徒数を一〇五五人（発足時五〇二人）と推定、二四教室借用できるのか、その確保策に苦慮することになる(47)。

昭和二二年一一月二〇日に成立した都島区新学制実施協議会の課題は、当然、教室の確保策にあり、早々と「就学義務該当者生徒収容対策並恒久対策」(48)を協議、次年度生徒収容対策と学校の新設を含む長期対策案策定に分けて取り組むことで一致した。前者については、昭和二三年三月二六日付、区協議会の記録に「新学期に於ける新制中学生徒収容対策に付き協議（略）市の方針に基き樹立」とあり、区協議会の要請を大阪市が受け入れ市の方針として提示された案文を承認したことになる。内容は都島一中桜宮小分校を分離独立（都島二中設置）させ、元大阪市立桜宮高等女学校（北区）を独立校舎として使用(49)すること及び都島一中教室の不足を補うための廊下の仕切り工事の実施(50)であった。一中の教室確保策は応急措置に過ぎず、学校用地の取得、独立校舎の建設

図5-4　都島区小・中学校の変遷

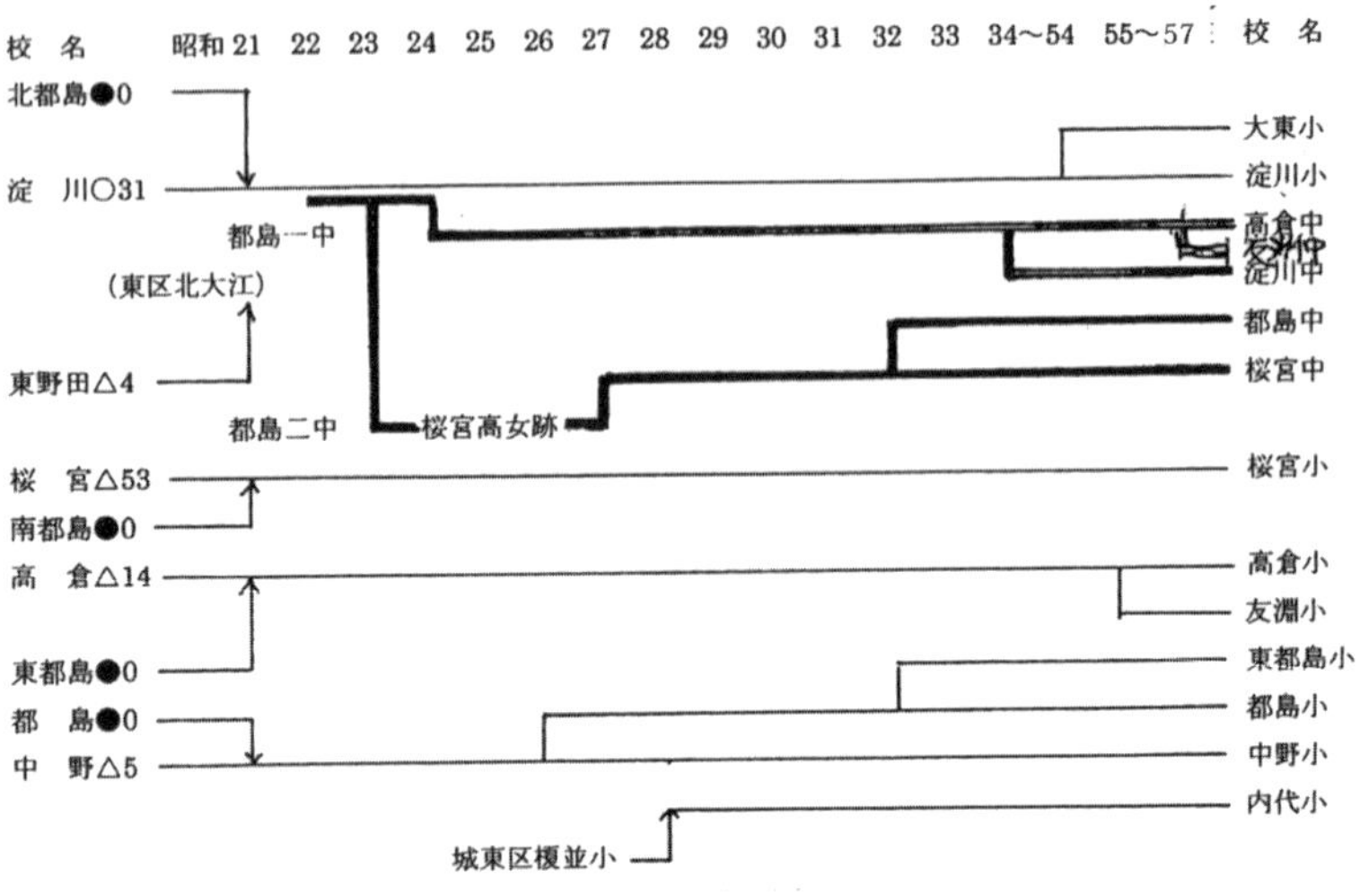

（太線＝中学校、↑↓＝統合、●大阪大空襲による校舎全焼、△半壊、○被害軽微、数字＝残存教室数、
東野田校は４教室の他に講堂残存、ただし大阪貿易学園が使用中）

を恒久対策の一つとして協議することになっていた。

しかし、恒久対策となれば、長期的な見通しに立った具体案を策定しなければならず、区協議会の権限、力量の範囲を越えるので、より多くの関係者、住民が加わった協議会での計画書の策定となった。

（二）「区義務教育施設五ヶ年計画書」の策定と中学校の位置

実行委員会の設置に当たって、区協議会は五月及び六月に校長会（小・中・高八人）を開催、「生徒児童収容永年対策に付協議」し、「今後五ヶ年を見透して五ヶ年計画案を作製」、「之が計画案運動の実行母体たる委員会を組織することに決定」する手続きを踏んだうえ、七月五日の「義務教育施設五ヶ年計画に関する協議会」の開催となった。

この日、集まった顔ぶれは、校長会の八人、後援会から衣替えしたばかりのＰＴＡ正副会長二三人、区新学制実施協議会一五人、各校下から五〇人、市会議員二人の計九八人であった。協議の内容は、先日の校長会で決定した五ヶ年計画案の承認と計画案を遂行するための組織づくりであった。

承認された「大阪市都島区義務教育施設五ヶ年計画書」から中学校の項だけを拾い出すと、昭和二二年度都島一中の状況を「淀川小学校より八教室を借用し、之に四七八人を収容、一教室平均人員五九人〜六〇人（略）、職員室は之に充てるべきもの無く廊下を間仕切して之に用い校長室は二・三坪の物置を利用、衛生室、校務員室は廊下の片隅」と述べ、「明年度には七二〇余名の生徒を収容する予定」の所、「淀川小学校側に於ても四学級の増加があり現状のまゝにて日を過さば来学年度は全く処置なき混乱に陥る事明らか（略）」と予測、昭和二二年度内の独立校舎の建設と完成を次のように求めた。即ち「既述の如く本校の現状は甚だしき無理なる状態にあり今直ちに方途を講ぜられなければ来年の四月には全く校舎なき中学校が出現し同校七〇〇余名の生徒は真に路頭に迷ふ状態に立ち至る恐れあり、茲に是非共本年度中に校舎の新設を見なければならぬ理由がある。依って次の如く計画して以て当局に要請せんとす」（傍点赤塚）。その計画とは、「普通教室十四、特別教室二、校長室、保健室、校務員室、物置各一」二〇室を持つ独立校舎の建設であった。

北区所在の大阪市立桜宮高等女学校を借用した都島二中については、「借入期間の長短に於ては極めて急速に設置を要する」として、昭和二四年度内での独立校舎の獲得を要請した。以上の既設の二つの中学校のほかに、計画書は、昭和二五年度の都島区三番目の中学校の設置を求めていた。なお都島三中の要求は、後日、取り下げることになるので、これについては次項で扱うことになる。

以上の諸要求の理由を計画書は「今にして之が計画を樹立せずんば校地の選定や通学域の設定等について年一年と其の条件が相当困難を生ずる憂十分ある」からだと説いている。既に述べたように、空襲罹災者の都島区への復帰が進み、そのうえ、昭和二三年から着手された戦災復興土地区画整理事業が進行するなか、一日も速く学校用地を取得しなければならない情況にあったことがうかがえる(51)。

(三)「五ヶ年計画」実現のための実行委員会設置と活動

前記「五ヶ年計画書」に「PTAが中心となって広く学区内全住民に呼びかけ緊急重要問題として具体的運動に乗り出し、之に呼応して新学制実施協議会も亦猶予ならざる重要条件として採決し、断乎解決に乗り出している」との一節が認められる。計画実現のための区民挙げての組織づくりの一面を知ることができよう。これを受けて、昭和二三年七月二〇日、五四人からなる実行委員会が開催され、都島第一中学校新設促進実行委員会、都島第二中学校新設促進実行委員会及び小学校関係の実行委員会を設置、各委員長、副委員長の選出を行った。さらに、これらをリードし調整役を兼ねる旧町会連合会を基盤とする都島区義務教育施設五ヶ年計画促進委員会を設置、役員を選出した。

委員会構成から「五ヶ年計画書」に記された都島三中を取り下げたことが判明する。前掲集会で時期尚早と判断したのであろうか。後年、そのため、都島中学校(都島三中)の校地取得が難航する(52)。

委員会は、五ヶ年計画書の主張を含めた「陳情書」を作成、七月二九日、山野平一(都島区義務教育施設五ヶ年計画促進委員長兼都島第二中学校新設促進実行委員長)、牧野直隆(都島区義務教育施設五ヶ年計画促進副委員長兼都島第一中学校新設促進実行委員長)ら数人が大阪市役所へ提出した。伊藤都島区選出市会議員が同道したからであろうか、市長、助役、教育局施設課長が対応した。五ヶ年計画書、陳情書をファイルにして直ちに教育局内の回覧に付されたが、そこに「学校用地の取得については概ね申出の趣旨に添ふよう計画している」との施設課第一企画係長の書込みが認められ(53)、大阪市行政も一定の動きをしていたことが判明する。また、鉛筆書きなので読み取り難いが第二企画係長による「私見によれば一中は最も緊急」を要するという意味の書き込みもある。

さて、陳情のその後であるが、都島一中に絞っていえば、独立校舎が完成し、移転できたのは、高倉中学校と改称（昭二四・五・一）した後の昭和二四年八月であった(54)。同校はそれまで二部授業で対処していたのである。校地の取得が難航、新設促進実行委員長牧野直隆について、学校側は「炎暑の中を厭わず拾数回に亘る実地調査にも参加され、現在の敷地が決定されたのであるが、四千余坪の広大な土地買収に当たって土地所有者が戦災に依り離散し居所不明等にて現住所を知る事が困難な状態にあっても、会社を挙げて行動を取られ（略）汗と努力の奉仕により今回の如き校地・校舎の実現を見るに至った」(55)と功績を評価した。

牧野は勤務先鐘淵紡績ＫＫ淀川支店次長の要職にあった人物で、中学校の通学域内に立地しているという理由で自らはもちろん、社員をＰＴＡ活動に参加させたり、会社の野球場、バレーコート、テニスコート、プール等の体育厚生施設を生徒に開放、学校施設の不備を補ったりした。元慶応大学野球部の華型プレーヤーで、促進委員長当時は、都市対抗野球常勝チームであったオール鐘紡監督を務める著名人で、後には日本高等学校野球連盟会長の重責を長年担っていた(56)。

こうした超多忙の大企業幹部までもが、地域の中学校建設に参画するなど、都島区新学制実施協議会の活動は、大阪市のなかでは群を抜いていたと考えられる。

第五節　新学制実施協議会の実態

新学制実施協議会は、教育行政への教育委員会方式の導入を巡って、従来通りの中央集権的教育行政を堅持したい文部省と日本民主化政策として教育行政の分権化を求めるGHQの対立を一時、棚上げし、「取りあえず比較的多方面に摩擦を生ぜしめない範囲で住民参加を基調とする教育行政の民主化措置を先行し、地方教育行政制度改革への呼び水とする意図」(57)から設置されたといわれる。

しかし、本章で見てきた大阪市の実態は、中学校通学域の修正、校舎建設をはじめ施設設備の要求など目前の対応に追われ、地方教育制度改革への呼び水という目的からはほど遠く、解散した町会の代行を果たしていたといえよう。

大阪市で、各区協議会が苦闘していたとき、中央では教育委員会法の準備が進められていた。その過程で、GHQの民間情報教育局（CIE）は、教員を教育委員から除外するよう求めてきた。本国の教育委員会制度がそのようになっているからである。

こうした動きは、昭和二三年度の新学制実施協議会委員の選出方式に影響、大阪にも波及する。即ち、軍政部から教員を委員にしないように求められたのである。それは、昭和二三年二月三日付で、大阪府教育部長発、各市町村長宛通知の「市町村教育協議会設置について」(58)に早速、現われた。「委員の数及び専任手続」の項で、「五人は一般人の中から常識に富み、教育上熱意ある者を選ぶこと但し現に教職にある者を選ばないこと」と規制されていたのである。

大阪市新学制実施協議会、各区新学制実施協議会とも、この選任方法を採り入れる。その際、市新学制実施協議会の上部に教育委員会を新設、市長が市区協議会委員のなかから市民代表として四人、市会議員一人（表5―1）を教育委員に任命している。もちろん、教育委員会法（昭二三・七・一五法律一七〇号）による一一月一日の教育委員会発足を受けて任務を終える。ただ、新学制実施協議会はなお続き、昭和二四年一月末をもって解散した[59]。

政府、文部省、ＣＩＥから見れば、協議会から教育委員会への移行は、予定通りの行程であった。しかし、施設設備の改善充実を求めることが中心であった大阪市の実態から、この時期から各学校に続々と設置された施設委員会、建設促進委員会が協議会の仕事を継続したといえないであろうか。少くとも実態的にはそのように解することができよう。

第五章註

（1）地方パージ（第二次公職追放令）の範囲は広く、県知事、市長から町村長、町内会長、大政翼賛会郡町村の支部長、支部顧問までの追放を含んだ。吉田首相は、この措置に関して、日本全国の市町村長、町内会長が、単に戦時中、その職にあったというだけの理由で戦争責任を追及されるのは、実情に当たらず納得できないと反対であったと回想している（『回想十年』第二巻）。ＧＨＱ内でも幕僚部は反対であったが、民政局の強い指導のもと実施された（増田弘『公職追放　三大政治パージの研究』、東京大学出版会、一九九六年、二六一頁～二六六頁。今枝信雄編『戦後自治史Ⅵ（公職追放）』、自治大学校、昭和五九年、一七七頁～一八四頁、三〇八頁、三四八頁～三五三頁）。政令第一五号は『官報号外』（昭二二・五・三）で告知された。

（2）倉沢進ほか編著『町内会と地域集団』、ミネルヴァ書房、一九九〇年、四九頁。
（3）大阪市東区史刊行委員会編発行『続東区史』第一巻、昭和五五年、四七三頁。
（4）「新学制実施協議会要項」の六項目に「本市及び各区に暫定的に設置した従前の協議会は一応解散するものとする」と規定されている。解散時期の昭和二二年五月は『新修大阪市史』第八巻（新修大阪市史編纂委員会、大阪市、平成四年、六六五頁）による。
（5）同要項は、大阪市立生野中学校所蔵『新学制実施協議会綴　生野三中』から筆写。要項の内容を実態の明らかな区協議会を中心に掲出。

新学制実施協議会要項

一、目的

新しい学校教育制度の実施に伴い本市に於ける教育上の諸問題について市長又は、区長の諮問に応えるばかりでなく、進んで研究審議した事項につき、市長又は区長若くは、教育行政当局に建議をなすため、新学制協議会（以下協議会と称する）を組織し現在の教育行政機構が改変される迄、市及び区に常置する。

二、協議会の種類及び名称

協議会は、市協議会と区協議会とに分ち、市協議会は、市役所内に、区協議会は、各区役所内に設置する。

その名称は、市協議会にあっては大阪市新学制実施協議会と称し、区協議会は行政区名を冠し（〇〇区新学制実施協議会）と称する。

三、協議会の構成

1、各協議会の委員は同じ人数の教師と一般の人で構成され、委員の選定はすべて選挙によって男女を問はず広く識見ある人を選出する。

2、区協議会の構成

A、委員数と選出方法

その地域内の本市立小学校、新制中学校、及び従前の中等学校毎に教師二名並に一般の人二名（男女各一名）計四名づつ選出する。

尚本市立幼稚園は、教師一名一般一名計二名、教師の代表は教師の互選により一般人の代表は父兄会、保護者会、又は後援会の適当な組織を通じ之を利用して各校園毎に選出する。

B、区常任委員会の設置及選出方法

委員の数が多くて、協議会の運営が適当でないと思はれる場合は前項のAの比率によって、常任委員会を互選せしめ之を中心に運営する。

3、市協議会の構成　（略）

四、協議会の運営　１２３（略）

4、市長又は、区長、若くは関係職員は必要に応じ協議会に出席し資料の提供調査並にその運営について協力援助する。しかし、議決権は持たない。

五、協議事項

1、区協議会

A、市長又は区長の諮問事項に関する審議答申

B、各区内における、新学制実施に伴う一般問題（校数、位置、通学区域、施設資材財源等）

C、教育関係諸団体の発達その他教育上、重要事項

2、市協議会、A市長の諮問事項に関する審議答申　B新学制実施に伴う一般基本問題（校数、位置、通学区域、施設資材財源等）、C教育関係諸団体の発達その他本市教育に関する重要事項

六、従前の協議会は一応解散するものとする。

（6）大阪市教育委員会天王寺区事務局長発、大阪市教育委員会教育長宛、昭二五・八・二二付「六、三制学校施設功労者推薦調書」大阪市教育委員会施設課企画係『六・三制実施にともなう美談、苦心談並びに悲劇推薦について、昭和

二十五年八月』。本簿冊作成の経緯は以下の通りである。発端は文部省通知「六・三制実施にともなう美談、苦心談、悲劇について」(文施設第一九五号　教育委員会宛　管理局長)によって、各教育委員会から件名について収集し記録として保存、歴史的資料としようとしたことにある。大阪市教育長は文部省の再度の求め(文施第三六二号通知、昭二〇・七・二〇付)に応じ、各学校から市教委区事務局を通じて募集(昭二五・八・一五)、推薦調書を本簿冊として保存した。被推薦者は、市区新学制実施協議会委員、各学校建設委員、PTA関係者が多く、記載内容から当時の実情をうかがえる貴重な資料となっている。大阪市教育センター所蔵。

(7) 註(5)新学制実施協議会要項、三―2。

(8) 註(6)各区事務局長推薦調書。

(9) 平河源一郎都島区長発　近藤博夫大阪市長宛「都島区義務教育施設五ヶ年計画委員会設置経過報告について」、大阪市教育局施設課『学校申請書綴(新中　二十二・三年度)』。

(10) 大阪市教育局庶務課企画係　昭二二・一二・二七付回覧「大正区諸学校設備改善具申について」、同前『学校申請書綴(新中　二十二・三年度)』。

(11) 同前。

(12) 福地義文「創立30周年を祝して」大阪市立大正東中学校編発行『創立30周年記念誌』、一九七七年、五頁。

(13) 註(10)「大正区諸学校設備改善具申について」。

(14) 赤塚康雄『続消えたわが母校　なにわの学校物語』柘植書房新社、二〇〇〇年、六四頁。

(15) 大阪市立大正中央中学校記念誌編集委員会『50周年記念誌』、大正中央中学校創立50周年記念事業委員会、平成九年、一七頁。

(16) 大阪市教育委員会大正区事務局長発大阪市教育長宛昭二五・八・二一付「六三制学校施設功労者推薦について」註(6)、『六・三制実施にともなう美談、苦心談並びに悲劇について　昭和二十五年八月』。大阪市都市協会『大正区史』大正区制施行後十周年記念事業委員会、昭和五八年、三九〇頁～三九一頁。

(17) 註（12）『創立30周年記念誌』、五頁。
(18) 註（16）大正区事務局長発「六三制学校施設功労者推薦調書」。
(19) 同前。
(20) 南西諸島連盟としての借用であるので、沖縄県出身罹災者住宅であると推定できる（大阪市教育センター『戦後大阪市教育史Ⅱ』、昭六一、一五三頁）。
(21) 大阪市教育委員会生野区事務局長発、大阪市教育委員会教育長宛、昭二五・八・二一付「六三制学校施設功労者推薦理由書」註（6）。
(22) 占領軍の指令という考え方は地方のリーダー層に見受けられる。例えば『戦後教育改革と地裁』（赤塚康雄、風間書房、昭和五六年、八二頁、八三頁）参照。
(23) 註（21）生野区事務局長「六三制学校施設功労者推薦理由書」。
(24) 同前。
(25) 未決定の五区は生野区ほか北・西・浪速・東住吉各区。星印が付され、「三月十日頃には大体確定見込」と付記してある。
(26) 大阪市立東生野中学校創立五〇周年事業記念誌委員会『大阪市立東生野中学校創立五〇周年記念誌』、東生野中学校、平成九年、一一頁。
(27) 大阪市立大池中学校ＰＴＡ広報委員会編発行『大池　創立三〇周年記念』、昭和五二年、五二頁。
(28) 註（21）「六三制学校施設功労者推薦理由書」。
(29) 註（26）『大阪市立東生野中学校創立五〇周年記念誌』、一一頁。
(30) 同前、一二頁。
(31) 大阪市立十三中学校十周年誌編集委員会『大阪市立十三中学校』ＰＴＡ・生徒会・同窓会、昭和三二年、一三頁。大阪市学制改革協議会、東淀川区新学制協議会を新学制対策委員会と誤記。
(32) 川端直正編『東淀川区史』、東淀川区史編集委員会、昭和三一年、一二七頁、ただし、啓発・成小路小学校（昭二一・三休校）

(33) 大阪市教育部校舎管理係『昭和二十二年四月十日現在　大阪市立学校々舎目的外使用状況調書』、頁数なし。を除いてある。
(34)「昭和二十二年七月、新学制実施協議会委員になると同時に区協議会議長となり」の記事による（大阪市教育委員会東淀川区事務局長発　大阪市教育長宛、昭二五・八・二一付「六三制学校施設功労者推薦について」（註（6）所収)。
(35) 大阪市立柴島中学校創立五〇周年記念誌委員会編『柴島』、創立五〇周年記念事業委員会、一九九七年、二九頁。
(36) 瑞光中学校記念誌編集委員会『創立三〇周年記念誌』、創立三〇周年記念事業委員会、昭和五三年、一二頁。
(37)「淡路中学校沿革誌（抄）」、大阪同和教育史料編纂委員会『大阪同和教育史料集』第四巻、部落解放研究所、一九八五年、二五頁。
(38)「美津島中学校沿革誌（抄）」、同前、一五〇頁。
(39) 同前、美津島中沿革誌には、二三年四月の条に「南方小学校卒業生は解体し、第二・第五の両中学校に送り」とある。なお「第二」は「第一」の誤記である。
(40)『教育タイムス』第三七号、昭和二三年二月一三日。
(41) 都島二中（高倉中）新設。同前『教育タイムス』の「各区間に校舎の横取り競争が相当熾烈」との記事もある。
(42) 大阪市教育委員会庶務部施設課「新庄小学校校下別通学児童数について」『昭和二十四年度　収容対策一件　施設課』。そこに「小松通には戦前から小学校新設予定の用地を確保してあったが、戦後、新制中学校用地の確保難からこの地に中学校々舎を建築した（瑞光中学校）」と述べられている。
(43) 註（36）『創立三〇周年記念誌』（瑞光中）、一二頁。
(44) 註（38）「美津島中学校沿革誌抄」。
(45) 新修大阪市史編集委員会『新修大阪市史』第七巻、大阪市、平成六年、七二八頁。
(46) 大阪市立高倉中学校『高倉中学校沿革誌』、開校日生徒数一年四二七人、二年六七人、三年八人。二、三年は淀川校高等科から。

(47) 大阪市立都島第一中学校長福山孫治発　大阪市教育局長宛、昭二二・一一・二六付「中学校新校舎設立御願ひ」、註(9)『学校申請書綴（新中　二十二・三年度）』。
(48) 大阪市教育局「都島区義務教育施設五ヶ年計画について」（『昭和二十三年度　決裁綴　施設課第一企画係』）に綴られた都島区長発　近藤大阪市長宛　昭二三・七・二九付「都島区義務教育施設五ヶ年計画委員会設置経過報告について」。
(49) 昭和二三年「元大阪市立桜宮高等女学校校舎を引継」ぎ、「四月二〇日開校式・入学式を挙行」した（桜宮中学校創立五〇周年記念誌編集委員会『桜宮』、桜宮中学校、平成一〇年、一四頁。
(50) 昭和二三年度「入学者一九九名」そのうえ「転入学生多数」に上り「教室不足のため一階廊下を仕切り職員室」とすることで教室を生み出した（註(46)『高倉中学校沿革誌』。
(51) 都島区義務教育施設五ヶ年計画促進委員長ほか三促進委員長名で中馬大阪市助役及び板東大阪市教育局長宛に提出された二通の昭和二三年七月二九日付の「陳情書」には「一眺千里の焼野ヶ原も今では段々と建築され、校地に理想な五千坪内外の土地を求めるとしても、今後の模様では相当な難問題が付随して仲々調停が纏らない」とある。なお、中馬大阪市助役宛陳情書は、註(9)『学校申請書綴（新中二十二・三年度）』に、阪東大阪市教育局長陳情書は、註(48)『昭和二十三年度　決裁綴　施設課第一企画係』にファイルされている。
(52) 都島三中（都島中）は昭和三三年に開校するが、校地買収が難航、「折角つくった公園が都島中学の敷地としてマル飲みにされてしまった、当時の大阪市教育委員会関係者の時代感覚の欠如とイージーゴーイングな行政態度に対して、区画整理事業の責任者の一人として（略）自己の非力が心から悔やまれる」（野々村五四男「われらの郷土・中野町の小史」（大阪市立中野小学校創立五〇周年記念誌委員会『なかの』創立五〇周年記念誌委員会、昭和五二年、六七頁）との批判のなかで現在地を校地とした。
(53) 註(48)「都島区義務教育施設五ヶ年計画について」。
(54) 註(46)『高倉中学校沿革誌』、なお、落成式は昭和二四年一一月二日に挙行された（『昭和二十四年度　新制中学校

落成式一件　教育局』。

(55) 大阪市教育委員会都島区事務局長宛　大阪市教育長発　昭二五・八・二五付「六・三制学校施設功労者推薦について」註（6）。

(56) 武藤治太　松田尚士『カネボウの興亡』、国民会館、平成二三年、二〇七～二〇八頁。有本勝「ああ！野球の全鐘紡」『大阪春秋』第一三三号、新風書房、平成二一年、一一二頁～一一三頁。

(57) 阿部彰『戦後地方教育制度成立過程の研究』、風間書房、昭和五八年、二一三頁～二一四頁。

(58) 註（5）『新学制実施協議会綴　生野三中』。「市町村教育協議会設置について」全文は『大阪市戦後教育行政資料(1)』（大阪市教育研究所編発行、昭和五三年、一六九頁～一七二頁）に復刻。

(59) 大阪市教育委員会港区事務局長発、大阪市教育長宛、昭二五・八・二一付「六三制学校施設功労者推薦について」の太田松太郎「推薦理由書」の「本協議会が昭和二十四年一月　教育委員会制度の発足に伴い発展的解消するまで」の記載及び太田松太郎「履歴書」の「自昭和二十二年十一月十日　至昭和二十四年一月二十九日　港区新学制実施協議会一般代表委員、副議長」の記載から判断した。

第六章

戦争孤児、在日朝鮮人、スラムの新制中学校

第一節　戦争孤児の新制中学校

母の声

母の声、母の声、
あの時　聞いた　あの母の声
木の根のように耳の中にひそんでいる

『戦災孤児の生活記録　羽曳野学校』に掲載された中学生の作品である(1)。羽曳野学校の正式校名は、大阪市立郊外羽曳野中学校で、大阪市南郊、羽曳野丘陵の北端に建てられた戦争孤児のための新制中学校であった。戦争孤児は戦時期、閣議決定・学童疎開促進要綱（昭一九・六・三〇）、学童疎開強化要綱（昭二〇・三・一六）に基づき実施された学童疎開施策により親子が都市と農山漁村に別れて生活させられた結果として生まれ(2)、以後、生涯通してその逆境に苦しまねばならなかった。新制中学校の時期はその一過程に過ぎない。

（一）戦争孤児の大阪市立郊外学園への受入れ

（1）戦争孤児の受入れ準備

　戦争が終わったとき、疎開先には多数の戦争孤児がいた。疎開学童を都市へ復帰させるには、まず、孤児の保護先を確保しておかなければならない。文部省は昭和二〇年九月一五日、都道府県へ「戦災孤児等集団合宿教育所」の設置を要請する(3)。疎開学童の復帰を指示したのは、その一〇日後の九月二六日である。

　大阪市教育局では、戦災孤児等集団合宿教育所を大阪市立郊外学園に併設することにして(4)、調査を行うと、集団疎開地の児童五万三二七七人、そのうち戦災孤児一四三人であることが明らかになった(5)。孤児は浪速・北区二五人、都島区二一人など疎開地引揚げのとき、大阪駅到着の学校に多いことも判明した。

　こうした事態を反映して、大阪市教育局から各学校に通知された「戦災孤児市立郊外学園ニ収容ノ件」(6)は入園時の注意事項として、「引キ揚ゲ児童大阪駅ニ到着シタルトキハ、曽根崎《そねざき》国民学校ニ集合セシムルコトナク、駅ヨリ直チニ、城東線若クハ地下鉄ニ依リ、学校職員付添ノ上、男児ハ長谷川郊外学園ニ、女児ハ助松郊外学園ニ送リ届ケ」るように指示していた。愛媛・香川・徳島・広島・滋賀・福井・石川・京都各府県からの引揚げは、大阪駅に集中するので、ホーム・駅舎での混雑を避けるため、大阪駅に近い曽根崎国民学校（大阪北小改称を経て平成一九年扇町小へ統合）を解散場所に指定されたが、戦争孤児は曽根崎校へ寄ることなく、直接城東線（現JR環状線）または地下鉄に乗り換えて郊外学園へ送るよう手配された。城東線利用は天王寺駅を経て現近鉄南大阪線阿部野橋から道明寺駅下車、長谷川郊外学園へ、地下鉄は難波駅から現南海本線助松駅（当時松ノ浜駅改称昭三五）下車、助松郊外学園への道順を指定していたのである。

（2）郊外長谷川・助松両学園への受入れと孤児の心境

郊外学園への道は、戦争孤児にとって険しい道であり、厳しい戦後の始まりであった。長谷川郊外学園へ入ったある男子児童は「皆が兄さんや父母につれられて家に帰って行くのに、僕には誰一人として迎えに来てくれる人がなかった（略）。先生に『行こう』と肩を軽くたたかれた時は、もう日は西に沈み、あたりは薄暗くなっていた。あとからあとからとめどもなく涙が出て仕方がなかった」(7)と回想し、受け入れ側の長谷川学園の職員は、「昨日は三人、今日は五人と、リュックに柿や栗などの土産つめこみ」入所してくる疎開帰りの子どもに「孤児になったことを知らぬ者がいて、またしても涙をそそられる」(8)出迎えとなった、と述べている。

こうして長谷川学園へ収容された戦争孤児は、一〇月一四日現在で二七人を数え、助松学園では一〇人が保護された(9)。その後も増加するが、一四三人（一〇・九付調査）にはとても及びそうにない。教育局による「扶養義務者ノ（略）再調査（略）」(10)指示もあって、遠縁、知人などへ預けられた戦争孤児がいたからである(11)。ただし、いづらくなって家出、浮浪児の道をたどった孤児もいる。

昭和二一年も下半期に至ると郊外学園に保護される児童が急増。長谷川学園を例にとると、二月以降収容した外地引揚孤児を含めても三〇人前後で推移していた児童数が、六月一一三人、八月一四六人、一〇月一五二人へと増加する(12)。そのため一寮舎を増設、三寮舎となった。昭和二二年度初めには九七人とやゝ減少傾向であるが、新制中学校生となった四一人を加えると一三八人が保護されていたことになる。ちなみに、その時、助松学園は一二二人を数える(13)孤児が収容されていた。

増加要因は、厚生省の「主要地方都市浮浪児保護要綱」(14)、文部省の「外地引揚児童及び生徒の集団合宿教育について」(15)等の指示に基づき、浮浪児を収容することになったからである。文部省通知には浮浪児は大体戦災又は外地引揚等の事情によると断ってあった。

(二) 郊外学園の改組と戦争孤児の保護

(1)「戦災孤児等集団合宿教育所」設置、児童福祉法実施に伴う改組

大阪市の郊外学園は、文部省の「戦災孤児等集団合宿教育所」」の設置及び戦後改革の進展により、組織改組と名称変更を行う。集団合宿教育所開設の条件として、文部省から学校（教育）と寮舎（生活）の分離を求められたので、長谷川郊外学園を大阪市郊外国民学校に、助松郊外学園を大阪市郊外国民学校助松分教場に改め、寮舎を生活保護法に基づく長谷川学園と助松学園とした。実際に集団合宿教育所が認可されるのはずっと後であるが、予算措置が逆上って執行される昭和二〇年一〇月一日を改組改称の日と定めた。

続いて、学校教育法施行による大阪市立郊外小学校、同助松分教場への昭和二二年四月一日付の改組を経て、昭和二三年四月一日の大阪市立郊外長谷川小学校、同助松小学校の設置に至った。後者は児童福祉法全面実施（昭二三・四・一）に伴う児童福祉施設・長谷川学園、助松学園への切替えに合わせた改組であった。以後、学校、寮舎を含む意味で郊外長谷川学園、同助松学園と略称されることもある。

(2) 浮浪児収容と教育の転換

こうした改組を続けながら、「戦災孤児等集団合宿教育所」として浮浪児となった戦争孤児も受け入れていくが、孤児を見る社会の眼は厳しかった。大阪で最も多くの孤児を保護した博愛社（東淀川区、現在淀川区）の小橋かつ

えは八月一五日を境に「昨日までの同胞感はむきだしの自己保存欲」(16)に変ったことを憂えたが、自らの生活の厳しさに他人を慮《おもんばか》るゆとりをなくした市民は、孤児を偏見の対象にし、ストレスの吐け口にして(17)生きる支えとしたのである。そうした社会に反発しながら、時には敵意をむき出しにターミナル駅舎や地下道を塒《ねぐら》に闇市周辺で食べ物を得て必死に生き抜こうとしたのが浮浪児であった。

彼らを保護し、施設へ送る役割は、大阪市立梅田厚生館（大阪市立市民案内所改組）が担ったが、昭和二三年度末、助松学園には二〇五人が収容されている(18)。彼らについて園長は「平気で嘘を言う。自分の名前も住所も嘘であった場合が往々ある」、「めったに笑わない。笑いはあの世に捨てたというようなむつかしい顔をしている」、「叱られても誉められても顔色に表わさない」、「入園したその晩から脱走の機会をねらっている」と感想を洩らすとともに「街に焼け出され、大人にだまされ、ボスに搾取され、闇市場の盛況に幻惑され、社会道徳が全く地に墜ちたおかげの一時的現象」(19)と原因をとらえていた。しかし、教育となると「こんな子に馴れない職員たちは、皆困った。毎日の報告は失敗の連続である」と総括しなければならなかった。基本的な生活習慣と規律の回復、基礎学力を重視して、訓練主義、画一主義の方法を採った結果であった。

この失敗に学んで、郊外助松小学校の教育は、個性の伸長を軸に生活経験学習を採り入れ、海浜に立地する環境を生かし、例えば「海に学ぶ」をテーマに理科、算数、社会科の授業を展開、同時に音楽、舞踊、野球、気象観測、動物飼育など子どもが継続的に没頭できる環境を整えた。教育内容方法の転換によって、「児童は落ちつき、愉快に朗らかに、よく勉強するように」変り、「乱暴な行為は急激に減少し、脱走などは過去の夢となった」(20)という。

ただ、脱走だけは教育内容方法の転換だけで防げるほど生易しいものではなかった。寮母がリュックを背に買い出しに農村を回り、教師は二段歩ばかりの土地を開墾して腹の足しになる作物を育て、食糧難を緩和した結果であり、動物飼育の豚・鶏が蛋白源になったからであると考えられる[21]。何しろ、大阪市民の生活は、何度も述べたように昭和二二年九月末には遅配三一日に達し、遅配が解消した昭和二三年八月末の配給は主食の名で輸入小麦粉、ナンバ粉、乾あんず、じゃがいもなどの代物が月の半分を占める状況で[22]、一人一日五七七キロカロリー（昭二三・八現在）しか、摂れない[23]時代であった。ララ物資[24]による食事だけでは脱走を止めることはできなかったのである。ちなみに、現在の学校給食小学校中学年一食六四〇キロカロリーである。

（三）大阪市立東住吉一中（摂陽中）長谷川学園中学部分校の発足

戦災孤児等集団合宿教育所としての郊外学園に入って一年半後の昭和二二年四月、新制中学校制度が実施され、中学校年齢に達した孤児らは新設された大阪市立東住吉第一中学校（現在平野区摂陽中）「長谷川学園中学部分校」[25]の生徒となった。教室は長谷川学園の敷地外に建つ近畿日本鉄道(株)所有の一軒家を借用した和室一室であった。学園内に中学校の分校を設置しようとしたが、郊外長谷川小学校の児童だけで満杯で中学校に教室を譲れるほどの余裕がなかったのである。三年生はいなかったので、一・二年の生徒四一人を和室に入れての複式授業となった[26]。

前年度、高等科一年の児童を地域の南河内郡国分国民学校へ委託したので、地元の新制中学校へ通学させる構想を持っていた可能性も考えられる。学園内に中学校分校開設へと転換したのは国民学校在学中に「いじめ問題」が発生[27]、欠席した児童を郊外長谷川小学校が学園内で教育に当たる日が続いた[28]経緯からであろう。

こうして、長谷川学園中学部分校の発足となったが、九月には生徒四三人を数え学年別内訳は義務制一年が三三人（男二四、女九）、高等科から編入学した非義務制の二年生一〇人（男八、女二）であった。この生徒たちの学園への入所理由は、「戦災孤児」一三人、「外地引揚孤児」五人、「生活困窮児」二四人、「身体虚弱児」一人である(29)。ここで使用された「戦災孤児」、「外地引揚孤児」等の区分は、当時の行政による孤児たちの分類用語である。もちろん、「浮浪児」という区分はないが、彼らのなかに何人かいたはずである。

東住吉一中の分校とされたのは、大阪市行政の都合であるが、生徒にすれば厳しい時期を過ごしてきたこともあって、不自由で貧しい中学校生活を「今迄と異った面白い事、楽しい事が続いた。本校（東住吉一中）の生徒と野球したり、本校を見学したり楽しく勉強した」(30)と本校との交流を楽しくとらえている。

分校としての中学校教育が正常な姿でないことは明らかであった。二学期に入って、長谷川学園長・大阪市郊外小学校長の山根敦美は、次年度以降を展望して、学園敷地内への独立中学校々舎の建設を構想、大阪市教育局長宛に九月二二日付で「新制中学校校舎建設方申請」(31)を提出した。そこには、二三年度生徒数一〇〇人、三学級（一、二、三年）、二四年度生徒数一五〇人三学級（一、二、三年）に達するので普通教室三室と特別教室二室及び職員室、宿直室等を含めた校舎建設を求めていた。特別教室は孤児が卒業後、独立して生きていくための技術修得上、必要との説明もなされている。申請は、希望事項として「百五十名の中学校のみを収容する寮舎をも同地に建設願はれるなれば孤児の幸福此の上もない次第」と訴えて終わっていた。

前記申請で思わしい結果が得られなかったのか、三か月後の一二月二二日、今度は大阪市長に宛て、「戦災孤児、外地引揚児等集団合宿教育新制中学校設置の件」(32)を提出した。そこには「現在収容し居る長谷川学園には百五十五名の児童が居りもはや之れ以上収容の余地はありません」と現状を述べたうえ、「長谷川学園には適当な敷地となるべき土地も数個所あり」、そこへ「大阪市有の旧校舎を移築して戴きますれば比較的容易に実現出来る」と具体的方法にまで踏み込んでいた。さらにそれが不可の場合、「中等部を独立させ、生徒が将来、早く自活し得る職業教育も加味した新制中学校」とするため、「之に代る市有の施設を充当」するよう求めた。ここには、分校からの独立の思いを読みとることができる。「新制中学校設置の件」（傍点赤塚）の件名を付した所以であろう。

（四）大阪市立郊外羽曳野中学校・羽曳野学園の新設

昭和二三年四月一日、かねての要望通り、東住吉一中の分校から大阪市立郊外羽曳野《はびきの》中学校として独立、生徒保護施設として大阪市立羽曳野学園が新設された。この中学校の目的を「郊外中学校規則」[33]は「戦災孤児等の集団合宿教育施設として、学齢に達した（略）生徒を収容し、学校教育法による（略）中学校の教育を授けるとともに、特に生活勤労等の指導をなす（略）」（第二条）と明確に規定し、前年度の分校時代に曖昧だった「戦災孤児等の集団合宿教育施設」としての中学校であることを明らかにした。当然、指導内容は「生活勤労」の教育重視となった。生活面でいえば、「生徒の収容施設」として寮舎「羽曳野学園」を設置した（第五条）。

郊外羽曳野中学校長、羽曳野学園長には郊外小学校長、長谷川学園長の山根敦美が就任した。前任校長谷川学園の記録に「長谷川小学校卒業生を中学に収容する必要上、子供達の将来を考え、羽曳野中学を創設し同校長に栄転」[34]とある。教育局長、市長への前記陳情からも、山根が羽曳野中を創設したと言っても過言ではあるまい。山根には「広島の原爆で孤児となった娘の忘れ形見を世話」[35]している心情と重なり、戦災孤児に寄り添ってやらねばの気持が強かったのである。

「郊外羽曳野中学校」と命名されたのは、羽曳野丘陵北端に立地したからである。元々、同地にあった大阪市立青年学校錬成所の施設（南河内郡埴生《はにゅう》村埴生野《はにゅうの》・現在羽曳野市）を転換したのである。

この施設は、以前、戦災孤児等集団合宿教育所の候補に挙げられたことがあったが、占領軍が進駐していて取り止めたという経緯がある[36]。占領軍は、すぐ出ていったが、後は空き屋となって荒れるがままになっていた。したがって、直ちに使用できる状態ではなかったし、まず「炊事場の整備、寮舎への模様替え」[37]が必要であった。

それでも、山根校長は設置の日をせめて記念日としたいと考えて、長谷川学園の生徒たちを引率、羽曳野丘陵の青年学校跡を訪れる。そこには朽ちかけた校舎のほかは草、雑木、竹林に覆われた未利用地がただ続いていて、一人の寮母が「兵舎跡は笹とすすきが子供の姿を隠した」[38]と回想したような原野であった。西側の崖下に大阪府立結核療養所羽曳野病院（現府立呼吸器アレルギー医療センター）が二階建木造病棟で開院する（昭和二七年）前であり、この高台から四方を眺望できる光景は、生徒たちに鮮烈な印象を残したのか、「前には金剛・葛城の山々そびえ、はるか北には、大阪城と大阪の街々が広々と見える。西南には青々とした堺の海が望《（ママ）》まれる」と感想を書き、「そこに僕たちの学校が建設されるのだ」と期待を込めて綴った[39]。

（五）郊外羽曳野中学校の開校

（1）長谷川学園での開校

羽曳野の独立校舎へすぐに移れないので、とりあえず長谷川学園を借用して開校することになった。昭和二三年四月八日、「長谷川学園より七二名、助松学園より一五名、合計八七名入学せしめて、開校・始業式を挙行」[40]した。授業は、前年度に引き続いて近鉄からの借家で行われたので、一層の満員状態に陥った。しかも、教員は校長を含めても三人で、「校長先生から理科を習うかと思えば、寮に分かれて寺子屋式の勉強」で、寮舎が使用できないときは、「運動場に本を持って出て、青空の下で勉強する」[41]日が続いた。

こうした光景は、発足期のどこの新制中学校でもよく見られ、その間、地域やＰＴＡによって、独立校舎の建設が推進されていたが、この地域と親のないのが、戦争孤児の中学校で、校舎、寮舎の準備作業は、教師と生徒の肩に掛かることになる。校長は「家なき孤児のために、われらの家としての学園、われらの学び舎としての学校を生徒と共に創る」(42)と強い意志を示し、生徒は「自分たちの学校が建設されるのだ、という楽しみで、互いに励まし合い助け合って一致協力して頑張」(43)ることになる。

(2) 校舎・寮舎の改装作業と農場づくり

五月初旬、三年生男子生徒八人が、元青年学校へ泊り込みで学園建設作業に入った。主な仕事は大工の手伝いと農場づくりである。農場づくりには、まず開墾作業が必要であった。農場は、文部省の戦災孤児等集団合宿教育所設置条件の一つで、「附属農場を附設セシムルコトトシ児童ノ勤労教育ニ充テシムルト共ニ出来ル限リ食料ノ自給自足ノ方途ヲ図ラシムルコト」(44)とされていた。だから、「僕たちが重い開墾鍬をふるって開墾」に精を出すことになる。以下、二・三年生徒二人の作文(45)を通して、学園建設作業を追っておこう。

泊り込みの作業となるので、寝具を必要としたが、学校長が「工面して造って下さった」と綴っている。その寝具を「盗まれない様に昼の疲れた体で夜警した事も何回も」という物不足の物騒な時代であった。不足と言えば、何と言っても食糧である。食事は二年生が長谷川学園から朝、「昼、晩と、ララ物資のミルクの空き缶に入れた食事をさげて往復三里の道を通った。(略)羽曳野で待っている先発隊の事を思うとやめられなかった」。三年生からすれば「長谷川から遠い道をいつまでも運んでもらうのは気の毒だというので三年生だけで自炊する事にし」て、農場づくり、大工、電気工などの手伝いを続けた。

やがて、校舎、寮舎の工事も終わりに近づき、農場づくりも一段落した。一定程度の畑ができ上がると、季節に合った作物を植えることになり、肥料を入れる段階に入った。肥料運びは、長谷川学園にいる女子生徒も担当した。その様子が作文に以下のように綴られている。「芋畑に下肥をやるのに、一杯の肥桶を二人でかつぐのはなかなかであった。（略）女生徒も、毎日、街中をはずかしがらずに、肥桶をかついで下肥を学校に運んだ。暑さのきびしい日中など、体の弱い者は日射病で倒れることさえあった」。当時、下肥は貴重な肥料で、購入しなければならなかった。だから長谷川学園の便所から汲み出されたと思われるが、羽曳野学園まで運ぶには、石川の堤防を南下し、臥龍橋（現在の橋ではない―赤塚）を渡り、近鉄線を越えて竹之内街道を西に進むと府道一九〇号線とのT字路に出る。それを南にとるとやがて羽曳野学園前となる。七キロメートルの道のりで、二時間近くを要したであろう。

こうした苦労の肥料を吸い込んだ「畑ではもうさつま芋の苗の根が張り出し」、その頃には建設作業は最終段階に入る。最後は各寮舎への畳の搬入であった。その状況を三年生の生徒は「寮の建設も出来上ったが、中に入れる畳がなかった（略）その畳を運ぶ自動車が（略）やって来たが、古市坂で車が動かなくなった。（略）長谷川学園からも手伝いに来てもらって、山と積まれた四百枚の畳をえっさえっさと一枚づつ、寮へ寮へと運んだ」と綴り、一年生の生徒は「朝食前に羽曳野へたたみを運びに行った。何回も何回も、たたみをかついで、坂道を行ったり来たりして、九時半頃にやっと運び終わった。この畳は古たたみであるが、（略）校長先生が苦労して市内の学校にあったものをもらってきて下さったのである。この畳が入ると、もう移転できることになった。」と書いてある。

（3）羽曳野校舎・寮舎への移転と生活

昭和二三年七月一五日は、借家住まいの郊外長谷川小学校、同学園を立退き、自前の郊外羽曳野中、学園に移転した記念すべき日となった。開校式典は、後日、一一月五日に挙行されるが、七月一五日こそ、教職員、生徒たちにとって実質的な開校日であったことが、以下の生徒作文から伝わってくる。

七月一五日、待ちに待った羽曳野丘に移る日である。なつかしの長谷川学園の先生方や生徒の諸君に送られて、僕達中学生は大八車に荷物を積んで羽曳野へ移ることになった。

その夜、落ち付いてから、校長先生や諸先生方と我々は、万歳を叫んで喜び合った。

厳しい労働のうえにようやく獲得できた校舎であり、寮舎であった。教職員、生徒一体となって喜び合った姿を我々も容易に想像できる。しかし、翌日から次の作業があり、食糧を初めとした心配事を解決していかねばならなかった。作文は次のように続く。

新居に一夜は明けて、我々は校内の清掃にかかり、羽曳野中学生の一歩をふみ出した。

校舎や寮の建物は出来て羽曳野へ移ったものの、これからが又なかなか大変である。米の配給もらいながら燃料それに水の事等、生活に必要なものを全部心配しなければならないのである。

ここに述べられたように、「生活に必要なものを全部心配しなければならな」かったが、その第一は食糧であった。戦時、戦後を通じてわが国の食糧事情が最悪に陥ったのが、昭和二二、二三年で、孤児たちが羽曳野へ移った昭和二三年の八月末には、大阪の配給は米などは無くなり、主食の名で輸入小麦粉、ナンバ粉、じゃがいもなどの代物が月の半分を占める事態となっていたのだ（本節第二項）。食糧を確保するために生徒たちは農家の手伝いに出たようで、「配給だけではどうする事も出来なかったので、百姓さんの家に手伝いに行っては、米をたくわえたりした。ある時は汁にうかす菜葉の葉さえ一枚もなく、ある時は何も食べる物がなくて、青の小さい馬鈴薯を食べたり、苗木の『つる』を取った後の甘藷をたべたりした。」と証言する。

（4）「なすことによって学ぶ」羽曳野の教育

「なすことによって学ぶ」は、山根郊外羽曳野中学校長の教育信条であった。前任校の郊外小学校・長谷川学園においても、子どもの興味、関心から出発する生活体験学習を展開、大きな成果を挙げ、現在に至るも、郊外長谷川小・中学校の教育指導方針として継承されている(46)ほどである。元々、山根は大正一〇年の堺市立殿馬場尋常小学校長、続く昭和六年の大阪市立菅南尋常小学校長として、「なすことによって学ぶ」教育を実践した実績を持っていた。殿馬場小では、約三千坪の土地を借用し体験学習を実践、菅南小では、千里山花壇の東側隣接地一千坪を京阪電鉄から借り受け、竹藪を開墾して花卉を栽培、合わせて設置した学舎とプールで教育効果を挙げていた(47)。大正期から昭和初期にかけて現われた労作教育による新学校運動の影響が考えられ、それを郊外学園の教育に適用したのであろう。

この山根校長の教育理論を生徒たちは一層自分のものとしたように思われる。それをうかがわせるものが以下の作文である(48)。

大きな雨天体操場は、大阪市内の各学校から譲り受けた木工機械をそなえつけて、木工場として活動するようになった。木材工作班がそこで学習と職業を身につける為に、真剣に仕事をした。大工さんの手伝いをしながら技術の講習をしていただいたり、道具の手入法を教えてもらったりした。手習いに木片をもらって木箱を作ったり、棚のつくろいをしたりした。なすことによって学べとは校長先生がいつも我々にいわれることである。農業と畜産を主とした農耕班も出来て畑の手入は勿論、山羊・兎、鶏等を飼って学習と共に栄養の補給に全力をそそいだ。

ただし、山根は重大な責務を背負っており単なる労作教育の段階に止まっていられなかった。重大な責務とは、生徒は孤児であり、中学校卒業と同時に一人で生き抜く力、自活する技術を身につけておいてやらねばならないということである。山根自身「『立派に自活出来る知識と腕と態度、良き社会人としての意識』を身につけさせる為には、来る日も来る日も私には重大な課題が覆ひかぶさって来て止む時がない。」(49)と述べている。したがって、この山根の課題解決に近づくための「なすことによって学ぶ」教育の追求であったと解してよいであろう。これが羽曳野教育であった。

日々の教育は、当然ながら生活体験学習となった。例えば午前中、生徒の生活に直接必要な課題を材料にし、教科書からそれに関連した内容を選び出して学習し、午後の実習は午前中の学習の実際化を図る。逆に午後の作業が、翌日の教科学習につながる日もある。食糧確保のために、畑作業をすれば、翌日、それに関連する国語、理科の学習を行う(50)など、実習（作業）と知識・技術の修得は一体化して進行した。わずかな手伝い仕事にもそれが適用された。電燈線を引く手伝いをするときは理科で電気の教材を学習し、梃子の原理を学べば、工作道具の使用実習という具合であった。

しかし、いかになすことによって学ぼうとも、知識のための知識、技術のための技術に止まってはならず、生きる力、自活への力に転化しなければならない。次の作文にその片鱗をうかがうことができよう(51)。

羽曳野中学校に移ったのは、僕が中学校の二年生になった七月であったが（略）大工さんが寮や教室の内造りに来ていたので（略）木や板の切り端がその辺に散乱していた。（略）仕事に来ている大工さんに、のこぎり・のみ・かんなやさしがねの使用法を初めて教えてもらった。（略）未だ日用品の出まわりも悪く、下駄なども値段が高くてなか〳〵手に入りかねる時分であったので、木の切端を拾って来て僕達は下駄を作り初めた。それを一足五円で希望者に分けてやったが、それを見て、校長先生の御顔もみんなの顔もにこ〳〵と如何にもうれしそうだった。学校の木工班が出来たのはその頃である。その後、上等な木工用具も追々買い整えられ（略）、僕達の技術の上達と共に、次第に、下駄箱・洋服だんす・本箱・応室用セット等と注文に応じて製作出来るようになった。又、学校の机・いす・本棚をこしらえたり、破損した所を修理するのは、僕達工作班の仕事になるようになった。

中学生の一連の作文の中に農耕班、工作班という班名が登場していた。ほかに気象観測班、飼育班など数種の班が設けられている。生徒が継続的に没頭できる環境を設けたのである。生徒たちが個々の個性と興味に応じた班を編成、学習活動の基底になっていた。また各班が連繫、協力し合う関係であったことは、気象観測に属する生徒の以下の作品(52)から明らかになる。

五月二十七日、授業の前に観測所に行くと、湿度計の水がきれていたので入れておいた。十時に測定に行くと、気圧—一〇一三ミリバール、気温—二三度、湿度—五六％、秒速七メートル、北東の風、雲量—三。農耕班の山口君が、明日の天気ぐあいを聞きに来たので、「明日は雨だ。」と予報した。

五月二十八日、勉強していても、雨が降りそうにないので、農耕班に誤りの予報をしたと思うと気が気でなく、十時になるのを待ちかねて、三角点に行って測定した。

気圧一〇〇七ミリバール、雲量七、西の空に黒雲が湧き立っている。秒速、二米ぐらい。一雨来そうであるが降らない。農耕班はいものつる差しを始めている。僕の天気予報が合わないので気の毒でたまらない。度々空を見上げたが降り出しそうにない。三角点から見ると大阪城はかすんで見えなかったが、近鉄のあべの百貨店だけがぼんやり見えた。

五月二十九日、今日は測定が終ってから、いろ〳〵と反省した。（略）昨日のように合わない天気予報をした事は、まだ研究が足りないし経験が少いからだと恥ずかしく思った。

今後は、僕の測定によるまちがわない天気予報を校内放送でみんなに知らせようと思った。（傍点―赤塚）

気象観測班は農耕班に、明日の天気予報「雨」を伝える。それに基いて農耕班はいものつる差しを始める。残念ながら予報が的中せず、翌日から水やり作業に忙しかったと思われるが、こうした班の生きた連繋活動が実践されていた。

文中に「三角点に行って測定した」と述べられているが、校内に小高い丘があり、その頂上に「三角点」が設置されていた。生徒たちは三角点に興味を持ち、そこに観測用器具を配置、測候所と称していたのである。同中学校の寮歌四連に「羽曳野丘の三角点」と歌われ、卒業後も思い出の場所になったようである。学校跡地はいま、住宅街、四天王寺関係の高校、大学となっているが、三角点(53)は住宅街の一画に残り、戦争孤児たちの活動をしのべる唯一の場となっている。

（5）卒業後、独力で生きられる人間づくり

以上のように述べてくると、「先生達の愛の手に抱かれて、世の荒波も知らずに子供達は純真で素直」(54)で何の問題もなく育っているように見える。しかし、戦争孤児の教育と生活指導に当たる学校・学園側にとって、これだけでは不十分であった。義務教育最終段階の中学校の位置からすれば、なおさらそのように感じられた。それは職業科担当の中条教諭の生徒への次の言葉に象徴される。

皆さんは孤児である。恵まれない境遇にある者程、人に頼る気持を持ってはいけないのである。皆で手を握り合って、力を合わして自主独立、あくまでも強く生きぬかねばならない(55)。

中条は、生徒たちが、何となく遊ぶことが生活であるという小学校時代の態度から抜けきっていない事に危機感を覚えたのである。そこで、学校建設に次いで重要な課題である食糧問題の解決を目指して自給農園建設計画を立案、生徒たちに諮った。

生徒たちは皆意気込んで、その日から松林の伐採跡に開墾の鍬を入れた。しかし、これまでの作業と違い、農園建設という大きな計画のもとでの仕事である。三十分と続かない生徒、途中で遊び半分になる生徒、いつの間にかどこかへ行ってしまう生徒が出てくる仕末である。そのたびに休憩を取り、冒頭の〝孤児である君らは人に頼る気持を持ってはいけない〟という話を繰返し聴かせる。生徒たちは魂の琴線に触れるのか、しーんとして聴く。教師には彼らの心のどこかに依頼心が強く働いていて、一種のあきらめの心を持っているように思われて仕方がなかった。中条は農場建設を急いではならない、作業を強要してもいけない、との思いで、一人で毎日鍬を

表 6-1　大阪市立郊外羽曳野中学校教職員年度別推移

職種 年度	校長	教諭	助教諭	講師	養護教諭	事務員	寮母	指導員
1948	1	6	0	0	0	1	3	—
1949	1	7	1	2	1	1	3	2
1950	1	10	0	1	1	1	4	2
1951	1	10	0	1	1	2	7	2
1952	1	10	0	1	1	2	7	3
1953	1	9	0	0	1	2	8	3
1954	1	9	0	0	1	2	8	4
1955	1	10	0	0	1	2	7	3
1956	1	11	0	0	1	2	7	3
1957	1	11	0	0	1	2	7	3
1958	1	11	0	0	1	2	7	3

註(1)　『大阪市学事要覧』『大阪市学事職員録』『大阪市立郊外羽曳野中学校 30 周年記念誌』から作成。
(2)　1948 年度のみ 7 月 1 日現在、他の年度は 5 月 1 日現在の教職員数。
(3)　—は記録なく不明を示す。
(4)　書記、書記補も事務員とした。
(5)　教頭は法制化（1974 年）以前であるので、教諭に含めてある。
(6)　教諭等と指導員兼務の場合、両欄に計上してある。
(7)　ほかに作業員 4 人～ 8 人がおり、実習助手がいる年度もある。

表 6-2　大阪市立郊外羽曳野中学校年度別卒業生徒数（1948 ～ 1955 年度）

	1948	1949	1950	1951	1952	1953	1954	1955	計
男子	6	28	21	26	22	20	30	22	175
女子	2	13	16	14	16	22	20	22	125
計	8	41	37	40	38	42	50	44	300

（『大阪市立郊外羽曳野中学校 30 周年記念誌』）

掘った、という。

中条は教諭であるとともに指導員を兼務していた。したがって、羽曳野学園（寮舎）で三人の生徒を担当、起居寝食を共にすることになる。午前四時、暗い中に起きて、中条は一人で開墾を続けた。その姿に、一人、二人と生徒が鍬を持ってかけつけてくる。「お早よう」「お早よう」、あとは無言の力一杯、打込む鍬の音だけが朝の静けさを破って行く。中条は生徒たちに、「やりたいと思う者は一人でも三人でもよい、有志を募ってごらん」と声をかける。

やがて、三人の孤児が中心となって、一六人の開墾特別班が結成されるまでになった。彼らは一メートル間隔、一列に並んで鍬を打ち込む。その姿に中条は壮観というより荘厳なるものを感じたと回想する。

その過程で、変わり始めた生徒たちの姿を中条は次のように語っている。

「あの子供が！」私は目をみはって眺めた。あのざわ〳〵遊び半分に作業していた四五日前までの子供達の姿と見比べて、不思議に思われてならないのである。

卒業後、一人立ちして生きていくための生徒たちの変容の一過程であった。こうした作業を繰り返して、さらに変わり、卒業期を迎えるのである。

（6）卒業と進路

郊外羽曳野中学校から最初の卒業生が巣立ったのは、昭和二四年三月である。彼らは、国民学校五年から六年にかけて学童疎開し、その間に戦争孤児として郊外長谷川、助松学園に引取られ、国民学校高等科一年から東住吉一中長谷川学園中学部分校二年へ編入学、昭和二三年、独立した郊外羽曳野中学校二年生となった男子六人、女子二人の学年であった。

彼らの中学校卒業後の進路には二つの難問があった。一つは卒業と同時に学園（寮舎）を出ることになるので帰るべき家の確保であり、第二はその解決策としての住み込みの就職先の斡旋であった。

しかし、孤児にとって帰宅できる家庭はなく、山根校長の決断で、学園隣接地の赤い屋根の家屋を借用、卒業生の共同生活の場とし、これを西山寮と命名した(56)。就職については、早く独立して生活させるために、職業指導を重視、時計修繕、刺しゅう、ミシン、洋和裁の講習会を開催、専門家を招いて実習にも力を入れてきたが、折からのインフレ収束のための財政政策の影響も加わり、簡単にはいかなかったようである。結果として、男子六人のうち、二人が学園内で農耕、畜産の仕事に就き、二人が府立富田林高校、一人が同高校定時制課程で学ぶことになった。女子は一人が学園に残り家事、裁縫をやり、一人は大阪市中央病院看護婦養成所へ入所した。

昭和二五年三月には、第二回卒業生四一人を数えたが、うち一一人が家なき孤児であった。彼らのために、校門向いの丘に大工の棟梁の指導で木工班の生徒が二一坪の小さな家を建設した。必要経費は東住吉区の中学生及び篤志家の寄付金で賄われた。前年度の西山寮に対して、この寮舎は東山寮と呼ばれた。東山寮一一人の進路先は、やはり就職口がなかったのか、五人が羽曳野学園内の実習工場であった。進学した生徒は二人が大阪市立生野工業高校、同じく二人は大阪市立工芸高校の定時制であった。

自宅・親戚・知人宅に身を寄せた生徒の主な働き先は機械工場（鉄工・ミシン・バッジ工場）一〇人、事務、商店員四人、家事見習二人などで、進学先としては高校、理容学校・洋裁学校が挙げられている(57)。

以後、毎年四〇人前後が卒業したが、就職口の開拓が羽曳野中の難題で、山根校長は市役所を初め官公庁、学校を訪問しては、公務員、教員の縁故先に商店、工場があれば住み込みの就職依頼をして回った(58)という。このように戦争孤児たちは、絶えず不利益な条件を背負って生きていかねばならなかった。それだけに、その後の人生が気がかりである。『創立二〇周年記念誌』に掲載された卒業生二人の場合を紹介しておこう。一人は第一回卒業生（昭二四・三卒）で、前述の看護婦養成所へ入った女性であるが、羽曳野学園の西側崖下に開院したばかりの府立羽曳野病院（現府立呼吸器アレルギー医療センター　本節（四）参照）に勤務。四年後、悲田院養老院の診療所へ転勤、三年間働いた後、衛生検査技師を志し寄生虫予防協会へ入った。国家試験に一度失敗したが二度目に合格、これからというとき結婚、長男は来年（昭和四四年か―赤塚）、小学校入学の予定と書いている(59)。もう一人は、昭和二六年度卒業の女性で、金網会社の住み込み社員として就職、事務と家事を担当、一一年間の勤務の後、結婚で退職した(60)経歴を持っている。彼女は二年生で大阪大空襲に遭い、両親を亡くし、長谷川学園から羽曳野学園へ入った戦災孤児であった。

創立記念誌に投稿できたということは、辛酸を舐めたとはいえ、その後、成功の人生を送れたということであろう。戦争孤児としてハンディキャップを背負わされて生きていかなければならなかっただけに多くの孤児たちのその後は厳しい生活を強いられたに違いない。羽曳野学園出身のそうした人たちの言葉に接することができなかったので、東京大空襲の孤児の言説を以下に引用しておこう(61)。

本当の苦労はそれからだった。戦災孤児というハンデのもと、何十年ものあいだ、故なくして侮りを受け、社会の底辺にしがみついて生きなければならなかった。一体誰が、どんな形でその責を負うのか。願くば、戦争を知らない世代の人々が、このような地獄を味わうことのないように祈るのみだ。

また、広島市国民学校一年生で被爆したアニメ作家の中沢啓治は『はだしのゲン　わたしの遺書』のなかで次のように記している(62)。

そのころ、近所では「あそこの奥さんは子どもを捨てて大阪の方に逃げた」などのうわさがたくさんありました。被爆、そして戦後の貧困、食糧難にたえきれず、子どもを捨てて自分の人生の方を選んで逃げる母親が大勢いたのです。

広島の人の心はすさんでいました。そんなうわさをきいていると、おふくろもぼくみたいな子どもがいるか

ら自由にできないんじゃないか、という不安がどっとおそってきました。（略）
もし、おふくろがいなかったら、ぼくはワルの世界に入っていたかもしれません。小学校のぼくの同級生の中には、ワルの世界に入ったやつがいましたから、ヤクザの鉄砲玉となった原爆孤児が広島にはいっぱいいたのです。（ルビ割愛）

原爆被災都市広島の現実である。昭和二三年二月一日、午前零時を期して実施された厚生省の全国孤児一斉調査によると、広島は五九七五人の全国で最も多くの孤児を出した県である。例の戦災孤児、引揚孤児、一般孤児、棄迷児に区分しての調査であったが、中沢が言う親が逃げたケースは棄迷児に該当、その数九〇人と報告されている。ちなみに、東京の戦争孤児五三三〇人、大阪四四三一人の調査結果を出している(63)。それぞれが、厳しい人生を闘わねばならなかったことは想像に難くない。

（六）大阪市立弘済院と弘済中学校の設置

（1）弘済院による戦争孤児の保護

戦争孤児が就学した大阪市の公立中学校は前記郊外羽曳野中学校のほかに、もう一校、市立弘済中学校がある。同中学校の母体は養護施設・大阪市立弘済院（吹田市古江台六丁目）で、大阪市市民局の所管であった(64)。

弘済院が戦災孤児の保護を始めたのは、昭和二〇年三月一四日の第一回大阪大空襲からで、同院の報告に「罹災した市民中、保護者をもたず諸処を徘徊する孤児を収容」(65)したとある。その児童数、敗戦を経た一二月三日には九〇人を数え、「戦災浮浪児調」には九七人と記録されている。そのうち、七四人（七六・二%）が一〇歳～一四歳児で(66)、国民学校三年から高等科一年に該当した。孤児の父母についても調査され、父母とも戦災死四二人（四三・三%）、父軍務中母死去一一人（一一・三%）、父戦災死、母病死七人（七・二%）、父病死、母戦災死五人（五・一%）となっていて、九七人中、六五人（六五%）までが戦争孤児であったことが明らかにされている。

表 6-3　梅田厚生館による施設への戦争孤児送致数（8-14 歳）

	施設名	所在地	送致数	種別
1	博愛社	淀川区	314	児童
2	東光学園	堺市	234	児童
3	弘済院	吹田市	206	児童
4	長柄育児園分院	大淀区	206	児童
5	高津学園	天王寺区	169	児童
6	聖心隣保会	東住吉区	161	母子
7	悲田院	藤井寺市	145	母子
8	大阪水上隣保館	島本町	128	児童
9	健康の里	高槻市	123	母子
10	生駒学園	東大阪市	104	児童
11	邦寿会	東住吉区	92	母子
12	公徳学園	東大阪市	63	児童
13	桃下塾	富田林市	56	児童
14	若江学園	東大阪市	54	児童
15	修徳学院	柏原市	53	児童
16	奈佐原寮	高槻市	53	児童
	総計　2991			

（五十嵐兼次『梅田厚生館２』64 ～ 68 頁）

註(1)　送致数 50 人以上のみ掲出。
(2)　所在地は現在の市町村名。
(3)　総計は、表外の施設を含めた 8 ～ 14 歳の送致人数。7 歳以下及び 15 歳以上を含めた送致人数は 19649 人。
(4)　昭和 20 年 11 月 1 日から児童福祉法全面実施前日の昭和 23 年 3 月 31 日までの送致数。

これらの孤児のなかには、大阪市立梅田厚生館（当時市民案内所）から送られてきた児童もいた。厚生館は、一一月一日から街頭で生活する浮浪児を各施設に送致していた。ちなみに、児童福祉法の施行で、その任務が児童相談所に移管される昭和二三年三月三一日までに、梅田厚生館が弘済院へ送った八歳～一四歳児は二〇六人（表6―3）であった。五十嵐兼次館長は、「私は各施設の長に、ずいぶん無理をいったものだった。ときには何の前ぶれもなく、トラック一杯の浮浪児を、府下の児童施設を順々に回って、五名、十名と無茶苦茶いって押しつけ、それでも収容し切れなかった十名近くの子らと、夜遅く厚生館へ疲れ切って辿りつくことも、何度かあった」(67)と回想している。弘済院もその施設の一つであった。

彼らを受け取った弘済院では、全員入浴のうえ、理髪し、消毒した衣服を給与した。同院でも、脱走する児童があり、二回以上の子どもは別室に隔離、監視員を置いたり、基準配給量以上の食事にするなど苦慮している。助松学園でもそうであったが、甘藷、馬鈴薯など農場で育て、収穫するなど工夫が必要であった(68)。

（2）大阪市立弘済中学校の設置

弘済院に収容されていた学齢児は、弘済国民学院で教育を受けた。本来弘済国民学校を校名とするべきであったが、昭和一六年の国民学校令は国公立尋常小学校以外に国民学校を名乗ることを許さなかったので、止むなく弘済尋常小学校（大正二年設置）から弘済国民学院に改称したと考えられる。

その弘済国民学院六年生の児童も昭和二一年三月、卒業期を迎えた。彼らの教育をそこで打ち切ることができないので、国民学院に高等科も設置、四月から高等科一年として教育し続けた(69)。

翌昭和二二年四月、学校教育法が施行され、弘済国民学院は弘済小学校に改組された。同時に義務制の新制中学校を設置しなければならなかったが、準備が遅れたのか、そうした形跡は認められず、生徒は高等科一、二年に位置づけて、一学期間を凌いだようである。

というのは、大阪市立弘済中学校発足について記された「本校沿革概要」(70)に、「昭和二二年九月一八日、大阪市立弘済院内の小学校高等科を廃止し新制中学校を設置す」とあるからである。もっとも、設置を四月一日、開校を九月一八日と解する余地はあるにはあるが強引過ぎると考えられる。

同中学校発足の経緯を見ると、八月、高倉小学校長の上野利一を大阪市は市主事に任命したうえ、弘済院児童課勤務を命じ、中学校開校事務に当たらせ、九月に開校させている。上野が校長に就任するのは翌二三年四月一日付で、それも弘済院の辞令によってであった。教育局ではなく、民生局の所管であったことがこうした経緯をたどった要因であった。中学校も、民生局所管であったので、公立中学校のなかの私立学校という変則的な位置づけとなった(71)。このあと、同中学校は昭和二八年一一月一日付で人件費のみながら大阪市教育委員会に移管され、したがって校長をはじめ教職員も教育委員会による異動となった。予算、建物等を含めて大阪市教育委員会に全面移管され、ほかの中学校と同じ扱いになるのは、昭和四〇年度のことであった(72)。そのころには、もちろん戦争孤児はいなかった。

（3）弘済中生徒の生活と教育

生徒たちは、弘済院（育児園）で生活し、弘済小学校に間借りした弘済中学校で学んだ。発足時、一、二年で四二人であった(73)生徒数は、昭和二四年には、義務制が三年まで延びたので、七〇人（男三六、女三四）となっていた(74)。

生徒たちは小学生も混えた十数人ずつのグループに分けられ、それぞれに配された一人の寮母を母として家庭を構成。緑豊かな丘陵地に散在する一〇の寮舎に分かれて生活した。幼少時から親、家族と別れ、親の愛情を受けることなく育ってきた生徒が多いだけに、一人ひとりの性格に合う指導を必要とした。

生徒総体としては、手先を使ってする仕事、身体的な作業を好んでやり、指示されたことを忠実に果たし、動物を可愛がる等の長所の反面、社会的な視野がせまく、感謝の気持が薄く、知的作業には永続性がない短所を持っていると学校は分析、愛の欠如した生徒ちの心情の空虚を満たすための指導を第一義とした、という。したがって、同中学校の教育目標に「健康なる心身の育成」、「自主独立の精神の育成」及び「感謝して勤労をよろこぶ生徒の育成」が掲げられた[75]。郊外学園と同様に、卒業後、一人立ちして生活できる力の養成に力点がかかっていたと考えられる。

（七）児童養護施設と地域の新制中学校

（1）博愛社と新北野中学校

大阪市立梅田厚生館が最も多数の戦争孤児を送り込んだ児童福祉施設は、キリスト教系の博愛社（淀川区、十三今里、当時東淀川区）で、昭和二〇年一一月から昭和二三年三月末日までに三一四人を数えた（表6―3）。それも、八歳～一四歳児に限定してであって、学齢児になると、もっと多くなる。博愛社の百年誌に、「戦災孤児多数収容」、「男子三五一名、女子一九三名、計五四四名」[76]の記事が認められる。新学制発足の昭和二二年度は四九三人収容の記録もある。

入所に当たっては、「トラックで運ばれてきたが、飛び下りて逃げ出す」[77]孤児が多数いた。博愛社のみならず、どこの施設でも認められる光景であった。「三度の食事に事は欠かなくとも、規律ある集団生活に馴染めず、野放しの放縦な生活が忘れられない」[78]ことも一因だが、孤児にとって最大の恐怖は食問題であった。寮母の回想に「たべ盛りの子供なのに、絶対量が足りなくて、目ばかりギョロギョロと、子供の人相まで変えてしまう有様をみて不憫でした」[79]とある。

学齢児は、施設内の博愛公民学校（昭二六、博愛社学園小学校、昭四四閉校）で教育を受け、高等科になると、地域の大阪市神津国民学校へ通学したが、昭和二二年四月の新制中学校制度実施以後は、神津校の進学先である東淀川二中（昭二四、新北野中）へ入学した。

一人の生徒の経歴を見ると、梅田の闇市周辺で、一斉収容により梅田厚生館に保護され、博愛社で育てられた。昭和二一年九月から神津校高等科一年へ就学、翌二二年四月、東淀川二中の新設で、同中学校二年生への進学となった(80)。博愛社の生徒、数人での通学であった。義務制の一年生を含めると二〇人近い生徒数になったであろう。

彼らを激励、勇気づける意図を持っていたと考えられるが、博愛社社長、小橋カツヱは昭和二三年度、東淀川一中のＰＴＡ会長を務めた(81)。もちろん、地域の中学校へ通学させるために、博愛社側は、それなりの努力をしなければならなかった。例えば、「学生服がなくて、（略）駐留軍の払下げの軍服」を利用、「ホームの風呂釜で染め、学生服に仕立てて縫い、着せた」り、「登校時、縁側からハダシで鞄を持ってとび出して行く」ような生徒の荒れた心を静めたりしなければならなかった(82)。博愛社に収容された孤児たちは、こうして義務教育となった前期中等教育を所在地の公立中学校で保証されたのである。

（2）高津学園と高津中学校

社会福祉法人高津学園史は、「昭和二十年九月一日、大阪市の要望により戦災浮浪児の収容保護を始める」(83)と記載し、同学園が、戦争孤児の収容を開始したのは、敗戦の翌月九月からで、それは大阪市の依頼によってであったことを明らかにしている。知恩院を本山とする楞厳《りょうごん》寺（天王寺区城南寺町）が経営母体の同学園（当時少年高津学園）は第四回大阪大空襲（昭二〇・六・一五）で本堂を含め半壊となっていたが、焼失を免がれた鉄筋三階建を大阪幼少年保護所として戦争孤児を受け入れるよう大阪市から要請されたのである。大阪市は昭和二〇年八月一五日、大阪駅構内の戦時相談所（第一回大阪大空襲直後設置）を市民案内所に改組、戦災者、戦争孤児の保護に当たるが、大阪駅東口ガード下に小屋を建て、一時保護所（梅田厚生館の前身）としたのが、一一月一一日であるので、高津学園の九月一日収容保護はそれより早かったことになる。高津学園が、「終戦処理の一環としての戦災児対策が一段落」したとして、戦争孤児の収容保護を停止できたのは、昭和二九年五月一日であった(84)。

大阪市立梅田厚生館から、昭和二〇年一一月一日～昭和二三年三月三一日の期間に、高津学園へ送致された戦争孤児は一六九人である（表6―3）。他の収容施設と同様、ここも食糧難であった。打開策として、学園の焼け跡を畑にし、麦など食糧の足しになる作物をつくるなど工夫を重ねた。それでも、空腹に絶えかねて脱走を企てる孤児もいた。

ある夜、一人の子どもが逃亡した。田尻玄龍園長が大阪駅界隈に捜しに来て、見つけたので連れ戻そうとしたところ、暴力団が出てきて、「命を大事にしたいのやったら、早う帰った方がええで」と脅しにかゝったので、園長は駅前の曽根崎警察署にかけこんで事情を説明すると、「素人がヤミ市で、そんな無茶をしては……」と説教される始末である。それでも頑張り抜いて、その子どもを学園に連れ戻したというエピソードが残る(85)。

新制中学校制度が発足した昭和二二年度、九月一五日現在の学齢期の孤児は六八人（男六一、女七）を数えた(86)。彼らは地域の小・中学校分校の児童生徒として学園内で義務教育を受けた。地域の学校は小学校は大阪市立真田山小学校、中学校は大阪市立天王寺二中（昭二四高津中）であった。本来なら分校としてではなく、本校へ通学できて当然であったが、戦前、戦時期の「教護院として発足して非行少年を取り扱ってきたため、地域の住民は、学園には〝悪い子どもばかりいるから、一緒に遊んではいけない〟という見方」(87)が戦後になっても払拭できていなかったから、地域の学校への就学など論外と思われていた。

そのうえ、戦後復興が進捗する過程で、ＰＴＡ、地域住民や学校には、「誇りと伝統」意識が生まれ、「孤児との交流を直に受け入れることができない状況」をつくり出した。昭和二七年四月、高津学園北隣りの清堀国民学校跡（昭二一・三閉校）に、新たに開設された大阪市立高津中学校（従来の高津中は夕陽丘中に改称）も門戸を閉ざしたままであった。そうしたなかで、戦争孤児対策は終わりとなった（昭二九）。

それから一〇年後の昭和三九年、市立高津中学校の生徒の父親が蒸発し、母子家庭となったその中学生が高津学園に入所、それまで通学していた市立高津中学校から閉め出される事態が起きた。生徒の友人が理不尽との声を挙げ、学園内では、子ども、職員から高津中学校分校を廃止してはどうか、との声が出て社会問題化する。それでも、高津中の門は固く、容易に解決しなかった。最終的に大阪市中央児童相談所の斡旋で、高津学園の中学生は羽曳野学園へ移り、郊外羽曳野中学校へ入学した。正月の同窓会や盆などは、高津学園へ帰園してきた卒業生たちは、いまなお分校教育への不満を口にするという(88)。

本節を通して、戦災孤児、浮浪児、引揚孤児に分ける必要のない場合はすべて戦争孤児で通した。戦争によって起きた現象だからである。戦争孤児が最も早く使用されたのは、永井隆の『この子を残して』である(89)。続いては山崎豊子の『大地の子』であった。山崎は残留孤児ではなく戦争犠牲孤児と言いたかったのである(90)。そういう意味では、山崎は積極的、意識的に用いていたのであり、山崎を戦争孤児を使用した先駆者と位置づけることができよう。ある雑誌社との対談で「残留という言葉には、意志があるでしょう。彼らには残留しようという意志はないのです。（略）国家としての責任を回避したずるい名称の書き換えで（略）〝戦争犠牲孤児〟というのが正しい」、と語り、ここには怒りさえうかがわれるという(91)。戦争孤児問題を扱うに当って心すべきことであろう。

第二節　在日韓国・朝鮮人生徒の新制中学校

戦争が終わったとき、在日朝鮮人は二百数十万人、そのうち大阪府・市の在住者は三十数万人を数え、終戦の年末までに帰国した在阪朝鮮人は二十万人であったので、大阪に残ったのは十数万人ということになる(92)。彼らのなかの「学齢期」の子ども対象に開設された新制中学校の成立経緯及び教育内容方法を追究するのが本節の目的である。具体的に言えば、一九五〇年七月一日、開校した大阪市立西今里中学校の成立過程と展開された教育を明らかにすることである。

ただし、西今里中学校設置の要因として、政府による朝鮮人学校廃校措置があり、同措置の背景に、占領軍政策が介在するので、それらにも言及せざるを得ない。外国公民を扱うので、年号は西暦を使用する。

(一) 朝鮮人による民族学校の設置

(1) 中学校の始まり

一九四五年八月一五日。日本敗戦の日は在日朝鮮人には解放の日とされるが、解放の内実は、帰国の権利と朝鮮語を話す自由を獲得したことであった(93)。帰国するには禁止されていた朝鮮語を書き、話す力を回復しなければならない。そうした必要性から都市部を中心に国語（朝鮮語）講習会が開設される。大阪市内においては、朝鮮人の多い生野区でキリスト教会（猪飼野東九丁目）を教室に一〇月一七日から講習会が始められた。この講習会は、翌年初め、在日朝鮮人連盟（以下朝連）生野支部第五初等学校へ発展する。このように、朝鮮人の多住地域で、次々と国語講習会（所）が生れ初等学校へと発展した[94]。

国語講習会が文字通り朝鮮語だけの授業であったのに対し、初等学校では、朝鮮地理、朝鮮歴史が加えられ、この三教科は「民族教科」と呼ばれ、朝鮮人として育つための必須教科であった。ほかに、英語、裁縫、珠算を教える初等学校が多数を占め、日本語、聖書を教える学校も認められた。このような初等学校は、閉鎖直前の一九四八年二月末には、市内三〇校、府下二五校を数え、児童一万五一一五人（市九二七三人、府五八四二人）、教員二六三人（市一五七人、府一〇六人）に達した[95]。教員養成のために、朝連大阪府本部は、北区菅北小学校の二教室を借用し、一九四七年六月から大阪朝鮮師範学校を開校[96]、講師陣として、日本人側からのち大阪大、大阪教育大、大阪経済大等で教授となる音在清輝、芝野庄太郎、盛田嘉徳、阪田巻蔵、中村九一郎らが名を連ね、協力している[97]。

初等教育機関に比べて中等教育の準備は遅れ、生野ウリ中等学院としてスタートしたのは、一九四六年四月一〇日で、校舎は生野区鶴橋隣保館（東桃谷町三―一三八）の一部借用であった。現在、東桃谷幼児の園（生野区勝山北二―四）が建つあたりである。三年制、男女共学の中学校で、生徒一三〇人での出発であった[98]。三年制、男女共学はわが国の新制中学校の発足に当たって採用した制度であるが、一足早く、生野ウリ中等学院で導入したことになる。六・三制を勧告した「米国教育使節団報告書」（一九四六・四・七公表）の内容は、四月八日付各新聞で報じられたから、早々と採り入れた可能性も考えられる。

開校二か月後の六月一〇日、生野ウリ中等学院は、生野区内の林寺国民学校第三分校跡に移転し、校名を大阪朝鮮中学校と改称する[99]。新しい校舎となった林寺校第三分校は、学童集団疎開によって廃止され、敗戦近い一九四五年四月から一棟を生野税務署が使用していたので、残る二棟を朝鮮中学校が借用したことになる(100)。朝鮮中学校の使用から約一年後の一九四七年夏、税務署が去り、代わって市立生野一中(生野中)が入ってきた。両中学校間の学校生活はキャッチボール交歓が日常的に行なわれるなど教師ともども友好的であった(101)、という。

教科書は民族教科用としては教師が編集、謄写印刷し、日本語、英語、理科については、新制中学校用の文部省著作教科書が使用された。生野ウリ中等学院以来の日本人教師・佐方きようは英語担当で、文部省著作の『Let's Learn English』を覚えている(102)。

この時期、開校した朝鮮の中学校がもう一校ある。朝鮮建国中学校で、阪神間の朝鮮人有志の親睦団体・白頭同志会によって設立された。一九四六年四月の開校当初は建国工業学校と称している。住吉区遠里小野《おりおの》町に立地した各種学校・日本機械工学校を買収、施設・設備を活用した経緯から工業学校を名乗ったのであろうか。のち、小学校、高校も開設、現在も現地に存続している。

以上、日本敗戦の一九四五年内に国語(朝鮮語)講習所が生まれ、翌年には初等学校へと発展、合せて中学校も成立したことが明らかになった。学習内容から言えば、朝鮮語だけの講習所から民族教科を重視する初等学校、中学校へと発展した。

この変化の背景に朝鮮への帰国問題を押さえねばならない。終戦直後から船便を仕立てて帰国する人が続出したが、月が変わると、総司令部指令による引揚船・興安丸などが就航、大陸から日本人を、日本から朝鮮人を運び、朝鮮人多数が帰国できた。こうして、年末までに大阪在住の朝鮮人二〇万人が帰っていった。

この時、帰国する人にとっては朝鮮語の講習会が必要であり、残留する人は朝鮮語のみならず、民族の心を養う朝鮮歴史、朝鮮地理を必要とし、日本で生き抜くために英語、日本語、裁縫等々も学んでおかねばならなかった。ここに民族学校としての初・中等教育機関が生まれる必然性があったのである。ただし、一九四六年に入って出された引揚、残留に関する総司令部の覚書・発表が朝鮮学校の命運を左右することになるとは、関係者には思いもよらないことであった。

例えば、一一月二〇日付「朝鮮人の地位及び取扱に関する総司令部渉外局発表」(103)には「この国に留ることを選んだ朝鮮人は、日本に引き続き居住すればかれらがすべての適当な地方の法律及び規則に服しなければならない」との文言が含まれていて、朝鮮学校も翌四七年には学校教育法の遵守を迫られるのである。

(2) 朝鮮学校を日本の教育法の枠内へ

戦後教育改革によって成立した小・中・高・大学はいうまでもなく、教育基本法、学校教育法を初めとした教育法体系に拠っている。先行した朝鮮学校もわが国教育法体系に位置づけなければならない、という動きが行政当局に現われてくる。それが明かになるのは、一九四八年一月二四日付各知事宛文部省通達「朝鮮人設立学校の取扱いについて」(104)であった。

この通達は三項目から成るが、まず最初に「現在日本に在留する朝鮮人は、昭和二十一年十一月二十日附総司令部発表により日本の法令に服しなければならない」と告げ、「従って朝鮮人の子弟であっても、学齢に該当する者は、日本人同様、市町村立又は私立の小学校又は中学校に就学させなければならない」と述べていた。朝鮮学校は私立小・中学校に当たるが、その「私立の小学校又は中学校の設置は、学校教育法の定めるところによって、都道府県監督庁(知事)の認可を受けなければならない」ことにも触れていた。国語講習所から始まった朝鮮学校であるので設置基準(学校教育法施行規則)に縛られず、また資格取得を目指していず、日本の「一条校」(105)である必要性がなく、当事者にとって認可など論外であったろう。にも拘らず、通達は「学齢児童又は学齢生徒の（教育については）各種学校の設置は認められない」と念を押していた。このような牽強付会の学校教育法の適用は、朝鮮学校への干渉の契機にしたかっただけという解釈も成り立つであろう(106)。

通達文はさらに続き、「私立の小学校及び中学校には、教育基本法第八条（政治教育）のみならず設置廃止、教科書教科内容等については、学校教育法における総則並びに小学校及び中学校に関する規定が適用される」と教育内容にも及ぶ。朝鮮語教育については「課外に行うことは差支えない」と述べ、課外でなら認めるが正課としては認めないとの見解を打ち出している。民族教科の中核である朝鮮語に対するこの措置は、朝連、学校関係者には耐え難い扱いであった。

文部省がこのような通達を出した経緯と背景に注目しないわけにはいかない。ここでは三点を指摘しておきたい。一つは、一九四七年一〇月の総司令部民間情報教育局（ＣＩＥ）による「朝鮮人諸学校は、正規の教科の追加科目として朝鮮語を教えることを許されるとの例外を認められるほかに、日本（文部省）のすべての司令にしたがわしめるよう日本政府に指令する」(107)との動きを挙げることができる。

二点目はこの文部省通達が前年八月二九日付の文部省大阪出張所からの本省への問合せへの回答として出てきたことである(108)。同出張所は、近畿地方は勿論、福井県も管轄していたが、大阪の朝鮮学校を問題にして始まったことを示していた。これに関して一九四七年六月ごろから大阪府視学と大阪軍政部民間情報教育視学官による大阪の朝鮮学校視察が実施され、教員構成、教育内容、施設状況を調査して上部機関へ報告されていたという情報がある(109)。即ち新学制実施直後から朝鮮学校の実情調査に入っていたのである。

三点目として、通達後、大阪府教育部と大阪軍政部の協議の結果、「各公立中小学校の校舎を朝鮮人学校へ貸与する新契約及再契約又は契約期間の延長は認めない」(110)ようになったことが挙げられる。学校教育法第三条（設置基準）に基く措置であったと考えられ(111)、朝鮮学校にも独立校舎を求めたのである。廃校への「兵糧攻め」であった。

文部省通達は、これのみに止まらず、一月二六日には「朝鮮人の学校の教職員の適格審査について」(112)、三月一日には「各種学校の取扱いについて」(113)が出され、前者は朝鮮学校教員の減少を、後者は「二名以上の教員と二十名以上の生徒を有する」学校を「各種学校」と認定し、「設置の認可を受けさせ」ることを迫る結果になった。

朝連大阪府本部からは、当然、大阪府、文部省に要求書が提出された。主な内容は、(1)朝鮮人の教育は朝鮮人にまかされるべきである、(2)朝鮮民族の独自性を考慮し、朝鮮学校は特別な教育制度であることを認めるべきである、(3)朝鮮人の教育に対する干渉は排除されるべきである、ほか三点で、これに対する三月一九日付文部次官の回答は概ね以下の通りであった(114)。即ち、(1)(2)に関しては、連合軍最高司令官の布告（一九四六・一一・二〇付）の結果として、教育基本法、学校教育法が日本在住の朝鮮人にも適用され、朝鮮学校も施設、教科書の使用や内容等も同じ法と布告に従わねばならない。ただし、私立学校に認められている自治の範囲内で独特の教育を行うことは認められる。(3)については、一般的に私立学校に対する統制以上の統制を朝鮮学校に対して特別に行っていない。

この一連の応酬から占領軍、大阪軍政部、文部省、大阪府が最高司令官布告（在日する朝鮮人は日本の法律に従わねばならない）を盾に教育基本法、学校教育法の枠内での朝鮮学校の経営、教育を求めたのに対し、朝連側は朝鮮人としての施策を要求し続けたことが明らかになる。

占領下の日本において、対立の行くつく果ては、朝鮮学校の閉鎖指令になって現われる。大阪朝鮮中学校もこの渦に巻き込まれていく。

(二) 朝鮮学校の閉鎖指令と日本の法令に基づく再発足

(1) 大阪朝鮮中学校ほか一八校の閉鎖命令と反対運動

朝鮮学校閉鎖指令は一九四八年三月と四月に出されるが、大阪朝鮮中学校は二回目に該当するので、ここでは四月一二日の大阪府知事(二回目は大阪府教育部)による各市長、地方事務所、朝連大阪府本部、在日朝鮮人大阪府教育会宛の閉鎖指令をとりあげる。

閉鎖指令の内容は「学校教育法一三条の規定により、一九四八年四月一五日限り下記の学校の閉鎖についての本指令を実行するため、可能な限り処置されたい」であり、対象校は大阪朝鮮中学校を含む一九校であった(115)。学校教育法一三条の「法令の規定に故意に違反したとき」、「監督庁のなした命令に違反したとき」に「学校の閉鎖を命ずることができる」を適用し閉鎖を命じたのであるが、具体的には、⑴私立学校として知事の認可を受けていない、⑵教員が適格審査を受けていない、⑶公立学校校舎の無断使用(賃貸契約は三月末日で終了)を続けている(116)状態を一三条違反とされたのであろう。大阪朝鮮中学校は前記三点すべてに抵触するとの判定を受けたと考えられる。もう一つの中等教育機関・朝鮮建国中学校は一三条違反を問われず、閉鎖を求められていない。

閉鎖指令を出した翌一三日、大阪府は在日朝鮮人大阪府教育会代表者を集め、閉鎖対象校一九校に閉鎖指令を通告するとともに対象外の代表者に私立学校認可の手続を取るように督促している(117)。

もちろん、こうした閉鎖措置は政府、占領軍の意向であり、山口県(一九四八・三・三一)、岡山県(四・八)、兵庫県(四・一〇)、東京都(四・二〇)でもとられている(118)。当然、当該府県の朝連は反対運動を組織し、闘争は大阪、兵庫における知事交渉で高揚するが、大阪では一朝鮮人少年が射殺され、兵庫では非常事態宣言が発せられるなど騒乱状態に至った。のち、阪神教育事件として記憶されることになる。双方、譲ることのできない主張であったが、占領下にあって、政府から提出された難問であり、府県レベルでの解決は困難で、中央での交渉に持ち越された。

（2）中央での交渉から大阪覚書の締結へ

中央における文部省（森戸辰男文相）と朝鮮人教育対策委員代表（責任者崔瑢根）との交渉は四月二七日、三〇日、五月三日の三回に及ぶほど難航した。最終日の三日に覚書の交換に漕ぎつけ、四日の閣議了承を経て五日付の正式の覚書の締結となった。その内容は、「一、朝鮮人教育に関しては教育基本法及び学校教育法に従うこと、二、朝鮮人学校問題については私立学校として自主性が認められる範囲内において朝鮮人独自の教育を行うことを前提としての認可を申請すること」[119]とまとめられた。

早速、文部省は六日付で覚書に解説を付けて、各府県へ通知している[120]。例えば、二項の「自主性が認められる範囲内」とは「義務教育としての最小限度の要件を満たし、法令に許された範囲内において、選択教科、自由研究及び課外の時間に朝鮮語で、朝鮮語、朝鮮の歴史、文学、文化等朝鮮人独自の教育を行うこと」と説明している。また、小中学校の設置については「設置主体は財団法人」で、「法人の認可申請書を一か月内」の提出を求めた。

解説は「今後の朝鮮人教育問題については各地方庁は、朝鮮人の学校責任者及び文教責任者の意見を十分に聴取した上解決に努力されたい」と結ばれている。したがって、財団法人の認可、朝鮮人学校の設置は各地方庁と学校責任者との折衝となり、大阪においては大阪府と朝鮮人学校責任者との問題になっていく。

阪神教育事件が影響したのであろうか、大阪では、朝鮮人側（共同闘争委員会）が覚書締結前にいち早く、要求書を大阪府に提出、当然、覚書内容を越えており、文部省通知受取後の五月一三日付で、大阪府二方義教育部長は、覚書に沿っていないと拒否する事態が起きている[121]。ちなみに闘争委員会の要求は⑴朝鮮歴史・地理・社会を教科に加える、⑵朝鮮教員は朝連の推薦による、⑶公立学校に朝鮮人児童、生徒の特別学級の設置を認める[122]などであった。大阪府は「教育基本法、学校教育法に従うこと」（覚書一）違反であると解したのである。

共同闘争委員会は改めて覚書の範囲内での要求にまとめ、五月一四日に大阪府に提示、二一日からの折衝の結果、意見の一致を見たので、六月四日、大阪府知事赤間文三と共同闘争委員会責任者玄尚好との間で「覚書」（以下大阪覚書）を交換、阪神教育事件以来の混乱に終止符が打たれた。

大阪覚書の内容は以下の通りである[123]。

一、朝鮮人教育に関しては、昭和二十三年五月五日文部大臣と朝鮮人教育対策委員会責任者との間に交換された覚書の趣旨に準拠して措置する。

二、朝鮮人私立小中学校に於ては、義務教育としての最小限度の要件を満たした上、法令に許された範囲内に於て、選択教科、自由研究及び課外の時間に朝鮮語、朝鮮の歴史、文学、文化等朝鮮人独自の教育を行うことができる。

三、（小学校についての項目なので割愛した――赤塚）

四、朝鮮人児童・生徒の在学する大阪府下の公立小中学校に於ては、左の条件の下に課外の時間に朝鮮語、朝鮮の歴史、文学、文化等について授業を行うことができる。

1、右授業は当該公立学校長の管理と責任に於て行うこと。

2、右授業を希望する児童生徒が一学級を編成するに足る人数であること。

但し、児童生徒が少数の場合は、当該学校長と協議の上朝鮮人側の委嘱する教師により授業を行うこと。

五、第二、第三、第四項の場合に於て朝鮮語、朝鮮の歴史、文学、文化等の授業を行う際の教科書については、連合国軍総司令部民間情報教育部の認可を受けたものを用いること。
六、朝鮮人児童生徒にして転学を必要とする場合には、特に便宜を供与し、日本人生徒と全く同様に取扱う。
七、一般の公立小中学校に於て義務教育を受けさせる傍ら放課後又は休日等に朝鮮人独自の教育を行うことを目的として設置された各種学校に在学することは認める。
八、朝鮮人教員の資格は、教員資格認定を受けた者とする。但し、此の認定を受けられない学歴の場合、教員の経験をしたことがあれば協議をする。
九、朝鮮人教員は日本人教員と同様に、適格審査委員会に於て適格の判定を受けなければならない。
一〇、財団法人設立手続は、一ケ月以内（特別の事情のある場合は二ケ月以内）に提出することを条件として設置基準に合格するものについては、学校設立を許可される。
十一、認可手続、法人設置手続及び学校設立に必要な敷地、資材の入手等について、府当局は好意ある斡旋をする。
十二、今般の朝鮮人教育問題に関連する両民族間の誤解は双方に於て善意と親切を旨とし、これが解消に努力し、今後の朝鮮人教育問題については双方の完全なる理解と協力により処理する。

大阪覚書の内容は以上の通りであるが、朝鮮人教員の資格問題が入いるなど、中央のそれより幾分厳しいともいえる。京都府に於いて結ばれた「京都覚書」（一九四八・五・三〇）と比較すると一層そのように考えられる。例えば、大阪覚書の四項に比べて、京都の場合、「一般の小学校及び中学校に於いて義務教育を受けている朝鮮人児童、生徒のみを以て学級を編成し（略）朝鮮人独自の教育をすることができる」(124) と特別学級の設置を明確にしていることである。

しかし、いずれにしても、朝鮮人学校にとって最も重要な民族教科の教育が「選択教科、自由研究、及課外の時間」にしか行えないことは致命的であったといえよう。

（3）大阪覚書に基づく朝鮮学校の設立——東成学園中、朝鮮中学校ほか

学校の設置母体である財団法人の設立申請書は、法人名を「朝連学園」として、文部省へ、一九四九年二月一〇日付で認可を求め提出、二月二八日付の許可となり、三月一日に大阪府に提出した学校設立申請については、三月一日、知事から一八校分の認可を受けた。こうして中学校は「財団法人朝連学園私立朝鮮中学校」（以下朝鮮中）、「財団法人白頭学園私立朝鮮建国中学校」（以下建国中）の発足となる[125]。

このほかに条件付けで認可された学校が七校を数え、中学校では「財団法人朝連学園私立東成学園中学校」（以下東成学園中）の名が認められる。同中への条件として「市有地の買収」が挙げられている。所在地・東成区西今里四—二から大阪市阪東《ばんどう》国民学校（一九四六・三・三一休校、一九五一・八・三一廃校）跡に入っていたことが判明する。第四次大空襲で罹災を免れた八教室を利用して開校していたが、その校地の買収を条件とされたのである。学校は必要な校地、校舎、運動場等の設備を設けなければならない（学校教育法施行規則第一条）との日本の法令違反を問題視されたのである。無条件で認可された建国中は住吉区の日本機械工学校を既に買収していた（本節（一）—⑴）し、朝鮮中は閉鎖後の一九四八年七月、八尾市所在の私立双葉高等女学校跡を買収、移転、自前の校舎とする[126]など条件を整えていた。

こうした経過で、一九四九年四月一日、朝鮮人の中学校三校が発足する。ちなみに小学校（初等学校改称）一三校、高等学校一校も再出発した。児童生徒数、小学校（六年制）六八〇七人、中学校（三年制）一八〇四人、高校（三

年制一年生のみ就学）九〇人であった。このほかに不認可校及び認可申請手続中の小学校一〇校（一八二六人）、高校二校（三箇学年一二〇人）が認められる[127]。各学校は管理組合費と授業料で運営され、徴収額は学校ごとに異なり、授業料は一〇〇円から三〇〇円が多かったようである。管理組合費は組合員の生活程度によって五十円以上無制限とされた。いずれにしても、父母の負担で学校を維持したのである[128]。

（三）占領政策の変更と朝鮮学校の廃校
─団体等規制令違反による朝連の解散から学校閉鎖まで─

文部省、大阪府の指示に添った朝鮮学校の再出発であったので、一九四九年度は安定した教育が保証されたはずであった。しかし、米ソの冷戦が厳しさを増し、アメリカが共産主義封じ込めを基本的な戦略とし始めたことにより、日本占領政策も変化、自らがもたらした改革を修正し、共産主義運動によってそれらが悪用されないように手を打つことを優先した政策は朝鮮学校にも波及してくる。その変化を日本政府は追い風として利用し、一九四九年四月一日、団体等規制令を公布施行した。この規制令が、やがて朝鮮学校を廃校に追い込むのである。

その第一段が、九月八日の団体等規制令（第四条）違反とした朝連、在日本朝鮮民主青年同盟などへの解散命令である。占領政策に対する「反対」「暴力主義的活動」が理由であった。例えば、前記阪神教育事件（本節（二）─(1)）は「団体の管理する在日朝鮮人諸学校が日本教育法諸法令に違反する理由で閉鎖命令が発せられるや、大挙して大阪・兵庫の府県庁を襲撃し、知事その他の官公吏に対して暴行、脅迫、監禁等の不法行為に及び、不法にも右命令の撤回を強要して騒乱行為に出で、その上占領軍憲兵に対する暴行抑留の挙に及んで占領軍に反抗[129]した規制令違反に問われた。背景にソ連占領下の朝鮮民主々義人民共和国（一九四九・九・九成立宣言）を熱烈に支持する朝連の行為を占領軍が危険視したことが考えられる。

朝連の解散は傘下にある朝鮮学校の処遇に及んでくる。一〇月一二日の閣議において、「朝鮮人学校の処遇方法」を俎上に載せ、朝鮮人子女の義務教育を公立学校において実施すること、義務教育以外の朝鮮人学校も日本の教育法令に従がわせ、無認可校を認めないことなどが決定された(130)。翌一三日には、文部省管理局長・法務省特別審査局長名で各都道府県知事・教育委員会宛てに通達「朝鮮人学校に対する措置について」を出し、朝鮮学校に法令を厳守させること及び朝連の解散により、朝鮮学校の設置者を喪失したので、当然、廃校になったものとして処置するように命じた(131)。以上が朝鮮学校廃校への第二段の動きである。

第一段の団体等規制訓令違反による朝連の解散措置と第二段の朝連の解散に伴う朝鮮学校廃止決定に至る期間に占領軍と日本政府との微妙な遣り取りがあった。九月一九日、民政局のJ・ネピア行政課長が文部省の伊藤次官に「暴力団体（朝連を指す――赤塚）の処分に関連させてこの際学校をも一緒に片附けようとしている」と疑問を投げかけているし、二七日にも、民間情報教育局のルーミス教育課長が朝連の「解散命令を利用しているのではないか」と質している(132)。双方とも、法令を遵守しない朝鮮学校の閉鎖に異論はなかったにしても朝連の解散に直結させる方法を問題にしたのである。直ちに閉鎖実施へ向かった事実から民主化に積極的な民政局、民間情報教育局より、それらに対立的な参謀第二部（ウイロビー部長）の見解が重視されたのであろう。

こうして、学校閉鎖命令の執行という第三段へと入っていくが、学校閉鎖は第一次（一九四九・一〇・一九）と第二次（一一・五）の二回に分けて通告され、一〇月一九日には、学校設置主体の財団法人設立認可の未申請を主な理由として、東京都ほか一四県の知事は朝鮮学校側に閉鎖命令書を手渡し、直ちに執行された(133)。財団法人朝連学園・白頭学院を設置していた大阪では、知事から理事長に次の内容の勧告書が通告された(134)。

一、朝鮮人学校の実情を見ると学校教育法その他法令を必ずしも遵守されていないので、これを厳正に遵守することを確認するため別紙所要の手続きを二週間以内にとられたい。

二、財団法人朝連学園は、旧朝連・民青とは無関係な法人として、その組織を改組する必要があるから、別紙により改組変更の手続を二週間以内（十一月二日迄）にとられたい。

（三及び別紙略—赤塚）

一に対する回答は不明である。二については財団法人「朝連学園」を「大阪朝連学園」に改組したうえ、文部大臣宛認可申請が提出された(135)が、回答は直ぐに出た。即ち、一一月五日付、文部大臣からの朝連学園理事長宛の通告には「民法第七十一条により財団法人朝連学園の設立許可を取消す」(136)とあった。学校設立母体の朝連学園が消滅した以上、学校が存続できるはずがなかった。大阪府知事は同日付で閉鎖命令を通告した。

同命令の執行は一一月八日、警官隊を動員して行われた。翌九日付大阪府知事発、文部省管理局長宛「朝鮮人学校閉鎖措置について報告（第二回）」(137)によると、四四校中、閉鎖された学校四〇校、自発的廃校一校、閉鎖されなかった学校三校（財団法人白頭学院設置建国小・中・高）であった。こうして閉校となった四一校に在籍していた児童生徒九六八七人、教員二六七人にも影響が及ぶことになる。このうち、大阪朝鮮中学校の生徒は八一五人、東成学園中学校は一四八人である。

この事態に当の生徒たちはどうしていただろうか。大阪朝鮮中学校の場合、学校の指導で閉鎖執行前日の七日から自宅学習に入っていたが、生徒自治会役員を先頭に、自分たち民族の教育を受けるのを日本政府はなぜ妨害するのか、自分たちの教室で勉強する自由があるはずと登校を続ける生徒もいたという。教師たちは最寄駅の近鉄八尾駅前で説得し帰宅させせようとした。なかには、教師を振り切り登校しようとする生徒もいる。しかし、校門で、警官隊に阻まれ、校内へ入ることができず、止むを得ず、学校周辺で校歌を歌い、せめて抵抗の姿勢を示そうとした(138)。

(四) 朝鮮学校生徒の大阪市立学校受入れ方針と編入学の状況

(1) 行政側の朝鮮学校児童生徒受入れ方針

朝連学園の認可取消し指令（一一・五付）が出される前日の一一月四日、大阪府教育委員会は臨時教育委員会を開催し、朝鮮人児童生徒の公立学校受入れ方針や入学手続きなどを定め教育長から発表された(139)。その主な内容は、受入学校は閉鎖学校児童生徒の居住地に属する学校にすること、それに伴う教員の増員については、現在教員中より配置転換して充てることなど五項目から成り、それ以外に関しては、「大阪覚書」（本節二—(2)参照）を準用することとした。さらに「課外の朝鮮語、朝鮮歴史等の教授には、日本の法令に準拠して朝鮮の教員を採用することができる」との項目を加えた。

教育委員会が受入れ方針を決定した翌五日には、大阪府知事も、各地方教育委員会、各市長村においてそれぞれ準備が完了している旨の談話を発表した(140)。以後、府教委方針と大阪覚書によって、閉鎖後の朝鮮人児童、生徒を各地教委・公立小・中学校は受入れ、大阪市内の朝鮮人児童生徒は大阪市立校に編入学する運びになる。

しかし、この決定は占領軍、政府、大阪府、大阪府教育委員会という学校現場から遠く離れた機関で下したことであり、直接学校と接する地方教育委員会や学校の保護者、教職員の声を聴いたものではなく、意識には大きな違いがある。各市町村教育委員会は教育予算が貧弱で学校に過大学級を強いているなかでこれ以上の児童生徒の受入れには消極的にならざるを得なかった。校舎建築の遅れから教室不足に陥っている中学校にはなおさら無理が言えなかった。

朝鮮学校へ通学する大阪市内在住の児童生徒は何人いたのだろうか。大阪府教育委員会が把握した一一月二〇日現在の小学生七五七七人、中学生三二九〇人との数字を挙げている(141)。区別に言えば、最も多いのが生野区の小学生二九七九人、中学生一一一〇人、次いで東成区の一〇二〇人(小)、五六〇人(中)で、東淀川区の小学生七二四人、中学生二八二人、西成区の六九二人(小)、二七二人(中)がこれらに続く。彼らが公立学校へ入学してくるとすれば、教室、教員を増やさなければならず、教育委員会の本音は朝鮮学校の閉鎖など歓迎すべきことではなかったであろう。

もちろん、朝鮮学校児童生徒の朝鮮語教育保障の要求は強く、市立校編入学がすべて平穏裏に進捗したとは限らず、例えば生野区田島小は警官、指導主事の常駐を受入れ条件とする嘆願書を大阪市教委に提出している(142)。

(2) 朝鮮人生徒の大阪市立校受入れの実態

朝鮮学校からの編入学児童生徒の受入れ校は居住地に属する学校との大阪府教育委員会の方針によって、閉鎖された一一月八日以降、朝鮮人児童生徒は居住地の大阪市立小・中学校へ入り始める。閉鎖から一か月後の中学生の動向を表6―4に拠って見ておこう。

まず、大阪全市の朝鮮人中学生の動きを概観すると、大阪市教育委員会が把握した朝鮮人中学生三八二六人で、その中の五三六人は朝鮮学校へ入らないで、大阪市立中学校へ入学した生徒であったことが判明する。即ち、大阪市在住の学齢期の生徒の一四パーセントは、最初から居住地の市立中学校へ通学していたことになる。対して、朝鮮中学校、東成学園中への通学生徒は三二九〇人(八六%)で、内、四九二人が閉鎖直後に公立中へ編入学し、

表６－４　朝鮮学校閉鎖に伴う大阪市立中学校入学生徒数
（1949.12.10 調査）

区名	閉鎖前から入学	閉鎖後入学	今後入学予定	合計
生野	172	299	811	1282
東成	76	73	487	636
東淀川	74	16	266	356
西成	39	11	259	309
城東	18	32	155	205
西淀川	15	7	110	132
北	25	9	82	116
大淀	13	9	85	107
福島	19	1	80	100
旭	11	8	81	100
その外の区	74	27	382	483
計	536	492	2798	3826

大阪市教育委員会調査課「朝鮮人生徒受入状況」（『教育月報』1950 年 1 月号 43 頁）から作成。

註⑴　外人登録簿による受入れ生徒数を示す。
⑵　合計 100 人以上の区を掲出し、以下はその外の区として生徒数をまとめた。
⑶　朝鮮学校生徒数（閉鎖後入学・今後入学予定）は、大阪府教育委員会調査（1949.11.20 現在）に拠ったと考えられる。

残りの二七九八人は今後入学予定とされている。もちろん、去就に迷う生徒もいたであろう。ということは、朝鮮学校へ通学した生徒の八五パーセントが、今後入学するか、なお去就を決めかねていたことになる(143)。

それを朝鮮人生徒の最も多い生野区に限定すると、一二八二人中、一七二人（一三・四％）が当初から公立中へ入学し、朝鮮中へ通学した一一〇人中、八一一人（七三％）がなお就学していないことが判明する。生野区に次ぐ東成区では今後入学予定生徒は四八七人で八七パーセントの高率であった。朝鮮語を初めとした民族教科の学習が公立中学校で保障されるのかという不安が広がっていたと推定できよう。

こうした生徒の思いとは別に朝鮮学校を廃校にして公立中学校へ編入させ同化教育を強制するのではないかとの危惧から公立校へ編入させる方針に反対する民族運動の影響も大きかったであろう。

しかし、冬期休暇に入ったこと、大阪の運動の指導層が、先ず公立校へ編入学させ、学校の民主化を勝ち取って展望を開こうという姿勢に転じたことから、大阪では三学期、あるいは新年度（一九五〇年度）を期に編入学する児童生徒が増加することになる。

（五）大阪における公立朝鮮中学校の設置と開校

（1）朝鮮人生徒の大阪市立西今里中学校の設置

朝鮮人集住地区の生野・東成区内に一三〇〇人（生野区八一一人、東成区四八七人）近い公立中入学予定の朝鮮人生徒のいることについては、既に明らかにされている（表6―4）。彼らは遅くとも一九五〇年度新学期に入学してくることが予測された。

当時、新制中学校は、増加を続ける生徒に対して、教室等施設設備が追いつかず教員不足の最中にあった。そのうえの生徒の急増は教育条件の一層の低下を招くので、大阪市教育員会は現場の校長とともに苦慮せざるを得ず、その収容策に頭をかかえていた(144)。しかも「日本国籍を保持しているものとみなされ」(145)、わが国の「法律及び規則に服しなければならない」朝鮮人生徒を不就学のままに置けない責任があった。

そうしたジレンマにある時、元大阪朝鮮中学校長宋文耆、元東成学園小中学校父兄会長朴燦宅らを指導者として大阪市立公立朝鮮人中学校開設運動が起こり、府・市教育委員会と交渉を始めた。その結果、大阪市教育委員会とは、旧東成学園小・中学校の校舎・木造二階建一八教室の提供を条件に朝鮮人中学生の市立西今里中学校設置と一九五〇年四月一日開校の交渉が成立する(146)。

この学校の校名・西今里中は東成学園中が使用した元大阪市阪東国民学校の所在地、東成区西今里町（四丁目二番地）から命名されたのであろう（本節（二）―(3)）。三月末には三稜中学校長の川村市兵衛を初代西今里中学校長に任命し、事務職員、校務員各一人を配置するなど大阪市教育委員会は開校事務手続を進めた[147]。

しかし、大阪府教育委員会は開校予定日の四月一日（一九五〇年）が来ても学校の設置はもとより、教職員人事も承認しようとしなかった。当時は政令指定都市制度が実施されていなかったので大阪市はそうした権限を持っていなかったのである（政令指定都市制度一九五六・九施行）。

大阪府教育委員会はなぜ西今里中を認めなかったのであろうか。朝鮮学校の閉鎖によって公立学校に入学してくる朝鮮人児童生徒への朝鮮語の取扱いについて文部省が各府県へ通達した「公立学校における朝鮮語等の取扱いについて」[148]の末尾に「収容すべき朝鮮人の児童生徒は、一般の学校に編入することが適当であるが、学力補充、その他やむを得ない事情があるときは、当分の間特別の学級又は分校を設けることも差支えない。」との一文が置かれている。府教委は、この「やむを得ない事情があるときは（略）分校を設けることも差支えない」に縛られ、独立校としての西今里中を承認できなかったのではないかと考えられる。

実際、「大阪市立本庄中学校分校」で結着、予定より三か月遅れの七月一日に設置開校の運びとなった。本庄中学校は分校位置から道路を隔てて東側に立地する中学校で、最寄りの中学校の分校という形式で解決したことになる。本件について川村校長自身「朝鮮人学校閉鎖後、公立学校として設立することに相当の問題があって、大阪府並に進駐軍との接衝《（ママ）》に暇取《（ママ）》」[149]った旨書き残しているに過ぎないが、「相当の問題」とは校名問題であったろう。

本問題は、「大阪市立本庄中学校分校」を大阪市教委が公式校名として認め、「大阪市立西今里中学校」を大阪府教委が黙認することで解決した。開校後の状況を見ると、「本庄中分校」は大阪府教委の文書内のみで生き続け、大阪市教委では、各年度『学事要覧』を初め、市教委発の文書はすべて「西今里中」が使用された。したがって、同中学の管理者名も分校主任ではなく、学校長で通している。大阪市の教職員のみならず、西今里中は、大阪府、市民間でも広く認識されていたといえよう。大阪らしい曖昧模糊とした、しかもしぶとい解決法であった。

大阪市西隣りの尼崎市（兵庫県）の分校方式は当然大阪とは事情が異なる。尼崎市長は、朝鮮学校が閉鎖されても、朝鮮人集住地区の公立学校児童超満員の実情からこれ以上の受入れは困難と閉鎖反対の意向を兵庫県教育委員会、兵庫県に申入れ、閉鎖命令後には朝鮮学校をそのまま公立学校分校とするよう提案した。実現までには紆余曲折はあったが、一二月二四日、朝連武庫初等学校が尼崎市立武庫小学校守部分校に衣更えして正式に発足した(150)。

朝鮮学校閉鎖後に成立した公立朝鮮人学校は、小・中・高合わせて全国で四五校にも及び、教育内容、教員任用等はわが国の法制度の制限を受け、人件費、設備費は公費によって賄われた(151)とされるが、西今里では校名の例もあり、以下検討課題の一つとしたい。

（2）大阪市立西今里中学校の開校と生徒及び教職員構成

開校日の一九五〇年七月一日には、前述の学校長、事務職員、校務員に加えて、日本人教員五人、朝鮮人教員三人が揃い(152)、大阪市立西今里中学校（本庄中分校、以下西今里中）の生徒受入態勢が整い、開校の運びとなった。同校の開校を報道界は注目し、開校式の様子を毎日新聞などが報じた。

開校式（七・一）の一週間前の六月二五日に朝鮮戦争が起きたばかりであったので、百数十人の入学生徒に対して、学校長は「いま朝鮮は名前ばかりの独立国で不幸な目にあっていますが」と米ソの代理戦争といわれた生徒たちの祖国の現実に触れ、「勉強の機会を与えられた皆さんの力でやがて立派な内容のある独立国にして下さい」

表 6-5　市立西今里中生徒数・学級数

項目 年度	男	女	計（学級）	前年度比
1950・—	94	74	168　(4)	—
1651・—	175	110	285　(7)	41.1
1952・—	302	206	508（12）	43.8
1953・5	328	283	621（14）	23.0
1954・5	435	375	810（17）	23.3
1955・5	526	417	943（20）	14.1
1956・5	472	414	886（18）	-6.4
1957・5	443	429	872（18）	-1.6
1958・5	445	422	867（18）	-0.6
1959・5	624	539	1163（23）	25.4
1960・5	742	865	1798（32）	35.3
1961・5	—	—	2059（32）	12.7

『大阪府公立中学校創設十周年記念誌』及び『学事要覧』から作成

と祖国の復興に尽力できる人材になり得るよう学習を積むことを式辞とした[153]。

この日、入学した生徒たちの多くは、当然閉鎖された大阪朝鮮中、東成学園中及び朝連各私立初等学校（六年修了）からであり、通学圏は大阪市を中心に、一部府下にも及んでいたと考えられる。開校期の資料がないので、一九五四年度新一年生二七九人対象の調査結果[154]を代用すると、市内生野区が生徒全体の三〇・六パーセント（九一人）と圧倒的に多く、続く東成区一五パーセント（四五人）、城東区四・三パーセント（一三人）で、以上の東部三区だけで四九・九パーセントを占めていることが明らかになる。ほかに港・西成・南区等の各区一〇人未満が認められる。さらに北大阪として集計された地域から七一人（二五・四%）が通学していて、ここには北区、東淀川区を初め府下北摂の市町村からの生徒が含まれていたと推定できよう。

生徒数は表6―5に示すように、五七年前後の三年間を除き増加する。当然、それに対応して教員数も増員される（表6―6）が、教員の任用は、前年一一月四日付の大阪府教育長発表の受入方針（本節（四）―(1)中、「府下公立小・中学校現在教員中より配置転換する」「課外の朝鮮語、朝鮮歴史等の教授には、日本の法令に準拠して朝

表 6-6　大阪私立西今里中学校教職員数

日朝別／職名／年度	日本人教員							朝鮮人教員		日本人職員			総計
	校長	教諭	助教諭	講師	養護教諭	養護助教諭	学外勤務	講師	課外講師	書記	書記補	校務員	
1950	1	7	0	0	0	1	0	2	2	0	1	1	13
1951	1	11	0	0	0	1	0	3	3	0	1	2	19
1952	1	11	2	0	0	1	0	4	5	0	2	2	23
1953	1	12	1	1	0	1	1	4	5	0	3	3	28
1954	1	16	1	2	0	1	1	4	16	0	3	3	44
1955	1	21	0	2	0	1	0	5	19	0	3	3	50
1956	1	20	0	2	0	1	0	6	20	0	3	3	50
1957	1	19	1	0	1	0	0	6	22	0	3	3	50
1958	1	18	1	1	1	0	1	6	24	0	3	3	53
1959	1	19	0	1	1	0	1	6	28	0	3	3	57
1960	1	19	1	1	1	0	0	5	?	0	3	3	?
1961	1	11	1	1	1	0	0	5	?	0	3	3	?

『大阪市学事職員録』、『大阪市学事要覧』から作成

註(1)　1950 年度を除いて各年度 5 月 1 日付調査による。
(2)　？は員数不明を示す。ただし、大幅に増加したと考えられる。

鮮の教員を採用することができる」(155)に基づいて行われた。

したがって、西今里中の教職員構成は日本人教員と朝鮮人教員から成り、初年度の陣容は、年度末には日本人教員九人（大阪府費）、朝鮮人教員二人（大阪府費）、書記補、校務員各一人の一三人となった。ただし、これは、『大阪市学事要覧』、『大阪市学事職員録』等に記載された員数で、課外講師として朝鮮人一人が加わっていた可能性が高い。課外とは、大阪府教委の「課外の朝鮮語、朝鮮歴史等の教授には（略）朝鮮の教員を採用することができる」から来た用語で実務上の意味はなかったと思われる。ただ大阪市教委が認定した講師数は五人であったので、それを越えた員数分は大阪府費ではなく、朝鮮人教育会が独自に雇用し、給与を支払ったと考えられる(156)。朝鮮総連結成後（在日本朝鮮人総連合会、一九五五・五）は、北朝鮮政府から送られてくる教育援助費で同会が雇用したようである(157)。

（3）内外情勢の変化と民族教育への影響

西今里中が発足して一年後の一九五一年九月四日、サンフランシスコ講和会議が開催され、翌五二年四月二八日、講和条約が発効、日本が独立したことにより、在日朝鮮人は連合国軍占領下の「日本国籍を持つ外国人」から「日本国籍を離脱した外国人」となった。

これによって、日本国民に課せられている義務教育九年間の就学義務が在日朝鮮人にはなくなり、それまで各区役所から送られてきた就学通知書が来なくなった。西今里中はもちろん、大阪市の小中学校へ入学するには、その旨申請しなければならなくなった。これを大阪市を含む日本の学校への入学は、義務就学から恩恵的就学へ変化したととらえられるようになり[158]、新たな民族差別を引き起こした。

例えば、同和教育がようやく始まった一九七〇年代半ばの大阪の校長による「同和教育で朝鮮人教育を取り上げるのは教育基本法の精神『心身ともに健康な国民の育成を期する』に反する」、あるいは「日本人の教育も充分できないのに、外国人教育のようなよけいなことをやる必要はない」[159]などの発言である。

連合国軍占領下の「日本国籍を持つ外国人」の時期には、日本の法令に従っていない、と民族学校（東成学園中）を閉鎖され、日本が独立して「日本国籍を離脱した外国人」となった時期には小中学校への通学は恩恵的就学と見られたのである。この市民感情のなかで、日・朝児童生徒を同等に扱うのが民族教育であるとの誤解が教師間に広がり、結果として同化教育に手を貸すことに繋がった。

それでは西今里中の教育はどうかと言えば、とりわけ、朝鮮人教員は、自らの民族を日本の少数民族と位置ずけるだけに終り、教育の目的、内容を明確に示すことをできないでいた。そうした時期に発表された朝鮮人民民主々義共和国（以下共和国または北朝鮮）の南日外相の声明（一九五四・八・三〇）が西今里中の教育に変化をもたらすることになる。声明は、日本に居住する朝鮮人を共和国の公民であると規定していたので、在日朝鮮人の教育は在日する共和国公民の子女の育成へと目的、内容を明確にできる契機となった。この時期の朝鮮人教員の変化を西今里中の日本人同僚教員は「自ら『少数民族』と規定し」「混迷の渕にあえいでいた」が、「自信を深め、信念をとりもどし、姿勢を正していった」(160)と述べている。

しかし、この変化は、共和国、朝鮮総連の方針を採り入れ、共和国の教育政策に基く教育に安易に傾く端緒となり、公立中としての存続や在日朝鮮・韓国人を引裂く危険性を持っていた。

(六) 西今里中における民族教育の展開

(1) 週時間表に見る西今里中教育

『西今里中学校白書』(一九五七年)によると、同校の教育目的は「将来りっぱな朝鮮人になり、朝鮮の建設発展と住んでいる社会のために役だち、日朝親善に貢献する人間」づくりにあるとされている(161)。そのためにまず、「朝鮮語や朝鮮の歴史、地理や民族的な文化をできるだけ多く教えて身につけさせる」こと及び「現在、日本で生活しているのだから、それに必要な知識と技術をあわせて教える」必要性が挙げられている。

この教育目的の実現方法を具体化したのが教育課程、一層、目に見える形に示したのが週時間表ととらえ、ここでは、詳細を表6—7「西今里中学校各教科目週時間配当表」に譲り、特徴的な教科の解説をしておこう。

国語(朝鮮語)は週四時間の文學、週一時間の文法に分かれ、文学は初等学校の読み方に当たり、豊かな語彙と表現力の育成を、文法は朝鮮語を正しく使うための基礎の養成をねらいとした。この国語とともに朝鮮歴史・

表 6-7　各教科目週時間配当表
（大阪市立西今里中学校 1954 年度）

教　科	科　目	担当	1 年	2 年	3 年
国語科	文　学	朝	4	4	4
	文　法	朝	1	1	1
日語科	日本語	日	4	4	4
外国語科	英　語	日・朝	4	4	4
	ロシア語	朝			
朝鮮社会科	世界歴史	朝	2	2	—
	世界地理	朝	—	2	2
	朝鮮歴史	朝	—	—	2
日本社会科	日本社会	日	2	2	2
数学科	算　数	日・朝	5	—	—
	代　数	日・朝	—	2	3
	幾　何	朝	—	2	2
理　科	植　物	朝	2	—	—
	自然地理	日	2	—	—
	動　物	日	—	2	—
	物　理	朝	—	2	2
	化　学	朝	—	—	2
体育科	体　育	朝	2	2	2
	保　健				
職業家事科	職　業	朝	1	1	1
	家　事	日	1	1	1
芸能科	図　工	日	2	1	1
	音　楽	日・朝	2	2	1
計（週時間数）			34	34	34

註⑴　『日本人教師が辿った在日朝鮮人教育戦後（大阪）史（一）』より作成
⑵　担当欄の朝、日は朝鮮人教員、日本人教員を示す。
⑶　各学年欄の数字は週の授業時間数、—は配当されていないことを示す。

朝鮮地理は民族教科として重視され、すべて朝鮮人教員が担当した。各学年、週二時間を配当された日本社会科は日本人教員の担当であった。生徒たちが日本で生活していること、将来も日本に永住する可能性を配慮していたと考えられる。

　西今里中の理数科の特徴として、代数、幾何、植物、動物、物理、化学等の配置など旧制中学校の科目制を採用したことが挙げられる。したがって数学三年に代数三時間、幾何二時間が配当され、日本の必数三時間、選択二時間（『昭和三三年版学習指導要領』）の配置と大きな違いを見せている。

外国語は日本語に四時間、英語及びロシア語に四時間、合計八時間が当てられた。日本語の四時間は、日本社会で暮らしていくための必要な措置であったろう。

以上の教育課程（教科、時間数）の構成は、文部省の学習指導要領から逸脱していたし、分校型式を認めた文部次官通達の範囲も越えていたが、市教委の「みてみないふり」(162)の姿勢がここにも現われていたに過ぎない。

（2）使用教科書に見る西今里中教育

西今里中が発足して三年目の一九五三年度、国語（朝鮮語）科、社会（朝鮮社会）科に限定してではあるが、使用教科書を通して教育内容を概観しておこう。五三年度といえば学校が落着き、朝鮮半島に平和が戻った年である（休戦協定調印は一九五三・七・二七）。

国語科で使用された教科書は、朝鮮人学校ＰＴＡ全国連合会編、学友書房（東京都千代田区）刊の『中等国語（朝鮮語）教本』巻一〜巻三であった(163)。教材は、詩、小説、随筆、論説、記録、紀行、書簡、伝記、史話など広いジャンルから採用されている。例えば、詩教材は「我がはらから」（巻二第一課）、「ハングル学校で」（巻二第五課）、「春の先駆者」（巻三第一課）、小説では、当時、日本の教科書にも多用された「最後の授業」（巻一第八課）などである。「最後の授業」は普仏戦争（一八七〇〜七一）の結果、アルザス地方がフランスからプロシャ（ドイツ）に編入され、同地方の学校では使用できなくなるフランス語を使って最後の授業が行われたというおなじみの教材であるが(164)、日本の朝鮮植民地化による朝鮮語の運命を重ねさせようとしたのである。

ほかに「八月一五日」（巻二第一三課）、「高句麗の名将軍楊万春(1)(2)」（巻二第二四、第二五課）、「のびゆく朝鮮」（巻三第九課）など、民族意識の醸成に関わる教材が採用されている。

朝鮮社会科は、朝鮮社会（一年〜三年）、朝鮮歴史（一年）、世界歴史（二年〜三年）、朝鮮地理（一年）、世界地理

（二年〜三年）の諸科目で編成され、それぞれに応じた教科書が用意された。朝鮮社会の教科書は、国語と同じ朝鮮人学校ＰＴＡ全国連絡会の編集で、学友書房から発行された『私達の生活と文化』を使用した(165)。この教科書は、「一、二、三年に共通使用」とされているので、副読本として利用された可能性がある。第一章に「民族の由来」を置き、「朝鮮民族は何処から来たのだろうか」、「世界の人種」、「朝鮮民族」などの節に分けてまず、人種、民族について学び、次いで、住居（第二章私達の住んでいる家）、食衣（第三章私達の生活史）に移り、そのうえで、「私たちの生活文化」（第四章）を学ぶ編成がとられている。最終章の第六章は「新興民族として」と題され、⑴歴史的な日、八月十五日、⑵帝国主義残滓の清算、⑶封建因習の清算、⑷生活様式の改革、⑸民族文化の継承と発展、⑹新興民族としての自覚と任務の各節を通して、自己改革の必要性を自覚し、新興民族としての生き方と任務を学び最終学年を終えることになる。

『朝鮮地理』では、まず朝鮮の自然を学び、次いで産業、経済、交通、都市など人文地理的内容を学習し、地誌で締めるという形式（章）が採られ、『朝鮮歴史』は「高麗時代」、「李朝時代」、「日本統治時代」、「八・一五以後」の時期区分で朝鮮史を学習したのである。ただ、こうした荒い時期区分で歴史認識が育成できたのか等の疑問は残る。

（七）西今里中学校の閉校と自主学校化

（1）生徒の朝鮮への帰国

進学・就職ともに卒業生が日本の社会では不利な立場に置かれたことは明らかであった(167)。そうした情況下に出てきたのが、日朝赤十字社の話合いによる帰国問題である。一九五八年秋、生野区、東成区など朝鮮人多住地区で、「母なる祖国は待っている！」、「帰国して祖国のために働こう！」などのステッカーが張り出され、集会が開かれた(168)。

西今里中学校の生徒たちも、生徒会で帰国実現促進決議を行い、帰国実現署名運動に加わるなど、帰国実現へ活発な活動を展開する(169)。生徒の作文にも、「祖国に帰って自分のためにも、国のためにもなるやりがいのある仕事をしたい」、「祖国に帰ってもいろんな苦労があるだろう。しかし、後輩の幸せのためになる苦労は張り合いがある」(170)など帰国の意義と覚悟が述べられている。このころ、帰国を希望する生徒は、三年生で四七パーセント、一年生で六八パーセント(171)いたという。

実際に帰国が始まったのは、それから一年後の五九年一二月に入ってからで、帰国第一船が共和国の清津港を目指して新潟港を出港したのが一二月一四日であった。以後、六七年一二月二二日の最終船一五五船まで帰国事業は続いたが、その間に乗船したのは八万八六一一人（日本人六六四二人、中国人七人を含む）で(172)、当然、この中に大阪の公立小・中・高校へ進学した朝鮮人児童生徒が含まれている。大阪市立西今里中の帰国生徒に限定すると、第四六船（一九六〇・一二・二）までで二一一人であることが明らかにされている(173)。以後、西今里校閉校までの約一〇か月間に何人かの生徒が帰国したはずであるが、不明である。

帰国した生徒から西今里中の教師たちへ手紙が届くこともあったようだ(174)。三年生のある生徒（三三船）（六〇・九・六付）の手紙には「苦労という苦労はしていないが大阪より苦労している」と綴られ、祖国での生活の厳しさを暗示しているようである。第三船（五九・一二・二八出発）で帰国した女子生徒は、「第一船、第二船は、みんな直接平壌に行ったのですが、第三船からは全部いけなかったのです。というのは一度に一船二船が（一船二船の帰国者がの意味―赤塚）平壌へ行ったので、職場もまだそんなに準備されていないし、整っていないので（略）、私達第三船で来た人達はこの招待所で自分の希望する職場別に、行先が決まるまで一五日間ここで過しました」（六〇・二・二一記）と綴っている。第三船までで三千人近い朝鮮人が帰還したことになるが、職場・住宅等を一挙に準備することが困難だったのであろうか。西今里校で教師から教えられた情報と帰国して分かった事実の違いを率直に伝えてきた生徒（二八船、六〇・七・一出港）もいる。

進学にしても、就職にしても朝鮮人生徒を容易に受け入れない現実の前に折角、積み上げてきた三年間の実践が、卒業後の進路問題から崩れてしまう事態に西今里中の教師たちは苦慮していたので、将来に希望の持てる生徒の祖国への帰還を歓迎し応援した。教育も医療も無料の〝地上の楽園〟とのキャンペーンも後押しした。脱北して日本に戻った人たちによって祖国の状況が報道され、事実が明らかになったのは近年のことである。帰国中学生に関わって、船が清津港に着いたとき、一女生徒に向かって、「下りるな!、その船で日本に帰れ!」と港から叫んだ上級生がいたとのニュース(175)は衝撃的でさえある。

（2）帰国実現と西今里中生徒の激増

朝鮮本国への帰還が実現すると、西今里中への入学生徒が激増した。それまで八百人内外だった生徒が、一九五九年度は前年度の二五・四パーセント増の一一六三人、六〇年度三五・三パーセント増の一七九八人となり、六一年度には二千人を越えた（表6—5参照）のである。この状況を同中学の教師は「帰国実現は西今里中学校を超満員にし、運動場をつぶしてバラックをたててそれでも足りずに二部授業へと追いこんで」(176)いったと日教組第一一次教研集会で報告している。本国への帰国が生徒や保護者の西今里中への期待を高めた証であろう。

生徒増に応じて教員も増加するが、大幅に増えたのは課外教師（朝鮮人）で、前記教研集会で「毎学期ごとに大量に増え（略）、しまいには名前と顔がおぼえられない」(177)と報告したほどである。それに比べて、日本人教師が一九六一年度は前年度から減少、教諭に限定すれば一九人から一一人への減員となった（表6―6参照）。この変化は公立朝鮮人学校としての西今里中の終焉が近いことを暗示していた。既に府・市教委の行政施策に入っていた可能性も十分考えられる。転換点に当たっての森田恭介同中学校教諭の「西今里中学校の十一年の歴史は、第一船の集団帰国者が新潟港へ辿り着くまでの歴史であった」(178)との発言は正確であったと言えよう。

日教組の第四次教育研究大会における前記森田教諭の西今里中を代表（大阪市中学校教員組合西今里中学校分会）した「実践報告」も注目される。生徒綱領草案第一条（私たちは祖国と民族を愛そう）のクラス討議において、祖国に対する考え方が問題になった、という。生徒が祖国を「朝鮮民主主義人民共和国」、「大韓民国」、「南北に分裂する前の朝鮮」、「南北が完全に統一された後の朝鮮」、「済州島」などと考えていることが初めて分かり、祖国のような本質的で人間性の本然に属する問題については充分に慎重な指導を要すると考えたという。

生徒の祖国観は生徒自ら、父、母などの出身「地域」から醸成されたと考えられるが、それを共和国に絞るのは無理であり、共和国を軸として構成された教育内容、方法も公立中として存続するには限界が来ていた。しかし、現実は朝鮮総連によって選ばれた朝鮮人講師が増加し、ますます朝連色が強くなるので、カリキュラムの修正は不可能であったと考えられる。

（3）自主学校化への流れと西今里中閉校

一方、朝鮮戦争後の共和国の復興、発展を担う人材育成という面から見ると、大阪市立（公立）中学校であるよりは、私立学校化―自主学校化を図るのが最良と考えられる。こうして自主学校化への流れが顕著になり、実際その方向へ進むことになった。

その自主学校化を巡って、日本人教師と朝鮮人教師の間に方法論での違いが現われてくる。日本人教師が生野区を初め、朝鮮人生徒が公立中に分散就学している実情から、まず朝鮮人が多数住む生野区内に自主中学校の設置を実現し、その後に西今里中を自主学校化するべきだと考えるのに対し、朝鮮人教員は西今里中の一刻も早い自主学校化を望んだ(179)。

こうした見解の相違が生じたものの、西今里中として自主学校化方針が決定したので、日本人教員は大阪市教育委員会に要求を提起、学校長は東成区選出府・市会議員に自主学校化の必要性を繰り返し説明した。その結果、まず市会議員が超党派で自主学校化支援に回り、市会が動き、続いて府議会が同調することになった。市教育委員会も府教育委員との折衝を行った。結果、まず財団法人大阪朝鮮学園を設立、そこへ西今里中を移管、各種学校の中大阪《なかおおさか》朝鮮初・中級学校及び東大阪中級学校として発足する運びとなる。それを大阪府は一九六一年八月二日付で認可した(180)。西今里中としては、約一か月かけて移管業務を行い、日本人教員は全員、他の市立中学校へ転勤した。この西今里中の転換について、大阪市の公式文書には、一九六一年八月三一日付で、西今里中は「朝鮮人の子弟のみを収容する学校であったが父兄からの要望により、財団法人大阪朝鮮学園を設置することになったので同校へ引継ぎ、西今里中学校を廃止した」(181)旨伝えられているのみである。

第三節　「釜ヶ崎」地区の新制中学校・新今宮中の開設

本節は、西成区の通称「釜ヶ崎」（現あいりん）地区の不就学生徒を対象とした大阪市立新今宮中学校の設置準備過程と教育を取り上げる。

同中学校の成立経緯を見ると、まず、市立今宮中学校の分校・あいりん学園として発足し、間もなく、独立して市立あいりん中学校、続いて、独立校舎への移転とともに市立新今宮中学校という経路を辿っている。

（一）新今宮中学校設立の経緯

（1）「釜ヶ崎暴動」後の民生対策で不就学問題浮上

大阪市立新今宮中学校は、西成区の通称「釜ヶ崎」地区に設置された不就学生徒対象の学校である。それだけに、同校特有の設置経緯と特徴が認められる。

まず、昭和三六年度（昭三七・一）の設立で、新制中学校制度実施の昭和二二年度から十数年遅いことである。第二は、戦後の中等教育の機会均等理念の高まりから設立されたほかの中学校に対し、新今宮中は、戦後復興、経済成長に伴う労働者の流入と集中がもたらした都市問題の渦中で、止むを得ず生まれ、近い将来、消滅すべき学校として位置づけられたことである。第三は不就学生徒対象であることは、不就学児童も対象となり、小・中学校セットでの設置、運営であったことである。

さて、新今宮中設置の要因となった前記「都市問題の渦中」とは、昭和三六年八月一日、夕刻から発生した「釜ヶ崎暴動」のことである。同事件は、タクシーに撥ねられた労働者の救出より現場検証を優先した警官に対する抗議から始まる。またたく間に労働者三千人に膨れ上がり、抗議は警官派出所への放火、西成警察署への投石へと拡大、警官隊六百人余投入しても、平静に戻るまで六日間も必要とした。日ごろ、人間扱いされていなかった不満から来た大都市底辺労働者の爆発といわれた。

当時、高度成長に向かう時期で、建築・土木日雇労働者が、ドヤと呼ばれる簡易宿泊所一七五軒に一万数千人宿泊していた。彼らは雇用される現場で働き、例えば、雨天の日は、失業するという不安定な生活を強いられていた。その不安定な生活からくる不安感は、潜在的な不満となり、暴動への契機になり易かったのである(182)。暴動が起きた翌九月、大阪府は労働部西成分室を釜ヶ崎地区に開設。大阪市も一〇月に西成保健所の分室を設けている。府・市行政とも暴動の発生によって釜ヶ崎問題―都市問題に正面から取り組まざるを得なくなったのである。

民生を主軸として、一般行政施策が始まると教育施策も課題となり、不就学児童生徒の問題が取り上げられ、彼ら対象の学校の必要性が浮上してきたのである。

戦前は大正期、釜ヶ崎地区を含む今宮町から大阪の米騒動が広がり、慈善私立学校に任せていたスラムの子どもの教育を大阪市直営小学校として初めて取り組んだ歴史を想起させられる(183)。直営小学校の意味は、大阪市の他の小学校が学区―連合町で維持運営されるのに対し、学区を持たないので、大阪市が直接、維持運営するということである。

暴動が起きて初めて不就学問題が浮上する構図は、「釜ヶ崎」地区では、戦前も戦後も変わらなかった。

（2）不就学児の実態

行政施策を始めるに当たって不就学児童生徒がどれくらいいるのかがまず問題になった。教育委員会も、一般行政も、学校関係者もその人数を挙げることができなかった。正確な資料はないが、百五十人〜三百人というのが実情であった(184)。

不就学の理由について、「子どもに炊事、子守をさせている、食堂で雑役をさせている」(185)、「借金に追われて釜ヶ崎に来たので住所を知られたくない、そのため住民登録をしないので就学通知書が届かず不就学」、あるいは、「飯場から旅へ、巡業へと連れて歩くだけで保護し、養っていると自負する親のいること」(186)などが分かってきた。人目につくのを恐れて、近所の子どもたちが下校してくるまで、ふとんにくるまって部屋に閉じこもっている子どももいた(187)。要するに、保護者が底辺労働者で、貧困と無理解が不就学児を生んでいた。

地区周辺の公立学校は、こうした理由から「はいりたくても正式な手続をとることができない」(188)と傍観することになる。

もっとも、個々の教師、学生ボランティアが、学習指導、遠足、子ども会活動を実施、三〇人ほどの子どもが就学を希望したので、地域の学校へ入学させたことがある。しかし、他の児童や学級への悪影響、教師の負担加重、予算措置が伴わず、地元保護者（ＰＴＡ）の反対があって、結果を出せなかったという経緯もある。昭和三二・三年ごろのことである(189)。

（3）教育委員会の責任で「学校特設」と明言

しかし、釜ヶ崎暴動は従来のような傍観者でいることを許さなかった。「あのスローガンなき無組織、無要求の暴動のさ中、投石乱れ飛ぶ中で底辺層のうなるような要求」(190)を汲みとらなければならない、という市職員も出てきた。大阪市教育員会、大阪市民生、建築、土木、清掃、計画、衛生各局が市長を含めた会議を重ね、「スラム対策は関係機関の総合対策でなければならない」との結論に達した。大阪市会釜ヶ崎対策議員総会も立ち上げられ、市会での重要議題となった。西成区選出議員からの不就学児対策の質問に対し、中尾教育長は「教育委員会の責任で行う」(191)旨明言し、釜ヶ崎暴動以前の民生か、教育かの押し付け合いから一転、教育委員会が、学校教育法に基づく学校を特設、民生的裏づけを民生局が協力するという方針で動き出す。

（４）不就学児の把握と校舎の準備

学校の設置が明らかにされると、次の課題として、入学する子どもの決定が急務となる。釜ケ崎地区に不就学児の多いことが漠然と分かっているだけで、実際に就学する子どもの人数やその氏名、住所などは全く握めていなかった。これは困難な仕事であった。

その任に当たったのは、西成警察署に設けられた補導相談コーナーの職員である。地域を三区分して、男女警官がペアーを組んで担当地区を巡回、不就学児の発見、学校への勧誘、氏名、住所を確認するのである。

あの暴動から、日数を経過していない時期で、労働者の対警察感情は厳しく、九月一杯ぐらいは、「ポリのおばはんや、何しに来よった！」、あるいは「もの（言葉）言うたらあかんでェ！」など、疑心と警戒で取りつくしまもなく、無駄な日が続くばかりだったと補導相談コーナーの責任者は述べている(192)。

路地裏を何度も巡回しているなか、保護者から日常的に、「警官とは言葉を交わすな」と言い聞かされている子どもがようやく心を開いてくれ、彼を介して父親を訪ねることに成功する。しかし、返ってきた言葉は厳しく「あんたら結局ワシに恥かかしにくるだけやおまへんか、そんなことで警察のもんやと言われたら坊主（子ども―赤塚）がどんな悪いことしよったんかと。近所の手前も考えとくなはれ！、余計なこと言わんと早よ帰っとくなはれ」(193)であった。

それでも、何度も訪ねるうちに心を開くに至る。こうして、四〇人以上の不就学生徒の氏名、住所、年齢などが明らかになった。なかには戸籍のない児童生徒もいて、年齢を定められない例もある。

校舎建設を担当する教育委員会側は、校地探しに歩き回り、早く特定しようと焦っていたが、ようやく、警察署近くの空き地を選定した。

この段階までくると、通学できる学校をこしらえるからと保護者、子どもを説得してきただけに、補導相談コーナーの警察官は、学校の姿が一日も早く目に見える形で現われることを願わずにはいられなかった。

学校用地決定後の教育委員会の次の仕事は校舎、教室規模を決めるための入学児童生徒実数の把握である。そのため、まず、その年一二月一九日、西成市民館(194)を会場にして、クリスマス子ども会を開き、子どもを招いた。翌昭和三七年に入った一月一二日にも、新年子ども会を開催、集まってきた数十人の不就学の子どもたち(195)を就学予定者とみなし、校舎の規模や教室数を確定した。

こうした経過をたどり、新校舎が完成したのは、昭和三七年一月三〇日であった(196)。校舎といっても、急ごしらえのバラック建(パイプ教室)の仮校舎で、建坪七六坪、三教室(小中学校用各一教室及び職員室、用務員室、宿直室用の一教室)という規模に過ぎなかった。それでも、「折角この子供達を探して足止めをしているのだ!! 早ければ早い程よいのだ!!」(197)と気をもんでいた防犯相談センターのメンバーにとって、子どもや保護者との約束を果たせた、と安堵できた校舎の姿であった。

(二) 大阪市立新今宮中学校の設置

(1) 分校・あいりん学園としての開校

入学式は、昭和三七年二月一日に行われた。この日は寒いながら、よく晴れわたり、学校へ行ったことのない不就学児にとって、登校し易い日となった。児童文化会館の子供クラブ員らが、地域を巡回、一人でも多くの子どもが入学するようにと呼びかけた。補導相談コーナーの女性警察官は、気にかかる子どもの登校を促そうと早朝出勤し、家々（多くはドヤ街の部屋）を訪ねた。不就学児にとって、学校は未知の場所であり、布団にもぐりこんだまゝ出てこない子どももいた。そうした子どもを勇気づけたり、納得させたり、引張るように登校させるのである。入学式に出てきたのは五四人の小・中学生であった(198)。

いよく開式、校庭に整列した入学児童生徒の列は長く、同校へ転勤したばかりの教師たちは、「よくもまあ、これだけの子供達が学校へも行けず、毎日かえりみられず放っておかれたものだ」(199)と驚かざるを得なかった。

それでも、五四人は少なく、独立校とは認められず、大阪市教育員会は、萩之茶屋小学校・今宮中学校分校、通称あいりん学園、府教育委員会は、両小・中学校の特殊学級として扱った。

入学した中学生のなかから二人の前歴と入学経緯を振り返ると、小学校五年を修了した時点で、九州から父と姉の三人で来阪、釜ヶ崎の酒屋の住み込み店員として働いたので、ここで不就学となった。間もなく、頼りの父が蒸発してしまい、姉と二人で働いていたとき、あいりん学園が発足、放課後から夜九時まで働くことを条件に、通学を許され、一年へ入学の次第となった。

もう一人の中学生は、八歳ごろから父とともにこの地域の食堂に住み込み、店員として働いているとき、父が日雇い労働者として遠方へ行ったため、一人で生活していた。就学したことがないので、読み書きができない。あいりん学園へは三年生として就学したが、本当は二年生であった。戸籍がないので、生年月日不明から起きたことである(200)。

このように、昼間は労働して生活しなければならない生徒が多く、旧徳風小学校のような夜間部の設置の必要性が語り合われた(201)ほどである。世は経済成長期に入っていたが、都市の一画には、こうした児童生徒が生み出されていたのである。

（2）開校当初の授業

あいりん学園の初年度は、昭和三七年二月一日の開校から三月二四日の終了式、卒業式まで二か月足らずである[202]。

その間、授業は、小学校の場合、衝立《ついたて》で教室を三つに区切り、低・中・高学年に分けて行われ、中学校は一教室に三学年を入れての複式授業となった。

それまで不就学に陥っていた児童生徒である。「ほとんど字も知らず、従って文も読めず」の状態で、机に向って一〇分と持たなかった。これが、あいりん教育のスタート地点の実情で、ここから子どもを変えていくしかなかった。

こうした時、普通の学校では、能力差によるグループ授業が実施される。あいりんでも中学校数学を四グループに分けて個別授業を実施した。しかし、一つのグループを指導していると他のグループは、外に飛び出しバドミントンをやる現実に直面して教師は頭を抱えざるを得なかった[203]。

生徒が珠算に興味を持っていることを見つけ、仕方を教えると理解し、生徒から問題を急かされるほどになり、一桁の加え算を始めたところ、興味に乗り、三時間連続の授業となった。

ある教師は、教室での授業が限界線を越えたと気づき、子どもが興味を示す体育に切りかえ、それも相撲を望んでいるようなので、その旨指示すると、相手を見つけて四つに組んで夢中である。満足したとき、土俵造りを提示すると、平素掃除さえしない四人が喜々として協力して作業を続けた。仕上がったのは簡単な土俵であるが、協力すれば、早く気持ちよくできることに気づかせようとしたのである。学園内では、生徒の気持を素早く見抜き、まず好む授業方法で生徒を変える努力が続けられた。しかし、学園内から外に出ると新たな挑戦ということになる。

開校から二か月後の三月一七日、奈良への郊外学習を行ったが、初めての団体での移動であり、子どもたちは興奮気味であった。午前八時の集合時間前にほゞ全員出席、洗濯したてのズボン、新しい服をまとい、喧嘩で休んでいた二人の生徒も参加するという異例ずくめ、そのうえ、いつも乱暴な兄弟含めての五人のグループも加わり、引率教師としては、何事が起きても不思議ではないと警戒しながらの出発となったが。現地では予測通りのことが起きた。同学園の記録は次のように述べている(204)。

どうしても団体行動がとれない。まるで、逃げたがる猛獣を引綱なして連れて歩いているみたいである。その数五人、持ってはならないと言っている木刀を持ち出してふり廻す。建造物、公園の木々をたゝいて廻る。こちらをとめればあちら、あちらをとめればこちら。全く疲れる。

手にする木刀はみやげ物店で購入したのであろうか。建造物としか記述されていないが、木刀を振り上げた対象は国宝級の寺院であったかもしれない。

三日後の三月二〇日には招待を受けて通天閣見学に出かける。学校の近くであり、日常生活とかけ離れた行事ではなかったので、団体行動を乱す子どももいたが、二、三人に過ぎず、「まあ少々点はあまくとも、この学校にしたら上出来である。普通校でもあのくらいの行進である」と評価している。

あいりん学園の初年度は、こうして終った。授業方法、内容になお、工夫の余地はあったろうが、開校が三学期半ば、教育委員会が全市教員に募集を呼びかけても、応募者は二人、学園主任と三人の態勢では限界であったろう。

学園の春休みは連日、三〇人近い子どもが顔を出す。学生ボランティアと遊んだり、勉強を教えてもらったりできるからである。給食も行われた。ただし、こうした場面でも、妨害する子どもがいて、時々、中断せざるを得ないことも起きた。中学生は殆んど姿を見せない。男子はアルバイト、女子は内職手伝いをしなければならなかったからである(205)。

(3) 仮校舎から愛隣会館への移転

昭和三七年四月、新学期が始まり、新たに入学した児童生徒で、在籍数七八人となり、小学校四学級、中学校二学級が編成された。ただし、教室は従来通り小学用、中学校用各一教室しかなかった。教師は四月一日付で、小学校二人、中学校一人が加わった。

四月二一日、初めての保護者会が開催された。以後、毎学期、夜間に保護者との懇談会が開かれることになる。八月はあいりん学園にとって、画期的な月となった。八日、民生局所管の大阪市立愛隣会館が完成したのでそこへ移ることになった。四階、三階が学校とされた。小学校三教室、中学校一教室、特別教室二教室あり、仮校舎時代よりは、少し条件がよくなった。

しかし、土の運動場ではなくなり、コンクリートの屋上が運動場代りとなった。ある生徒は、「せまい上にコンクリートなので、すりむいたり、私の組の中で歯をおったことさえありました。冬は寒いし、風が強いし、夏は暑くてやる気がしなくなります」(206)と回想する。また、済生会病院今宮診療所の医師で、あいりん学園の校医であった本田良寛は、「あいりん学校の子供たちの足はよその学校の子供たちより白い。そして土がついていない」(207)と印象を語っている。

こうした欠陥を補うためか、一〇月から毎週土曜日を体育デーと定めて、阿倍野青少年運動場へ出かけて授業を行った。なお、毎年、秋の運動会は浜寺公園で実施した。阪堺電車今池駅から一本でいけるからである。

昭和三八年三月一五日、一人だけであったが、中学校から初めての卒業生が巣立った。今宮中学校の分校であったので同中学の卒業式に加わった[208]。この生徒は本校・今宮中学校第一六期生八五五人の中の一人となったが、ベビーブーム世代、後年団塊の世代（昭二二～二五年生）の卒業期に当たり、今宮中最高の卒業生数の年であった[209]。ちなみに小学校は本校の萩野茶屋小学校ではなく、あいりん学園で施行された。卒業生十数人を数えるので、分校独自の卒業式を考えたのであろうか。

（三）大阪市立あいりん小・中学校の独立と教育

（1）あいりん小・中学校と教育目標

昭和三八年四月一日、萩之茶屋小・今宮中分校から大阪市立あいりん小学校・中学校として独立した。独立に伴い、大阪市教育員会指導主事の職位で分校主事を務めていた港一敏が初代校長に就任、新たに設けられた教頭に伊東進一が就任した。養護教諭も小・中学校兼務ながら、初めて配置されている。以上のほかに、小学校教職員として、教諭六人、書記一人、校務員一人、給食調理員二人が改めて任用された。中学校は、校長・教頭（小学校と兼務）、教諭四人、校務員一人である。それに対して児童生徒は、小学生一〇一人、中学生四五人であった[210]。

独立のこの年度、あいりん小・中学校は子どもの実態から、次の重点目標を定めた[211]。

一、休まず喜んで登校させる
二、よい生活態度を育成する
三、基礎学力の補充に努める
四、労作勤労教育を重んじる
五、情操教育に努める
六、各機関との協力

生活態度として働くことを嫌がる生徒が多いなか、卒業後、直ちに勤労によって、正常な生活を営まなければならない生徒たちであるので、労作勤労教育を取り入れ、教科、作業を通じて勤労精神の育成に努めようとした。また、情操教育については、家庭、地域の環境から子どもたちの心情に潤いを欠くので、音楽、図工、飼育栽培を通じ、豊かな心情を培かおうとしたのである。

最も困難な指導は、よい生活態度の育成であろう。同校では、家庭環境に恵まれず、野性の状態で生活をしてきたため、性格、行動面で、他の学校とは全く違う状態にあり、集団生活になじめない子どもが多いと分析、学校生活、社会生活に適応する生活指導の必要性を強く感じていたようである。

他校と全く違う状態の一つは、家庭環境に問題があるうえに、転出入が多く、指導の積み上げが困難で成果が挙がらないことであった。独立した昭和三八年度に限っても（ただし昭和三九年二月時点）、転入児童三七人（一〇七人中）、転出児童一九人、転入生徒六人（四六人中）、転出生徒二人が認められる。転入の主な理由は、戸籍、住民登録がないので、地域の学校へ入れず、同校へ回されてきた児童生徒たちで、その数三五人にも上る。転出は、転居（多くは飯場が遠い）一二人、施設収容七人となっている(212)。不就学期間が長期にわたるうえに、転出入の多さは教師の指導を困難にした。『山びこ学校』の実践以来、多くの学校で採り入れられ、効果を挙げた集団と生活綴方による教育も展開の仕様がなかった。

教育委員会の求めに応じて、勇んで赴任してきたベテランの三登茂教諭は、あいりんの子どもたちについて、「社会生活、共同生活、対人関係というものに全くうとい。みんな自己中心主義であり自分勝手な行動のみをする。気にいらんとすぐけんかをする。なぐる。ける。どつく。学校を出て行く。どんなによごれていようと知らぬ顔。足もとに落ちている本、け散らして通るとも拾おうとはしない。自分以外の周囲には全く無とんちゃくである。」と驚かざるを得なかった。こうした子どもたちを前に、「余り勝手がちがうので全く途方にくれた」のであった。そうした中から、「一枚ずつ、かみしもをぬいで（略）、裸にならないと、いや先ず自分自身の人間づくりからスタートしなければ勤まらないことに気づいた」[213]という。

これは、三登教諭のみならず、あいりん小中学校に赴任した全教師に通じることであったろう。これまでに培かってきた教育の常識を一度、棄て去らねばならなかったのである。そのうえに、あいりんで通用する教育のあり方を生み出す必要に迫られたということである。それが「自分自身の人間づくりからスタート」であった。このことは、同時に、あいりんの児童生徒たちの苛酷で壮絶な生育歴を物語っていた。前述の教育目標が成立した土壌であった。

（2）児童生徒の生活環境

あいりん小・中学校の、昭和三九年一月調査によると、子どもたちの多くは父子家庭であることが明らかにされている。即ち、父子家庭の小学生一〇〇人のうち三六人、中学生三五人中二〇人、比率にすれば、小学生の三六パーセント、中学生の五七パーセントが父子家庭であった[214]。ちなみに母子家庭は、小学校八人、八パーセント、中学校八人、二三パーセントである。

昭和五四年の調査では、小・中学校合わせて七五パーセントである[215]ので十数年の間にこの傾向が拡大していたことが判明する。ケース・ワーカーの岡繁樹の考察[216]によると、「父子家庭は釜ヶ崎特有の家族形態」であったようだ。その父親は、他の単身の日雇労働者と同じ肉体労働をして、そのうえ、子連れで釜ヶ崎へ流れて来たため、生活面での負担が経済的にも精神的にも大きいという。このことが子どもの教育から疎遠になる原因と見る。

更に経済的余裕がないので、釜ヶ崎の父子家庭に継母という存在はないと見ている。ただし、内縁の夫、子どもにとっての継父があり得るし、継父が次々変わるケースはある、という。〝母親が母としてでなく、女として生きてしまい、子どもはその犠牲になる〟ケースである。戦争孤児を扱った第一節（(五)（5））で述べたが、『はだしのゲン』の著者、中沢啓治も、被爆、戦後の貧困、食糧難に耐えきれず、広島の母親たちが子どもを捨て自分の人生を選んで逃げたことを指摘している[217]。

釜ヶ崎の子どもの回りには、こうした教育以前の問題、生徒の悩みが山積し、これらの重荷を背負って通学していたのである。

(四) 三年生徒の進路指導と就職

(1) 卒業に備えての進路の指導

独立のあいりん中学校として、初めての卒業生を出したのは、昭和三九年三月であった。男子八人、女子一人の計九人である。以後、一二人（四〇年）、一四人（四一年）、一三人（四二年）、六人（四三年）と推移し、最も多数の卒業生を出すのは、新今宮中時代は昭和四六年の一七人であった(218)。

独立あいりん中学校最初の卒業生の出る昭和三八年度の三年担任で進路指導担当の藪本茂治教諭の指導記録(219)からその実際を探っておこう。

この年度の三年生九人のうち両親が揃った生徒は一人、ほかの八人は父子家庭で、しかも父子家庭のなかの二人は、放置され、他家に寄寓、働きながら通学していた。欠席も多く、平均長欠期間二年三か月という状態にあった。進路に進学選択の余地はなく、全員が就職希望である。その就職も、各種調査の結果から、心理的精神発達段階の遅れが明らかで、その克服がなければ無理だと思われた。こうした生徒たちの状態は、社会的経済的な生活経験に乏しいことの反映であると考えた藪本教諭は、まず生徒会で活動し、自己を鍛えさせたいと生徒たちに役員を薦めたが乗り気を示そうとしなかった。

そこで、生徒会活動で、就職について考え話し合う機会を多く持つことにする傍ら、特別活動を重視、自然や人間同士と接する機会を多く持つように努めた。例えば、夏休みに野外活動協会から府下能勢剣尾山キャンプへの招待を受けると、進んで参加を表明、生徒を引率した。生徒たちは、自然の中で友だち同士が寝食を共にすることを喜び、生き生きと活動した。学校での生徒の姿と全く変った生徒の行動に教師は驚かざるを得なかった。特別活動は、一般の中学校以上に人間形成に必要な教育であったようである。

さて、課題の就職指導は、教師が求人情報を職業安定所（ハロー・ワーク）からより早く、より多く集め、生徒と何回も相談する時間をつくっている。そのうえで、希望する事業所二、三か所を選定させ、生徒が就職先を絞ると、当該生徒を連れて職場見学に出かけ、相手方にあいりん中学校の特殊性を明確に伝え、生徒の心情、態度を説明している。

表6-8　あいりん中学校昭和39年3月卒業生の就職状況

生徒	性別	就職先	職種	所在地	通勤 住込み別	所内訓練
A	男	K鋳造所	鋳物工	大阪・西成	住込み	有
B	〃	Y鉄工所	機械工	大阪・西成	通勤	無
C	〃	F電器店	修理販売員	大阪・住吉	住込み	有
D	〃	K鋳造所	鋳物工	大阪・西成	住込み	有
E	〃	M鉄工所	機械工	大阪・西成	住込み	有
F	〃	N紙工所	製紙工	大阪・西成	通勤	無
G	〃	S電器店	修理販売員	大阪・西成	住込み	有
H	〃	T敷物KK	発送係	堺	住込み	無
I	女	NレースKK	縫製工	大阪・西成	通勤	無

（あいりん小・中学校『あいりんの教育』（第二年の歩み）からの引用）

こうした指導と事業所への説明が効果を挙げたのであろうか、世間の冷たい眼と「あいりん」というハンディキャップを乗り越えて、卒業生全員の就職先が確定した。

（2）就職先の職場環境

あいりん中学校卒業生の職場、就労状況に二つの特徴が認められる。

第一の特徴は、九人中、六人が住み込みで、通勤は三人に過ぎないことである。しかも、通勤となった三人のうちの二人も、当初住み込みを希望したが、一人は事業所に受入れ体制が整っていないこと、もう一人は保護者の都合でかなわなかっただけである。この勤務形態は、十数年前の戦争孤児と類似していた。

第二は、西成区内の事業所への就職が九人中八人と圧倒的多数を占めることである。

第三は、表6―8に現れていないが、一人の縁故採用があるほかは、すべて職業安定所を通しての就職であったことである。

最後に、住吉区のF電器店に修理販売員として住み込みで働く生徒Cについて述べておきたい。彼は八歳ごろから釜ヶ崎の食堂で住み込みの店員として働いていた少年である（本節（二）―（1））。食堂での労働であるから閉店時刻が夜中になり、折角、就学しても通学に支障を来たし勝ちであったので、中学三年で担任となった藪本教諭（進路指導担当）は、できるだけ早く就職先を決め、そこからあいりん中学校への通学を認めて貰おうと職業安定所と相談、一二月初旬のF電器店への就職内定となった。実際、Cは、電器店で働きながら通学、卒業している。

労働基準法上の問題もあるが、釜ケ崎の現実はこうした方法を採らないと生きていけなかったのである。

（五）独立校舎への移転に伴う新今宮中学校への改称と生徒数の減少

（1）念願の運動場つきの独立校舎

昭和四八年一二月二二日独立校舎の完成、移転を機に、あいりん中学校は、新今宮中学校に改称された。あいりん小も新今宮小となった。ここへ漕ぎつけるまでには、校内職員研修会を何回も開き、「あいりん小中学校の将来構想について」というタイトルで市教委へ要望書を出したり、敷地や校名についての検討を行ったりしてきた。

要望書には「いつまでも存続するような社会状態が永く続くことは決して望まないが、現に不就学児がかなりいて、一般校にこのような子どもを収容する設備と能力がない間は、本校の果たしている役割は大きくその存在は必要である」(220)と述べられている。独立校舎を要望するに当たって、同校の教師たちは、こうした意識を持っていたのである。

また、同校教職員を含めた教職員有志、地区労働組合、地域住民（町会）が力を結集して運動を展開、「土のある運動場つきの独立校舎をこの子どもたちのために」と、要望してきたのであった(221)。それが実っての校名変更と独立校舎の獲得であった。

（2）生徒数の減少

減少しつつあった生徒数、卒業生数は独立校舎移転後、一層急激に減り始める。移転の昭和四八年に一九人いた生徒は、五〇年一一人、五二年四人に減少、五五年は三人になった。

もちろん、新今宮小学校からの入学生徒が減少したからである。その推移を小・中学校合わせると、最大時の昭和四〇年に一五〇人いた子どもが、大阪万国博覧会（昭四五）後、急速に減少、昭和四六年七〇人、移転の四八年には五四人、五〇年二五人、五三年一〇人と急降下していったのである(222)。

減少の理由は、経済成長に伴う労働賃金の上昇、同和教育による学習権意識の浸透、校区内小中学校の受入態勢の整備（仮入学制）などにより、地域の学校へ入学し易い環境が整ってきたことが考えられる。

こうした事態に、昭和五三年八月二一日、教育委員会、新今宮小・中学校教師が集まり、「新今宮小・中学校問題についての検討会」(223)を開催。減少問題と同校の将来像が話しあわれた。その結果、開校時の「将来消滅すべき学校」の方針を確認するとともに、「現にこの地域に一人の子どもでも存在する以上、解消すべきではない」との結論に至った。

(六) 釜ヶ崎地区の変貌と廃校

あいりん中学校期（昭三七〜四七年度）と新今宮中学校期（昭四八〜五八年度）の卒業生数を比較すると、あいりん中一〇四人に対して新今宮中は四六人で、同じ一〇年間ながら、新今宮中の卒業生数は二分の一弱である。日本経済が高度成長によって好転、不就学、長欠に陥る生徒が半減したということであろう。

新今宮中が昭和五九年三月末日に廃止されたのはこうした日本経済の成長を基底にした社会の変貌に伴う釜ヶ崎地区の変化に負うところが大きいと考えねばならない。ただし、すべての子どもが就学できる態勢が整えられたかといえば、小・中学校閉校後、わかくさ保育園の保母たちが路上やパチンコ店で遊んでいる子どもを見つけては、費用も手続きもなしに入園できるからと勧誘している情況(224)から廃校時、予備軍がなお存在していたことを推定できるのである。

同時に、あいりん中学校期、新今宮中学校期合わせて一五〇〇人の卒業生を送り出した事実から、これだけの生徒に学力と一般常識をつけて世の中に送り出したことは評価されねばならないであろう。

第六章註

（1）山根敦美編『戦災孤児の生活記録　羽曳野学校』、駸々堂、昭和二七年、一一七頁。山根は大阪市立郊外羽曳野中学校長、羽曳野学園長。作品は山本英二。

（2）残留児童のなかからも戦災孤児は生まれている。『北国毎日新聞』（昭二〇・三・二〇）は大阪第一回大空襲（昭二〇・三・一四）で父応召中、母妹を亡くし、孤児となった少年（大阪市安立国民学校か加賀屋国民学校在学中と推定）が、三月一九日、金沢駅の戦災孤児相談所に保護された事案を報道している。相談所係員に空襲の状況を「爆音がした。僕たちは頭上だなと思って家を逃げ出しました。お母さんと妹は遅れたので降って来た焼夷弾の直撃をうけ僕の眼の前で死にました」と説明している。

また、大阪市の行政施策として次のような事例が認められる。即ち、第一回大阪大空襲が、昭和二〇年度集団疎開実施直前であったため、残留児童のなかから多数の罹災児童が生まれ、対応策として急遽、大阪市は「空襲ニ依ル罹災児童応急集団疎開実施要項」を決定し、「取敢ズ六甲、長谷川両郊外学園ニ収容ノ上、二十年度集団疎開実施ノ際各所属国民学校疎開先ヘ転出セシムル」（第四項）ことにした（赤塚康雄編著『大阪の学童疎開』、クリエイティブ21、一九九六年、一九七頁）。六甲郊外学園「昭和二十年度在園児童生徒報告書」の四月欄に「罹災（応急疎開）」として三九人を収容したことを報告している。長谷川郊外学園の「事業報告」にも「戦禍ニヨル罹災学童ヲ収容セルコト左ノ如シ」として、三月二日～四月三〇日に六七名、六月一四日～六月三〇日五名を報告している（大阪市教育部学務課体育係『昭和二十年度郊外学園戦災孤児教育所一件綴』）。六甲は全員退寮し、長谷川は六月末現在三人在園しているが、彼らのなかに戦災孤児となった子どもも含まれている可能性を考えねばなるまい。

（3）文部省国民教育局長発　各地方長官宛「戦災孤児等集団合宿教育ニ関スル件」（文部省編発行『文部省終戦教育事務処理提要』第一輯、昭和二〇年、一四六頁～一五一頁）。

（4）『大阪市立郊外長谷川小学校沿革誌』、昭和二〇年一〇月一日の条に「戦災孤児等集団合宿教育所を併設し集団疎開中に孤児となったもの、戦災のため家庭教育に支障ある児童又は外地引揚の児童を収容」と記載されている。助松郊外小学校『沿革略史』にも同様の記載がある。

（5）大阪市教育局「戦災孤児並ニ引取人無キ児童（但シ疎開児童中）集計」、大阪市教育部学務課体育係『昭和二十年十月以降　戦災孤児集団合宿教育所原議綴』。学務課学事係「昭和十九、二十、二十一年度事務事業報告」『参考綴』

（6）同前、『昭和二十年十月以降　戦災孤児集団合宿教育所原議綴』。

（7）註（1）『戦災孤児の生活記録　羽曳野学校』、一九頁。

（8）同前、五頁～八頁。

（9）大阪市立長谷川学園「社会事業施設収容状況報告」及び大阪市立助松郊外学園「昭和二十年度在園児童生徒報告書」、註（2）『昭和二十年度郊外学園戦災孤児教育所一件綴』

（10）大阪市教育局昭二〇・一〇・八起案　一〇・一三決裁文書「戦災孤児等集団合宿教育所設置申請ニ関スル件」（註（5）『昭

和二十年十月以降　戦災孤児集団合宿教育所原議綴』）に一四三人の「児童数ハ民法上ノ扶養義務者ノ有無ニ付テハ未ダ調査不十分ナルヲ以テ再調査ノ上ハ減少スル」と減員を期待する文言がある。

（11）戦災孤児となり、疎開復帰後、親戚に預けられた港区吾妻《あづま》国民学校一女児の回想記から親戚遠縁四か所を回らせられたことが判明する。①「次に私がいたところは、六十歳くらいのおじさんと若い女の人がいる（略）今の環状線寺田町駅」の近く。②「ある時期、私は滋賀県の田舎の方で、男の赤ちゃんがいる夫婦の家」、③「寺田町に戻された後、今度は兵庫県の赤穂の遠い親戚へ」、④私は京都の御所の近くの春日小学校に通っていました。本来は四年生の年ですが、三年生として入学」（立木喜代乃「灰色のプラットホーム」、戦争孤児を記録する会編『焼け跡の子どもたち』クリエイティブ21、一九九七年、七五頁〜七九頁。

（12）「戦災孤児等集団合宿教育について定例報告の件」。註（5）『昭和二十年十月以降　戦災孤児集団合宿教育所原議綴』

（13）「大阪市立郊外小学校学級編成（四月二十日現在）」、「本校（長谷川）」と「分教場（助松）」に分け、学年別に集計してある。註（5）『昭和二十年十月以降　戦災孤児集団合宿教育所原議綴』

（14）児童福祉法研究会編『児童福祉法成立資料集成』上巻、ドメス出版、昭和五三年、三四三頁〜三四七頁。同要綱は昭和二一年九月一九日付。厚生省の指示に「浮浪児その他の児童保護等の応急措置実施に関する件」（昭二一・四・一付）もある。

（15）文部省学校教育局長発、地方長官宛、昭二二・四・八付通知。本通知に「右のことについては昨年十月三十一日発五〇八号で通知したが」とあり、昭和二一年一〇月に既に通知済であることが判明する（石川謙『近代日本教育制度史料』第二十六巻、講談社、昭三三、五六八頁）。

（16）松浦進三「三代の社会事業史（40）―小橋かつえ刀自聞書」、大阪市社会福祉協議会編発行『大阪の社会事業』、第一〇七号、昭和三四年五月一五日。

（17）古川隆久『ポツダム宣言と軍国日本』敗者の日本史20、吉川弘文館、二〇一二年、一六六頁。

（18）「大阪市立郊外助松小学校案内」、大阪市教育委員会事務局編発行『教育月報』第一四号、一九五〇年四月号、一三頁。

児童相談所は児童福祉法（昭二三・四施行）一五条に基づき設置。
(19) 飯田義一「戦災孤児はもういない―福祉施設における学校教育―」、同前『教育月報』第一四号、一二頁。
(20) 同前、一三頁。
(21) 赤塚康雄『続消えたわが母校　なにわの学校物語』、柘植書房新社、二〇〇〇年、二五七頁～二五八頁。
(22) 永島寛一編『朝日年鑑　昭和二四年版』朝日新聞社、昭和二三年、二六四頁。
(23) 読売新聞大阪社会部『終戦前夜』、角川書店、昭和六二年、一一三頁。
(24) アメリカの宗教・労働・社会事業関係一三団体が組織したアジア救済連盟から供与された食糧・医薬品・衣料品（佐々木毅ほか『戦後史大辞典』、三省堂、一九九一年、九一九頁）。
(25) 大阪市立摂陽中学校編発行『摂陽　創立十周年記念誌』、昭和三二年、八頁。
(26) 大阪市郊外小学校長発、大阪市教育局長宛、昭二二・九・二二付「新制中学校校舎建設方申請」、大阪市教育局施設課『学校申請書綴、新中、二十二・三年度』。ただし、生徒数は「大阪市立郊外小学校　学級編成（四月二十日現在）」（註（5）『昭和二十年十月以降　戦災孤児集団合宿教育所原議綴』）で修正。
(27) 「孤児とか、親がないからとか色々な悪口を言われてくやしかった（略）。松林でかたまって泣いた」（註（1）『戦災孤児の生活記録　羽曳野学校』、二一頁）とか「三度三度ナンバ粉食って、跣で通うあわれな子と笑われ、悪口を言われた」（大阪市立郊外羽曳野中学校、同羽曳野学園編発行『創立三〇周年記念誌　羽曳野』一九七八年、五頁）の証言。
(28) 註（1）『戦災孤児の生活記録　羽曳野学校』、二一頁。
(29) 大阪市教育局『昭和二十二年九月大阪市戦災孤児等合宿教育施設概要』、註（5）『昭和二十年十月以降　戦災孤児集団合宿教育所原議綴』。
(30) 註（1）『戦災孤児の生活記録　羽曳野学校』、二二頁。
(31) 註（26）『学校申請書綴　新中　二二・三年度』。

(32) 註（5）『昭和二十年十月以降　戦災孤児集団合宿教育所原議綴』。
(33) 大阪市立郊外小学校及び郊外中学校規則（大阪市規則第七六号）、『大阪市公報』第二四〇六号、昭和二三年七月一日。
(34) 大阪市立郊外長谷川小学校、大阪市立長谷川学園編発行『創立二〇周年記念要覧』昭和三四年、六頁〜七頁。
(35) 註（1）『戦災孤児の生活記録　羽曳野学校』、五頁。知人の「娘」の忘れ形見の意味である。
(36) 詳細は赤塚康雄「第二次世界大戦後大阪における戦争孤児の生活と教育（上）」（大阪民衆史研究会編発行『大阪民衆史研究』第六七号、二〇一二年、二一頁〜二二頁、三四頁）参照。
(37) 山根敦美「郊外学園と私」、註（18）『教育月報』、第一四号、一九五〇年四月号、三六頁。
(38) 大阪市立郊外羽曳野中学校・大阪市立羽曳野学園編発行『創立三〇周年記念　羽曳野』二五頁。
(39) 山口政春「羽曳野への道」註（1）『戦災孤児の生活記録　羽曳野学校』二三頁。
(40) 大阪市立羽曳野中学校・大阪市立羽曳野学園編発行『創立一〇周年記念　羽曳野一〇年のあゆみ』昭和三三年、頁数なし。
(41) 大平勲「建設の思い出」、註（1）『戦災孤児の生活記録　羽曳野学校』、七八頁。
(42) 註（37）山根敦美「郊外学園と私」『教育月報』、第一四号、二六頁。
(43) 註（39）山口政春「羽曳野への道」『戦災孤児の生活記録　羽曳野学校』、二三頁。
(44) 文部省「戦災孤児等集団合宿教育所ニ関スル要項」註（3）『文部省終戦教育事務処理提要』第一輯、一四七頁。
(45) 註（39）、註（41）。
(46) 大阪市立長谷川中学校『要覧』、発行年、頁記載なし。
(47) 津田清次「史料紹介（先人の著書論文）　山根敦美『羽曳野学校』」、大阪養護教育史研究会編発行『大阪養護教育史研究』研究紀要第一〇号、平成三年、二三八頁。
(48) 註（41）大平勲「建設の思い出」、註（1）『戦災孤児の生活記録　羽曳野学校』八二頁。
(49) 山根敦美「日の出る丘―序に代えて―」註（1）『戦災孤児の生活記録　羽曳野学校』七頁。

(50)註(47)「山根敦美『羽曳野学校』」、『大阪養護教育史研究』研究紀要第一〇号、二三七頁。
(51)森本一「家具の製作」註(1)『戦災孤児の生活記録　羽曳野学校』、一一二頁～一一三頁。
(52)稲岡弘「気象観測」註(1)『戦災孤児の生活記録　羽曳野学校』、七五頁～七六頁。
(53)寮歌の作詞は、同中学校教員(指導員)の下村末治。下村については第四章第三節(3)1参照。。三角点は住宅地造成に当たってやゝ東方へ移動した。
(54)中条誠壱「孤児と共に開拓をする」、註(1)『戦災孤児の生活記録　羽曳野学校』、一七九頁。
(55)同前、一八一頁～一八二頁。以下、一八五頁まで参照。
(56)註(37)「郊外学園と私」、註(18)『教育月報』第一四号。一九五〇年四月号、三七頁。
(57)同前。
(58)元羽曳野学園寮母、後中学校事務職員の長谷川ミサヲから聞き取り(平二四・七・一二)。
(59)高橋(金田)ツヤ子「職場の体験」、大阪市立羽曳野中学校・羽曳野学園発行『創立二〇周年記念誌　羽曳野』、昭和四三年、三五頁。なお、同人は浪速区恵美国民学校在学中、戦災孤児となり、大阪市立六甲郊外学園に収容された(註(2)『昭和二十年度郊外学園戦災孤児教育所一件綴』)。
(60)中谷(東条)真佐子「思い出」、同前『創立二〇周年記念誌　羽曳野』、三六頁。
(61)狩野光男「言問橋炎上―家族全員を亡くした橋の記憶」、すみだ郷土文化資料館編『あの日を忘れない　描かれた東京大空襲』、柏書房、二〇〇五年、四五頁。狩野は現行学校制度・新制中学校学齢期の一四歳で孤児になった。
(62)朝日学生新聞社、二〇一三年、二〇頁。
(63)厚生省発、都道府県知事宛、昭二二・一二・二二付「全国孤児一斉調査に関する件　別紙孤児一斉調査要綱」に基づく調査結果(註(14)『児童福祉法成立資料集成』上巻、三四八頁～三五〇頁)。ただし、一歳～二〇歳の孤児数である。
(64)大阪府公立中学校長会編発行『大阪府公立中学校創設十周年記念誌』、昭和三二年、一一頁。
(65)川端直正編『弘済院六〇年の歩み』、大阪市弘済院、昭和四八年、一九九頁。

(66) 同前。
(67) 五十嵐兼次『実録　梅田厚生館2　あの鐘の音いつまでも』、勝見哲朗、昭和六一年、一六頁。
(68) 註(65)『弘済院六〇年の歩み』一九九頁、二〇一頁。
(69) 山中敏弘「弘済院の開設と推移」、註(47)『大阪養護教育史研究』第一〇号、一八二頁。同前『弘済院六〇年の歩み』一二六頁、二〇〇頁。
(70) 註(64)『大阪府公立中学校創設十周年記念誌』。
(71) 註(69)、山中敏弘「弘済院の開設と推移」
(72) 大阪府公立中学校長会編発行『大阪府公立中学校創設三十周年記念誌』、昭和五二年、九四頁。
(73) 註(69)『大阪養護教育史研究』第一〇号、一八二頁。
(74) 昭和二四年度、弘済中学校の生徒数を記録した資料が認められないので以下の手続きによって算出した。『大阪市の学校概況』(大阪市行政局編発行、昭二四、四頁)の郊外羽曳野中、弘済中合計生徒数二二五人(男一三三、女八二)から郊外羽曳野中生徒数一四五人(男九七、女四八人)(註(18)『教育月報』、一九五〇年四月号、三七頁)を引いた人数。
(75) 註(64)『大阪府公立中学校創設十周年記念誌』、一一頁。
(76) 社会福祉法人博愛社編発行『春夏秋冬恩寵の風薫る—博愛社創立百年記念誌』、一九九〇年、一六三頁。ただし、昭二一・四・一七〜昭二二・三・三一の期間。
(77) 渡里洋亮『博愛社が来た道』、博愛社、二〇一〇年、七〇頁。
(78) 及川英雄『主　備え給う』、博愛社、昭和四十年、九一頁。
(79) 中田シゲ「明るい希望」、博愛社編発行『博愛の園　創立八〇周年記念』、昭和四五年、九四頁。
(80) 新保誠敏「わが体験の記録」、註(67)『実録　梅田厚生館2　あの鐘の音いつまでも』、二〇五頁〜二〇六頁。
(81) 大阪市立新北野中学校編発行『創立十周年沿革概要』、頁数なし。

(82) 註(79)『博愛の園　創立八〇周年記念』、九三頁〜九四頁。
(83) 社会福祉法人高津学園編発行『社会福祉法人高津学園七〇年のあゆみ』、平成七年、一九四頁。以下、同園の沿革に関しては本資料による。
(84) 同前。
(85) 註(67)『実録　梅田厚生館2　あの鐘の音いつまでも』、三七頁〜三八頁。
(86) 大阪市立梅田厚生館「九月分浮浪児浮浪者調査表」、註(5)『昭和二十年十月以降　戦災孤児集団合宿教育所原議綴』。八歳から一四歳。
(87) 註(83)『社会福祉法人高津学園七〇年のあゆみ』、一〇一頁。
(88) 同前、一〇二頁。
(89) 例えば、日本ブックエース社版(二〇一〇年)では、五八頁、一二五頁ほかで使われている。永井は狩りこみに対して、「狩るとは野獣に対して用いる言葉である。いつの日か私の誠一《まこと》やカヤノが野獣扱いを受けるのであろうか?」(三七頁)と、わが子への思いをはせ、批判している。
(90) 『大地の子』第一巻、第三章、九六頁。第二巻、第十一章、三二五頁ほか(文芸春秋、一九九四年)。
(91) 清原康正「解説」、同前『大地の子』第四巻、三五五頁。
(92) 梁永厚『戦後・大阪の朝鮮人運動』1945―1965　朝鮮近代史研究双書13、未来社、一九九四年、三九頁。
(93) 小沢有作『在日朝鮮人教育論』歴史篇、亜紀書房、一九七三年、一七八頁〜一七九頁。
(94) 梁永厚「大阪における四・二四教育闘争の覚え書き(1)」、在日朝鮮人運動史研究会編『在日朝鮮人史研究』第六号、エバーグリーン出版部、一九八〇年、七二頁。大阪府下を含めると、在日朝鮮人連盟大阪府本部加美・大四分会事務所における「ハングル学級」が国語講習会の嚆矢である(朝鮮総連大阪府本部　金洪主談、一九八六・八・四)。
(95) GHQ/SCAP Records Sheet No(ASCC)04291。国立国会図書館憲政史資料室所蔵。
(96) 『故森田嘉徳先生をしのぶ』(追悼集会実行委員会編発行、一九八二年、三〇頁)収録の大阪朝鮮師範学校入学式集合写真の説明に「一九四七年六月」と記載されていること及び『大阪市立学校々舎目的外使用調書』（大阪市教育部校舎管理係調査）ほかを資料として作成された「昭和二二年〜昭和二九年における目的外使用状況」表（大阪市教育センター編発行『戦後大阪市教育史Ⅱ』、一九八六年、一五一頁）に菅北小使用が「昭二二・四〜二三・三・一〇」とされていることから朝鮮師範学校の開校を一九四七年六月とした。

(97) 註（92）『戦後・大阪の朝鮮人運動』五六頁。

(98) 註（94）『在日朝鮮人史研究』第六号、七二頁。森田恭介「私的、西今里朝鮮中学校史」、朝鮮資料研究所編発行『日本人教師が辿った在日朝鮮人教育戦後（大阪）史（一）』朝鮮資料研究所資料叢書第二集、六頁。奥付なく発行年不明。

(99) 同前。

(100) 大阪市立林寺小学校編発行『林寺　創立五〇周年記念誌』、昭和五九年、一六頁、創立三〇周年記念誌編集委員会編、同実行委員会発行『大阪市立生野中学校創立三十周年記念誌』、昭和五二年、一五頁。

(101) 同前『大阪市立生野中学校創立三十周年記念誌』、一五頁。註（94）『在日朝鮮人史研究』第六号、七三頁。

(102) 註（94）『在日朝鮮人史研究』第六号、七四頁。

(103) 『在日朝鮮人管理重要文書集』、一九四五〜一九五〇年、現代日本関係史資料集　第六輯、湖北社、一六頁〜一七頁。編著、発行年記載なし。

(104) 文部省学校教育局長発、文部省大阪出張所長・都道府県知事宛、一九四八・一・二四付通知（官学五号）註（15）『近代日本教育制度史料』第二十六巻、五七五頁。

(105) 学校教育法第一条に規定された学校のこと。ちなみに、同条は「学校とは、小学校、中学校、高等学校、大学、盲学校、養護学校及び幼稚園とす」と定められていた。

(106) 松下住弘「占領期京都市における朝鮮人学校政策の展開―行政当局と朝鮮人団体との交渉に着目して―」、教育史学会機関誌編集委員会『日本の教育史学』、教育史学会紀要第五四集、教育史学会、二〇一一年、八五頁。

(107) 「占領軍の民族教育に対する基本方針」宮原誠一ほか『資料　日本現代教育史』1・三省堂、一九七四年、六一〇頁。

(108) 本通達(註(104))は「八月二十九日附文大出第一五二号で御照会のことについては、左記のように回答します」で始まる。「文大出」は文部省大阪出張所。註(15)『近代日本教育制度史料』第二十六巻、五七五頁。

(109) 朴慶植ほか『体験で語る解放後の在日朝鮮人運動』、神戸学生・青年センター出版局、一九八九年、八七頁。註(92)『戦後・大阪の朝鮮人運動』、八〇頁。なお、視学が指導主事となるのは教育委員会法(一九四八・七・一五、法律第七〇号)以後である。

(110) 大阪市史編纂所『占領下の大阪—大阪連絡調整事務局『執務月報』—』、大阪市史料第一四輯、大阪市史料調査会、一九八五年、一五頁。軍政部J・C・ミリガン少佐の介在が推定できる(大森実『戦後秘史4　赤旗とGHQ』講談社、昭和五〇年、一三五頁〜一四〇頁)。

(111) 同条を受けて、「学校には、その学校の目的を実現するために必要な校地、校舎、校具、運動場(略)その他の設備を設けなければならない」(学校教育法施行規則第一条)、と定められているので、朝鮮学校にもその適用を図ったと考えられる。

(112) 発適九号、適格審査室長発　都道府県知事宛、註(115)『近代日本教育制度史料』第二十六巻、五七六頁。

(113) 発学八一号、学校教育局長発　都道府県知事宛(同前、四一七頁〜四一八頁)。

(114) GHQ/SCAP Records Sheet No(CAS)04220。

(115) 大阪府教育委員会事務局学事課編発行『大阪における朝鮮人学校問題について』、一九五四年、二頁〜三頁　謄写印刷。

(116) 註(94)『在日朝鮮人史研究』第六号、七八頁。

(117) 註(115)『大阪における朝鮮人学校問題について』、三頁。

(118) 註(93)『在日朝鮮人教育論』歴史篇、二三五頁。

(119) 註(15)『近代日本教育制度史料』第二十六巻、五七七頁。

(120) 学校教育局長発　都道府県知事宛　発学二〇〇号「朝鮮人学校に関する問題について」同前、五七六頁〜五七七頁。

(121) 註(115)『大阪における朝鮮人学校問題について』、三頁。なお、二方義部長は最後の大阪府教育部長で、最初の大阪府教育委員会教育長を務めた。行政官僚出身らしくなく、大学教員が似合っているような性格で、在任中、府の理事者、教育委員から言動をチェックされた。大阪軍政部に対しても自説を譲らなかったので、短期間で文部省に戻り、すぐ東京都の女子師範学校（東京学芸大）に転出、のち茨城大学長に選出された（山中林之助『米寿―四十年の流れの中で―』、タイムス社、一九九〇年、一八頁～一九頁）。

(122) 註（94）『在日朝鮮人史研究』第六号、八四頁。
(123) 註（115）『大阪における朝鮮人学校問題について』、三頁。
(124) 『京都府公報』第二一八五号、一九四八年六月一一日。
(125) 註（115）『大阪における朝鮮人学校問題について』、四頁。本資料は三校分欠落、註（94）『在日朝鮮人史研究』第六号（八六頁～八七頁）で補訂。
(126) 同前『在日朝鮮人史研究』八六頁。
(127) 在日本朝鮮人連盟大阪府本部副委員長朴甲龍発、一九四九・七・二五付「在大阪朝鮮人学校実態報告の件」（朝連大本文発第一九一号）（GHQ/SCAP Records Sheet NoGS(A)-02504）。
(128) 同前。
(129) 『朝日新聞』、一九四九年九月九日。
(130) マキー智子「公立朝鮮人学校の開設―戦後在日朝鮮人教育に対する公費支出の一様態―」、註（106）『日本の教育史学』第五五集、二〇一二年、四九頁。
(131) 註（115）『大阪における朝鮮人学校問題について』、二頁～三頁。
(132) 国立教育政策研究所　戦後教育行政資料「次官とルーミス氏との会談要旨」。本資料に登場するネビアは翌一九五〇年、マスコミ界のレッドパージを指導した（柳沢恭雄『戦後放送私見』、けやき出版、二〇〇一年、三一〇頁）。
(133) 『朝日新聞』、一九四九年一〇月二〇日。小学校七六校、中学高校各一校、各種学校九〇校が該当し、七四校で財産の接収が行われた。児童生徒七二五四人、教員二四八人に影響が及んだ。

(134) 註(115)『大阪における朝鮮人学校問題について』、五頁。
(135) 註(92)『戦後・大阪の朝鮮人運動』、一〇二頁。
(136) 註(115)『大阪における朝鮮人学校問題について』、二七頁。
(137) 同前、七頁~八頁。
(138) 梁永厚「大阪における四・二四教育闘争の覚え書き(2)」、在日朝鮮人運動史研究会『在日朝鮮人史研究』第七号、エコグリーン出版部、一九八〇年、六〇頁~六一頁。
(139) 註(115)『大阪における朝鮮人学校問題について』、二七頁。
(140) 同前、二九頁。
(141) GHQ/SCAP Records Sheet NoCIE(B)-08244。
(142) 大阪市教育センター編発行『戦後大阪市教育史』(Ⅱ) 一九八六年、九〇頁。大阪市立鶴橋・東桃谷・中川・聖賢各小学校等への朝鮮人児童による就学陳情デモについての記載もある(同書、八八頁~八九頁)。
(143) 大阪市教育委員会事務局調査課編発行『教育月報』一九五〇年一月(第一一号)、四三頁。
(144) 註(109)『体験で語る解放後の在日朝鮮人運動』、一〇二頁。
(145) 一九四六・一一・一二付、GHQ渉外局、民間情報教育局「朝鮮人の地位及び取扱いに関する件」、註(103)『在日朝鮮人管理重要文書集』、一五頁~一六頁。
(146) 註(92)『戦後・大阪の朝鮮人運動』、一二〇頁~一二二頁。旧東成学園小中学校校舎は一九四五年六月一五日の空襲で焼失(八教室残存)した大阪市阪東国民学校跡に建設された。なお校地は大阪市所有地である。
(147) 註(98)『日本人教師が辿った在日朝鮮人教育戦後(大阪)史(一)』九頁。
(148) 文部次官発 都道府県知事、都道府県教育委員会宛、一九四九・一一・一付通達(文初庶第一六六号)。「一級」(『近代日本教育制度史料』第二十六巻、五八三頁)を「一般」(宮原誠一ほか編『資料日本現代教育史1』、三省堂、一九七四年、六二二頁)に訂正して引用。

(149)　註（64）『大阪府公立中学校創設十周年記念誌』、五六頁。
(150)　尼崎市教育委員会編発行『尼崎市戦後教育史』、一九七四年、二九〇頁〜二九四頁。
(151)　註（130）『日本の教育史学』第五五集、四五頁〜四六頁。
(152)　註（98）『日本人教師が辿った在日朝鮮人教育戦後（大阪）史（一）』（一五頁〜一六頁）から推定。年度末には日本人教諭は養護教諭を含めて九人となる（表6―6参照）。
(153)　『毎日新聞』（一九五〇・七・二）による。同記事は生徒数を一八〇人（一年八七、二年六四、三年二九）と報じている。年度末の生徒数と推定されるが、『大阪府公立中学校創設十周年記念誌』（註（70）、五六頁）は一六八人（四学級）と記載している（表6―5参照）。
(154)　森田恭介「民族独立のための教育　その方策と実践」（『第四次教育研究大会報告書』及び註（98）『日本人教師が辿った在日朝鮮人教育戦後（大阪）史（一）』、五四頁。
(155)　註（115）『大阪府における朝鮮人学校問題について』、二七頁〜二八頁。加えて、文部次官発　一九四九・一一・一付「公立学校における朝鮮語等の取扱いについて」中、「正規の授業時間外に朝鮮語、朝鮮歴史等を教える場合には、教職不適格者でない限り別段の資格を必要としない」に拠ったことはいうまでもない。
(156)　註（98）『日本人教師が辿った在日朝鮮人教育戦後（大阪）史（一）』、一六頁。
(157)　註（92）『戦後・大阪の朝鮮人運動』、一八六頁〜一八九頁。
(158)　中山秀雄編『在日朝鮮人教育関係資料集』、明石書店、一九九五年、五二頁〜五三頁。
(159)　同前、二六一頁。
(160)　註（98）『日本人教師が辿った在日朝鮮人教育戦後（大阪）史（一）』、四〇頁。
(161)　小村一夫『在日朝鮮人生徒の教育について』（日本教職員組合第七次教育研究全国集会　第一三分科会資料、一九五八年）、一頁。
(162)　市川正昭「その一　市立西今里中学校の自主化をめぐって」、大阪教職員組合編『人権と民族の教育をどうすすめる

か（朝鮮人教育）』（日教組第十一次・日高教第八次合同教育研究全国集会報告書）、一九六二年、八頁。

(163) 大阪市立西今里中学校長川村市兵衛発、大阪市教育委員会教育長板東遼次宛、一九五三・四・一付「昭和二十八年度教科書一部変更許可願」、大阪市教育研究所編発行『大阪市戦後教育行政資料(2)』、一九七九年、一八二頁〜一八三頁。

(164) わが国、新制中学校の国語教材に登場したのは、一九五二年の『中等国語（言語編）三年生用』（学校図書）、『中等新国語（文学）二年上』（光村図書）が最初である。以後一二社、二五種類の小・中国語教科書に収録されている（府川源一郎『消えた最後の授業』、大修館書店、一九九二年、一三二頁〜一三四頁）。ただし、田中克彦の研究（『ことばと国家』（岩波書店　一九八一年）における普仏戦争以前からアルザス人の母語はドイツ語方言、最後の授業は植民者の政治的煽情の一篇に過ぎない、などの指摘と批判の影響を受け、一九八一年以降、国語教科書から姿を消した（二二三頁〜二二七頁）。

(165) 註（163）『大阪市戦後教育行政資料(2)』、一八三頁。

(166) 『毎日新聞』夕刊、一九五八年一二月一五日。

(167) 註（162）「その一、市立西今里中学校の自主化をめぐって」、大阪教職員組合編『人権と民族の教育をどうすすめるか（朝鮮人教育）』、七頁。

(168) 註（92）『戦後・大阪の朝鮮人運動』、一九八頁。

(169) 『朝日新聞』夕刊、一九五八年一二月一五日。

(170) 同前。

(171) 西今里中学校生徒意識調査。同前。

(172) 「在日朝鮮人の北朝鮮帰還状況調（昭五一・一二末現在）」、厚生省『引揚と援護三十年の歩み』、六九一頁。一九五一年五月一五日以降、暫定措置として六船、一〇八一人が、五一年一二月一七日以降、事後措置として一六船、三〇五七人が帰国したがこれらを含めていない。

(173) 大阪教職員組合「大阪における在日朝鮮人教育問題資料」、『日教組第一〇次・日高教第七次合同教育研究全国集会報告書』一九六一年。
(174) 同前。
(175) 『朝日新聞』、二〇一四年三月二九日。
(176) 註(167)『人権と民族の教育をどうすすめるか(朝鮮人教育)』、一〇頁。
(177) 同前、一三頁。
(178) 註(98)『日本人教師が辿った在日朝鮮人教育戦後(大阪)史(一)』、一八頁。森田教諭は青年学校教員を目指して大阪府青年師範学校へ入り(一九四三・九卒)、応召、復員後、市立本庄中(四七・四)等を経て、一九五三年九月から西今里中教諭に就任した。
(179) 註(162)「その一　市立西今里中学校の自主化をめぐって」、『人権と民族の教育をどうすすめるか(朝鮮人教育)』、一一頁。
(180) 註(92)『戦後・大阪の朝鮮人運動』、一九〇頁。
(181) 大阪市教育委員会編発行『昭和三七年度版　大阪市教育年報』、一五三頁。
(182) 新修大阪市史編纂委員会『新修大阪市史』第九巻、大阪市、平成七年、五二三頁、五四八頁。
(183) 大阪市同和教育史料編纂委員会『大阪の同和教育史』、部落解放研究所、一九八七年、五六頁～五七頁。
(184) 大阪市立あいりん小中学校編発行『あいりんの教育』五周年記念号、昭和四二年、二一七頁。なお、大阪府青少年補導センターと西成警察署による昭和三二年の共同調査では約二百人を算定している(同前、二一六頁)。
(185) 同前、二二三頁。
(186) 同前、二二二頁。
(187) 中村福子西成警察署補導相談コーナー員の記録(同前、二二二頁～二二三頁)。
(188) 註(184)『あいりんの教育』五周年記念号、二四二頁。
(189) 同前、二一六頁。

(190) 同前、二一七頁。
(191) 同前、二一六頁。
(192) 大沼忠夫西成警察署補導相談コーナー長の回想、註(184)『あいりんの教育』五周年記念号、二一四頁〜二一五頁。
(193) 田中喜代子西成警察署防犯相談コーナー員の記録。同前、二二一頁〜二二三頁。
(194) 昭和二一年三月末廃校となった大阪市立徳風国民学校校舎を活用。同校は、私立貧民学校として発足、スラム対策として大阪市立特殊小学校へ転換した歴史を持つ。詳細は、赤塚康雄「大阪市直営『貧民』学校の設置・廃校過程とその背景」(部落解放研究所編発行『部落解放研究』第五〇号)参照。
(195) クリスマス子ども会に七四人、新年子ども会に五五人の不就学児が来場した(あいりん小・中学校、あいりん学園『要覧　昭和38年度』)。頁なし。
(196) 註(184)『あいりんの教育』五周年記念号、一二頁。
(197) 同前、三二〇頁。
(198) 註(195)『要覧　昭和38年度』。
(199) 註(184)『あいりんの教育』五周年記念号、一八五頁。
(200) あいりん小中学校編発行『あいりんの教育』、第二年の歩み、昭和三九年、九一頁〜九二頁。
(201) 註(184)『あいりんの教育』五周年記念号、二二五頁。
(202) 同前、一五頁。
(203) 以下は「開校一〜二ケ月の頃の記録」(一八四頁〜一八八頁)による(同前)。
(204) 同前、一八七頁〜一八八頁。以下、すべてここからの引用である。
(205) 同前、一八五頁。
(206) 大阪市立新今宮小・中学校編発行『あいりんの教育22年』、昭和五九年、一七頁。
(207) 註(184)『あいりんの教育』五周年記念号、二四二頁。ただし、本田良覚医師の校医就任は昭和三八年四月一日。

(208) 同前、一三頁。
(209) 大阪市立今宮中学校創立50周年記念誌委員会編発行『大阪市立今宮中学校創立50周年記念誌』、平成一〇年、三三頁。
(210) 註(195)『要覧　昭和38年度』、教職員数、児童生徒数は昭和三六年六月一日現在。
(211) 同前。
(212) 註(200)『あいりんの教育―第二年の歩み』一六頁。
(213) 同前、七四頁。三登教諭は二年後の昭和四〇年四月、大阪市立盲学校へ転出していて、その後の成果を明らかにし得ない。
(214) 同前、二二頁。
(215) 岡繁樹「釜ケ崎のこどもの健全育成」、註(206)『あいりんの教育22年』、六三頁。
(216) 同前。
(217) 註(62)中沢啓二『はだしのゲン　わたしの遺書』、朝日学生新聞社、二〇一三年、二〇頁。
(218) 註(206)『あいりんの教育22年』、四七頁。
(219) 「中学三年生を担任して―進路指導を中心として―」、註(200)『あいりんの教育』第二年の歩み、八九頁～九二頁。
(220) 宗田徳義「悩みもしたが生きがいも感じた二年間」、註(206)『あいりんの教育22年』、宗田は同小中学校長。
(221) 同前、六五頁。
(222) 同前、四七頁。
(223) 宇治丸要『新今宮小・中学校問題内部検討会資料』、昭和五三年、謄写印刷、頁数なし、昭和五三年八月二一日に開催された内部検討会用資料。以下、すべて本資料からの引用。宇治丸は同校教員。
(224) 赤塚康雄『消えたわが母校　なにわの学校物語』、柘植書房、一九九五年、二二七頁。

第七章　大阪市域公立高校（旧制中等学校）施設の新制中学校への転用と転換

空襲罹災による休廃校国民学校の活用、高等科国民学校・青年学校施設の継承及び開校中の小学校・中等学校教室の一部借用によって新制中学校の開校が可能になったことについては既に明らかにできた。残された課題は義務制の進行に伴い生徒数が二倍、三倍近く増加する昭和二三年度、二四年度の教室確保問題の解明である。

当時の社会・経済状況から独立校舎の建設が遅れ勝ちとなり、小学校教室の借用も限界まで来ていた。解決方法としては中等学校（昭和二三年度から高等学校）の教室を使用する以外になかった。幸い、大阪市内に府立高校一四校（工業高校三校を除く）、大阪市立高校一九校（工業・工芸高校四校を除く）が立地していた。中等教育の機会均等という教育理念の実現からいえば、新制中学校に対する旧制中等学校側からの応援があってしかるべきであるし、敗戦直後の物資不足のなかでの出発という現実から考えても応分の負担は当然であろうと思えるが、現実はかなり難航した。

昭和二三年度は新制高校発足の年度であり旧制中等学校にとって、中学校から高校への「昇格」の獲得が各校の命題となっており、「城」を新制中学校側に明け渡すなど「思案の外」にあった(1)し、男女共学の実施をめぐって頭をかかえている情況で、新制中学校など視野に入っていなかった(2)のである。

残念ながらその壁を破ったのは占領軍大阪軍政部の強力な指導であった。即ち、軍政部は、新制中学校の旧制中等学校からの教室借用という昭和二二年度の方式ではなく、旧制中等学校校舎の新制中学校への転用を指示してきたのである。この構想に対して、旧制中等学校側は「母校存廃にかかわる重大問題」(3)としてのみ意識し、当然、反対運動が起こされた。

しかし、市民の目には「全く校舎なき中学校」があり、「生徒は真に路頭に迷ふ」(4)一歩手前の状態として映っていたのである。この現実をどのように乗り越えたのだろうか。新制中学校、新制高等学校(旧制中等学校)、大阪府・大阪市行政、占領軍大阪軍政部は、新制中学校教室問題をどうとらえ、どのように折り合い、中学校の教室危機に対処したのであろうか。それを明らかにするのが本節の最大の課題である。

とはいえ、主人公は新制中学校であり、中学校側自体、教室の確保を急がねばならなかった。たとえ緊急避難的に高校の教室を借用できたとしても、高校側にも、昭和二三年度から教育改革が始まり、二五年度には、新制中学校卒業生を迎え入れる予定であり、環境を整えておかねばならない、という必要性があった。当然、中学校側は一日も早い退去を求められることになる。

高校で借家生活を続けながらどのように独立校舎を獲得していったのか、その校舎にいつ入れたのか、その過程を追うのが第二の課題である。

第一節　大阪軍政部による高校校舎の調達と新制中学校への転用指令

高等学校（旧制中等学校）校舎の新制中学校への転用を強力に推し進めたのは、大阪軍政部民間情報教育課長（以下教育課長）のエドモンド・ジョンソン（E.Jhonson）である。ジョンソンは数ある地方軍政官のなかで、マクレラン（宮崎）、ケーズ（京都）とともに理想主義に基づく教育改革の実施を厳格に指導した占領軍要員として知られる(5)。

そのジョンソン教育課長は、教育改革によって五年制の中等学校が三年制の高等学校に改組されるのだから、教室の五分の二が余るはずで、高校の教室の約半数は新制中学校へ回すことができること、教室不足の大阪市内では一二高校を選び、三月末までに軍政部へ報告するよう大阪府に指示を与えた(6)。

新制中・高校について、彼は次のように考えていた(7)。

六・三制の完遂は、日本民主化のバロメーターである。日本社会が窮乏のどん底にある現在、六・三（小学校・中学校）の充実をとるか、三・四（高校・大学）の充実をとるかの岐路にいる。六・三の充実は大衆に利益をもたらし、三・四の充実は特権階級を利することになる。

小・中学校は二部授業まで行っているのに、高校は贅沢している。児童生徒一人当りの教育予算を見ると、小・中学校より高校ははるかに多い。六・三は義務制で大衆用であり、三・四は特権階級用の学校である。教育の機会均等から、一般市民に尽くすのか、特権階級に尽くすのかの選択であるといえる。

新制中学校の重要な理由は、基本的事項を身につける小学校課程のうえに、社会に出て有用な働きをするのに役立つ教育を行うからである。大部分の人にとって、六・三の九年間こそ人生において最も楽しい思い出の場所にならねばならぬ。知事、市町村長は義務制の完成を見届ける責任があろう。

義務教育優先策のジョンソンは、高校校舎の新制中学校への転用に辣腕を振るった。その仕事振りについて、大阪市行政にあってジョンソンと接する機会の多かった秦学務課長は「次々と府・市の教育行政の責任者を呼びつけて、教育改革の指示を与え、その実行を督促した」(8)と回想する。

軍政部の指令業務を「円滑に運営しない」(9)と更迭された西由己大阪府学務課長後任の浜田成政（昭二三・二・二〇）のジョンソン評は「仕事の進め方は厳格」、「重要なことは反対の理由を明確にすることであり（略）一度イエスといった事項は、スピーディに実行すること」(10)であった。本証言の実証例として、ジョンソン・浜田両教育課長間の新制高校命名問題をめぐる遣り取りを挙げておこう(11)。

ジョンソンは中等学校から高校に昇格するのを契機に校名を変更し、一新すべきだという考えを持っていて提案してきた。それに対して、浜田課長は、北野とか天王寺などの校名は地名からつけられたのであって問題にするのはおかしいと反論、その理由を「今の焼野原の大阪で青少年の心のよりどころは何であると思うか。アメリカのように教会はない。母校こそが彼らの精神の中心になっているのだ。その名前を変えることは、これを抹殺してしまうことになるではないか。どうか彼らのために彼らの母校をうばわないでほしい」と説明した。この件は二度と持ち出されることはなかったという。

しかし、前記新制中学校への転用指令は撤回されることはなく、大阪府教育部は軍政部と高校側との狭間で苦慮することになり、遂には、占領軍の要求、命令に対処する連絡調整事務局（昭二三・二改組総理庁外局）の地方機関・大阪連絡調整事務局へ、昭和二三年三月に斡旋方を依頼した。それを伝える同局の「渉外部執務報告」第二号(12)から一連の経過を読み取ることができる。

新制中学校設置に関する件

大阪市は戦災に遭ひ校舎に不足している処、軍政部教育係官より大阪市及府教育部に対し、新制中学校の校舎が特に不足しているので、大阪市内に十二校を地域的に平等分布される様、至急選び予定校を三月末迄に軍政部に報告する様指示があったが、何分にも大阪市内には大阪府立の学校多く、何れも歴史が長く父兄は勿論卒業生が府側に陳情して来る者多く、大阪府側では校舎の不足の折柄、新制中学校と新制高等学校の併立方を軍政部に申し入れたのに対し、軍政部側としては、新制中学は全然新発足するものであるから、地盤がない関係上旧中学校の新制高校と同居する際にあらゆる点でその活動が制限され、充分な教育も期し得られないので、是非独立校舎を与へる様にの意見で、府側としては相当困惑している。

之等の府立学校が新制中学に転用されることは、市営となる関係上、一般より大阪府側の政治力を疑はれ相当非難の声が高くなりつゝあるので、大阪府教育部は当方に対し、校舎がない時でもあり新制中学の併立と云ふことで軍政部案との妥協案成立方を依頼して来ている。（傍点―赤塚）

困り果てた大阪府教育部は併立方式を軍政部に提示したが、転用方針を撤回できるはずはなく、軍政部から府案は高校の一部借用に過ぎず、新制中学校の「活動が制限され、充分な教育も期し得られない」と一蹴されたことが明らかになるであろう。あとはその方法を見出すしかなかった。

第二節　新制高校設置準備委員会における転用高校選定審議

新制中学校へ校舎を転用する新制高校の選定は、知事の諮問機関として設置された大阪府新制高等学校設置準備委員会の審議に委ねられた。準備委員会は、昭和二二年一二月一〇日制定の準備委員会規則により新制高校制度実施に備え、高校昇格基準に則り調査、研究を行うため、昭和二三年三月一日に設置され、同委員には、水川大阪中央放送局長ら学識経験者、堀口府立西野田工校長ら府・市・私立学校長、教職員組合、府・市教育担当部局長ら四三人が充てられた(13)。

しかし審議開始前、委員の構成をめぐって異論が出た。大阪府私学総連合からは、私学は中学校、高等女学校、工業学校、農学校から各一人、四人しか割り当てられていないのに、公立は一一人もの委員が出ている、私学も同数にして貰いたいと要求したのである。また、私立校が公立校の問題に容喙する必要がないし、公立側から私立校問題を論議して貰うことはないとも申し立てた。大阪教職員組合は、教員大多数の意見を委員会に反映させたい、それには二人では少なすぎると抗議し、増員を求めた(14)。変更の有無は不明だが、新しく二方教育部長が就任したこともあって、着任以前の決定に触れないということで、そのまま審議に入ったと思われる。

新制中学校への転用校舎は旧制中学校と高等女学校間の生徒の移動によって生み出されることになるので、大阪府新制高等学校準備委員会における男女共学と校舎転用双方の審議の進捗状況を追わねばならない。

当然、男女共学問題が先行し、三月九日に開催された第二回準備委員会の男女共学問題審議小委員会で採り上げられた(15)。まず、二方委員（府教育部長・後東京学芸大教授）から男女平等に門戸を開放する意向が開陳され、続いて奥田委員（私学総連合）から男女共学実施には、地域的に学校の再編成が必要との発言があり審議に入った。公立校と私学との立場の違いも明確に現われたが、交通の便、地理的条件を考慮して中学校、高等女学校を組合せ男女共学を実施することで一応の同意を得、最終的に第一陣としての府立中学校と高等女学校が通学距離、生徒数を考慮して組合せ、続いて他の公立校もその線に沿って実施することを答申することで決着した。これを受けた準備委員会は難問に取り組むことになる。

三月二三日の第六回準備委員会は公立新制高校男女共学実施要項を決めるところまで進捗する(16)。そこが出発点であったが、男女生徒に同水準の教育を施し、地域的に理想的学園配置を実現するための男女共学実施と意義づけられた。

共学実施目標として、公立新制高校普通科第一学年及び併設中学第三学年（昭和二一年度入学）はすべて実施、新制高校普通科二、三年は設備、教科課程等に支障がない限りなるべく実施すると定めたうえ、共学実施計画立案に当たりなるべく校舎、教室を新制中学校に利用せしめるように努めるとした。

その決定に対し、大教組代表武内委員（府立高津中）、吉沢委員（府立泉尾高女）からは、新制高校の犠牲による新制中完成に反対し、中学の校舎は政府が保障すべきであると異論が出ている。

実施方法についても審議され、二校乃至四校の中学、高女を組合せ、ほゞ男女同数となるように配置、入学させる、いずれに入学させるかは生徒の通学の便を考慮して決定するとした。教職員の人事異動（交流）も話題に上った。委員の主な意見は、教官を一新し、且つ各校平等とせよ、生徒をよく知った教師を生徒と一緒に移動させせよ、共学の意義を体してまず教師を入れかえよ等であった。浜田委員（府学務課長）は、生徒を交流する学校間の教員同志が全く一体となって事に当って貰いたいと強調した。

交流校のどの学校も生徒が通学に不便な場合、他の学校への入学を認めることや教科担当教員が双方の学校で必要となる場合には兼任を認めることなども審議の対象とされ、一定の方向が打ち出された。

以上の各項を実施するに当たっては、関係学校の校長、教職員代表、保護者代表からなる協議会を設置し、具体的に検討、遺憾なきを期するようにとの申合せも行われている。

前掲準備委員会規程は、第七条で「昭和二十三年三月三十一日でその任務を終り解散する」(17)と定めている。準備委員会の審議は三一日で終了し、知事への答申案としなければならなかった。積み残した課題も多く、三一日の準備委員会は、ほゞ全委員出席しての、午後一時三〇分から午後一〇時までの長時間の審議となった。決定事項は翌四月一日の校長会で報告されるので、その内容は次節に譲る。

第三節　校長会における転用高校の公表と使用新制中学校の発表

大阪府公立中学校（高校）校長会は四月一日、大手前高等女学校で開催され、前夜に策定を終えた準備委員会の転用案が発表された⒅。主な内容は転用案と男女共学校組合せ案である。大阪市域に限定して紹介する。

まず大阪府立中等学校（高校）の新制中校舎転用校は、①天王寺中、②生野中、③清水谷高女、④阿部野高女、⑤市岡中の五校と報告された。大阪市立の中学校（高校）は新制中とも同じ大阪市の所管であるので、転用校とともに使用新制中学も同時に明らかにされた。即ち、①扇町高女（北二中）、②下福島高女（下福島中）、③桜宮高女（北二中）、④住吉商（住吉二中）、⑤御津女子商（南一中）である。これ以外に船場高女（盲学校）、東商（聾唖学校）が加えられた。

北二中（北稜中）の扇町・桜宮両高女指定の意味は明らかではないが、準備委員会で同区の北二中の桜宮高女使用が妥当であろうと判断したときには既に都島二中が先行していた（第五章第四節（一））ので、止むを得ず、同居または扇町高女（ただし空襲罹災により堀川小学校借用中）使用と決したと推定するしかあるまい。

また、新制中の教室問題ではないが、市立盲学校の船場高女使用、市立聾唖学校への東商業校舎の転用が付け加えられた件に関しては「盲聾唖教育重視の見地より校舎転用」と説明されており、昭和二三年四月の盲・聾教育の義務制実施や同年秋のヘレン・ケラーの訪日、来阪を控えての施策であったと考えられる。船場高等女学校は階段に変えてスロープを多用した船場国民学校（昭一七・三廃校）の校舎に設置（昭一七・四）されていたので、盲学校に適切な施設であった。ちなみに盲学校跡へは後年（昭二七・五・二〇）、南区第二番目の学校、上町中学校が入ることになる。聾唖学校は第三次大空襲（昭二〇・六・一五）で校舎を半壊させていた。

以上、旧制中等学校一二校が転用校となった。一二校という校数は軍政部指令（本章第一節）に合致させたことになるが、一二校の内二校は盲・聾唖校であり、校数の辻褄合せであったと言えなくもない。

男女共学組合せ校については府立校は次の通りであった。①北野中―大手前高女、②天王寺中―夕陽丘高女、

③清水谷高女―高津中、④阿部野高女―住吉中、⑤生野中―生野高女（勝山高）、⑥今宮中―泉尾高女、⑦市岡中―市岡高女（港高）の七組である。これらの学校のなかの前記転用校が組合せ相手校へ移転して校舎を空け、新制中学校に譲るというのが準備委員会決定の内容である。

この日の校長会で府立校について明らかにされたのは、転用校と男女共学組合せ七校についてのみであって、大阪市のどの新制中学校が使用するのかは示されていない。大阪市側としては転用校が正式に決定して後、使用新制中学校を決められるのであって当然のこととも考えられる。

府立転用校を使用する新制中学校名が公然と伝えられたのは四月一〇日に中央公会堂（三階特別室）で開催された大阪市立新制高等学校長会議を通してである(19)。即ち、①天王寺高へ東住吉三中（田辺中）及び東住吉四中（東住吉中）、②生野高へ生野三中（生野中）及び生野五中（田島中）、③清水谷高へ天王寺二中（高津中）及び東成三中（玉津中）、④阿倍野高へ阿倍野二中（文の里中）及び阿倍野四中（松虫中）、⑤市岡高へ港一中、⑥北野高へ東淀川四中（美津島中）と発表された。ただし、北野・市岡両高校は校舎の一部とされた。

大阪市立関係の高校校舎の使用についても再発表されたが、問題の桜宮高女（桜宮高校）の使用校が北二中（北稜中）から都島二中（桜宮中）へ変更された以外は同じ内容である。

なお、一日の校長会では、大阪市立中等学校の組合せ七校も明らかにされているが、戦災校対策等も含まれているので割愛した。ただ、新制中の教室不足問題に関わって、私立学校の興国商業・阪南高等女学校の買収を交渉中との発表については附記しておきたい。前者は生野二中（勝山中）、後者は阿倍野三中（阪南中）の校舎となるからである。

本書の目的から衛星都市、郡部における転用には触れていないが、実施されたことはいうまでもない。一日の校長会では、茨木高（富田中、吹田二中）、凰高（八坂中、信太中、取石中）など一七高校、二七中が報告された。

第四節　転用高校側の反対運動と大阪府議会による調査

大阪府立中等学校長会（高校）の内容は各学校で教職員に伝達された。府立生野高校六〇年史は「四月二日、校長会の報告が行われ、府下の現状が判明した」(20)と記載し、府立清水谷高校の記録、四月二日の条に「校舎転用に関する対策会議」(21)とある。これを受けて清水谷高校は四月一〇日に同窓会・保護者会・母の会合同大会を開催、清水谷高女存続を決議し反対行動を開始したし(22)、生野高校は、四月一三日、校長・保護者会代表・生徒代表が大阪府へ陳情する傍ら、生徒七〇人が徹夜で嘆願書を作成、大阪府議会教育委員会所属の議員宅を訪れ手渡している(23)。おそらく、すべての該当校は何らかの反対の意志表示を行ったはずである。

こうした動きを無視できなくなった大阪府議会は、四月一四日、教育常任委員会を開き転用問題を審議する(24)。傍聴に訪れた清水谷高の女子生徒たちが見守るなか(25)、各中等学校から提出された陳情書の審議に入った。陳情書に共通した主張は、新制中学校の教室不足を府立中等学校の転用ではなく、休廃校中の大阪市立小学校及び開校中の小学校の余裕教室で対処すべき、と言うにあった。なかには具体的な小学校名も記されていた。大阪市立小学校の事情に詳しい大阪市教育局の秦学務課長も出席を求められ、疑問に答えた。

教育常任委員会の審議、質疑応答を通して明らかになったのは、陳情書の主張と大阪市の回答に相当な懸隔のあることだった。現地調査が必要との結論に達し、議員団を清水谷・市岡調査班と天王寺・生野調査班に分け派遣し、実情を把握したうえ、翌日三時から常任委員会を再開、解決案を示すことになった。

両班は、翌一五日早朝から現地調査を実施した。そのうえでの大阪府議会教育常任委員会の開会であった。この日は、大阪市側から秦学務課長のみならず板東教育局長も出席した。審議の結果、教育常任委員会は以下の結論に達する。

①府立清水谷高等女学校の天王寺二中、東成三中への転用について。清水谷高女の使用は天王寺二中のみに止める。天王寺二中周辺に収容可能の小学校は認められない。ただし、東成三中（玉津中）については東成区内に収容可能の小学校が認められ、なお検討の余地があり保留とする。したがって、全面転用の必要がなく、清水谷高女の高津中（高）への移転計画を取り止める。本件について清水谷高校沿革誌は「新制中学校への転用は校舎の半分とし、清水谷高女は独立校舎を維持して新制高校に移行することになる」(26)と記している。

②府立市岡中学校の港一中（市岡中）への一部転用について。南市岡小学校そのほかに空き教室があるという陳情は実情に沿わぬものとして港一中を市岡中学校の一部に収容する原案通りとする。

③府立天王寺中学校の東住吉三中（田辺中）、東住吉四中（東住吉中）への転用について。陳情書に田辺・南田辺小学校に空き室があると述べられているが現実的ではない。したがって原案通り東住吉三中及び四中を天王寺中（高）に収容する。ただし、両校を収容してもなお余裕が相当ある場合、天王寺中（高）を夕陽丘高女に移転させず、現在地に留めるとした。しかし、現実は余裕は全くなく、全面移転となった。天王寺高創立記念誌に「本校全部が放り出されて、夕陽丘高校に同居を強いられる」(27)と記録されている。

④府立生野中の生野三中（生野中）、生野五中（田島中）への転用について。府立生野中学校の北側に隣接する市立聾唖学校の空襲罹災校舎を至急に修復すれば、これと府立生野中校舎に生野三中、生野五中を収容でき、府立生野中は同館に留まることが可能になる。したがって、府立生野高等女学校（勝山高校）への移転取り止

めが予想される。なお、生野五中の発足は翌二四年四月で、同中の三中からの分離を市教育局がこの時点で想定していたことが判明する。

以上の府議会教育常任委員会における審議結果を持って、大阪府教育部は、翌四月一六日、一七日、軍政部と折衝を重ねる。しかし、壁は固く、方針を変えることはできなかった。例えば、府立生野中に関する聾唖学校跡の新制中との共同使用案に対して、聾唖学校を使用したいなら府立生野中で使えばよい、新制中は府立生野中に収容するとのにべもない回答となった[28]。結果として了解されたのは、東成三中案を削除できた清水谷高女だけであった。

一四日の府議会教育常任委員会では、大阪市側の中学生収容対策の遅れと怠慢を責めるとともに目的外使用校舎の早急な回収を図るように求める発言があった。これに対し、大阪市教育局の板東局長は市長代理として対策の不備を詫び、あらゆる努力を以て要望に沿う旨、答える一幕も認められた。

第五節　新制中学校への府立高校の転用及び市立高校の転換

新制中学校による旧制中・新制高校舎の使用は、昭和二二年度が借用であったのに対し、昭和二三年度以降は府立高校舎の転用、市立高校舎の転換という形態を取る。転用とは本来の用い方をしないで他の用途に使うことであり、転換は物事の性質がそれまでと変わることを意味する。府立高校の中学校への教室転用は本来の用い方をしていないし、市立高校は施設そのものが中学校へ転換されたと解することができる。そこで本節は府立高校校舎の転用と市立高校の転換に分けてその実態を追究する。

(一) 府立高校校舎の新制中学校への転用と返還

新制中学校が使用した府立高校は六校である。生野・天王寺・阿倍野高は全面転用で、清水谷・市岡・北野高校は一部転用である。こうして中学校へ貸与された教室数は一三八教室、うち全面転用校一〇二教室、一部転用校三六教室であった。以下、全面転用高校と一部転用高校に分けて、新制中学校の使用状況を把握し合わせて撤退にも触れておきたい。

(1) 全面転用高校教室の使用と撤退

高校施設の全面転用に先立ち生野高校は勝山高校(生野高女)へ、天王寺高校は夕陽丘高校へ、阿倍野高校(阿部野高からの改称昭二三・一〇・一)は住吉高校へ移転するが、中には四月半ば、あるいは四月末まで準備期間を必要とした高校があり、その後に入いる新制中学校の使用開始時期はそれに応じて異なっている(表7—1)。

撤退は新制中学校独立校舎の建設竣工が鍵を握るが、高校側の条件として、昭和二五年度の大きな変化を挙げることができる。高校にとっての昭和二五年度は、新制中学校義務制最初の卒業生徒が高校三原則の一つ地域制(ほかに男女共学、総合制)に基づいて入学してくる年度で、自校の校舎に迎え入れたかった。行政側としても、「地域社会と学校との密接な連絡を図り、通学のための甚だしい時間と経費の無駄を省くことを原則として」(29)通学区を定めた以上、高校を正常な姿に戻したかったであろう。大阪府・市教育委員会は地域制実施のための通

表 7-1　府立高校の新制中学校への校舎転用状況

	貸与高校	貸与室数	借用新制中学校	使用開始日	返還(移転)日	高校全面復帰日
全面転用	生野高校	39	生野三中(生野中)	23・4・20	27・4・1	26・3・31
	天王寺高校	34	東住吉三中(田辺中)	23・5・30	24・5・5	26・4・?
			東住吉四中(東住吉中)	23・4・?	27・5・?	
	阿倍野高校	29	阿倍野二中(文の里中)	23・6・1	26・10・24	28・4・8
			阿倍野四中(松虫中)	23・6・1	24・7・20	
一部転用	清水谷高校	16	天王寺二中(高津中)	23・4・30	26・8・13	—
	市岡高校	15	港一中(市岡中)	23・5・6	28・11(港高)	—
	北野高校	5	東淀川四中(美津島中)	23・4・?	23・9・?	—

註　返還日と全面復帰日が重なっている場合はその期間新制中・高校併置を示している。

学区を設定するに当り、昭和二五年一月二〇日、「共同声明書」を公にし、そのなかで、転用校舎の返還について「天王寺、生野両高等学校はその校舎の一部に新一年生を収容する。阿倍野高等学校々舎は市立中学校々舎の建築の見込がついたので近く高等学校々舎として復活する」(30)と、述べていた。中学校側からいえば、退去命令が出されたようなもので、その方向で対処しなければならなかった。もちろん、その期日は個々の学校(中・高)の事情によって一律とはいかなかった。

(2) 市立生野三中(生野中)による府立生野高校、勝山高校の使用と返還

生野高校の転用校舎に入った昭和二三年度の生野三中(生野中)は、男子生徒のみ収容していた前年度の生野三中とは違い、生野二中(女子生徒のみ収容)と生徒を交流した男女共学の学校で、通学域も両中学間で分割、生野小、勝山小、林寺小、田島小学校区に変更されていた(図7—1)。さらに二四年度は田島中学校の新設により通学域は生野・林寺小学校区に縮小される。

こうした経緯を押さえたうえ、生野三中の生野高使用を

図 7-1　生野区新制中学校通学域の変遷

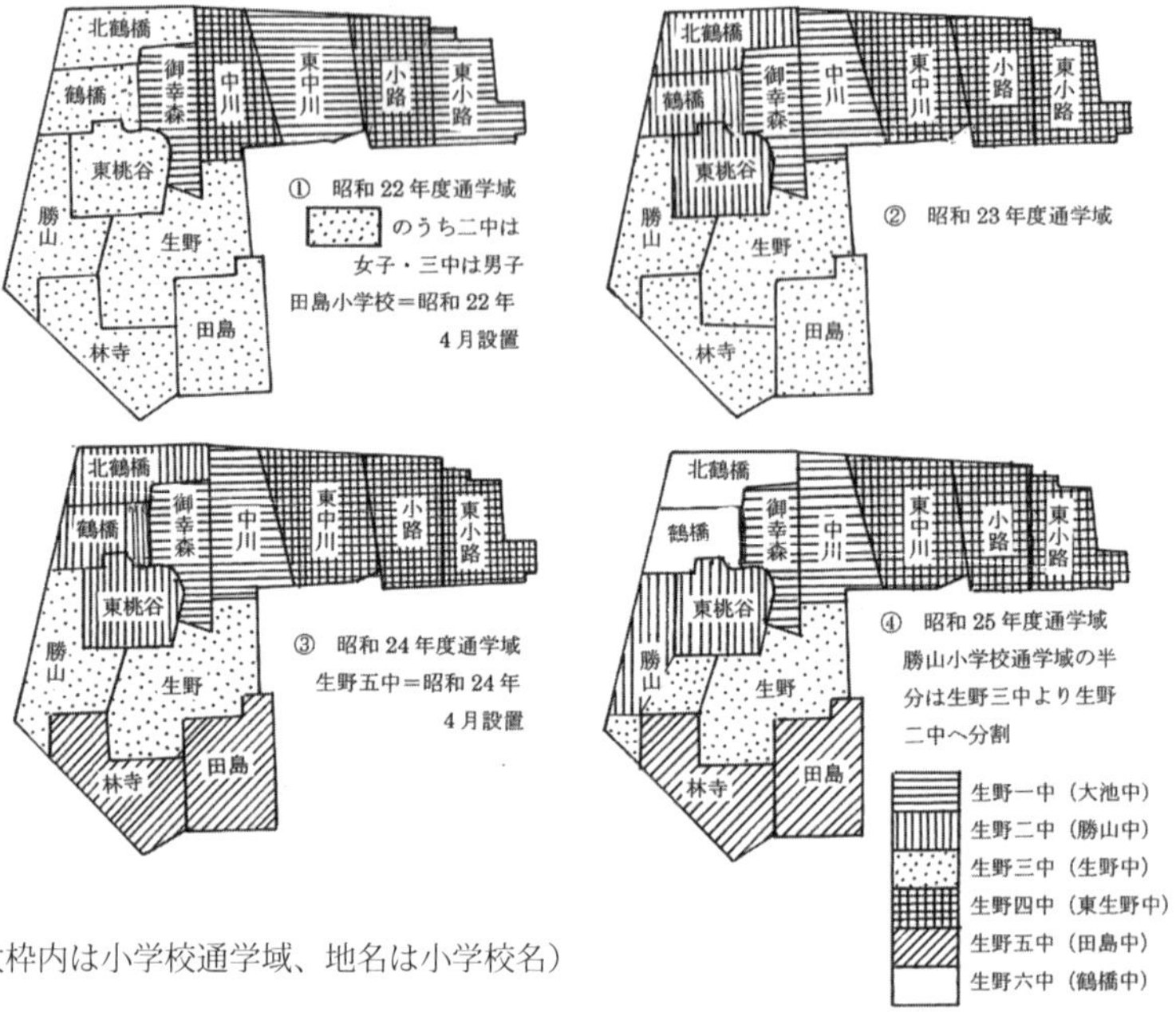

（太枠内は小学校通学域、地名は小学校名）

追っておこう。生野三中の生野高使用は、昭和二二年開校早々の分校としての借用から始まっている（第二章表2—2参照）。ただし、高校側（当時中学校）の準備が遅れたため、東桃谷小学校五教室で発足、したがって、一一学級に圧縮し、午前、午後の二部授業で対応、解消できたのは府立生野高（当時生野中）に入れた六月であった[31]。しかし、相住いからくる問題も発生した。例えば、休み時間には高校生徒が校庭の大半を使うので、中学校側は隅の方で肩身の狭い思いをしなければならなかったし、「分」を越えると生意気だとプールに投げ込まれるような事件も起きた[32]。

生野高が生野中の校舎となり、移転できたのは昭和二三年四月二〇日である[33]。生徒規模は前年度の六六四人（一〇学級）から一三四七人、二七学級へと倍増しいた[34]。その要因はいうまでもなく義務制が二年生まで及んだことにあるが、疎開からの復帰、生野二中（勝山中）との男女生徒の交流の影響も考えられよう。生野高校舎の転用なしに生徒を収容しきれなかった現実である。

義務制完成の昭和二四年度はさらに増加、田島中の独立(35)で、一時減少したものの、二五年度以降漸増していく。しかし、まだ独立校舎の目途が立たない。

そうしたなか、地域制に基づく昭和二五年度の高校入学生を迎える問題の時期がやってきた。中学校は高校と折衝、高校側で新館、工作室、体育室、物理化学実験室を使い、講堂を共用することでまとまり、生野高校新一年生、七学級が新館に入った。中・高の共同生活が円滑に進むようにと対面式を行った(36)。

もちろん、中学校側が独立校舎の建設、確保に手を抜いていたわけではない。昭和二二年初夏、林寺小学校元第三分校から生野税務署が引揚げると聞くや、同分校を調査し、八教室の使用を確定、夏季休暇の終りが近づいた八月二三日には東桃谷小学校を引き払い、同分校に移転、そこを生野三中と定め、同地西側の戦災地を買収するため、一〇月六日付で、近藤大阪市長宛に「校地拡張申請書」を図面を添えて提出していた(37)ほどである。

しかしいざ、買収にかかると地主の説得が難航、当初予想した以上に壁が高く、地主宅を昼夜の別なく訪問、学校長は終電車に間に合わず、ＰＴＡ会長宅に宿泊するまでに至っている(38)。同校に保存されている「校地買収交渉経過」(39)からその一端を紹介する。以下は買収に当たった学校幹部職員、ＰＴＡ関係者等が地主から得た感触である。


地主Ａ（七〇〇坪七二所有面談）学校からの交渉にはどんな事があっても応じかねるとの強硬な態度である。

地主Ｂ（三七八坪）家庭の種々な事情によって買収に応じかねると詳細に苦境を話しておられた。

地主Ｃ（一三七坪）強制的に買収せられるのであれば別として買収に応じかねる。


各地主とも事情はあるが最終的には校地確保に協力することになる。

高校側も全面復帰のため、生野三中を全面支援、ＰＴＡ、同窓会を動員して、教育委員会へ建設促進を要請、二五年一〇月には工事の遅れを懸念し、市会工作を行い、市会議長に議題として採り上げるよう折衝した。そのうえで、生野高校は、生野中学（昭二四・五・一、生野三中改称）校長に二六年度復帰を予告、中学校の二五年度内の退去を求めた(40)。

それでも、校舎の建設が進まず、年度内の撤退ができないなか、生野高は予告通り昭和二六年三月末日、府立勝山高校から全面復帰してきた(41)。止むを得ず、中学校は高校別館に移り、三年生だけは、勝山高校で八教室を確保した。やがて迎える高校入試、卒業に備えての措置であった。

生野中学校の校舎が一部ながら買収した校地の上に竣工したのは、その年八月末のことで、そこへ勝山高校にいた三年生を収容した。名実ともに生野中学校となることができたのは、鉄筋三階建校舎一一教室が完成する昭和二七年で、発足から五年の歳月を必要としたことになる。

あれから七〇年、その間に府立生野高校は松原市へ去り（昭和四四年）、跡地には府営南生野住宅が建ち並ぶ。府立勝山高校も同区巽東へ移転（昭和四一年）、現在通信制の府立桃谷高校となっている。市立生野中学校は現地で地域の中学校として活動中である。

（3）市立東住吉三中（田辺中）・同四中（東住吉中）による府立天王寺高校の使用と返還

東住吉四中（東住吉中）が、府立天王寺高校（当時天王寺中）校舎の六教室を借用して開校（昭二二・四・二一）できたことは既に触れた通り（第三章第四節表3―8）であるが、昭和二三年度は天王寺高校の全施設を東住吉三中（田辺中）、四中（東住吉中）で使用することになる。そのために、天王寺高校は「五月一一日新制中学校（略）へ本校校舎全面明け渡し命令」を受け、「五月二四日、全教職員・生徒が夕陽丘高校に同居」(42)の次第となった。

高校撤退後の約一週間後、東住吉三中、四中が校舎の使用を開始したことは、田辺中学校沿革誌五月三〇日の条に「旧大阪府立天王寺中学校舎に移転し、大阪市立東住吉第四中学校と共に併用」(43)と記載されていることから明らかになる。併用校の東住吉中沿革誌には、四月二〇日、「天王寺高校に校舎移転、授業開始」(44)とあるが、前年度から続いての六教室での授業の意味であろう。全校移転は天王寺高が去った後と解さねばなるまい。

阿倍野区所在の天王寺高校を校舎にするということは、両中学校の生徒たちが、東住吉区から区界（現JR阪和線）を西側へ越えて通学することになる。そうせざるを得ないほど、東住吉区側に校舎が不足していたのである。田辺国民学校の北側にパンプキン（模擬原爆）が落とされ、七人が死亡、七三人が重軽傷（昭二〇・七・二六）の犠牲者が出た(45)ものの、校舎の空襲被害が比較的少なく、校下の人口も減少せず、したがって、中学校発足期には生徒数が多かったと思われる。

独立校舎完成による田辺中（昭二四・五・一改称）の天王寺高校からの撤退は他の中学校に比べても最も早く、昭和二四年五月五日でえある(46)。規模は四一五九坪余の校地に木造二階建校舎二棟、木造平屋建校舎一棟、二六教室、要した経費八八三万円余（内訳工事請負金四七八万円、支給資材費三六二万円余、付帯工事二三万七〇〇〇円余）の当時としては堂々たる建造物であった。独立校舎へ移動した生徒一二五六人、二六学級が記録されている(47)。

田辺中の場合も、学校用地の買収は難航した。地主よりも実耕作者との交渉が紛糾したようで、その状況が「農地委員会の調停により午後一時より開始された対談には耕作者は自己の線を一歩も譲らず農地委員の一人より流会を叫ばれたが建設委員の努力によりやっと午後八時頃両者の了解もつき円満解決した時は農地委員も建設委員も涙を流し」(48)たと伝えられる。建設委員会は、昭和二三年二月、「父兄会総会に於て早期建設を要望せる全父兄の動議」により設置され、委員会の「男子は職を捨て、女子は家庭を忘れて昼夜の別なく奔走」(49)したという。早期完工を促した要因は、生徒の電車通学の経済負担解消、地域外通学による躾の困難にあった。

田辺中に対して東住吉中（昭二四・五・一改称）の天王寺高からの完全撤退は遅く、独立校舎（鉄筋コンクリート三階建校舎）完成（昭二七・五・六）後の昭和二七年五月八日であった(50)。前年生野高校の例に見るように、地域制に基づく最初の新入生が入学する昭和二五年四月には、天王寺高が夕陽丘高から一部帰還し、昭和二六年四月には全面復帰した(51)ので厳しい借家生活を送らねばならなかった。

遅れた理由の一つは高校校舎を譲り受けられるのではないかという楽観的観測と学校用地取得の困難さにあった。前者は「高校の大きな校舎が、自分たちのものになるのだというような、軍政部勧告なるものを最大限に自己本位に解して」(52)しまう雰囲気が当時、広く流布していたし、後者は住宅地を学校用地としたことからくる買収の難しさにあった。同中学校建設委員長の証言によると、買収対象地のなかに五一軒五七世帯が生活し、換地提供のうえ新居を建てて貰う以外、移転しないという人や借家人として受領した立ち退き補償金で、家屋移転補償により解決した家屋を買い取って、その移転補償費を出すか、移転先用地を用意されたいと居座る人が出てきて話が進まなかったという(53)。

皮肉なことに、恵まれた施設設備の天王寺高校の長期間の借用が、庭球部などでは中庭コートで十分な特別訓練を受けられ、大阪市大会で優勝（昭二四）、音楽部は毎日新聞社主催全日本音楽コンクール西日本大会で第一位（昭二五）の好成績を挙げ得たという(54)。

（4）市立阿倍野二中（文の里中）・同四中（松虫中）による府立阿倍野高校の使用と返還

転用校舎使用の前提として、高校の移転完了と中学校通学域の再編成が必要であった。府立阿倍野高校（阿部野高女）の府立住吉高校（住吉中）への移転は、他の高校で実施されたように、まず併設中三年、高校一年を移動させて、男女共学を実現させたうえ、五月末（昭二三）に全面移転し、中学校のために校舎を空けた(55)。その校舎に阿倍野二中（文の里中）、同四中（松虫中）が六月早々入ったのである。この件について、文の里中の沿革誌は「六月一日、大阪府立阿部野高等学校々舎を本校々舎に転用」(56)と明記し、松虫中は六月一日の条に「府立阿部野高等女学校舎に移転」(57)と記載している。

両校沿革誌に「阿部野」とあるのは、「大阪府立高等学校設置条例」（昭二三・一〇・一五付第九八号）で「阿倍野高校」に改組される前だったからであろうか。もっとも、同校は女学校時代の「阿部野」を昭和二九年まで使用し続ける(58)。

高校校舎へ移るもう一つの前提条件、阿倍野区新制中学校通学域の再編成を前掲文の里中沿革誌によると、「昭和二十三年四月一日、大阪市立常盤小学校講堂に於て昭和二十三年度入学式を挙行」し、「新一年四四八名」を受け入れたうえ、「四月七日、学区再編成のため大阪市立阿倍野第三中学校へ転出させる者二七名、全校より本校へ編入学させる者一〇三名にして編入学式を挙行」して実施した旨記されている。

この措置によって、阿倍野二中（文の里中）の通学域は、高松・常磐両小学域に組み替えられ、両校卒業男女生徒の学校となった。昭和二二年度の複雑な通学域（第二章第二節　図2―2）から大きく変化したのである。

阿倍野区の他の中学校も同様の

図7-2　阿倍野区新制中学校昭和23年度通学域

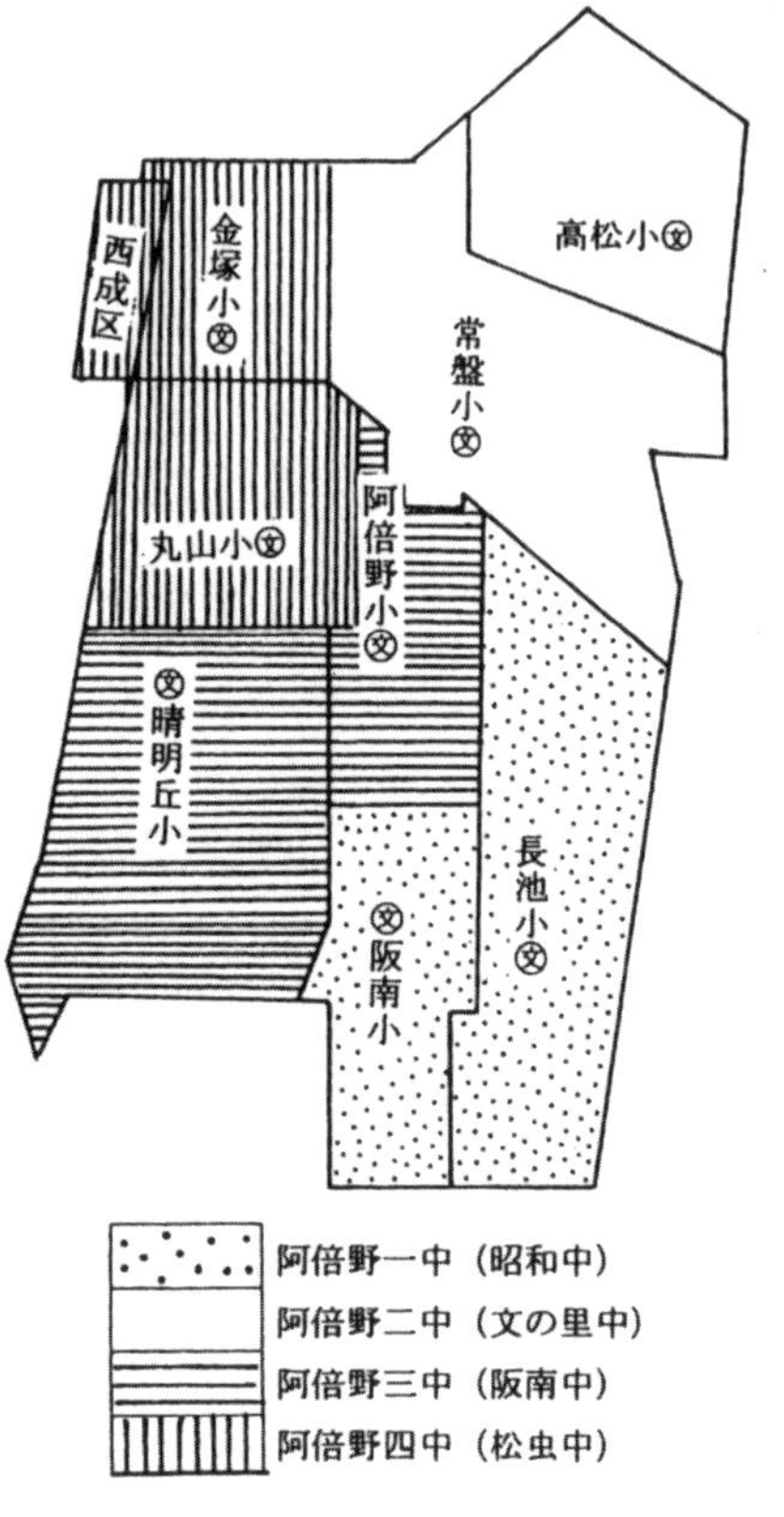

図 7-2　阿倍野区松虫中学校校地買収状況（松虫通三丁目）

NO	地番	地目	地坪	買収単価	所有者住所	所有者	売買契約日
1	27-1	畑	603	—	松虫通２丁目	A	—
2	27-2	宅地	43.27	—	松虫通２丁目	A	—
3	28-1	畑	—	—	松虫通２丁目	A	—
4	28-2	畑	29	—	松虫通２丁目	A	—
5	34	宅地	409.21	—	京都市	B	—
6	35	山林	313	—	阿倍野筋７丁目	C	—
⑦	36	宅地	71.24	310 円	東区	D	23・10・12
⑧	37	畑	612	310 〃	東区	D	23・10・12
⑨	38	宅地	500	300 〃	京都市	E	23・7・20
⑩	39	雑種地	282	300 〃	京都市	E	23・7・20
11	40-1	宅地	92.90	—	松虫通３丁目	F	—
12	40-2	宅地	7.76	—	大阪市有地	—	
⑬	41-1	宅地	231.89	290 〃	住吉区	G	24・2・3
⑭	41-2	道路	13	290 〃	住吉区	G	24・2・3
⑮	41-3	宅地	178.70	290 〃	住吉区	H	24・2・3
⑯	41-4	道路	10	290 〃	住吉区	H	24・2・3
⑰	42	山林	87	260 〃	阿倍野筋７丁目	I	23・10・12
⑱	43	山林	69	260 〃	阿倍野筋７丁目	I	23・10・12

大阪市教育局『中学校小学校敷地買収引継一件』から作成

註(1)　No. 欄の○印は大阪市昭和 23 年度予算で購入。
(2)　—記録がないことを示す。

措置がとられた。例えば、阿倍野四中（松虫中）では、前年度の金塚・丸山校以外の晴明丘・阪南校が男子のみ入学という変則通学域は、晴明丘校の阿倍野三中（阪南中）、阪南校の阿倍野一中（昭和中）への編入によって正常化した。

阿倍野三中（阪南中）は、通学域の変更を区内、最大規模で行った。本措置によって、同校は阿倍野小・晴明丘小区を通学域とする中学校に改組された。

校舎の手当も早く、私立阪南高等女学校を買収（大阪市売買契約、昭二三・三・三〇）、昭和二三年四月五日には、市立工芸高校、高松小学校の借用教室から移動している(59)。因みに、校舎の規模は敷地一七一六坪余、木造二階建二棟、同一階建一棟及び講堂から成り、買収総額一七二万円余であった。

一中（昭和中）は独立校舎を持っていたので、阿倍野区で高校校舎を頼りにしなければならなかったのは、阿倍野二中（文の里中）と同四中（松虫中）で、両中学校は、府立阿倍野高校（阿部野高等女学校）を使用する。但し、前述したように、昭和二三年六月一日からである。

したがって、四月、五月は前年度の延長として二中(文の里中)は、阿部野高女の同窓会館(芝蘭会館)及び常盤小で、四中（松虫中）は、府立住吉高校新館及び食堂を間仕切りした二教室で過ごさねばならなかった(60)。因みに、一中、四中は同じ阿倍野高校々舎にいるので、校長は両校兼務であった。同様に阿倍野高校・住吉高校の校長も兼務である(61)。

両中学校は、こうして新学制二年目で教室を確保できた。しかし、あくまで高校の一時的転用策であり、いずれ撤退しなければならず、本筋は独立校舎の建設であった。校地の取得は四中（松虫中）が二中より遅く、全校地の買収に昭和二四年二月三日まで費している(62)。この辺りは、第四回大阪大空襲（昭二〇・六・一五）の罹災地であったらしく、「毎日のように放課後は建設予定地を見に来た」教師が、「大きい住宅地の戦災跡はまるでお化け屋敷そのまま」だったと語り、またある教師は「もとは大邸宅だったそうで、大きな石や灯籠がころがって荒れ果てていました」(63)と回想する。

畑地も山林も含まれていた大きな段差のある買収地が、校地として整理され、木造二階建校舎三棟、一四教室が建設された。この校舎へ、阿倍野高校から引揚げてきたのが、昭和二四年七月二〇日（表7―1）であった。その年の生徒数、一二四一人、二五学級と報告されている(64)。

松虫中に対して、文の里中が独立校舎を完成させて、阿倍野高校から撤退できたのは、二年四か月近く遅い昭和二六年一〇月二四日(65)であった。同校の学校用地の選定は早く、所有者との売買契約も、まず、三月三〇日(昭和二三年）に交わされ、五月三〇日には、全校地に近い区域が取得できていた。それも、最終の契約六月二二日分を含めて、二二年度予算で購入しているので(66)、校地の取得は極めて早かったと見るべきであろう（表7―

表 7-3　阿倍野区文の里中学校土地買収状況

所有者	契約月日	地　番	地積（坪）	単価（円）	所有者住所
A	3・30	297-1	926.09	300	兵庫県芦屋市
B	5・3	166	233.96	300	大阪府豊能郡
C	5・30	161-1	95.57	300	大阪市天王寺区
D	5・30	161-2	99.69	280	長野県北佐久郡
E	5・30	164-1	180.0	300	大阪市東住吉区
F	5・30	165-1	121.65	300	大阪市天王寺区
G	5・30	165-2	112.39	300	大阪市阿倍野区
H	5・30	169-1	445.22	300	兵庫県川辺郡
I	5・30	174	180.97	280	大阪市東成区
D	5・30	3336-5	28.31	280	長野県北佐久郡
		3336-7	6.62		
J	5・30	3338-1	121.41	280	大阪市阿倍野区
K	5・30	3338-2	901.59	270	大阪市天王寺区
		3343	156.26		
L	6・22	188-2	35.28	290	大阪市阿倍野区

（大阪市教育局『中学校小学校敷地買収引継一件』）

註(1)　契約年はすべて昭和 23 年
(2)　地目はすべて宅地
(3)　用地所在地はすべて天王寺町
(4)　地番は戦災復興事業進行中で、3000 番台は仮番地
(5)　買収総坪数 3445.01 坪、買収総額 21 万 7827 円。

3参照)。

にも拘らず、独立校舎の建設はなぜ遅れたのであろうか。「誰れが来ても売らんという人があった」との報告もあり、校地の一部の譲渡で齟齬を来たしたのであろうか。それとも、この辺りも、空襲罹災地（昭二〇・三・一四、第一回大空襲）で、「整地のために掘りかえされた工事現場には巨大な庭石が散見され」(67)たという から整地工事が難航したのであろうか。

いずれにしても、独立校舎に移れないまま、昭和二五年度を迎える。前述したように昭和二五年度は、高校にとって、義務制中学卒業生が入学してくる画期的な年で、しかも、地域制に基づく進学であったからどうしても、本来の校舎に迎え入れる必要があった。阿倍野高校も「一年生（初の新制中学生）三〇〇名」を迎え「阿倍野校舎に復帰」(68)の態勢を執った。

さらに、昭和二六年度早々、阿倍野高等学校が全面復帰してきたので、文の里中は同校を返

還、体育館を借用して、間仕切り教室八教室をつくり、緊急避難となった。それでも教室が足りないので、阿倍野高校西側隣接地の元燈影女学院校舎を借用、四月八日から二部授業を開始する(69)。

それから間もない四月二七日、学校用地の一画に占領軍払い下げの鉄板パネルを利用した応急仮教室九室を設置、一年生を収容した。こうして、同中学校は、阿倍野高校の体育館教室（二年）、元燈影女学院教室（三年）及び鉄板パネル教室の三か所に分かれての授業となった(70)。

本格的な独立校舎である鉄筋三階建一八教室が完成するのは一〇月一九日、同校舎への二・三学年の移転は一〇月二四日であった。文の里中の沿革誌には、この一〇月二四日（昭二六）をもって、「燈影女学院並阿部野高等学校々舎を返還」した旨、明記されている。

（二）府立高校校舎の一部使用と返還

大阪府立北野・市岡・清水谷高校も新制中学校に転用されたが、市岡・清水谷高校は全教室の半数、北野高校は一部に止まり、したがって、高校側はその機能を移転することはなく、中学校からいえば一時借用に過ぎなかった。それでも、独立校舎を持てなかった時期、卒業アルバムなどでは、自校校舎として扱かわれるなど、そこで過ごした中学生には、大きな意味を持っていたのである。

（1）市立東淀川四中（美津島中）の府立北野高校の使用と撤退

東淀川四中（美津島中改称　昭二四・六）が府立北野高校を昭和二三年度に借用しなければならなかった理由は、東淀川区新制中学校通学域再編成にあるが、それについては既に第五章（第三節（二）（2））で詳述しているので、ここでは美津島中学校沿革誌、昭和二三年四月の記載「仮校舎を大阪府立北野高等学校に移転、南方小学校卒業生は解体し、第二（第一の誤記―赤塚）、第五の両中学校に送り、新たに三津屋・加島の両小学校卒業生を収容する」(71)に止める。

前年度の生徒たち全員を他の中学校へ送り、新たに三津屋・加島小卒業生を入学させる中学校になったので校舎はあるはずがなく、北野高校を借用しなければならなかった要因であろう。

もちろん、東淀川区新学制実施協議会が、独立校舎早期建設のため、学校用地の確保に早くから動いていたことがうかがえる。例えば、瑞光中学校（東淀川七中）新設のため、昭和二三年一月から東淀川区豊里町に用地（四〇六六坪）を求めようとしていた。

こうした事実から、美津島中学校の用地も早い時期に選定、確保された可能性が非常に高いのである。そのように判断するのは、美津島中学校の沿革誌、昭和二三年九月の記載である。

即ち、「本校々舎平屋木造建新築竣工し、この地に移転す」とある。四月に発足したばかりの美津島中の校舎が、九月に竣工し、しかも移転しているのである。この記述は、同時に九月中に北野高校から撤退したことを示している。したがって北野高校借用は、昭和二三年四月から九月までの六か月間であった。

開校期の同中学校の資料が少ないなかで、一〇月九日実施の落成式関係資料(72)から分かってくる事実が多い。その一つが校舎の構造である。平屋建校舎一棟に一二教室、職員室その他二室及び便所から成り、建築に二〇七万三四六一円余（請負総額一四七万円、支給資材五一万三九七五円、電気給水設備八万九四八六円）を要した。この独立校舎へ入ったときの生徒数三八〇人とある。

落成式に式辞を要請された近藤大阪市長の告辞（代読鳥山施設課長）に「本年四月開校致したのでありますが、校舎は府立北野高等学校々舎の一部を借用して発足するの已むなき状態であった」（傍点赤塚）とある。「開校」、「発足」を使用したことは大阪市教育局が、美津島中の移転ではなく、新発足であると意識していたことを示している。同中学校沿革誌は、落成式について「本校新築落成式を挙行し一〇月一〇日この日を創立記念日と定む」と記している。この記述では、一〇月一〇日に落成式を挙行し、この日を創立記念日と定めたように読み取れる。昭和二三年一〇月一〇日は日曜日であり、やはり一〇月九日（土）に挙行したと見るべきで、九日より一〇日を記憶し易い日として創立記念日に定めたと解される。しかし、東京オリンピック（昭三九・一〇・一〇開会）後、一〇月一〇日が体育の日の記念日にされたので、以後、一〇月一一日に変えられたようである。現在、同中学校の『学校要覧』沿革概要の項などに変更後の一一日を移転直後からの創立記念日のように記されている(73)。

（2）市立天王寺二中（高津中、現夕陽丘中）の府立清水谷高校の使用と撤退

天王寺二中は、昭和二四年五月、高津中学校に改称し、さらに昭和二七年四月に通学域を分割、新しく生れた中学校に校名の高津を譲り、自らは夕陽丘中と改めた歴史を持つ(74)。ここで扱う天王寺二中、高津中は当然、昭和二七年以前の高津中である（詳しくは第八章五節（二））。

天王寺区北半分を校区とする天王寺二中は、昭和二三年四月二一日、五条小学校三階の六教室を借用、一年二九四人（男一八五、女一〇九）で出発したが、翌二三年度は義務制が第二学年まで延びて、生徒数が二倍に増加、五条小だけでは収まらず、府立清水谷高校の転用校舎に入るのである。即ち、天王寺二中は、昭和二三年四月三〇日、清水谷高一七教室へ移転した(75)。本件について、『清水谷百年史』は、中学校へ「校舎の西半分を割愛」(76)した旨述べるに止まっている。当初、全面転用校（本章第三節）に指定されたときは、「廃校の危機」(77)とまで心配されたが、やがて、一部転用に変更（本章第四節）になり、百年史への記述も簡略にしたのであろう。

しかし、新制中側にとって、この変更は大きな痛手であった。義務制完成の昭和二四年度は生徒数一三七六人

図7-3　高津中学校（現夕陽丘中）の清水谷高校施設借用情況（昭和24年度）

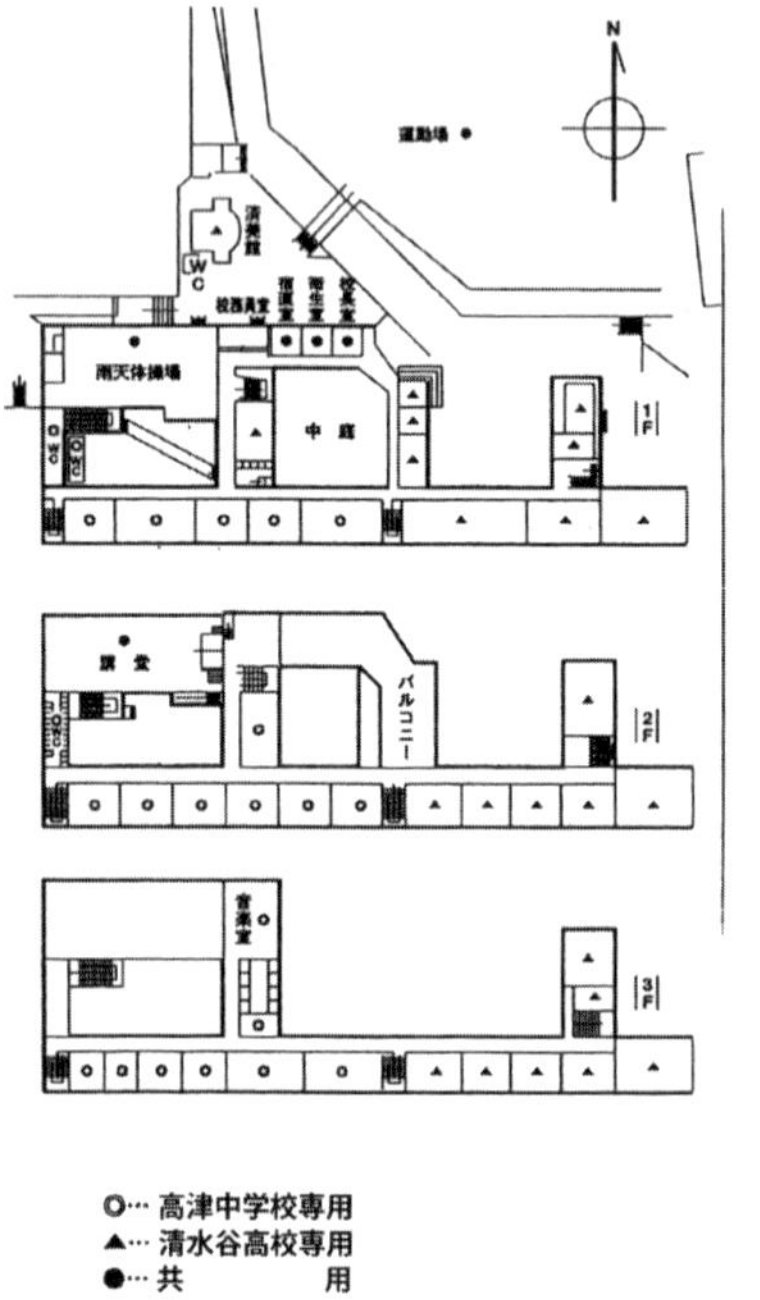

と開校時の三倍になり、清水谷高の借用教室だけで収容し切れない状態に「分校を生魂小学校内に置く」(78)羽目となった。そのうえ学級を圧縮し小学校の講堂を間仕切った二教室で急場をしのがねばならなかった。

清水谷高校借用のその後の推移であるが、昭和二五年度は最初の新制中卒業生が高校の地域制採用によって入学してくる年であり、清水谷高校を分校にして規模を縮小した高津中学校（昭二四・五・一改称）は、元桃ケ丘小学校（それまで都島工業専門学校、のちの大阪市立大理工学部使用、現在天王寺図書館ほか）へ移転の措置をとった。清水谷高校からの完全撤退は遅く、独立校舎が竣工した昭和二六年八月一三日である(79)。

高津中が独立校舎建設工事にかかるのは、他の中学校に比べて相当遅れ、したがって清水谷高からの撤退も遅延した。要因として高校校舎獲得運動の影響が考えられる。詳細は獲得運動を扱う本章第六節に譲りたい。

（3）市立港一中（市岡中）の府立市岡高校の使用と撤退

港区が大阪市域最大の空襲被害を蒙った区であることについては、既に何回も触れてきた（例えば第二章第三節）。新制中学校設立期は、空襲を避けて農山村へ疎開した人々が大量に復帰し、急激な人口増加となり、港一中（市岡中）では、非義務制（二・三年）生徒の編入学希望者を断らなければならない事態が起きていたこと（第三章第八節（三））を想起したい。

港一中（市岡中）が、府立市岡高校を借用しなければならなかった一因である。もう一つの理由は、当然、小学生の縁故疎開先からの復帰も多く、そのうえ、大阪港の修復工事関連の子ども連れ労働者の流入もあって、港一中の校舎（元湊屋小・菊水国民学校校舎）を小学校に譲らねばならなかったこともある。

こうして、港一中は、昭和二三年五月六日、府立市岡高校に移転した(80)。新学期早々ではなく、五月になったのは、市岡高校と港高校（市岡高等女学校）の間における教員の交換（転勤）と生徒の交流（男女共学）など、新制高校としての陣容が整うまで待たされたからである。一年五学級（二八五人）、二年六学級（二五五人）、三年二学級（七六人）の一三教室及び校長室兼事務室と保健室各一室、合計一五教室分の新制中学校への転用であった(81)。

義務制完成昭和二四年度は、前年度の六一六人から一三六七人（二七学級）へと二倍以上の生徒数となった。市岡高校の転用教室を増やしてもらうこともならず、一部授業に追い込まれる。この年、入学した一年生は「朝組と昼組に分かれ、半日授業であった」(82)と証言する。

市岡中（港一中昭二四・五・一改称）はこの窮境のなか、本来なら撤退しなければならないはずの昭和二五年度を迎えるが、この年度の新一年生六二九人（一〇学級）に、二年五五五人（九学級）、三年四八二人（八学級）を加えると一六六五人（二七学級）に膨れ上がり、逆に一年生分を港高校（市岡高等女学校）に頼らざるを得なくなった。こうして、同高校の三階一〇教室、職員室一教室を借用(83)して何とか授業を開始することができたのである。

厳しい状況が続く九月三日の日曜日、大阪に大被害をもたらすジェーン台風が上陸、大阪湾岸の市岡中は高潮に襲われる。その状況を同校沿革史料は「午前一一時、ジェーン台風来襲、本校、分校とも被害大、本校一階二年四教室は全滅、分校三教室は外窓倒壊、午後三時浸水二メートル以上、机、椅子、ガラス扉等、重要書類等の流失莫大なり」と記す。

疎開復帰したばかりの校区民の避難場所は鉄筋三階建の市岡高校しかなく、同沿革史料には、「在直の河合、山本各教官は学校管理、二千名に余る避難者に対し救護班の来る迄の間、救護活動（略）、濁水腰を没する中を全職員登校、生徒への連絡、復旧作業に努む」と記されている。授業は一七日まで停止された。

台風、高潮による被害は、独立校舎の建築後であれ、工事中であれ全大阪に大きな影響を与えた。

その後の市岡中学校の独立校舎の獲得と市岡・港高校からの撤退に触れておかねばならない。独立校舎建設の地を魁国民学校跡（第一回大阪空襲により全壊、廃校）と定め、木造二階建校舎一〇教室を竣工させたのが昭和二六年六月一六日、その新校舎完成を待てず三年生五九〇人が高校から移動してきたのが六月八日という慌ただしさであった。翌二七年八月、鉄筋三階建校舎が竣工する(84)。それでも高校から完全撤退できない程の生徒増で、教室を返還できたのは昭和二八年一一月末である(85)。

(三) 市立高校校舎・施設の新制中学校への転換と貸与

大阪市立の新制高校の新制中学校への転換（一部転用がある）は、双方とも大阪市教育局の管理下にあるので府立高校の一時的転用と異なり、施設設備とも新制中学校に転換する方法が採られた。市立の高校は空襲被災校が多く、廃校対策、男女共学のための合併策も兼ねられていた。

旧制中等学校から新制高校への道程は基本的には昭和二三年四月一日、高校昇格、一〇月一日の移転による二校乃至三校の併設、昭和二五年四月一日の統合による単置高校移行と変遷する。その過程で新制中学校は空き校舎の利用、校舎全壊の場合は校地取得による活用と独立校舎建築という方法を採る。

なお、「大阪市立の新制高校」という表現を採ったのは枚方《ひらかた》市所在の大阪市立高校と混同される怖れがあるからで、以下大阪市立高校は大阪の市立高校の意味である。

（1）市立都島二中（桜宮中）、市立北二中（北稜中）への市立桜宮高等女学校の転換

市立都島二中（桜宮中）は、文字通り都島区第二番目の中学校で、都島一中（高倉中）の分校（桜宮小に開設）が新学制二年目の昭和二三年四月に独立して発足した学校である。この都島二中の受け皿の役割を担わされたのが、北区に立地する市立桜宮高等女学校（桜宮高校）で、そのため、四月一九日に市立南高等学校へ移転した。この経緯を同校の一教師は「六・三・三制実施の為に桜宮中学校に校舎を転用し南高等学校に移転」(86)させられた旨、書き残している。移転の翌二〇日、都島二中は開校式、入学式を挙行して、通常の授業態勢に移った。

開校式、入学式で注目されるのは、高校の中学校への転用を強力に推進した大阪軍政部のジョンソン（E.Johonson）教育課長がクレーグ（E.Craig）軍政部長（大佐）と共に来校、祝辞を述べたうえに、チョコレートまで記念として贈ったことである(87)。ジョンソンの大阪での教育課長としての任期は三月末まで(88)であったはずだが、新任地東海北陸軍政部教育課長就任のため名古屋へ向かったのは六月一七日(89)である。占領軍側の事情で就任が延期されたのか、ジョンソン自身、高校転用の成果を見守るため遅らせたのかは判然としないが、後者であるとするとそれを補強する次の事実を挙げることができる。

一つは、大阪府・市で最初の女性中学校長の登用である。都島二中の初代校長に就任したのは東淀川二中（新北野中）教諭から抜擢された遠藤房野である。遠藤は昭和二年、奈良女子高等師範学校文科を卒業、教員歴二〇年余、小学校教員検定試験、専検もパスしている人物であった(90)。同校長の都島二中への就任について、「進駐軍の指導で、女性の初代校長遠藤房野先生を迎え」(91)たとの証言がある。ここにジョンソンが関わっていた可

能性が考えられよう。

もう一つは、桜宮高女の確保を巡って、東淀川区、北区、そして都島区の各新学制実施協議会が名乗りを挙げていたなかで、都島二中に決定した経緯である。四月一日の大阪府下公立中等学校長会において発表された桜宮高女使用校は北二中（北稜中）であったにも拘らず、四月一〇日の大阪市立新制高校校長会では、都島二中に変更されていた（本章第三節）。地元の北二中ではなく、区外の都島二中が桜宮高女施設の転換先に選ばれた理由として、都島区新学制実施協議会による昭和二三年度新制中学校生徒収容対策の大阪市への陳情活動の成果を考えねばなるまい。同協議会の活動「経過報告」書(92)、昭和二二年一二月三日の条に「新制中学校の児童生徒収容具体策を市の方針に基き樹立」、一二月五日「答申書市長宛提出」、昭和二三年三月二六日「新学期に於ける新制中学生徒収容対策に付協議し収容対策を樹立す」と記され、結果として、桜宮高女に決定した事実を総合すれば、「市の方針に基き樹立」（昭二二・一二・三）の段階で大阪市は都島二中の桜宮高女への設立を内定、昭和二三年三月二六日の「新制中学生徒収容対策に付、協議し収容対策を樹立」した時点で、既定の方針であったことが見えてくる。都島区新学制実施協議会の活発な活動の背景に空襲から復興への厳しい区内状況（第五章第四節（一））のあることを再度確認したい。

都島区の中学校が北区に永続することはあり得ず、戦後困窮期の緊急措置であったことはいうまでもない。昭和二七年には、元東野田国民学校（東野田高等小学校改組、昭一六・四）跡に鉄筋四階建校舎一二教室を建て、一〇月二七日、都島区に帰還した(93)。それからほぼ七〇年「旧桜宮高等女学校の建物を使用していたので、昭和二四年には桜宮中学校と改称した」(94)校名のみが、誕生の歴史を伝える。

一方、北二中（北稜中）は、止むを得ず堀川小学校に設置、同小学校を借用して昭和二三年四月二六日に開校した。昭和二六年に入って、桜宮中学校の移転計画が具体化、同中学校の移転を見越して、六月八日に新校舎を完成させた。そこへ北稜中の一部学年が移ってきたので、桜宮中の全面撤退までの一年四か月ほど両中学校は同居することになった。北稜中が正式に移転するのは昭和二七年一〇月二九日(95)、桜宮中が去った二日後である。

この北稜中の校区を割いて、昭和二四年四月扇町中が発足する。当初、小学校の借用であったが、翌二四年五月には元大阪市立扇町高等女学校に校舎を建設、移転する。北区最初の新制中学校・菅南中も昭和四五年、元大阪市立扇町商業学校跡に移っている(96)ので、北区の新制中学校は北稜中のみならず、すべて、旧大阪市立中等学校施設の転換で成立したといえよう。

(2) 市立南一中(南中)への市立御津《みつ》女子商業学校の転換

南一中が御津女子商業学校(御津商業高校へ昭二四・三改称)施設を独立校舎に転換できたのは、発足二年目の昭和二三年四月である(97)。男女共学実施のため天王寺商業高校(金瓶国民学校利用)へ移転して行ったからである。第一陣は、併設中三年、高校一年のみの移動で、高二・高三の移転は一〇月まで待たねばならなかった(98)。

南一中の独立校舎に転換できた御津女子商施設すべては御津国民学校から引き継がれた。鉄筋コンクリート造り、地上四階、地下一階で豪華な装飾が施され、講堂も窓にはステンドグラスがはめ込まれ、壁は耐震、耐火のドイツ壁で建設されていた(99)。

この校舎を独立校舎としたことによって、昭和二三年度新一年生四九五人(前年度卒業生一一人)を受け入れることができたのである。翌二四年度の新入生も五九五人を数え、二学期には元渥美《あつみ》国民学校に分校を置くことになる(100)。なお、渥美分校が独立、南区三校目の上町中学校が発足するのは昭和二七年度である。昭和二六年四月の南中学校(南一中改称)の生徒数が二一四二人にも増加したからである。校舎は、東区船場国民学校跡へ移転した大阪市立盲学校の旧施設を引き継いで、六月一六日に移転、独立校舎でのスタートとなった(101)。

（3）市立下福島中への市立下福島高等女学校の転換

福島区は戦時期、二回にわたる大空襲（昭二〇・六・一、二六）にも拘らず、各学校施設も大きな損傷を受けることなく、八阪・下福島・野田（昭和二七年度まで新家）各中学校とも独立校舎を確保した。ただし、下福島中学校は、一年目だけ、借用校舎で暮らすことになった。

その情況を具体的に述べると、大阪市立下福島高等女学校の普通教室一五室、特別教室七室、職員室一室のうち、下福島中は八教室借用できただけであった。ほかに戦災教室九教室があったが(102)、それは使用に耐えず、福島小に分校を設けていた。

下福島高女は、昭和二三年四月一日、学制改革によって下福島高等学校に改組のうえ、西区の大阪市立西華《せいか》高校（西華高等女学校改組）へ移転したので、下福島中は独立校舎として全教室を使用できるようになった。こうして、福島区全新制中学校は、昭和二三年度以降、独立教室を持つことになった。早い時期の独立校舎確保、発足早々からの番号でない中学校名（多くは、昭和二四年五月一日改称）、昭和二二年度から現在に至る不動の三校態勢、これらは福島区のみに認められる特徴である。

新制の下福島中に校舎を譲るために西華高校へ移転した下福島高のその後であるが、両高校とも高等女学校であったので、同居して西華高校となっても男女共学とはならず、大阪府立市岡・港両高校から男子生徒四六人が送り込まれた(103)。市岡・港（市岡高女）高間で先に男女共学を実施していたので、市岡高から港高に移動し、さらに西華高へ移らなければならなかった男子生徒もいた(104)。この後、昭和二六年三月末で西華高は廃校、下福島高校に休校措置が取られ、両高校の校長を兼ねた宮井嘉一郎は、同年四月、市立東中学校長に就任した(105)。下福島中の校舎確保のために、高校の移動、校長の異動が行われたと解しなければなるまい。もちろん、そこに

表 7-4　昭和 23 年度新制中学校に転換、貸与した市立高校

使用新制中学校	転換高校施設	現況・その他
菅南中（北一中）	扇町商高（扇町商）	天満中（扇町中統合・平 7）
北稜中（北二中）	桜宮高（桜宮高女）	北稜中
扇町中（北三中）	扇町高（扇町高女）	北野病院
下福島中	下福島高（下福島高女）	下福島中
南中（南一中）	御津商高（御津女商）	ビッグステップビル、南中移転
南稜中（住吉二中）	住吉商高（住吉商）	昭 23・4・12 ～ 26・5・1 使用、南稜中廃校（平 5）

各中学沿革史より作成

註　南稜中による住吉商高借用以外はすべて新制中学校に転換。

は市立高校の処理策も込められていたと見るべきであろう。

以上、桜宮高（桜宮高女）校舎の北稜中（北三中）への転換、同じく御津商高（御津女商）の南中（南一中）・下福島高（下福島高女）の下福島中への転換を明らかにし、それに附随して、扇町商の菅南中、扇町高（扇町高女）の扇町中への転換を見てきた。また、短期的ではあるが、桜宮高（桜宮高女）の桜宮中への転換例を具体的に追究することができた。

これらとは別に、一時的に貸与した事例があるので合わせて、以下に述べておきたい。

（4）市立住吉二中（南稜中）による市立住吉商業高校の使用と返還

住吉二中（南稜中）は発足した昭和二二年四月二一日に粉浜《こはま》小を借用し、粉浜・安立《あんりゅう》国民学校六年修了の四九五人を収容した(106)。八教室を借用できただけであったので、一学級六〇人を越えた。小学校側も教室が不足し二部授業を強いられた(107)。

二年目は生徒数が倍増するので新たな収容先が必要であった。そこで生まれたのが、大阪市立住吉商業学校の借用策である。住吉商は、住吉工業学校時代の昭和二〇年七月一〇日未明の第六回大阪大空襲により管理室、体育館、特別教室を失っていた(108)が、校舎は使用可能の状態であった。昭和二三年四月一日、

住吉商業高校に改組のうえ、南区の市立芦池女子商業高校へ男女共学を名目に移転していたので、四月一二日以降、南稜中の独立校舎として使用された(109)。

昭和二四年九月一日、南稜中学校用地として購入した四〇一一坪の校地の一画に独立校舎八教室が完成、これを分校とした。第二期工事の独立校舎一〇教室が竣工したのは二六年五月一日で、それを期に南稜中は住吉商校舎から撤退した。市立高校の校舎を利用し、返還した唯一の事例である。その南稜中は平成五年廃校となる。

第六節　高校施設の新制中学校転換運動とその結果

府立高校転用問題で、大阪軍政部と折衝を重ねた濱田大阪府教育部長の回想に「市町村の中には、これで高校の大きな校舎が、自分たちのものになるのだというような、軍政部の勧告なるものを最大限に自己本位に解して、そういうことをいいふらしたものもいい」(110)たとの件がある。市町村当局、地方議員のみならず、保護者ら一般市町村民の希望的観測が流布していたのであろう。校舎建設費に苦しむ当局や寄付問題に悩む保護者にとって拡大解釈に走るのも止むを得ない時代情況にあったといえよう。

大阪市における新制中学校施設の確保をめぐっても、そうした動きが認められるので、本節は独立校舎準備過程における高校校舎の新制中学校転換運動と位置づけて、その実情を明らかにしようとするものである。

（一）市立高津中学校（天王寺二中）による府立高津高校転換運動

市立高津中学校の校舎問題については、既に清水谷高校の転用で扱った（本章第五節（二））が、ここでは、同中学校、ＰＴＡ、校舎設置促進委員会が起こした府立高津高等学校校舎の中学校転換運動の背景、内容、結果を検証する。

天王寺二中として発足したころ、同校通学区内には、空襲被災を免れた元桃丘国民学校と元清堀国民学校の鉄筋三階建校舎が残存、本来なら、独立校舎に使用できるところ、残念ながら他の機関が入っている。それには次のような経緯がある。

敗戦直後進駐した米軍に大阪赤十字病院が接収され、病院の周辺に建つ桃丘国民学校、私立上宮中学校（現高校）も調達される。桃丘校へは九月二八日（昭和二〇年）、アメリカ陸軍第二二野戦病院衛生隊が進駐、宿舎とした(111)。桃丘校西北方に隣接する上宮中学校は九月二七日、二四時間以内の空け渡しを命じられ、翌日、四天王寺高等女学校（現四天王寺高校）講堂、鐘楼などに荷物の運搬が続くなか、進駐が開始された。医学生養成学校として使用され、のち米第八軍の病院になった(112)。上宮中学校は鐘楼などで授業できないので大江国民学校を借用したが、昭和二一年四月八日、清堀国民学校へ移転する(113)。占領軍の調達を扱う大阪連絡調整事務局と大阪府・市側との話合い、斡旋の結果であろう。

接収された上宮中学校の屋上に星条旗が翻り、入口に制服のＭＰ（憲兵）が建ち近寄り難い状況となった(114)。おそらく、桃丘も同様の状況を呈していたであろう。

桃丘校、清堀校に代えて目につけたのが、校区内に立地する清水谷・高津・夕陽丘の府立三高校である。発足二年目の昭和二三年度から清水谷高校を転用して天王寺二中の校舎としてきた経緯から、可能性は十分あると判断したのであろう。高津中学校と改称した直後の昭和二四年五月二八日、同校PTA会長、校舎設置促進委員会長らが代表して、校区の中央に立地する府立高津高等学校校舎の高津中学校への転換を内容とする「嘆願書」を作成、付属資料とともに大阪市教育委員会、大阪軍政部へ提出した(115)。付属資料の中の「本校校舎の将来の対策について」から構想がうかがえる。「新校舎の建築」の項目に「経済九原則により新校舎の建築・校地買収等のことは現在不可能と考えられる」とある。

経済安定九原則とは、インフレ終息のための日本政府へのGHQ指令(昭二三・一二・一八)のことで、翌年二月、来日したGHQの経済顧問・ジョセフ・ドッヂ(デトロイト銀行頭取)の指示で日本政府によって実行された。〝病気をなおすための活動は常に不愉快なもの〟(116)とドッジが言う通り、インフレは収束したが倒産、人員整理が続出した。昭和二四年度予算に文部省が計上した一〇八億円の国庫補助がゼロ査定されたし、補助金を当てこんで開始した校舎建築工事を中断しなければならない事態となり、その責任を取って辞職する市町村長が多数出た。

高津中学校もこの渦中に投げ込まれて、校舎建築を無理と判断したことが判明すると同時に、この時点で土地買収にもかかっていなかったことがわかってくる。それでは区内の小学校の転用はどうかというと、「本区内の小学校々舎の転用」の項目で、「何れの小学校も逐年児童数増加の傾向により余剰極めて少く小学校校舎の転用は困難」とした。

以上の認識のうえに、「本区内の高等学校々舎の転用」を訴えたのである。即ち「区内に(略)三つの府立高校が極めて接近した位置にある」ことを地図上に示したうえ、天王寺高校が同居し生徒数の膨らんだ夕陽丘高校を除いて高津・清水谷両高校の使用実態と生徒数を調査、その結果と高津中学校の生徒数を比較検討して、「右数字により高津・清水谷両高校の生徒は清水谷一校に収容することが可能である」と分析し、次のように主張、歎願した。

故に両高校が同居した方が現在のように中学校と同居するよりもすべてに好都合かと思われる。

尚高津高校は本校天王寺二中通学区域の中央に位置し（略）本校の全生徒を収容して将来何等の困難を来さず、まことに好都合であると思われるので、高津高校の校舎を本校々舎に転用されるようこれが実現促進に御尽力賜わらんことを歎願いたす次第であります。

現在の感覚からすれば、この要求は無謀に映るが、府立高校校舎の中学校への転用、市立高校の中学校転換が実施されて間もない時期であり、中学校側に言わせれば、至極当然の感覚であったろう。

大阪市教育委員会も、昭和二四年度からの高校の学区制設置準備期に市内府立高校の市移管を求めて、大阪府と折衝を重ねている最中であった。大阪市教育委員会事務局作成の「市内府立高校の市移管を必要とする理由」に、「六・三・三制新教育の一貫性を実現しなければならない」との一項を設け、「六・三の義務教育を市教育委員会で行い、あとの三の高等学校教育は府委員会で行うというようなことは教育行政の一貫性を害う」と主張していた[117]。

この移管問題は、昭和二四年三月ごろには知事の政治的地位に影響を及ぼしかねない事態に発展、軍政部も憂慮したが、裁定もできず、着任したばかりのコワルスキー大阪軍政部長（二月就任）は、三月七日、近畿軍政部に今後の対応について判断を仰がねばならなかったほどである。近畿軍政部も処理できず、第一軍団司令部に指示を仰いだが、回答は教育委員会法と経済安定九原則の精神および規定に従ってしかるべき日本側の機関に再提議されるべきであるとの回答に止まっていた[118]。このように、大阪地方軍政部や第一軍団司令部も即答できない根本的な問題が提起される混沌の時代を背景にした高校転換運動であった。

しかし、高津中学校の要求は通らなかった。それによって、校地買収、校舎建築工事は遅くなった。昭和二五年七月一〇日発行の高津中新聞（第二一号）は、「我校新校舎建つか」のタイトルで、「開校当初から三年有余、未だ独立校舎を持たなかった本校にやっと新校舎建造の話が起こっている」と伝えているが、一期生が卒業した昭和二五年も夏休み前の校舎建築計画のニュースであった。同記事はその場所を「上の宮中学校の南で五条小学校の北にある空き地」とその後実際に高津中学校が建設される位置を報じたことは注目される。高校転換運動の顛末であり、夕陽丘中学校（高津中学校改称、昭二六・三・三一）草創期の一齣である。

（二）市立船場中学校による市立汎愛高校施設要求と挫折

市立船場《せんば》中学校は、昭和二五年四月一日、市立東中学校（東一中）から愛日・集英小学校通学域を分割して発足したいわゆる船場地区の新制中学校であり(119)、市立汎愛《はんあい》高校は、昭和一七年船場地区に立地した汎愛国民学校を廃校にして設立された旧制中等学校である。ここでは、船場中が発足に当たって、汎愛高の校舎を求めた経緯と結果を明らかにする。高津中の場合は府立高の転換を望んだが、本件は市立同士である。

義務制中学校完成の昭和二四年度は、どこの中学校でも、新一年生の入学により生徒数が激増する。東中学校（東一中）も前年度より約数百人増加し、生徒数一千数百人を越え、大阪市で二番目の大規模校になることが予測されるので、分校を設けることになった。近くの元中大江東国民学校（昭二一・三廃校）を使用していた私立相愛学園（第一回大阪大空襲全壊）が、昭和二四年二月に本校復帰したので、そこに分校を開設、四月一日、新一年生六五三人（一三学級）を収容した(120)。

この分校が、翌昭和二五年四月、東中学校から独立して船場中学校（東二中）となる(121)が、独立準備過程で、汎愛高校々舎の譲渡を求めたので、それを推進しようとする大阪市教育委員会と校舎を死守しようとする高校側との間で争論が起きる。

中学校側から汎愛高校校舎に新設希望との要望が出されたのは、分校時代の昭和二四年度の二学期に入って間もなくと推定される。激増する生徒数に船場の中学校を船場地区に、校舎は汎愛高校を返して貰おう、との構想が地域―保護者の側から現われても不思議ではない。その声はおそらく、市会議員を通して教育委員会に持ち込まれたであろう。早速、教育委員会は検討し、中学校設置計画と高校移転策を立案したと考えられる。

この経緯を中学校側が「市当局では分校を独立し船場地区に新しい中学校設立計画をたてて、汎愛校舎に学んでいる（略）高校生を、東高等学校に移して、その跡に中学校を新設しようとした」(122)と記録しているに過ぎないのに対し、立退きを迫られた高校側の一教師は「我々学校は大騒ぎになりました。（略）高校では地域との結びつきが薄いので与《くみ》しやすいと見縊びられたわけです。義務教育優先の錦の御旗で市教委が高飛車に出て来たものです。二十四年の十月頃だと思います」(123)と具体的に情況を伝えている。「十月頃」との指摘に昭和二五年の開設を目ざし意外に早く準備が進んだことを知ることができよう。

市立の高校を他の市立学校に移転させてそこに新制中学校を設置するのは既に見たように当時採られた一般的な手法であった。しかし、汎愛高校では東高校への移転の通告に「大騒ぎ」(124)になり、反対運動へと転回していく。発端はまず生徒が中学校増設のために移転という説明に疑問を抱いたことにある。京阪電車で通学する生徒を中心に京阪・市電天満橋で下車する生徒や、天満橋を渡って区域外から学校へ通う中学生が多い、彼らを整理すれば中学増設の必要がない、と意見が出た。高校では教師、生徒、ＰＴＡの三者の連日の会議となった。

具体的なデータを得るため、生徒たちは大阪市交通局で市電定期券利用中学生をチェックし、天神橋で北区から通学する生徒数の計測や京阪天満橋駅で電車通学中学生の調査を行った(125)。高校側の教師、ＰＴＡは船場地区内にどうしても中学校が必要であるなら、元久宝国民学校（昭二一・三廃校）を使用している千代田光学精工を撤退させ、そこに開設したらどうかと提案、市教育委員会と交渉を重ねた。

翌年に入った一月一七日には、市役所南側の中の島公園に多数集合、阪東教育長との話合いを求めると、このような場所では話ができない、学校へ行くという教育長と学校へ戻り講堂での交渉となった。発言を求める手が林立、三年生は演壇下にまでにじり寄る熱心さであったという。交渉が持たれた一月一七日といえば、新制中学校義務制最初の卒業生のための入学準備をしなければならない限界の時期である。既に何度も述べたように、昭和二五年四月の高等学校新入学生徒には総合制、男女共学制、地域制が適用され、地域制実施のためには通学区を設けなければならなかったのである。大阪府・市教育委員会が連名で、高校通学区設置に伴う「共同声明書」(126)を発表したのは一月二〇日であった。

共同声明書には別紙「昭和二五年度公立高等学校通学区」表が付され、大阪市内第三学区に府立大手前（高校）が清水谷高校などと並んで、市立「東・船場」高校が挙げられているが、汎愛高校の校名は落とされていた。この措置は、大阪市教育委員会が、汎愛高校に昭和二五年度入学生を採らない、あるいは廃校を予定していたと解することができる。同高校教員の証言(127)によれば、教育委員会野口庶務部長から東高校へ移転し、「東・汎愛・船場」高校として残るか、東高校の分校として現地に残るかの二案を示され、後者を選び東高等学校北校舎と称したという。その結果、行政的には、昭和二五年三月三一日付の「東・船場・汎愛高校」から「東高校」への校名変更となり、行政的には汎愛高校は消えたことになる(128)。

しかし、実態としては、汎愛高校は東高校北校舎として現地に存在し、船場中学校の汎愛校舎移転は消えた。その結果、船場中は元の校舎で独立せざるを得ず、通学域を離れた上町台地の一画に立地することになった(129)。高等学校校舎の新制中学校への転用、転換の失敗は越境通学の事実を突きつけられ、教育委員会としても強硬

表 7-5　新制中学校による小学校教室借用状況（昭和 24 年度）
（大阪市教育委員会　昭 24・4・30 調査）

新制中学校	借用小学校	教室数	新制中学校	借用小学校	教室数
扇町中（北一中）	菅北小	7	旭陽中（旭一中）	高殿小	26
	北天満小	6	蒲生中（城東二中）	今福小	7
高倉中（都島一中）	淀川小	12		鯰江小	8
梅香中（此花二中）	伝法小	7	城陽中（城東三中）	鴨野小	11
高津中（天王寺二中）	生魂小	7	菫中（城東四中）	榎並小	4
豊崎中（大淀二中）	豊崎本庄小	8	文の里中（阿倍野二中）	常盤小	6
	浦江小（大淀小）	16		高松小	3
淀中（西淀川二中）	川北小	7	阪南中(阿倍野三中)	晴明丘小	4
十三中（東淀川三中）	十三小	10	松虫中(阿倍野四中)	金塚小	8
	木川小	12	住吉一中	粉浜小	4
	南方小	6	三稜中（住吉三中）	墨江小	4
新北野中（東淀川二中）	神津小	11	我孫子中(住吉四中)	長居小	？
三国中（東淀川三中）	野中小	13		依羅小	4
	北中島小	7	住吉中（住吉五中）	東粉浜小	4
美津島中（東淀川四中）	加島小	7	平野中（東住吉二中）	平野小	？
淡路中（東淀川五中）	西淡路小	6		育和小	？
柴島中（東淀川六中）	東淡路小	8	中野中(東住吉五中)	南百済小	6
本庄中（東成二中）	中本小	22	今宮中（西成二中）	弘治小	5
玉津中（東成三中）	中道小	12	鶴見橋中(西成四中)	津守小	5
	北中道小	6			

大阪市教育委員会「昭和 24 年度小学校児童収容対策」から作成

註　？は教室数不明を示す。

に出られなかったところにあろう。越境通学は同和教育の展開とともに解消に向かったが、中学校発足と同時に起きていたことがわかるのである。ピークの昭和四三年度には東区中学生の五五・三パーセント、天王寺区生徒の四七・三パーセントが越境であったとの報告が残る(130)ほどである。

なお、船場中学校は生徒の減少により、昭和六三年、東中学校に統合され、汎愛高校は昭和三七年、鶴見区今津の現地へと移転した。両校の跡地には、いま、高層マンションが聳えている。


新制中学校成立期における教室の確保策は小学校教室の借用に焦点化されがちで、旧制中等学校・新制高校教室の使用にまで言及されることは少ない。しかも、単なる借用としてとらえられてきた措置にも、中学校制度がスタートした昭和二二年度と義務制完成に向う二三・四年度とでは大きな差異のあることが明らかになった。

義務制が第一学年のみの昭和二二年度は、臨時的借用で、旧制中等学校側にとって一過性に過ぎず、抵抗感も少なかった。借用教室数も大阪府立・市立中等学校を合わせても七〇教室(第三章第四節表3—8)に過ぎなかったが、二三年度は府立高校だけでも一三八教室(本章第五節表7—1)を数え、中学校に転換した市立高校を加えるとぼう大な教室数に上がったであろう。

もちろん、義務制が第三学年まで延びた昭和二四年度は小学校教室もさらに借用しなければならず、その数三百教室を越えた(表7—5)。これを解決するには、経済的困難があるとはいえ、一日も早く校地を買収し、独立校舎を建設する以外になかった。

（1）ただし、京都府の事例であるが全国共通の認識であったと考えてよいであろう。小山静子ほか編『戦後教育の成立 京都における中等教育』世織書房　二〇〇五年、二九三頁。
（2）男女共学実施要請に対し、大阪市立中学校長会代表は教育局に「漸進主義」を要望するなど対応に追われていた（『毎日新聞』昭二二年一月一九日）。
（3）大阪府立生野高校創立六〇周年記念事業実行委員会・記念誌編集委員会編『六〇年史』大阪府立生野高校、昭和五五年、一一一頁。府立清水谷高校の『しみづだに』（一九六〇～九〇）には、「旧中側にしてみれば存廃にかかわる問題」との記載が認められる（大阪府立清水谷高等学校校史資料収集委員会編、清水谷高校発行、一九九一年、七七頁）。他の学校も同じ認識であったことは容易に推定できる。
（4）都島区長発　大阪市長宛、昭二三・七・二九付「都島区義務教育施設五ヶ年計画委員会設置経過報告について」、大阪市教育局庶務部施設課『昭和二十三年度　決裁綴』。
（5）阿部彰『戦後地方教育制度成立過程の研究』、風間書房、昭和五八年、五一頁。
（6）大阪市史編纂所『占領下の大阪―大阪連絡調整事務局『執務月報』―』、大阪市史史料第一四輯、大阪史料調査会、昭和六〇年、一六頁。山中林之助ほか編『追憶　濱田成政先生　濱田教育長と大阪の教育』タイムス社、昭和五七年、七五頁。
（7）「大阪軍政部ＣＩＥ代表談」『教育タイムス』第五二号、昭和二三年四月七日。
（8）秦博『教育五十年―訓導から教授まで―』、私家版、昭和四七年、六二頁。
（9）「外務省外交資料」再引、阿部彰「教育長・濱田成政論・序説」註（6）『追憶　濱田成政先生　濱田教育長と大阪の教育』、二五四頁～二五五頁。
（10）註（6）『追憶　濱田成政先生　濱田教育長と大阪の教育』、六六頁。
（11）同前『追憶　濱田成政先生　濱田教育長と大阪の教育』、六六頁～六七頁。
（12）註（6）『占領下の大阪―大阪連絡調整事務局『執務月報』―』、一六頁。

(13)『教育タイムス』第三六号、昭和二二年一二月六日。大阪府教育委員会編発行『大阪府教育百年史』第四巻資料編(三)、昭和四九年、五三九頁〜五四〇頁。
(14)『教育タイムス』第四二号、昭和二三年一月二四日。
(15)『教育タイムス』第四九号、昭和二三年三月一三日。
(16)『教育タイムス』第五一号、昭和二三年三月三〇日。
(17)註(13)『大阪府教育百年史』、第四巻、資料編(三)、五四〇頁。
(18)『教育タイムス』第五二号、昭和二三年四月七日。
(19)『教育タイムス』第五四号、昭和二三年四月二一日。四月一〇日の大阪市立新制高等学校長会議は「男女共学、校舎転用等の重要問題審議の為、各学校長の他保護者会長各一名が出席」とある。堺川女子商業、芦池女商、中之島女商の廃校も発表された。
(20)大阪府立生野高校創立六〇周年記念事業実行委員会・同記念誌編集委員会『六〇年史』、生野高校、昭和五五年、一一一頁。
(21)大阪府立清水谷高等学校校史資料収集委員会『しみづだに(一九六〇〜九〇)』清水谷高校、一九九一年、七七頁。
(22)同前、七六頁。
(23)註(20)『六〇年史』、一一二頁。
(24)註(19)『教育タイムス』、第五四号、昭和二三年四月二一日。以下大阪府議会教育常任委員会については本紙による。
(25)註(21)『しみづだに(一九六〇〜九〇)』七七頁。
(26)同前、七六頁。
(27)大阪府立天王寺高等学校百周年記念事業委員会・同記念誌委員会編発行『桃陰百年』、平成八年、三一七頁。
(28)註(20)『六〇年史』、一一二頁。
(29)大阪府・市教育委員会「共同声明書」の一節(大阪市教育委員会事務局編発行『教育月報』、一九五〇年二月号、二八頁)。

(30)　同前。
(31)　大阪市立生野中学校創立三〇周年記念誌編集委員会『生野中学校創立30周年記念誌実行委員会、昭和五二年、一〇頁。一五頁。
(32)　大阪市立生野中学校ＰＴＡ編発行『ひこばえ』第四〇号、昭和五二年及び同前『生野中学校創立三十周年記念誌』、四九頁。
(33)　同前『生野中学校創立三十周年記念誌』、一〇頁。
(34)　大阪府公立中学校長会編発行『大阪府公立中学校創設十周年記念誌』、昭和三二年、六五頁。
(35)　大阪市立田島中学校五〇周年記念誌編集委員会『大阪市立田島中学校創立50周年記念誌』、一九九九年、九頁、発行所記載なし。註（31）『生野中学校創立三十周年記念誌』（一〇頁）に、昭和二四年五月一日、「田島中学校分離併置」し、七月一日「生野区田島町に移る」と記載されている。
(36)　註（20）『六〇年史』、一二五頁。
(37)　大阪市教育局庶務部施設課『学校申請書綴（新中）（二十二・三年度）』。
(38)　註（31）『生野中学校創立三十周年記念誌』、一七頁。
(39)　『土地買収関係書類』（生野中学校）。
(40)　註（20）『六〇年史』、一二六頁。
(41)　大阪府立勝山高等学校記念誌編集委員会『勝山高校創立50周年記念誌』、勝山高校、昭和四七年、二頁。
(42)　註（27）『桃陰百年』、三三八頁。
(43)　大阪市立田辺中学校三十周年記念誌編集委員会『田辺中学校創立三十周年記念誌』田辺中学校、昭和五一年、一一頁。
(44)　大阪市立東住吉中学校創立40周年記念誌編集委員会『東住吉中学校創立40周年記念誌』、東住吉中学校、昭和六二年、一五頁。
(45)　大阪市立田辺小学校一〇〇周年記念誌編集委員会『田辺百年のあゆみ』、創立百周年記念事業委員会、昭和四八年、

七九頁。大阪空襲写真集編集委員会『写真で見る大阪空襲』、ピース大阪、二〇一一年、四九頁。

(46) 註（43）『田辺中学校創立三十周年記念誌』、一一頁。

(47) 大阪市教育委員会「田辺中学校新築校舎落成式祝辞について」『昭和二十四年度 新制中学校落成式一件 教育局』。

(48) 大阪市教育委員会東住吉区事務局長発 大阪市教育委員会教育長宛、昭二五・八・二二付「六三制学校施設功労者の推薦について」調書、大阪市教育委員会施設課企画係『昭和二十五年八月 六三制実施にともなう美談苦心談並悲劇六三制実施功労者推薦一件』。

(49) 同前。

(50) 大阪市立東住吉中学校創立四〇周年記念誌編集委員会『東住吉中学校創立四〇周年記念誌』、東住吉中学校、昭和六二年、一五頁。

(51) 大阪府立夕陽丘高等学校創立八〇周年記念誌編集委員会『夕陽丘高等学校八〇周年記念誌』創立八〇周年記念事業実行委員会、昭和六一年、七二頁。

(52) 註（6）『追憶 濱田成政先生 濱田教育長と大阪の教育』、七七頁～七八頁。

(53) 坂井三郎「建設の歴史」、大阪市立東住吉中学校創立二〇周年記念誌編集委員会『東住吉中学校創立二〇周年記念誌』、東住吉中学校、昭和四二年、一二頁。坂井三郎「四〇周年を迎えて」、註（50）『東住吉中学校創立四〇周年記念誌』、七頁。坂井は大阪市立御津女子商業学校教諭で、昭和二二年三月二五日、東住吉四中の校長の内示を受けたが、大阪市会議員（四月三〇日）立候補のため辞退、当選後、地元東住吉四中の校舎建設委員長を引き受けた。

(54) 赤塚康雄「母校をつくる、東住吉中学校」、田辺成一編『教育大阪』、平成一二年一一月号、大阪市教育振興公社、四四頁。大阪市立東住吉中学校『あゆみ 創立拾周年記念号』（昭和三二）参照。

(55) 大阪府立阿部野高等女学校・阿倍野高等学校同窓会編発行『芝蘭五十年の歩み』、昭和五二年、一一八頁。

(56) 大阪市立文の里中『文の里中沿革誌』、墨書き、頁数なし。

(57) 大阪市立松虫中学校創立五〇周年記念誌編集委員会『松虫中学校創立五〇周年記念誌』、創立五〇周年記念事業委員会、平成九年、一四頁。
(58) 註（55）『芝蘭五十年の歩み』、一二八頁、一三二頁。同条例は『大阪府広報』第三〇八五号収録。
(59) 大阪市教育局『中学校小学校敷地買収引継一件（昭和二二・三年度）』、図面二幅を含む。阪南中学校創立三〇周年記念誌編纂委員会『阪南中学校創立三〇周年記念誌　悠久』、創立三〇周年記念行事委員会、昭和五二年、七頁。
(60) 註（56）『文の里中沿革誌』、大庭光雄『住吉高校三五年の歩み』、大阪府立住吉高校、昭和三二年、四頁。女子生徒が新館を使用、男子は食堂を間仕切った二教室を使ったという証言がある（小林克孝、平一三・二・一〇）。
(61) 註（57）『松虫中学校創立五〇周年記念誌』、一四頁。註（58）『芝蘭五十年の歩み』、一二九頁。
(62) 阿倍野区長松尾謙一発、大阪市教育局長宛、昭二二・一〇・一四付「新制中学新設敷地に関する件」及び阿倍野区長松尾謙一発、大阪市教育局長宛、昭二三・二・二八付「新制中学新設敷地に関する件」、大阪市教育局施設課第一企画係『昭和二十二年度新制中学校用地一件』。
(63) 湯上泰男ほか編『まつむし　大阪市立松虫中学校同窓会会誌』、大阪市立松虫中学校同窓会、昭和三四年、四頁、五頁。
(64) 大阪市教育委員会「松虫中学校新築落成式祝辞について」、註（47）『昭和二十四年度　新制中学校落成式一件大阪教育局』《ママ》。本資料に建設費が記録され、木造平屋建便所二棟、渡廊下も含めて、総計費一千万八七二円、とある。
(65) 註（56）『文の里中沿革誌』。
(66) 註（59）『中学校小学校敷地買収引継一件（昭和二二、三年度）』。
(67) 大阪市立文の里中学校編発行『二五年のあゆみ』、昭和三七年、五頁、一四頁。
(68) 註（55）『芝蘭五十年の歩み』、一二九頁。
(69) 註（56）『文の里中沿革誌』。「燈影女学院」は阿倍野高校西側隣接地に所在、京都山科の一燈園西田天香を名誉院長とする私立高等女学校で、昭和二五年一二月の閉鎖後、大阪府が買収、阿倍野高の管理下にあった（川端直正編『阿倍野区史』、市域編入三〇周年事業委員会、昭和三一年、一二三六頁）。
(70) 註（56）『文の里中沿革誌』、註（67）『二五年のあゆみ』二頁〜三頁。

(71) 大阪市立美津島中学校『大阪市立美津島中学校の沿革』、墨書き、頁数なし。本沿革誌には「年月」までに止まり、「日」は記されていない。
(72) 大阪市教育局「東淀川第四中学校々舎新築落成式告辞について」、註(47)『昭和二十四年度　新制中学校落成式一件　教育局』
(73) 大阪市立美津島中学校『平成九年度　学校要覧』による。
(74) 大阪市立夕陽丘中学校記念誌編集委員会『夕陽丘中学校創立三〇周年記念誌』、夕陽丘中学校、昭和五二年、四頁〜五頁。一一頁。
(75) 同前、五頁。
(76) 大阪府立清水谷高校一〇〇周年記念事業委員会編発行『清水谷百年史』、二〇〇一年、一三一頁。
(77) 同前、三三五頁。
(78) 註(74)『夕陽丘中学校創立三〇周年記念誌』、七頁。
(79) 同前、八頁、一〇頁。
(80) 大阪市立市岡中学校創立五〇周年記念誌委員会『市岡　創立五〇周年記念誌』、市岡中学校創立五〇周年記念事業委員会、平成九年、四四頁。
(81) 大阪市立市岡中学校『学校沿革史料』、ペン書き、頁数なし。同史料は湾岸地区所在のため重なる大潮、台風による浸水で公式の学校沿革誌が流失、代りにメモ形式で書き留められた。
(82) 註(80)『市岡　創立五〇周年記念誌』、四六頁。
(83) 大阪府立港高等学校創立九〇周年事業実行委員会『永遠なるいま　港高校創立九〇周年記念誌』、港高校、平成一三年、七二頁。註(81)『学校沿革史料』。
(84) 註(80)『市岡　創立五〇周年記念誌』、四四頁。
(85) 註(83)『永遠なるいま　港高校創立九〇周年記念誌』、七二頁。高校使用問題の最終解決は、市岡中学校入船分校が独立、港中学校の設置された昭和二九年四月一日との見解がある（安積泰子「五〇周年を祝して（思い出）」、註（80）『市岡　創立五〇周年記念誌』、四四頁）。

（86）平田多美男「回顧三〇年」、大阪市立桜宮高等学校記念誌編集委員会『桜宮高校七十年の歩み』、桜宮高校、昭和六一年、八七頁。

（87）大阪市立桜宮中学校創立五〇周年記念誌編集委員会『桜宮』、桜宮中学校、平成一〇年、一三頁。『学校日誌』からの引用。

（88）註（5）『戦後地方教育制度成立過程の研究』、三三頁。

（89）大阪連絡調整事務局、昭和二十三年六月執務月報（第五号）、大阪市史編纂所『占領下の大阪―大阪連絡調整事務局『執務月報』』（大阪市史史料第一四輯）、昭和六〇年、六二頁。

（90）『教育タイムス』、第五一号、昭和二三年三月三〇日。同第五六号、昭和二三年五月五日。

（91）林沼繁雄「なつかしい開校当時」、註（87）『桜宮』、五五頁。

（92）都島区長発、大阪市長宛、昭和二三・七・二九付「都島区義務教育施設五ヶ年計画委員会設置報告について」、大阪市教育局施設課第一企画係『昭和二十三年度　決裁綴』

（93）註（87）『桜宮』、一五頁。東野田国民学校については『続消えたわが母校　なにわの学校物語』（赤塚康雄著、柘植書房新社、二〇〇〇年、二一六頁～二二〇頁）参照。同書二一九頁に空襲により「東野田校の木造校舎は焼失（略）鉄筋校舎二階（略）一か月近く燻りつづけた」とある。

（94）註（87）『桜宮』、二頁。

（95）大阪市北区役所編発行『北区誌』、昭和三〇年、三三五頁。

（96）財団法人大阪都市協会『北区史』、北区制一〇〇周年記念事業実行委員会、昭和五五年、四三四頁～四三五頁。

（97）吉沢正次郎『南中学校創立一〇周年記念誌・学校要覧』、南中学校、昭和三二年、一頁。

（98）大阪市立天王寺商業高等学校創立七〇周年記念誌委員会『創立七〇周年記念誌　天商・天王寺商高』、天王寺商高、昭和五九年、一〇頁。

(99) 大阪市南区長堀橋筋一丁目外九ヶ町区編『南区史』、南区役所、昭和三年、二九四頁。詳細は『なにわの学校物語　消えたわが母校』(赤塚康雄著、柘植書房、一九九五年、一七四頁〜一七七頁)参照。
(100) 註(97)『南中学校創立一〇周年記念誌・学校要覧』、一頁。二学期からの使用となったのは渥美校が全国特殊釘西部組合事務所として使用されていたからである(大阪市教育部『昭和二十二年四月十日現在　大阪市立学校々舎目的外使用状況調書』、校舎管理係調査による)。
(101) 山本信行『わが校四〇年のあゆみ』、上町中学校創立四〇周年記念行事委員会、平成四年、一八頁。
(102) 大阪市教育部「昭和二十二年度旧中等学校校舎使用状況調(昭和二十二年四月十日現在)」。大阪市教育部庶務課校舎管理係『昭和二十一年起　児童収容対策一件綴』。
(103) 大阪市立大学一〇〇年史編集委員会『大阪市立大学百年史　全学編』、大阪市立大学、一九八七年、三一三頁。
(104) 市岡高校から港高校へ移動、さらに西華高校へ転入した滝井良造の証言(滝井良三発、赤塚康雄宛書簡、二〇〇七・八・二二付)。滝井は在オーストラリア。
(105) 第五二回大阪市教育委員会々議(昭二六・三・二九)議題「②大阪市立高等学校廃止及休校の件」。第五三回大阪市教育委員会々議(昭二六・三・三一)議題「②大阪市立小学校長・中学校長及高等学校長人事異動の件」、大阪市教育委員会事務局編発行『教育月報』、第二四号、一九五一年三月、三八頁。
(106) 註(34)『大阪府公立中学校創設十周年記念誌』、八二頁。
(107) 大阪市教育部「昭和二十二年度新制中学校々舎使用状況調(昭和二十二年四月十日現在)」、註(102)『昭和二十一年起　児童収容対策一件綴』。住吉二中の欄に「小学校第一学年六学級二部教授」とある。
(108) 大阪市立住吉商業高校創立五〇周年記念誌編纂委員会『住吉商創立五〇周年記念誌』、住吉商高、平成二年、一六頁。
(109) 同前、八二頁。
(110) 註(6)『追憶　濱田成政先生　濱田教育長と大阪の教育』、七七頁〜七八頁。
(111) 大阪市桃丘国民学校『学校沿革誌』。大阪市立五条小学校創立七〇周年記念誌編集委員会『創立七〇周年記念誌　五条』

五条小学校創立七〇周年記念事業委員会、昭和五六年、四一頁。
(112) 上宮学園校史編纂委員会『上宮学園九十年の歩み』上宮学園長、昭和五六年一三九頁～一四〇頁。
(113) 同前、一四一頁。
(114) 同前、一四〇頁。
(115) 大阪市立天王寺第二中学校ＰＴＡ会長河原利代蔵、同校舎設置促進委員会長竹村仁夫、同学校長竹内方行発、大阪市教育委員会宛、昭二四・五・二八付「嘆願書」「付属資料」。大阪市教育委員会『昭和二四年度　学校申請一件　企画係』。同内容の英文「嘆願書」が残存しているので、大阪軍政部へも提出したと判断した。
(116) ドッヂメモ。新修大阪市史編纂委員会『新修大阪市史』、第八巻、平成四年、四九四頁。
(117) 大阪市教育研究所編発行『大阪市戦後教育行政資料(1)』昭和五三年、一一九頁～一二〇頁。
(118) 註（116）『新修大阪市史』第八巻、六五四頁～六五五頁。
(119) 註（34）『大阪府公立中学校創設十周年記念誌』、四一頁。
(120) 大阪市立東中学校創立一〇周年記念誌編集委員会『十年の歩み　大阪市立東中学校』、東中学校、昭和三三年、二一頁～二三頁、三二頁～三三頁。相愛学園百年史編纂委員会『相愛学園百周年記念誌』、学校法人相愛学園、昭和六三年、八二頁。
(121) 大阪市立船場中学校「学校沿革略史」（『学校要覧　一九五三』）に「昭和二五年三月三一日大阪市教育委員会より、市立東第二中学校新設決定書受領」、「四月一日市教育委員会東区事務局よりの入学通知により六九五名（男四二一、女二七四）の生徒受入」、「五月一日校名を大阪市立船場中学校と決定」、「五月五日開校式挙行」と記載されている。
(122) 註（120）『十年の歩み　大阪市立東中学校』、二一頁。
(123) 佐藤英夫『受け難き人身を受けて』、円頓寺、一九九〇年、二一八頁。
(124) 同前、以下高校側の動きは本書による。
(125) 大阪市立汎愛高等学校編発行『汎愛高校創立二〇周年・落成式記念学校要覧』、昭和三一年、一四頁、三二頁。

(126) 註(117)『大阪市戦後教育行政資料(1)』、一三四頁～一三五頁。
(127) 註(123)『受け難き人身を受けて』、二一九頁。
(128) 大阪市教育委員会発　各区事務局長・校園長宛「市立高等学校収容替及び中等校高等学校の名称変更についての通知」。なお汎愛高校は昭和二七年四月一日付で復活する。その理由を市教育委員会は「高等学校入学希望者の増加に伴い収容緩和を図る為」と説明した（「大阪市教育委員会議案第一五号、大阪市立高等学校設置の件」『大阪市教育関係書類綴』）。
(129) 註(34)『大阪府公立中学校　創設十周年記念誌』、四一頁。
(130) 大阪市教育委員会「小中学校における校区外通学状況について」、大阪市教育研究所編発行『大阪市戦後教育行政資料(6)』（教育研究紀要第二〇六号）、昭和五九年、二五八頁～二五九頁。

第八章　義務制中学校完成への施策――独立校舎建設と正式校名への変更

第一節　学校用地の取得

遅くとも義務制が完成する昭和二四年度内には独立校舎で学習させたい、というのが、保護者、教師を初めとする全関係者の悲願であった、そのためにはまず学校用地を選定し、買収を終えていなければならなかった。しかし、戦後の混乱期、しかも大阪という大都会、土地を選定できても、地主がどこに疎開しているのか掴めないという時代である。疎開の必要がなかった市内の田園地帯でも、折からの食糧難、そのうえ、〝キョウシツ（米の供出）とキョウシツ（教室）は市町村長の命取り〟と喧伝され、農地を簡単に手離そうとはしなかった。

そこで中学校側はそれぞれに知恵を働かせ工夫する。例えば、住宅街、商店街を通学域とする学校は戦災跡地を選定する、あるいは一区画が広大な工場跡地に狙いを定めるなどである。校下に国有地、市有地がある場合は、そこを第一候補とした例がある。さらに農地が広がる地帯であれば、かつての戦時学校農園跡を選定している。以下、その実例を追跡する。

（一）戦災地跡の利用―東生野中―

住宅街が通学域である中学校は、大阪大空襲による被災区域に学校用地を求めた。生野区東生野中、前章で取上げた阿倍野区文の里・松虫中ほかが該当するが、ここでは通学域変更前提に建築委員会を改組、用地買収を実施した生野区東生野中学校の事例を取り上げたい。

　同中学校は、新学制実施協議会によって、二二年度の変則的通学区を正常な通学区に変更した学校である（第五章第三節（二）参照）。主導したのは生野区新学制実施協議会の副議長である後藤賢延であった。後藤は昭和二三年度から東生野中の通学域となる東中川小学校のＰＴＡ会長（当時保護者会長）でもあった。したがって、昭和二二年度は東生野中と関わりのない人物である。

図 8-1　東生野中学校用地
—生野区新今里 8 丁目—

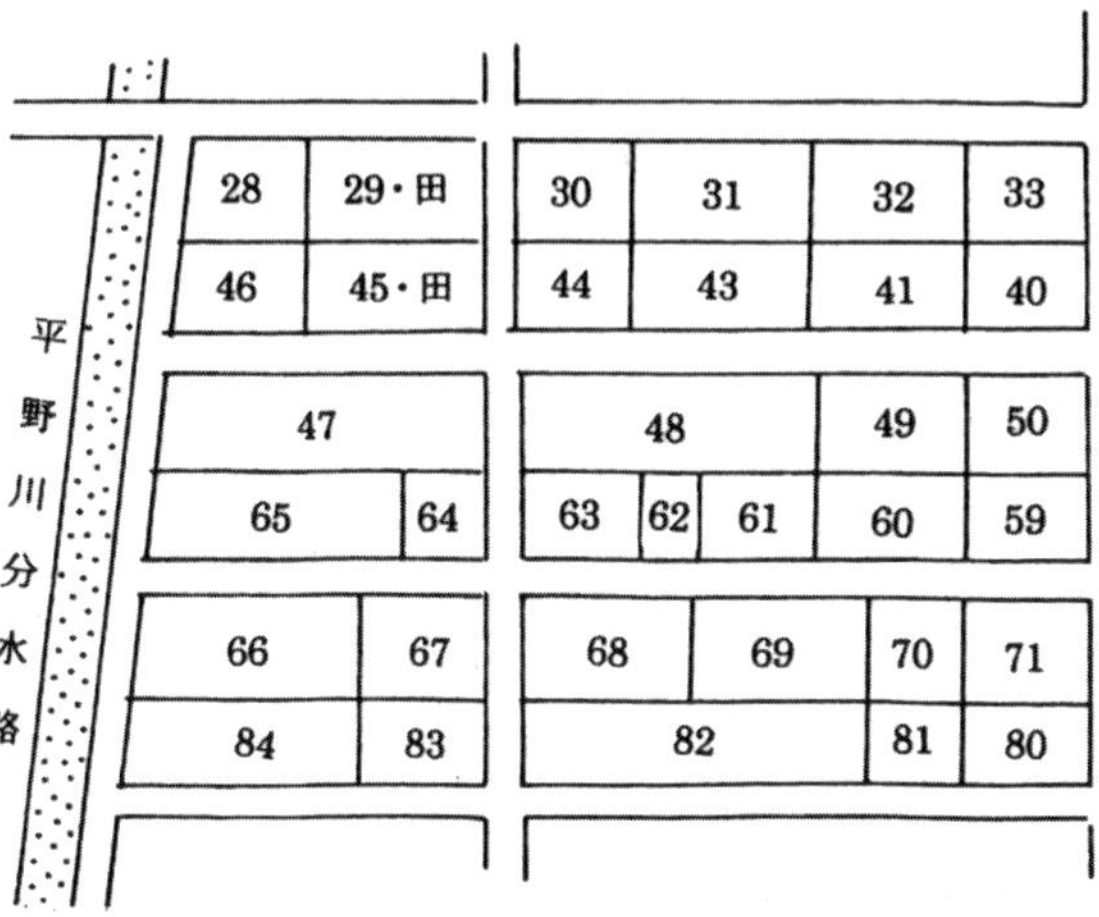

註(1)　数字は番地
　(2)　地目はすべて宅地
　(3)　現在の新今里 7-9-2

　その後藤のリードによって、東生野中新校舎建築委員会が組織されるが、「建設《ママ》委員の多数は当校へ生徒を通学させていない為め、その熱意は薄く、後藤氏が只一人陣頭に立って種々苦労」(1)との記録が残る。

　昭和二三年二月六日、建築委員会が改組され、委員会内に土地買収実行委員会が設置された。建築・土地買収両委員会の委員長に後藤が推薦された。

　実行委員会は、直ちに学校用地の選定にかかり、大阪大空襲（昭二〇・六・一五）で被災した生野区新今里八丁目（現在の新今里七丁目九—二）の三五筆（三三二二坪）を候補地とした（図8—1）。この焼け跡地一帯には被災を免れた、あるいは半焼の家屋が数戸残っているだけであった。

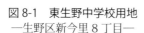

約二週間後の二〇日には、大阪府・市による実地検分が行われた。

大阪市のゴー・サインを受けて、買収実行委員会は早速、地主との交渉に入いったが、そのなかで、様々な問題が浮上する。例えば、学校では商売にならない、住宅地として復興してほしい、との声が上った。買収価格の低さも問題になった。用地買収費については、もともと、「政府指示は坪単価三円四〇銭であるが、この単価を以てしては実際問題として本市の如きは絶対買収不可能」として、大阪市は「政府と直接交渉して（略）、坪単価一七〇円」(2)を引き出した経緯がある。東生野中に対して大阪市は平均一五八円を提示してきたが、これでは地主の納得を得られるはずがなく、後藤委員長としては市新学制実施協議会に働きかけて、大阪市と折衝の結果、東生野中の買収単価「一坪平均二百五拾円」との回答を得た。

それでも、なお不足すると、二月二八日に開催された区協議会で善後策を検討、区内各中学校のために区民から百万円の寄付金を募ることを決定した。その結果、東生野中は三〇万円を得られることになった。

買収に当たっても、当然、戦災地特有の難題が待ち受けていた。例えば戦災後の地主の居所がわからない。わかっても、香川・徳島県境の村に疎開していて、往復の時間を入れて五日間要する。それも一回の交渉では済まない地主（表8―1 NO23）がいた。なかには、三重県下の不動産業者の抵当物件になっている土地（NO32）、工場建設許可申請中の物件（NO1・12）があった。最も困難を極めたのが、在日朝鮮人宅の立退交渉で、在日本朝鮮人連盟（大阪府本部）との交渉となった。

こうした問題を一つ一つ解決して、すべての予定地の買収に成功した。そこに独立校舎が建ったのは、昭和二四年五月三一日であった。現在、東生野中学校の東側庭園には、この校舎落成を祝って建立した「新築落成記念碑が残る。同碑裏面には、勝井校長と後藤委員長の名とともに、「昭和二十三年二月六日」の日付が刻まれている。土地買収実行委員会が後藤の努力によって設置された日を記し、東生野中の実質的誕生の日として後世に残した

表 8-1　東生野中学校用地買収状況
―生野区新今里 8 丁目―

NO	番地	買収単価（坪）	所有者住所	売買契約日	備考
1	28	246 円	生野区中川町	23・5・9	工場建設許可申請中
2	29	246 〃	南区	23・4・19	
3	30	246 〃	東成区新今里町	23・5・19	
4	31	242 〃	奈良県	23・7・5	
5	32	―	東区	―	
6	33	―	〃	―	
7	40	―	―	―	
8	41	―	生野区中川町	―	所有者 NO1 と同じ
9	43	242 〃	奈良県	23・9・21	連名で所有
10	44	246 〃	東成区新今里町	23・5・19	所有者 NO3 と同じ
11	45	246 〃	南区	23・4・19	所有者 NO2 と同じ
12	46	246 〃	生野区中川町	23・5・9	所有者 NO1 と同じ工場建設許可申請中
13	47	246 〃	東成区新今里町	23・10・7	地上物件 133,650 円
14	48	243 〃	東区	23・6・17	
15	49	242 〃	生野区大友町	23・4・1	
16	50-1	242 〃	東成区新今里町	23・5・9	
17	50-2	281 〃	〃	〃	NO16、17、18 は所有者同じ
18	59	262 〃	〃	〃	
19	60	―	東成区深江	23・4・1	
20	61	242 〃	東区	23・6・17	
21	62	242 〃	〃	23・6・17	所有者 NO14 と同じ
22	63	246 〃	〃	23・6・17	
23	64	250 〃	東成区新今里町	23・9・28	香川県へ疎開
24	65	245 〃	〃	23・5・24	所有者 NO13 と同じ、地上物件あり
25	66	245 〃	天王寺区	23・3・31	地上物件、22 年度予算、府下柏原町へ疎開
26	67	246 〃	奈良県	23・4・1	22 年度予算
27	68	246 〃	天王寺区	23・6・4	
28	69	242 〃	生野区猪飼野大通	23・5・29	
29	70	242 〃	天王寺区	23・5・8	
30	71	600 〃	東成区新今里町	24・3・31	NO10 も同じ
31	80	600 〃	〃	〃	地上物件 82650 円
32	81	257 〃	天王寺区	23・5・8	所有者 NO29 と同じ、抵当物件
33	82	259 〃	奈良県	23・4・1	所有者 NO26 と同じ、22 年度予算
34	83	262 〃	〃	〃	〃　〃
35	84	261 〃	天王寺区	23・3・31	所有者 NO25 と同じ、22 年度予算

のである(3)。

(二) 公有地の転用

国有地・大阪市有地等の公有地を学校用地の第一候補として選定した事例が認められる。有償、無償のいずれにしても払い下げによって買収費を少なくすることができるからである。また、公有地の場合、一筆の面積が広く、効率よく取得し易いこともある。代表的事例として、城東区蒲生中、西成区鶴見橋中の校地取得を取り上げよう。

(1) 国有地を校地にした蒲生中

城東区新学制実施協議会(昭二三・六・三開催)が蒲生中学校(城東二中)の学校用地として選定した城東区関目一丁目一番地から一〇番地(枝番略)に至る一二筆、三三三五坪のうちの八筆、二三五四坪が国有地である。これは校地予定面積の約七三パーセントに当たる広さであった。そのうえ、蒲生町会の土地と見られる二九〇坪を加えると約八二パーセントまでが公《おおやけ》に属し、入手が比較的容易と考えての当該地の選定であったのであろう(4)。以上選定地の「買収方取計《とりはから》レタイ」と城東区新学制協議会長、城東区長から六月四日付で求められた(5)大阪市は、積極的に反応、早速、検討を開始する。

国有地の確保が「学校新設の成否を決することになる」(6)と考えた大阪市教育局は、まず、大蔵省所管の八筆の調査に取りかかり、当該地が厚生省の大阪衛生試験所の建設用地として取得されたが、同所の廃止によって、東京衛生試験所の管理下にあることを把握、急いで教育局施設課の第二企画係長を上京させ、厚生省大臣官房会計課と折衝させた結果、東京衛生試験所長の許可を得ることが先決との回答を得るところまで進んだ。

表 8-2　蒲生中学校（城東二中）学校用地選定地
―関目町一丁目―

NO	地番	地目	地積	所有者
1	1-1	田	525 坪	大蔵省
2	1-2	田	14	大蔵省
3	1-3	田	168	大蔵省
4	2	田	385	大蔵省
5	3	田	295	城東区蒲生町会所有地
6	4	宅地	98	北河内郡交野町Ａ
7	5	宅地	173	北河内郡交野町Ａ
8	6	宅地	320	北河内郡交野町Ａ
9	7	田	174	大蔵省
10	8	田	160	大蔵省
11	9	田	142	大蔵省
12	10	田	786	大蔵省
		小　計		3235 坪
13	31-1	田	172	関目町一丁目Ｍ
14	31-2	田	96	関目町一丁目Ｍ
15	31-3	田	122	此花区伝法町Ｓ
16	31-4	田	214	奈良県川西村Ｙ
17	32	田	46	北河内郡交野町Ａ
18	33	田	506	鴨野町Ｙ・Ｆ共有
		小　計		1156 坪
		総　計		4391 坪

註　33 番地のみ蒲生町五丁目

図 8-2　蒲生中学校（城東二中）学校用地選定地
―関目町一丁目―

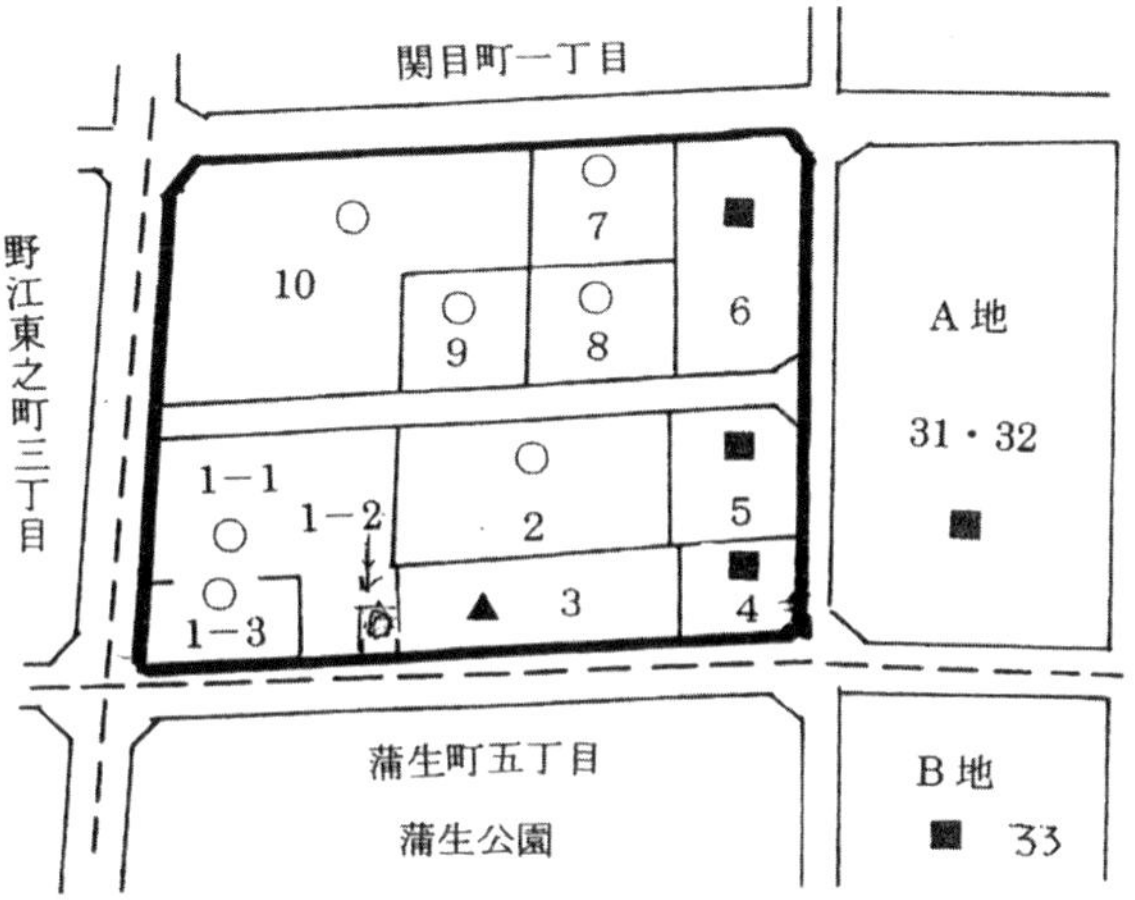

註　数字＝番地　○＝国有地（大蔵省）
▲＝公有地（蒲生町会）　■＝私有地
地積は表 8-2 参照　Ａ、Ｂ地は換地予定地
33 番地のみ蒲生町五丁目　――蒲生中学校敷地

「城東区第二中学敷地予定地」（『昭和二十三年度決裁綴』）から作成

これを受けて施設課内で当該地の取得条件を検討し、衛生試験所への希望を以下三点に絞った。①第一希望、全土地の一定期間有償使用。借地料は試験所の所定賃貸料で応じる。②第二希望、全土地の購入。売払価格は財務局査定の評価による。③第三希望、当該地の一部または全部を試験所で保有の必要ある場合には接続地または附近の土地と換地。できれば、A・B地（図8―2）と換地してもらいたい(7)。

文部省通達「公私立学校の用に供する雑種財産の売払及貸付等の取扱について」(8)の趣旨もあって、以上の希望条件を添えて、大阪市長名による厚生省東京衛生試験所宛の「官有地使用許可願」を八月七日ごろ送付した。結果は有償、無償の別は不明だが、要するに払い下げられたのである。他方、蒲生町会の三番地の所有田は、坪二八〇円で大阪市が購入、昭和二三年一〇月二三日付で契約、二四日登記の記録が残る(9)。以上の経過の後、購入予定地の殆んどを比較的容易に入手できたのである。国有地、公有地に対して、民有地の四・五・六番地は、坪単価五〇〇円、しかも契約は翌昭和二四年三月三一日とほゞ五か月の遅れを来たした。

以上が市立蒲生中学校校地獲得の経緯である。(10)

（2）大阪市有地を校地にした鶴見橋中

鶴見橋中学校（西成四中）は、新制中学校制度実施から一年を経た昭和二三年四月一日、今宮中（西成二中）、成南中（西成三中）の校区を割いて（図8―3）、西成区四番目の中学校として発足した(12)。同中学校の学校用地の選定は開校半年以上前の昭和二二年七・八月ごろには始めていたようで、九月には候補地が絞られている。ということは、鶴見橋中の設置はそれ以前、場合によっては、先発三中学校決定と同時も考えられる。

学校用地取得についての「公立学校用地土地所有者名簿」(13)に「西成区役所　9月23日」「買収方依頼一件

図 8-3　西成区中学校通学域の変遷

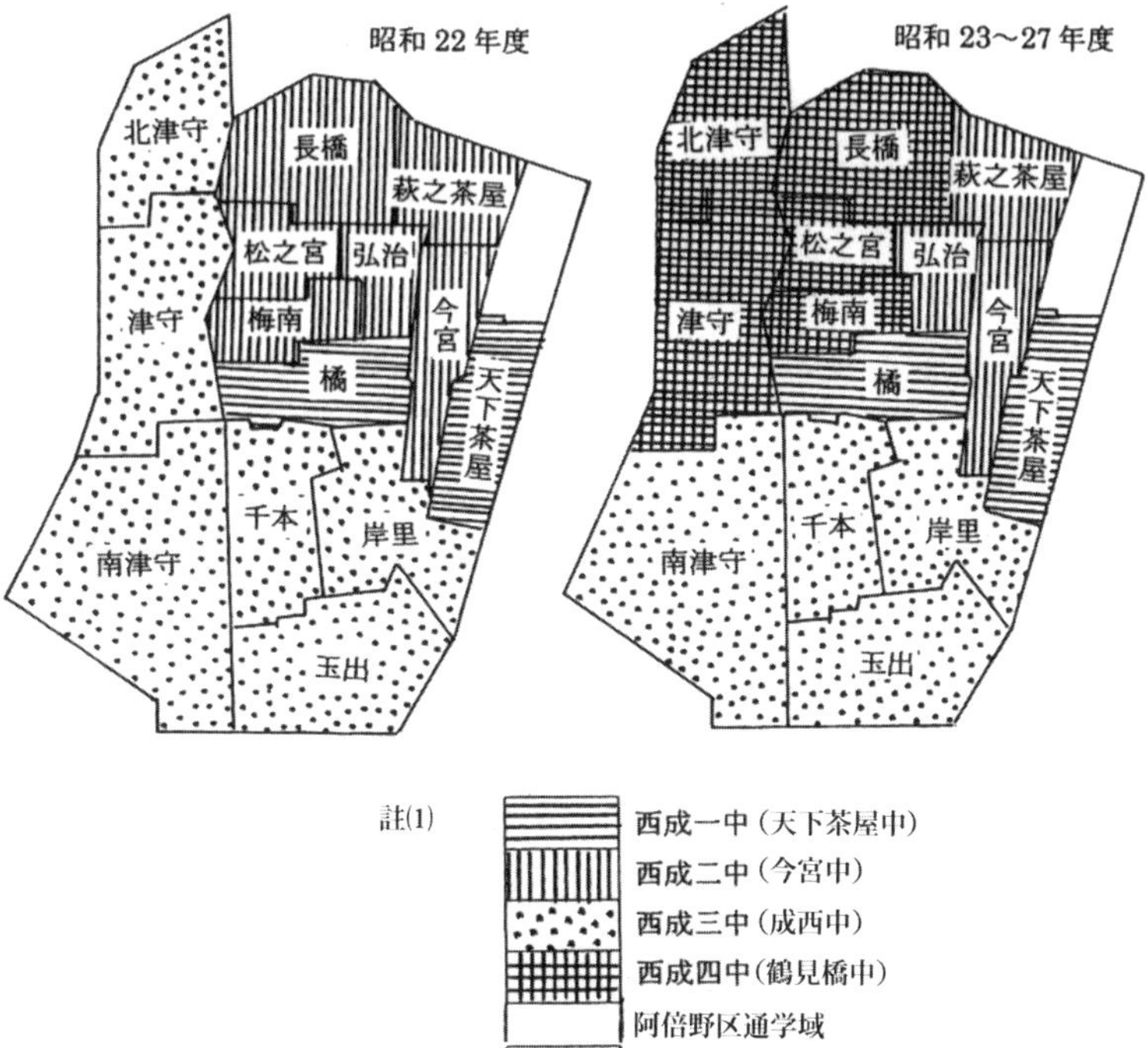

(2)　図中の文字は小学校名

十月三十日」と記されているので、九月二三日には校地候補地が決定し、土地所有者名簿が作成され、一〇月三〇日には、区役所から大阪市教育局へ買収を依頼したことが判明する。

前記「公立学校用地土地所有者名簿」には、二五筆の候補地、地積、所有者が記され、そのうちの一一筆が大阪市所有地であった。実際に鶴見橋中の校地として取得されたのは図8―4に示す九筆であるが、四筆までが大阪市所有地であった。前記蒲生中の国有地と同様に鶴見橋中が市有地を校地とした日付は明らかにできなかったが、民有地（長橋通八丁目）は、昭和二三年二月一八日付で契約されたことが判明する[14]。同校は開校までに校地二七〇〇坪余を確保できていたことになる。

校舎建設工事も開校後、約二か月で竣工、早くも六月二二日、津守小の一二教室から

図８－４　西成区鶴見橋中学校（西成四中）校地買収図（昭23・2）

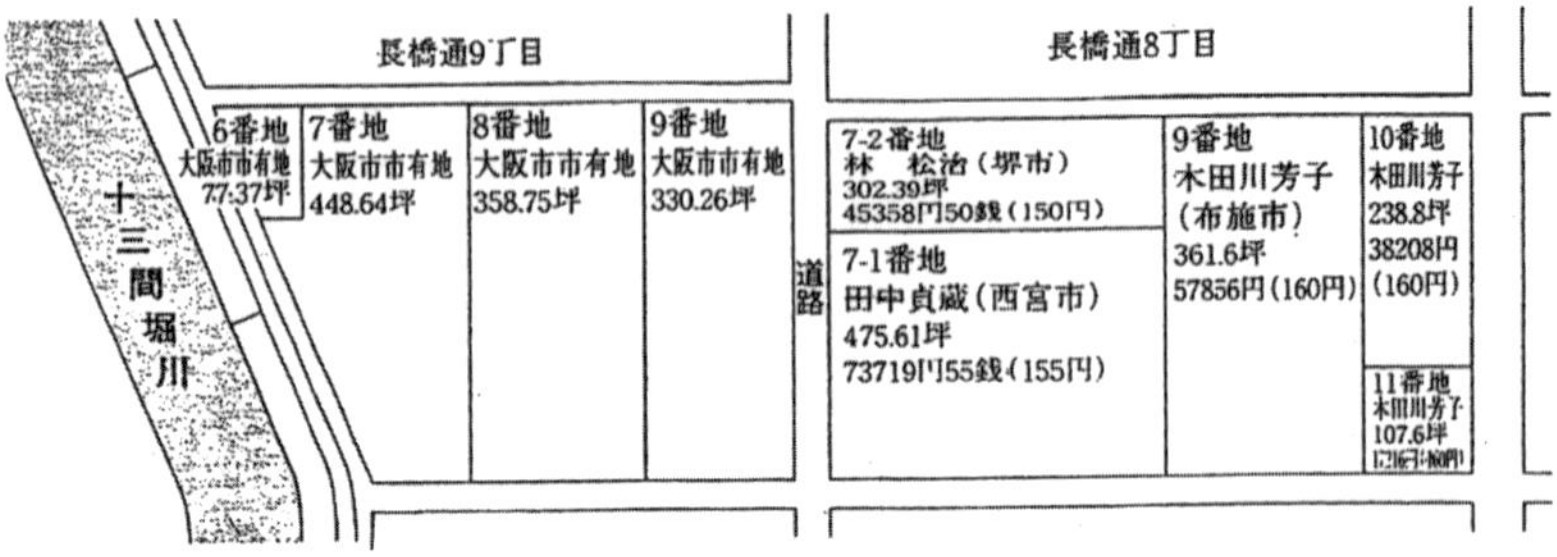

註　民有地の地目はすべて宅地、氏名は土地所有者で（　）内は所有者の住所、買収価格あとの（　）内は坪単価

木造平屋建校舎（教室一八室　職員室ほか三室）へ移転している(15)。その時の生徒数七六八人であった(16)。

竣工式で、近藤大阪市長は以下のように述べた(17)。即ち「敗戦下あらゆる方面に不如意のことの多い今日、教育機関だけが完備出来るという訳には参らない（略）。本校も面積、構造、設備その他の点で不備不満足も多い（略）。すべての点で乏しければ乏しいなりに、また不十分であれば不十分であるだけに創意と工夫を（略）」と訴えた。

確かに校地内の道路（図8―4）を廃止できず、「校舎と運動場の間に市道があり、津守の屠殺場へ行く牛の行列が通っていた」(18)実情にあった。生活道路の廃止は都市計画を必要とし、簡単には進まなかったのである。

(三) 農地の転用

(1) 農地委員会との連絡調整

新制中学校発足期、「きょうしつ（供出）ときょうしつ（教室）は市町村長の命取り」(19)ということばがあった。国民の飢餓状況が続くなか、米の供出は国是であったし、中学校独立校舎の建設も国民的要請であった。そのうえ、自作農創出のために、農地解放は着実に進行していた。こうした状況下、戦災都市大阪市といえども、周辺部においては学校用地を農地に求めざるを得ず、土地所有者（地主）、耕作者（小作）双方の理解はもちろん、農地委員会との連絡を取りながら用地買収を計画しなければならなかった。

本件に関して農林省が文部省に通知した基本的な姿勢は、「農地を校地として使用することはやむをえない事情のある場合に限ることとしやむを得ず農地が対象となるときにも市町村農地委員会の農地開放計画との調整を図る必要があるので敷地選定については事前に必ず市町村農地委員会の意見をきくように」[20]というにあった。農地調整法（第四条）の「農地の所有、地上権、其の他の権利の設定又は移転は（略）市町村農地委員会の承認を受くに非ざればこれを為すことを得ず」に基づく措置であったことはいうまでもない。もちろん、大阪市もこの指示を大阪府を通して昭和二二年八月一六日に受け取っていた[21]。

大阪市がこの通達に反応するのは、昭和二三年三月に入ってからである。各中学校の用地買収が動き始めたからであろう。ここでは、大阪市と農地委員会が接触した二つの会合を挙げておこう。

まず、三月一二日の「新制中学校用地買収に伴う農地関係者と懇談会」[22]の内容を明らかにしておきたい。この会合の目的は、中学校用地確保に当たって、農地解放計画との調整が必要であるので、農地委員と懇談し助言を得ることであった。したがって懇談内容は①新制中学校用地買収に伴う農地問題、②昭和二三年度における用地買収、校地確保に伴う農地問題の二件である。

参加メンバーは、府農地委員会・地区農地委員会の委員、日本農民組合大阪府連合会の役員、大阪府庁及び主催者の大阪市で構成されている。大阪市立中学校用地買収に直接関係する地区農地委員、農民組合、大阪市役所関係者について、詳細に述べると、農地委員の場合は農地が耕地買収の対象となる東淀川・旭・城東・生野・東住吉・住吉・阿倍野・西成区委員二名ずつの一六人で、農民組合は大阪府連合会書記長ほか一人であった。大阪市側は助役、教育・建築局長、施設・耕地課長、第一・第二用地係長ら一二人が参加した。

以上の懇談会の三日前、三月一〇日には、特殊農地指定委員との会合が持たれている。目的は農地を学校用地とするに当たって農地委員、小作人の異議により解決できない場合、特殊農地指定委員会の除外指定を受ける必要があるので、その了解、援助を得るために懇談しておこうというにあった(23)。

参会者が前記懇談会と違うのは大阪府特殊農地指定委員のメンバーである。即ち、大阪府農地部長、土木部長、都市計画大阪地方委員会委員、日本農民組合大阪府連合会等が特殊農地指定委員として参加し、前記東淀川区以下の地区委員が臨時特殊農地指定委員として加わった。

以上、二つの会合とも「懇談会」と銘打たれていること、会場も「南女寮」(大阪市立南高等女学校寮)和室であること、酒食を伴っていることから農地転用をスムーズに進めるための農地委員、特殊農地指定委員、農民組合と大阪市との連絡調整及び親睦を兼ねた根回し的懇談会であったと解せよう。以下農地委員がリードした農地の校地転用の事例を見ておこう。

(2)生野区田島中学校用地取得における農地委員会の位置

田島中学校が生野中学校から分かれて開校するのは、昭和二四年四月一日であるが、学校用地選定作業は、生野区新学制実施協議会、区役所、地元によって一年以上も前から行われ、昭和二三年一月二二日には、候補農地、所有者、地図を生野区長から大阪市教育局へ送れる(24)ほどの進捗ぶりであった。

送付資料によると、選定地は生野区と東住吉区境界の今林町の農地四八筆、六七三七坪で、現在の田島町六丁目の西半分に当たる。しかし、選定が進むとあれほど慎重にやっていても問題が表面化した。

選定農地の多くが小作地で、自作は六筆に過ぎず、なかには杭全住宅の住人が食糧難を凌ぐために借用している田畑もあった。学校用地反対の声があり、教育局の要請で区役所は小作者の氏名、住所を加えた資料の再調査、再提出求められている(25)。こうして、小作側の反対により生野区今林町の候補地は単なる候補地で終わってしまう。当時は、校地といえども、農地買収はそれほど難しかった。

ここで想起されるのが、先に触れた三月一〇日の特殊農地指定委員と大阪市の懇談会である。同会合に生野区から臨時委員として加わった二人の住所は生野田島町(26)で、田島中学校の校区に当たる。したがって、同会合で、

表 8-3　田島中学校（生野五中）学校用地選定地

	地番	地目	地積（坪）	買収価格（円）	賃貸価格
田島町三丁目	127	田	339	57,630	29 円 91 銭
	155	〃	224	38,080	11 円 66 銭
	156	〃	142	24,140	7 円 39 銭
	157	〃	647	109,990	33 円 68 銭
	158	〃	647	109,990	33 円 68 銭
	197	〃	72	12,240	3 円 75 銭
田島町四丁目	105	〃	336	57,120	29 円 64 銭
	106	〃	425	72,250	37 円 49 銭
	123	〃	671	114,070	34 銭 93 銭
	124	〃	527	89,590	27 円 44 銭
	125	〃	318	54,060	16 円 56 銭
	126	〃	298	50,660	15 円 51 銭

図 8-5　田島中学校（生野五中）校地

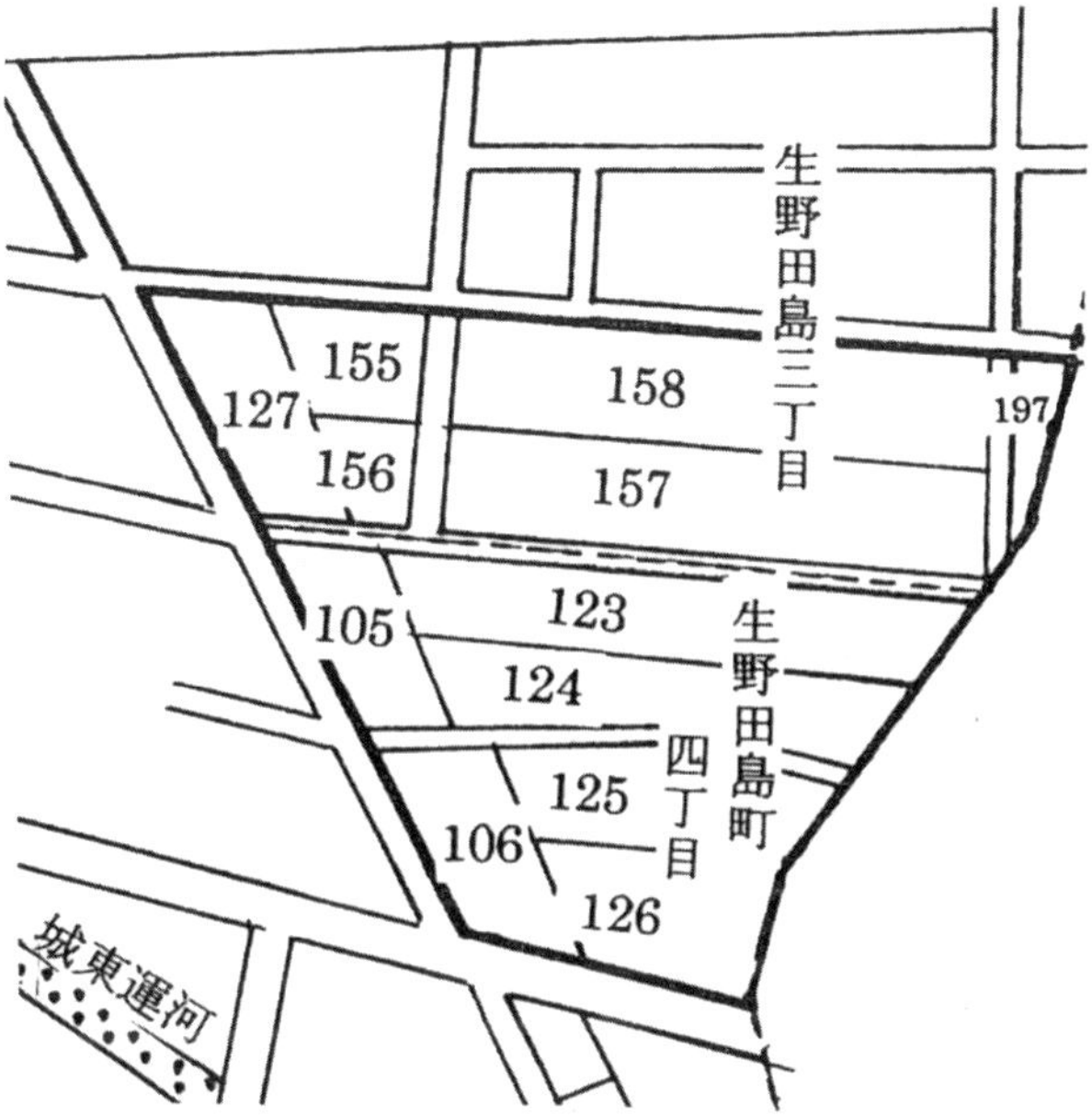

註「生野区第五中学校敷地明細書添付図面」（『昭和二十二年度新制中学校用地一件』）から作成

田島中用地の解決案が話し合われた可能性が、十分考えられるのである。そしてそこで選定地変更が解決策であることを示唆されたと思われる。

この会合以降、生野区の農地委員が校地選定に精力的に動き、五月には一定の成果を得た。それは生野区長が五月二一日付で大阪市長宛に送付した「新制中学校敷地について」のなかで、「新制中学校校地について先に買収予定地を報告いたしましたが、農地委員会より別紙箇所を代地にしてはとの申し入れあり、一件書類御送付いたします（略）」[27]と農地委員の斡旋に言及していることから明らかである（傍点赤塚）。

一件書類として付けられた「生野区新制第五中学校敷地明細書」及び図面（図8―5）によると、選定地は、生野田島町三・四丁目の農地一二筆、四六三六坪（表8―3）で旧田島村集落の南隣接地である。しかも、地主は東区民一人である。小作人の住所は記されていないが、位置関係から田島地区の農民であろうと推定される。地主に対する交渉も、耕作者への説得も容易で、地元に詳しい農地委員ならでは、の選定であった。

用地買収は坪単価一七〇円で行われ、それも「本用地買収代金の中には離作料を含む」[28]条件であった。買収はスムーズに進み、稲の穫り入れ後の一一月五日に売買契約を交し、同一三日に登記が完了した。この地に木造二階建校舎二四教室が完成したのは、翌昭和二四年七月一五日である[29]。建築費は付帯工事を含めて一千七九万円余を要した[30]。

大阪市がやってくれるのは校舎建築までである。周囲の柵や運動場の整地は地元と学校に委ねられた。独立校舎へ移転した生徒たちも働いた。当時二年生で、後年、落語家となる笑福亭仁鶴は「西瓜《すいか》やまっかの畑をならして、運動場を作った」が、「雨の降ったあとは水はけが悪くて使えませんでした」と回想し、三年生の生徒は「畝や農道の残った田畑がそのままの運動場」で、「雨の後、池のようになった校庭で蛙やエビガニを捕えた」[31]と述べている。

（3）戦時学校農園跡を校地にした平野中

東住吉区平野中学校（現在平野区）の敷地の取得は、ある時は小作人の、ある時は地主の反対に遭い、五度目の候補地でようやく決着するという最も難航した事例に当たる(32)。最終選定地は、南海平野線西平野駅西北側に広がる平野背戸口町（現在平野区背戸口一丁目）の農地二一筆、三八五四・六二坪（『東住吉区史は三七五五坪）であった。

図 8-6　平野中学校（東住吉二中）校地予定地
―東住吉区平野背戸口町―

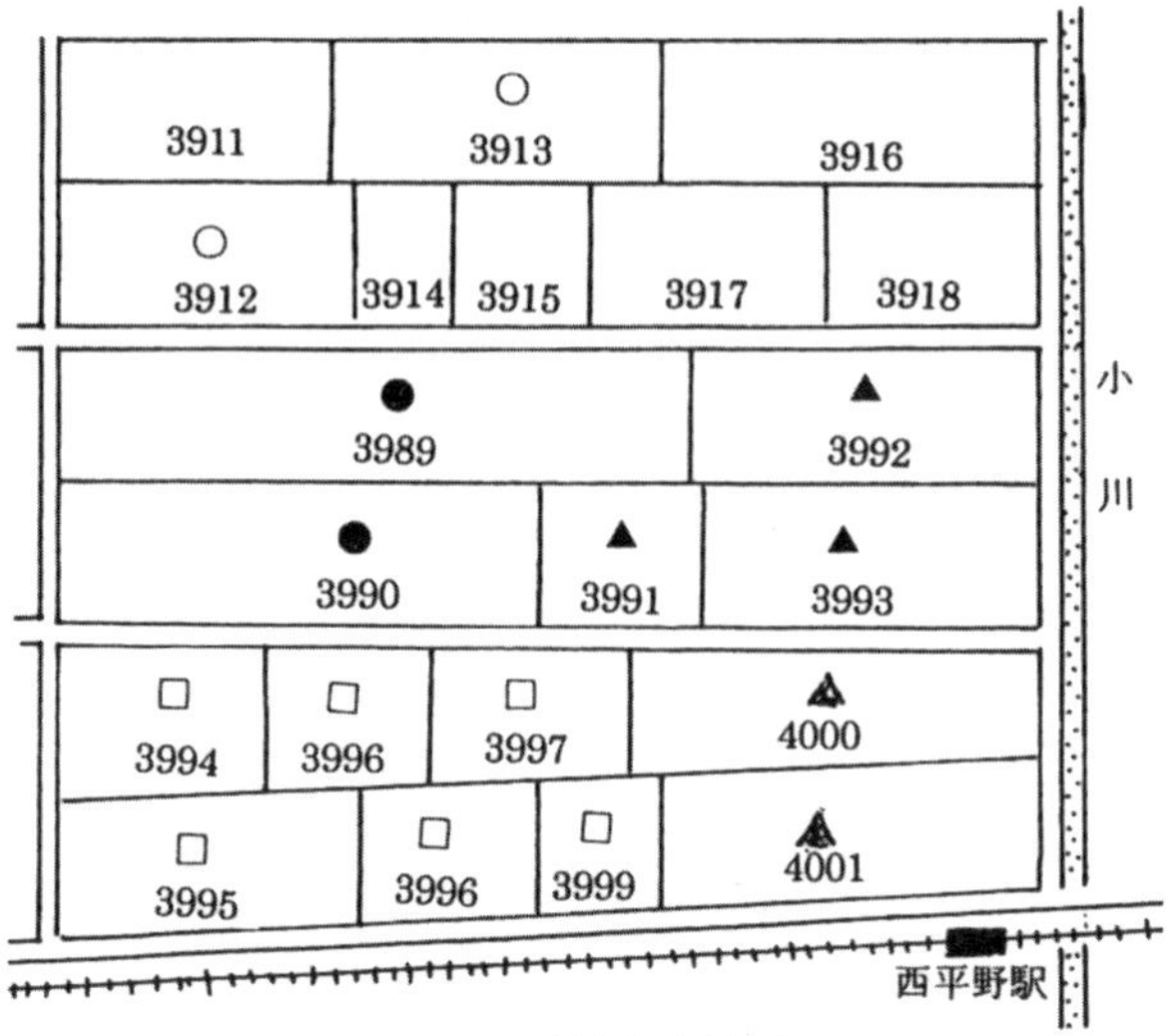

「東住吉新制第二中学校買収区域」
（『中学校小学校敷地買収引継一件』）から作成

註(1)　戦時学校農園学校別記号
○＝大阪府立高津中学　●＝大阪市立浪華女子商業
▲＝大阪府立生野中学　□＝大阪府立天王寺中学
(2)　図面数字は番地を示す。
(3)　地目はすべて田である。
(4)　地積は表 8-4 参照

取得の成功要因を大阪市教育局は「特殊農地指定委員会及び農地委員会の御斡旋と校下関係各位の御了解」(33)にあったととらえた。特殊農地指定委員会及び農地委員会に負うところはもちろん大きいが、ここでは「校下関係各位」の一人とされる坂井三郎の働きを追う。

坂井は平野中学校区の住民ではなく、隣接する東住吉中学校区に住むが、戦時期、大阪市立御津女子商業学校教諭の職にあって、戦時農園幹事校の責任者として平野背戸口町農

表 8-4　平野中学校敷地転用農地
—東住吉区平野背戸口町—

NO	地番	地積（坪）	買収単価（円）	前所有者住所	売買契約日
1	3911	186,8	125	東住吉田辺本町 8	23・10・13
2	3912	218,59	125	天王寺区	23・12・15
3	3913	191,77	120	天王寺区	23・12・15
4	3914	70,28	120	NO1 に同じ	23・10・13
5	3915	98,27	—	—	—
6	3916	215,51	125	東住吉区平野京町 6	23・12・15
7	3917	222,21	120	NO6 に同じ	23・12・15
8	3918	112,4	130	南区	23・12・15
9	3989	422,54	122	東住吉区平野新町 6	23・12・25
10	3990	322,85	123	NO9 に同じ	23・12・25
11	3991	80,84	120	NO9 に同じ	23・12・25
12	3992	199,26	125	東住吉区平野新町 2	23・12・15
13	3993	190,4	125	NO12 に〃	23・12・15
14	3994	136,95	130	東住吉区平野本町 4	23・12・15
15	3995	223,64	125	NO14 に同じ	23・12・15
16	3996	141,94	120	NO9 に同じ	23・12・15
17	3997	128,39	120	NO12 に同じ	23・12・15
18	3998	128,86	120	東住吉区平野京町 5	23・12・15
19	3999	66,5	120	NO12 に同じ	23・12・15
20	4000	251,97	124	東住吉区平野新町 4	23・12・15
21	4001	244,65	124	NO20 に同じ	23・12・15

『中学校小学校校地買収引継一件』から作成

註(1)　地目はすべて田である。
　(2)　—は記載のないことを示す。

地に広がる各中等学校の農場管理をしていた関係から、これを廃止のうえ、平野中の校地にすることを示唆したのである[34]。

坂井が言うように、府立天王寺中学校（天王寺高校）や府立生野中学校（生野高校）など四校の戦時農場が二一筆中、一五筆に及び、面積にしても三八五四・六二坪の七六パーセントを越える二九四九坪余を占めていた。一五筆の小作人が各中等学校であることは、交渉が容易であると考えられた。坂井情報を頼りに平野中学校の校舎建設委員会（新野萬次郎委員長）は、平野背戸口町の農地を学校建設の地として選定したのである。記録のない三九一五番地を除くと、地主が一〇人（表8—4）、小作は農場として借用中の四校とそれ以外の五人となり、建設委員会の交渉相手は一九人で、今回は容易に進捗すると考えられた。

しかし、大阪市教育局は、前四回の失敗の轍を踏まないようにと慎重な姿勢で臨み、交渉に入いるに当たり、地主・小作人（耕作者）宛に昭和二三年七月一八日付の依頼状を市長名で発送した程である。そこには「実現を見るか否かは土地所有者並びに耕作者各位の御理解と犠牲的な御協力に待たねばならない」と記され、「経済・食糧其の他の事情下（略）農地を御提供願うことは誠に忍び難い（略）が、国家再建の重責を担う小国民の教育の重要性は多言を要しないところでありまして敢えて絶大なる御協力を」(35)と訴えていた。

地元では、ＰＴＡ・建設委員たちが、新野委員長（鉄工業会社経営）の家に昼夜の別なく何十回と集まっては買収交渉に出向いた(36)。七月下旬から始めた交渉は九月中旬にはすべて決着（売買契約日は表８―４参照）、一〇月一日には、教員・生徒会代表が、買収地に「大阪市立東住吉第二中学校建設用地」の墨跡鮮やかな標柱を建てるに至った(37)。

この地に独立校舎が完成、生徒たちが平野・育和両小学校借用教室から移転するのは、昭和二四年七月七日であった。

なお、同中学校が教育委員会に届け出た新学校所在地「平戸背戸口町三九一一番地」は、買収地西北端の農地一筆であったことが図８―６から明らかになる。

(四) 工場跡地の利用

(1) 今宮中の場合

堺市方面からの南海電車が新今宮駅に入いる直前、西側に広い運動場を持った学校が見える。これが大阪市立今宮中学校(西成二中)である。同所に定めた理由を、買収折衝役を担った草竹藤作教諭(後同校教頭)は、当初「工場跡であり、又焼跡で高射砲の射座防空壕などあり、住宅にするにしても又農地にするにしても多額の費用をかけなくては使用できない淋しい野原で、夜は男でも淋しくて通れない。昼でも女の人は気持悪くて通らないような土地であったので或る程度安く手離して貰えるだろう」(38)と判断したからだという。空襲による工場跡の荒涼とした様子が伝わってくる。

西成区東四条二丁目(現在花園北一丁目)一番地から三三番地までの中学校予定地には朝日加工・森田ゴム(帝国ゴム)株式会社や日本防水布合資会社など工場の廃屋、キリスト教や天理教の教会の焼け跡が広がり、焼失を免れた民家二戸が残っていた。「西成第二中学校独立校舎実現促進期成同盟会」に結集した人びとは、中学校は一人七坪が理想の校地だということで、約千人の生徒に約七千坪の計画を立て、〝七千坪買収〟を目標に努力することにした(39)。

買収で最も難しかったのは、やはり、焼け残った民家で、住宅難の大阪で、学校用地とはいえ買収の話を持ち出すと、「あなたは何をいゝにきたのか」と相手にされず、「ほうぐの態で」(40)帰らざるを得なかった、と先陣を引き受けた西成区役所の上吉川課員は回想する。それでも委員たちは地主一人ひとりを訪ねて納得してもらうよりほかに方法がなかった。

西成区鶴見橋通商店街で菓子商を営む日比野平次郎委員について「府下は勿論遠くは広島・徳島県までの広範囲の三十余名にのぼる地主宅を殆ど一人で歴訪、熱心に説得して回り、中でも或る一地主に対しては訪問回数実に三十数回に及び、頑として応じなかった地主達も氏の熱心と誠意に動かされ、殆ど不可能に思われた用地買収も遂に成功」(41)に導いたと高く評価されていたという。

こうした努力の結果、予定地をすべて買収、そこに独立校舎が建ち、生徒たちが移転したのは、昭和二四年四月二二日であった(42)。ここからが難問山積であった。

図 8-7　今宮中学校敷地予定図（昭 23・5）

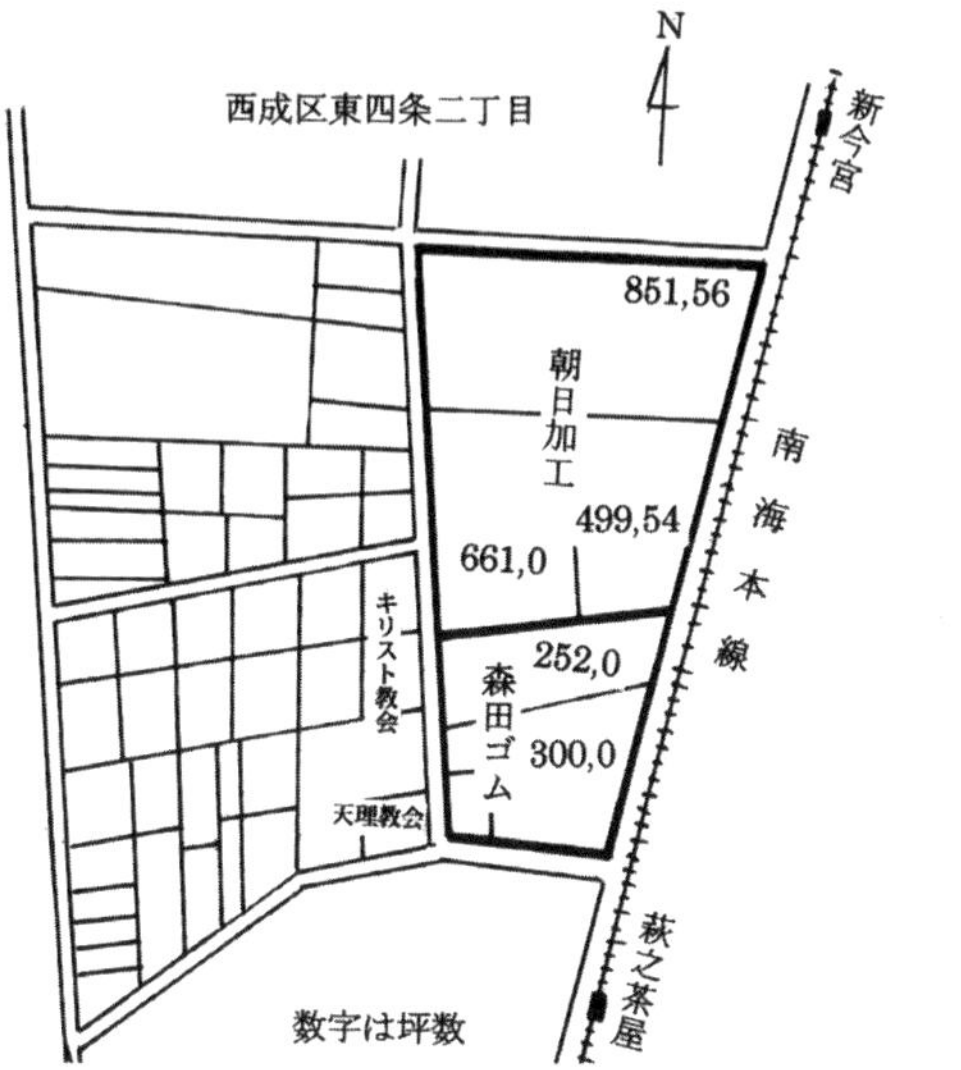

「中学校小学校敷地買収引継一件」から作成

農地を学校用地にした田島中の例に見るように、大阪市が予算を配当してくれるのは、ここまでで、運動場の整地は学校――生徒たちの労働に負うのが慣例であった。しかし、今宮中の場合、田畑を均すのとは異なり、工場跡であり、とても生徒の手に委ねられるような状態ではなかった。

その危険な状況を当時の校長は、次のように述べている(43)。

（略）工場のあった跡ですから、見る限り壊れかかったギザギザの煉瓦壁や石ころ、瓦で掩われ、足のふみ場もない有様、その間に直径二米程の深い井戸が三つ、基部で直径四米《メートル》もある鉄筋の煙突が百二十尺の空に突立っています。

同中学校のPTA会長も、次のように心配した(44)。

(略)校舎はやっと新築されて間借りの弘治小学校よりようやく引越したが、運動場は整地されていず焼跡そのまゝ、大きな煙突が立ち、お湯屋の赤煉瓦の壁、大きな深い井戸が数個あり、種々雑多。これがいつ生徒の遊べる運動場になるのだろうかと驚くばかり(略)

学校長、PTA会長ともどもに教育委員会へ整地を要望した。とりわけ学校長の穴吹好雄は、「尊い生徒の生命を護ることが出来ない。早く整地を」とたびたび、教育委員会と掛け合ったが、予算がないと取り合ってくれない。業を煮やした校長は、早朝、教育長(板東遼二)の自宅へ押しかけ陳情した。教育長の返答は、「穴吹君、どこの中学も運動場の整地は、先生、生徒、PTAの作業でやってくれている。君の学校もそうしてくれなくては」と冷やかなものであった。業を煮やした校長は「そんな生やさしい事で出来るなら、私は頼みに来ません。あなたは現場を視察したことがないからわからないのです。これからすぐ来て下さい」と市会で時間が無いという教育長の自動車に同乗して、今宮中学校の玄関に着けさせた。教育長は、荒涼とした状況を見て、「こりゃどうも」と言ったきり言葉も出なかった(45)という。

それでも、教育委員会は予算を組むことはなかった。大阪市も、復興未だしで税収が上がらず、財政上ゆとりがなく、結局、保護者による数日間ずつの奉仕作業となった(46)。

もちろん、必要な部分には、大阪市もそれなりの措置をしている。校舎建設前のことだが、工場（日本防水布会社）の煙突位置が、校舎新築部分と重なり、昭和二三年八月から一〇月にかけて、土木建設会社に除去させている。但し、取毀した煉瓦が労賃であった(47)。

（2）城陽中の場合

城陽中学校の校地は、鐘紡ＫＫの工場跡地である。当然、米軍機に狙われた空襲被災地であるが、ここに校舎が建ち、昭和二四年六月、生徒たちは移転してきた。

同中の運動場は「工場の堅固な建物と煉瓦石の惨澹たる残骸」で、手のつけようがなかったが、ＰＴＡ会員による残骸の片付けと整地によって使用可能になったのである。その労働の実情が「時あたかも炎暑甚しい夏で有ったが（略）、鋤、鍬、モッコー、トーグワ等を持出して連日の作業」になった、と記されている。ＰＴＡによる奉仕は現在も行われるが、その質が全く違うようである。例えば作業に従事した会員に幼時の事故で片手をなくし、不自由な体ながら道具を持ち働く女性がいたことや神経痛で片足が思うように動かないのに、それを隠して作業を続け、夕方、知人に介助されて帰っていく女性のいたことも記録されている(48)。

（五）高射砲陣地跡の利用─住吉中

（1）住吉中学校発足の経緯

住吉区住吉中学校（住吉五中）は、昭和二三年四月、三稜中《さんりよう》（住吉三中）の住吉分校が独立して発足した中学校で、住吉小学校出身の生徒が通学した。同小学校の校区は、帝塚山という大阪市きっての高級住宅地を含み、戦前から中学校、高等女学校への進学率も高く、エリート校として自他ともに認められてきた(49)。

空襲を免れた校下の接収された豪邸には、占領軍の高官が住んでいた。教育関係では、社会教育担当官のコーン女史（Perl.Com）が住み(50)大阪地方軍政部民間情報課（西区石原産業ビル）へ通っていた。

そうした校区の情況から、保護者の教育への関心は強く、教育刷新委員会で新制中学校制度の審議が始まると、進学問題に関して、「六年生の父兄達は非常に心痛し、住吉小《ママ》学校長並に先生方も父兄の悩みに同調して、その後の当局の具体的な発表を待つ」(51)というほどの姿勢であった。やがて、新制中学校の昭和二二年度実施が確実になると、保護者有志が中学校建設委員会を結成し、「安心して生徒を託しうる新制中学校の設立について協議（略）、独立校舎を持つこと、優秀なる教員を招聘すること」を大阪市教育部に申し入れた。

中学校設置第一次案策定の過程で、住吉国民学校卒業生の通学先が墨江国民学校に設立される三稜中（住吉三中）になりそうなことが伝わると、前記建設委員会は「距離の上からも環境の上からも父兄達の親睦の上からも遺憾」として、住吉区長、住吉国民学校長を加えて会議を開き、住吉校初等科六年修了生徒用の分校設立運動を決定し、その旨大阪市教育部に陳情に及んだ。こうした動きに対して、大阪市教育部長は、三稜中設置がまだ正式に決定していない段階での分校設置は、あり得ないが善処したい、との回答を寄せている。

この回答が反映して、中学校設置第二次案は、住吉分校の開設を認めた。こうして、昭和二二年四月の本校（三稜中）と分校（住吉）の発足となった。当然、本校と分校の関係は緊張した。赤坂静校長によると「これ（分校―赤塚）がまたやっかいなしろもので後援会を作っても対立的になり、会費さえも本校の会計になかなか入れようとしなかった」(52)と分校に批判的であった。翌昭和二三年四月、分校は独立して住吉中学校となった。

（2）本校より一年も早かった独立校舎の取得

学校用地の選定も分校側の動きは早く、候補地として、住吉区「帝塚山西」の現校地を定めるのが分校発足前後である。

用地買収は前記建設委員会だけでは、なお力不足であると、父母の会を結成、まず、地権者の居所調査から始める。当時、帝塚山西四丁目四六番地から六一番地までの一四筆、四三〇五坪の地目は、宅地であったが、畑として使われ、その中に旧陸軍のコンクリート造りの巨大な高射砲陣地が放置されていた。第三者への譲渡約束の土地もあったが、坪単価二〇〇円で決着、契約が交わされるのは昭和二三年三月一〇日であった。この時期、なお分校時代であったので、本校の三稜中の名前での契約であった(53)。直ちに校舎建設が始まった。

校舎が完成し、住吉小、東粉浜小（二三年度から通学域）の借用教室から移転したのは、独立三か月後の七月であった(54)。本校の三稜中の校舎の完成が昭和二四年七月(55)であるから、本校より一年も早かったのである。「名門」小学校に繋がる「名門」中学校を創ろうとの意識が学校建設を急がせたと思われるが、急いだがゆえに校地に残る高射砲陣地の処理に苦慮することになる。

（3）運動場に残る高射砲陣地の処理

取得した学校用地内北側に旧陸軍の施設が建っていたので、校舎は南側に建設されていた。必然的に運動場が北側という異例の方式になった。しかも、そこには、一辺一〇メートルを越える高射砲指揮掩《えん》体一基、直径一三メートル、高さ数メートルの高射砲掩体六基が半円形に並び、体育はもちろん、教育活動の障害となったことはいうまでもない。そこは、時には授業をエスケープした生徒の溜まり場となり、いじめの場所となり、あるいは

図 8-8　住吉中学校（住吉五中）買収学校用地
—帝塚山西四丁目—

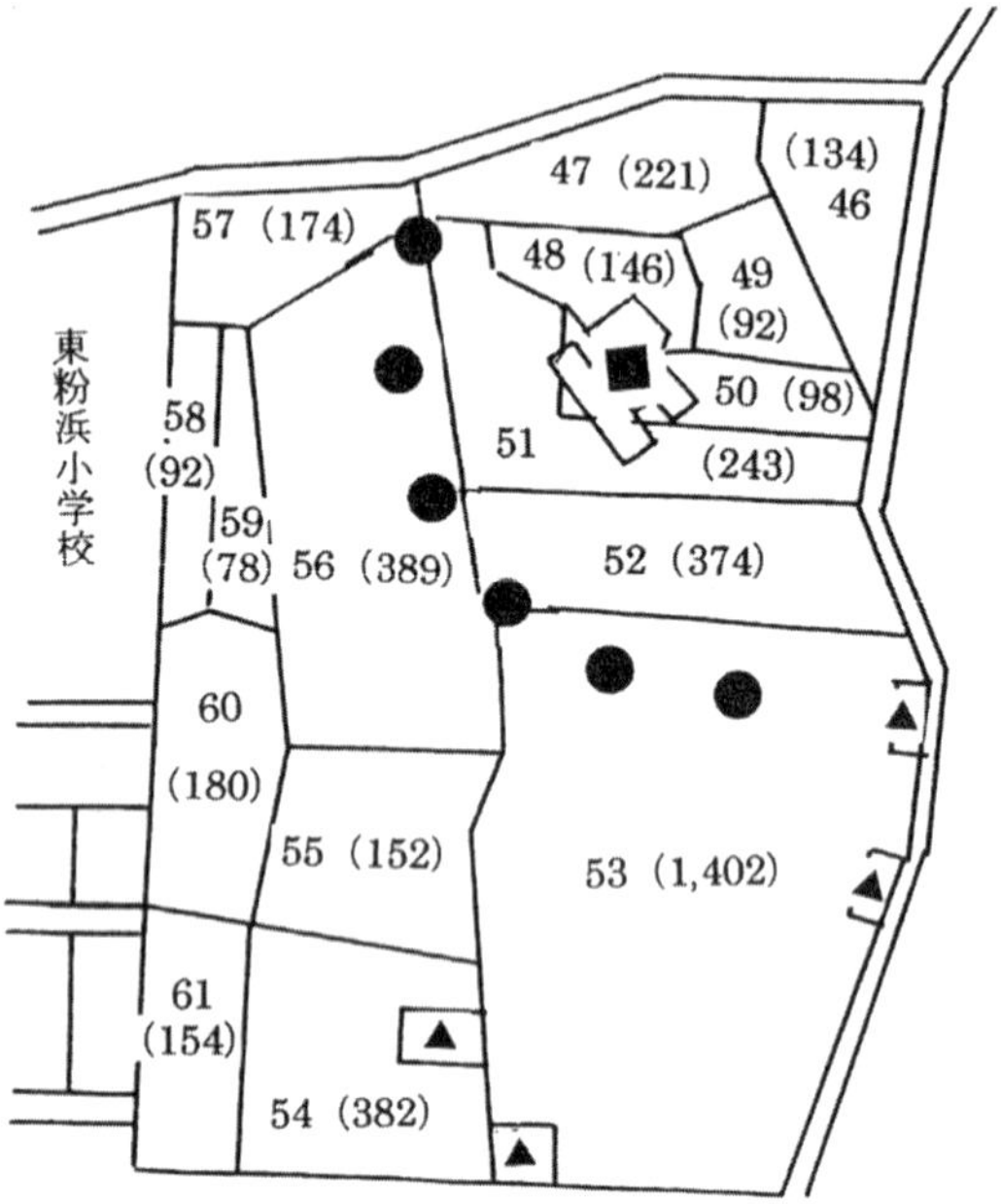

住吉中学校「旧高射砲掩体撤去申請書」（『学校申請書綴』）から作成
註⑴　数字＝番地、（　）内の数字＝地積（坪）
⑵　■＝旧陸軍高射砲指揮掩体　●＝高射砲掩体
▲＝建屋
⑶　高射砲掩体を●で示したが、実際は八角形である。

盗んで食べた弁当箱の捨て場となった(56)。

体育・生活指導上、この旧陸軍施設を早急に除去の必要に迫られたが、何度も述べたように運動場などの整備は、学校・地域の仕事とされていたので手のつけようがなかったのである。まして、太い鉄筋を入れたコンクリート造りの強固な施設であった。

学校側は昭和二四年二月二日付で大阪市教育委員会に「旧高射砲掩体撤去申請書」(57)を提出した。撤去理由は以下の通りである。

一、別紙略図の通り旧高射砲指揮掩体一基と旧高射砲掩体六基　合計七基が存在して居るためソフトボールすら出来ない状態で折角の運動場を活用することが出来ません。

二、尚現在本校生徒が休憩中高射掩体より刺激を受け戦争ゴッコ類似の遊戯をし居ります。平和教育達成上支障となって居ります。

三、本年四月には第三学年ができ更に十二教室の増築を御願い致します際に増築工事敷地設定上からも旧高射砲掩体が障害物となります。

申請書は翌日、教育委員会内の回覧に供せられた(58)が、処置はとられていない。撤去工事が開始されたのは、二年四か月後の昭和二六年六月一五日、完了したのは一二月二五日であったから三年余りも教育に支障を来たしていたことになる。もちろん予算不足からであるが、この工事も解体業者がコンクリートの中の鉄筋を売ることによって費用を捻出するという条件での着手であった。朝鮮戦争の影響で鉄材が不足していたから可能であったといえよう(59)。

第二節　統制経済下の校舎建設

(一) 西成区成南中の事例

大阪市立中のなかで校地買収から始めて独立校舎を建設、最初に完成させたのは西成区成南中学校（西成三中）で、唯一、昭和二二年度予算での事業であった。同校には急がねばならない理由があった。本校を置いている津守小学校の校区が、二三年度に新設される鶴見橋中の通学域となるからである（図8—3参照）。

図8-9　成南中学校（西成三中）買収地番図（昭23・1・21）

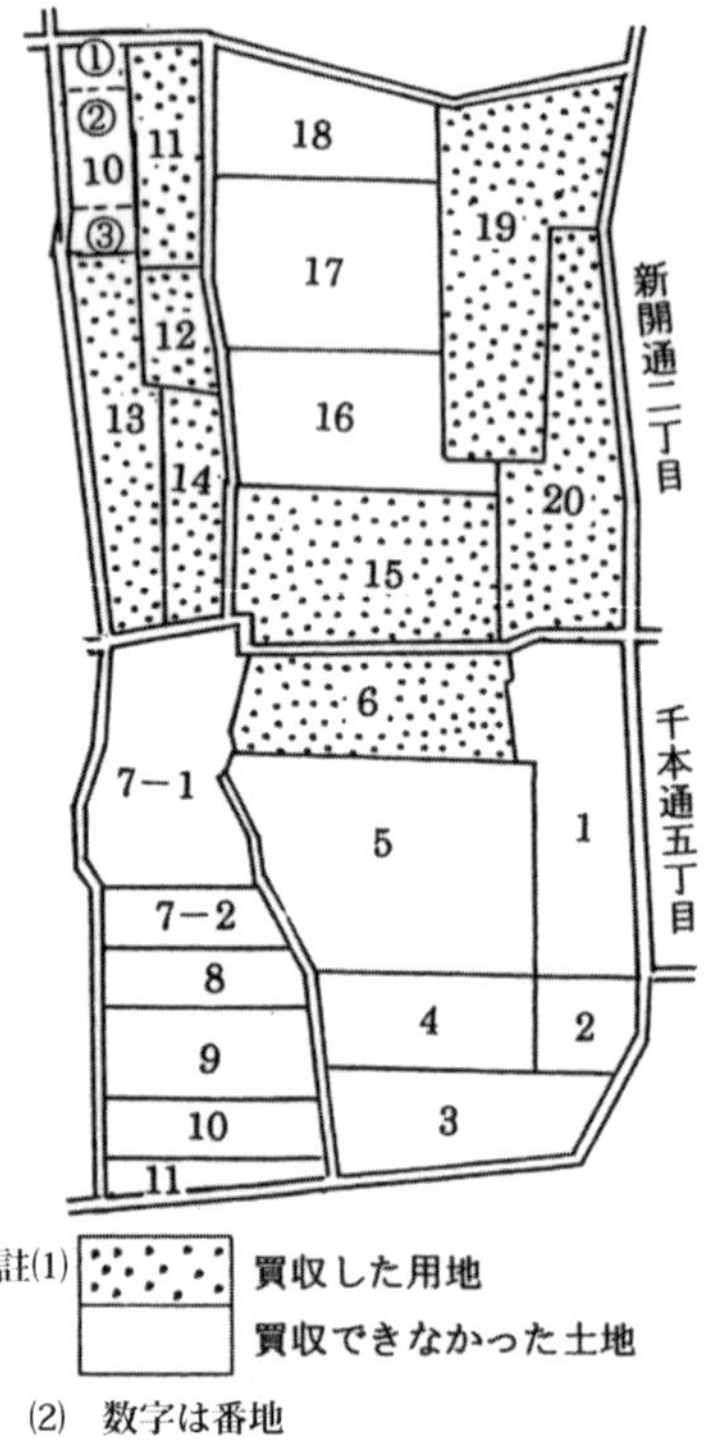

当然、学校用地の買収も急いだと思われ、予定地の半ばにも達しないうちに買収を中断、校舎建設作業に入っている。記録によると、昭和二三年一月二一日、八筆、四二七〇坪を確保(60)したのが最後であった。学校用地が変形になった原因であろう。もちろんその後、買い足していくが、変形の面影はいまも残っている。「独立校舎に移転したものの運動場は荒れ、草が茂り、所々に大きい庭石が顔を出していた」(61)というから屋敷地を校地としたことが判明し、どうしても手離してもらえない家が建っていたことが推察される。

この校地に、新校舎が竣工したのは、六月に入ってからである。教室一二室、職員室ほか一室、便所一棟、延三七五坪の規模で、要した経費は二百五万円余である。費目は請負金額、支給資材、電気給水関係費に分けて記録されているが(62)、注目されるのは、「支給資材」という聞き慣れない費目である。統制経済下の当時、臨時物資需給調整法（法律第二三号改正、昭二二・三・九）以下の諸規程・規則による制限を受けて建築工事を進めねばならず、材木、釘、セメント、ガラス、電線などの資材は一定程度、官庁の許可の上で支給されるのである(63)。成南中は三七万円余分支給されている（表8—5参照）。予算はいくらあっても、至急資材がなければ着手もできなかったのである。

新校舎が昭和二三年度始業に間に合わなかった成南中は、南津守小四教室と鶴見橋中の学区となった津守小に代えて玉出小宮之下分校（戦災後借用した税務署が新築庁舎へ）四教室を借用、それでも教室が足りないので、一四学級で二部授業を行っている。鶴見橋中学校へ転出した生徒以上に新一年生の生徒数が多く、この年度、七八四人（一五学級）になっていた。だから、新校舎へ移っても、なお教室が不足し、引き続いての宮之下分校、四教室の借用となる。ただし、二部授業は止まった(64)。

増築工事を急いだ結果、昭和二四年三月に一〇教室が完成した。この工事では、資材支給額一二三万円に上り、総額の四〇パーセント強を占めた。落成式は、四月二六日に挙行された。教育委員会は、「敗戦に伴ふ内外の現状に鑑み（略）その完璧を期し得ない事は誠に遺憾の極み」と述べたうえ、教職員に対しては「熱誠をもって尚足らざるを補」うこと、生徒に対しては「乏しきにたえて益々学業にはげ」むことを祝辞とした(65)。教育環境を含めて、社会はまだまだ厳しかったのである。

(二) 旭区旭東中の事例

旭区三番目の中学校として、昭和二三年四月一〇日に開校した旭東中学校（当時旭三中）は、校地買収も校舎建築も茨の道を辿った学校である。現校地は買収当時、地目は宅地での登記だが、畑として使われていて、農地委員会が仲介の労を取っても解決できず、農地委員長、副委員長、全農代表も匙を投げるほど紛糾した。最終的に換地を用意することで、六月中に買収できたのである(66)。

校舎建設工事は、落札した三好組によって八月一七日の地鎮祭を機に進められた。一日も早い竣工を願って、PTA女性会員は工事現場へ茶菓の接待に出た。大阪市からの支給資材もとぎれることなく続いた。

表 8-5　独立校舎建築概要

	校名	完成日	建築費総額		割合	建築規模	移転時生徒学級数
			請負金額	資材支給額			
①	成南中	23・6・15 式	205万8056円	35万2830円	17.1%	教室12、職員室ほか2	784人、15学級、不足3
②	鶴見橋中	23・6・23 移	323万7557円	84万2185円	26.0%	教室18、職員室ほか3	768人、12学級
③	住吉中	23・7・22 移	322万1672円	78万8870円	24.5%	教室18、職員室ほか	722人、12学級
④	瑞光中	23・10・2　式	306万2370円	62万5970円	20.4%	教室18、職員室ほか	479人、12学級
⑤	美津島中	23・10・9　式	207万3401円	51万3975円	24.8%	教室12、職員室ほか2	380人、5学級
⑥	菫　中	23・10・9　式	303万1885円	78万8925円	26.0%	教室19、職員室ほか2	887人、18学級
	成南中	24・3・16 竣	301万731円	122万6210円	40.7%	教室10、−	−
⑦	柴島中	24・6・7 式	296万6090円	170万2809円	57.4%	教室8、−	896人、19学級、不足11
	菫　中	24・6・11 式	204万9654円	81万4231円	39.7%	教室6	1401人、29学級、不足5
⑧	城陽中	24・6・8 竣	686万630円	247万1050円	36.0%	教室14	1065人、20学級、不足6
⑨	田辺中	24・5・5 移	883万725円	362万5670円	41.1%	教室26　−	1256人、26学級
⑩	田島中	24・7・15 竣	1079万1789円	402万1971円	37.2%	教室22　職員室ほか2	970人、22学級

大阪市教育局『昭和二十四年度新制中学校落成式一件』から作成

註(1)　完成日欄　式は落成式、移は独立校舎への移転日、竣は竣工、完工した日の別。

(2)　成南中、菫中は増築工事も記す。

(3)　独立校舎獲得順に10校分を記した（ただし、資材支給額などの資料を発掘できなかった学校は割愛した）。

(4)　建築費総額にはほかに電気給水設備額も含まれている。

(5)　割合欄は建築費総額に占める資材支給額の割合を示す。

順調に進むかに見えた工事は一〇月に入って建設会社の資金繰りが苦しくなり、社長が雲隠れ、一五日から工事が止まる事態に陥った。資材が支給されていることがあって、市教育局も頭を痛め、現場と局長室で数回もの対策会議を重ねた。学校側としては、一日も早く校舎を完成して欲しかった。そうしたことを勘案して、現場の指揮者である大工の棟梁（来代氏）に一二月二七日竣工を条件に後事を託すことになった。

一二月初旬、平屋建木造校舎は建ち上がったが、その後進まず、約束の二七日近くなっても、窓ガラスなく、屋根瓦も載らない状態が続いた。みじめな仮校舎（古市小分校）住まいに、年末には新校舎を夢見ている生徒を思い、校長は二七日、現場に人がいない日を好機と捉え引越しを決断、「なだれ込む様にして移転」を決行した。さすがに引越の夜、遅くまでの作業で職員室に窓ガラスが入った。宿直室には畳はないが、当夜から、床の上での当直となった。

三好組という会社組織でも資金繰りがつかなかったのに一大工の棟梁につくはずがなく、年末が来て滞っていた職人の賃金支払のために家財道具や家族の衣服まで売り払わなければならなかった。これ以上の方策はなく、豆炭四万円分を学校を通して売りさばき、運転資金を捻出することになった。

昭和二四年一月四日、ＰＴＡの委員会総会を開催、校長から四万円の金策と豆炭の売りさばき方が説明された。すべては子どもの教育と校舎完成のためであるとはいえ、校長の声はとぎれ勝ちになった。会場は咳一つなく女性委員の頬には涙が流れた。

豆炭は無事売りさばかれ、その利益金を運転資金に残りの工事が続けられ新校舎は一月末、完成する。市役所への竣工届は教育委員会（昭二三・一一・一発足）の要請で請負人のいない工事であるので学校長の名前で提出された。敗戦後混乱の時期ならではの異例の措置であった。

第三節　戦災復興に伴う中学校の増設と独立校舎

(一)　人口動態と中学校

中学校制度が発足して二年目、三年目に入いると、当然、復興に応じて人口が増加し、生徒数が激増していく。そのうえに疎開からの復帰生徒で一層増加する。前者は全国すべての中学校で起きることであるが、後者は戦災都市特有の現象であろう。たゞしその統計はない。そこで、敗戦直後から新制中学校義務制完成年内外の人口増加の規模を昭和二〇年一一月及び昭和二五年一〇月の国勢調査によって探っておく。

大阪大空襲による人口減少率の高かった一〇区を選び、中学発足期、増加倍率の高い区順に並べたのが表8—6である。浪速区、港区のように空襲被災の大きかった区及び南・東・西・北という大阪市中心部に位置する区で増加率の高かったことが判明する。なかでも、浪速区の七・六倍の増加は出色である。

兵站基地であった港区が二度にわたる大空襲で壊滅状態に陥ったことはよく知られているが、やはり戦後の人口増加率が高かったことが明らかになる。(戦時期の人口減少率九六・一%、第一位)。西区は市中央部であると同時に港区同様に空襲被災の極めて大きかったことが、戦後の人口増加を呼んだと考えられる。この人口増加は当然、中学生徒の増大に繋がっていたはずである。昭和二二年度は小学校の借用校舎で収まったであろうが、二三年、二四年と順次激増する生徒数にどのように対処したのであろうか。それぐ〳〵に対応したと考えられるので、特徴ある区を選んで検討したい。

（二）生徒増加による中学校の増設

表 8-6　中学校義務制完成年内外の区別人口増加の状況

区名	敗戦直後（昭 20・11・1）	義務制完成直後（昭 25・10・1）	倍率
浪速	5684 人	43505 人	7.6 倍
港	8672 人	41508 人	4.9 倍
南	12579 人	52713 人	4.2 倍
東	9875 人	37976 人	3.8 倍
西	13329 人	44548 人	3.3 倍
北	25733 人	66918 人	2.6 倍
天王寺	19943 人	50970 人	2.5 倍
都島	19720 人	50196 人	2.5 倍
此花	18848 人	43878 人	2.5 倍
大淀	21204 人	42987 人	2.0 倍

『新修大阪市史』7 巻（696 頁）、8 巻（65 頁）から作成

（1）浪速区難波中の生徒増加の実情と日本橋中の増設

人口増加の最も多い浪速区は、昭和二三年難波中学校（浪速一中）一校で出発したが、借用校舎の大国小、府立今宮中に二五二人（一年二〇二人、二年三〇人、三年二〇人）、六学級の収容は困難を極め教室不足から、常時、二・三学級を運動場、屋上に追いやり体育という事態になり[67]、区内で休校中の難波小学校々舎の提供を大阪市に申し出なければならない程だった[68]。

しかし、同小学校は、昭和二二年六月から東洋紙業KKの工場として使用され、契約期限が切れるまで無理なことが判明する。

昭和二三年四月、生徒数は四三七人（一年二三六人、二年一七一人、三年三〇人）と前年度の一・七倍に留まったのは二年生が三一人も減ったからである。一年のときに退学していったのだろうか。それでも、前年度校舎には到底収まらず、戦後、廃校になった桜川小学校跡へ移転、ここを独立校舎とした[69]。この校舎についても、前掲「陳情書」

で、「将来に発展性もあり現在直ちに使用ができて、しかも交通の利便のある」桜川校舎を難波中の「単独校舎として早速提供」を、と大阪市に訴えていたのが実現したのである。たゞし、そこには大阪商科大学高商部（大阪市立大）が入っていて、その引越しを待ったので、移転は五月一七日となった(70)。この日こそ難波中が待望の独立校舎を獲得できた記念の日であった。

翌昭和二四年度は生徒数が千人近くになることが予測され、直ちに次の手を打つ必要性に迫られる。それが浪速第二中学校・日本橋中の設立である。日本橋中学校学校沿革誌、昭和二四年四月一日の条に「大阪市立浪速第二中学校として創立する。大阪市浪速区逢坂下の町二十八番地に鉄筋コンクリート三階建一棟（教室十二、雨天体操場一、特別教室二）」と記載されている。「逢坂下の町」の校舎とは、逢阪国民学校の校舎で、昭和二〇年三月一四日未明の大阪大空襲で半壊状態となり、同校は昭和二一年三月で廃校となっていた。

空襲翌月から、この校舎の使用を始めていたのは、私立の浅香山電機学校（現在清風高校）である(71)。電気学校から返してもらい、新設、日本橋中の校舎とした。生徒は難波中から浪速区東部の日東・日本橋・恵美小の学区を分けて二年一〇一人及び前記三小学校卒業生二三〇人が入学した。

同校が校舎を建て、現在地へ移転するのは、約一〇年後の昭和三三年である。移転先は元浪速津国民学校の校舎（昭二〇・三・一四空襲により半焼）で、それまで戦災者用住宅として使われていた(72)。

浪速区は以上のように、元小学校の校舎を利用して中学校が設けられた。いずれも、鉄筋校舎であったことが、戦災を受け、半壊状態となっても活用できた理由である。また、そのために罹災した私立学校、会社が利用していた。それを引っ越してもらい、新制中学校の校舎とすることができたのである。ここにも、戦災が絡んでいた。

（2）西区中学校の通学域分割と花乃井《はなのい》中、堀江中設置

浪速区より人口復帰率が低く、戦災復興が遅れた西区であるが、中学校増設の構図は浪速区と同じである。即ち、西区全域を通学域とした西中学校一校をまず開設し、昭和二四年度、分割した東部地区を通学域とする花乃井中学校を増設したのである。空襲（昭二〇・三・一四）を受けながらも半壊で残った国民学校鉄筋校舎の存在が、この方式を可能にしたのも同様である。

具体的に言えば、花乃井中は、西船場・本田・日吉小学校区を通学域として昭和二四年度に発足する。校舎は、敗戦直後、廃校になった元江戸堀小学校が充当された。同校は津和野藩大阪蔵屋敷跡に設置され、校内に浪華三名水の一つと謳われた「花乃井」（井戸）を残す伝統校として知られた。その江戸堀校校舎に入ったので、花乃井中と命名したという(73)。もちろん、花乃井中が使用した校舎は、大正一三年建築の近代的鉄筋コンクリート造り、地下室付三階建ではあるが、空襲で半壊となっていた。そのうえ、焼け出された学校や会社が借用しているという多くの小学校でも認められる状況にあった(74)。

さすがに、大阪大倉商業学校（残存一五教室、焼失六教室、講堂使用）は、花乃井中学校が入いるまでに去ったが、工場として使用していた東洋チェーンローラ工業は、花乃井中開校後も操業を続けていたようで、「一階と三階の一部に会社が入ってい」て、一階の「雨天体操は（略）機械場で、機械の轟音」(75)が教室まで聞こえてきた、とは、開校直後の生徒の回想である。もっとも、半年後には会社も去った。

こうした事態が起きていたものの、昭和二四年度は一階に三年生二学級、二階に一・二年生三学級ずつ六学級を収容することができた。しかし、増え続ける生徒数に次年度の収容策を立てると、教室不足に陥いるのは明らかで、即刻、学校は、一・二階の半壊教室と全く使えない三階全教室の修繕を教育委員会に訴えた(76)。

以上が西区二番目の中学校増設の経緯であるが開設当初から校地、校舎を確保できた花乃井中は恵まれた学習環境にあったといえよう。

図8-10　西区新制中学校通学域の変遷

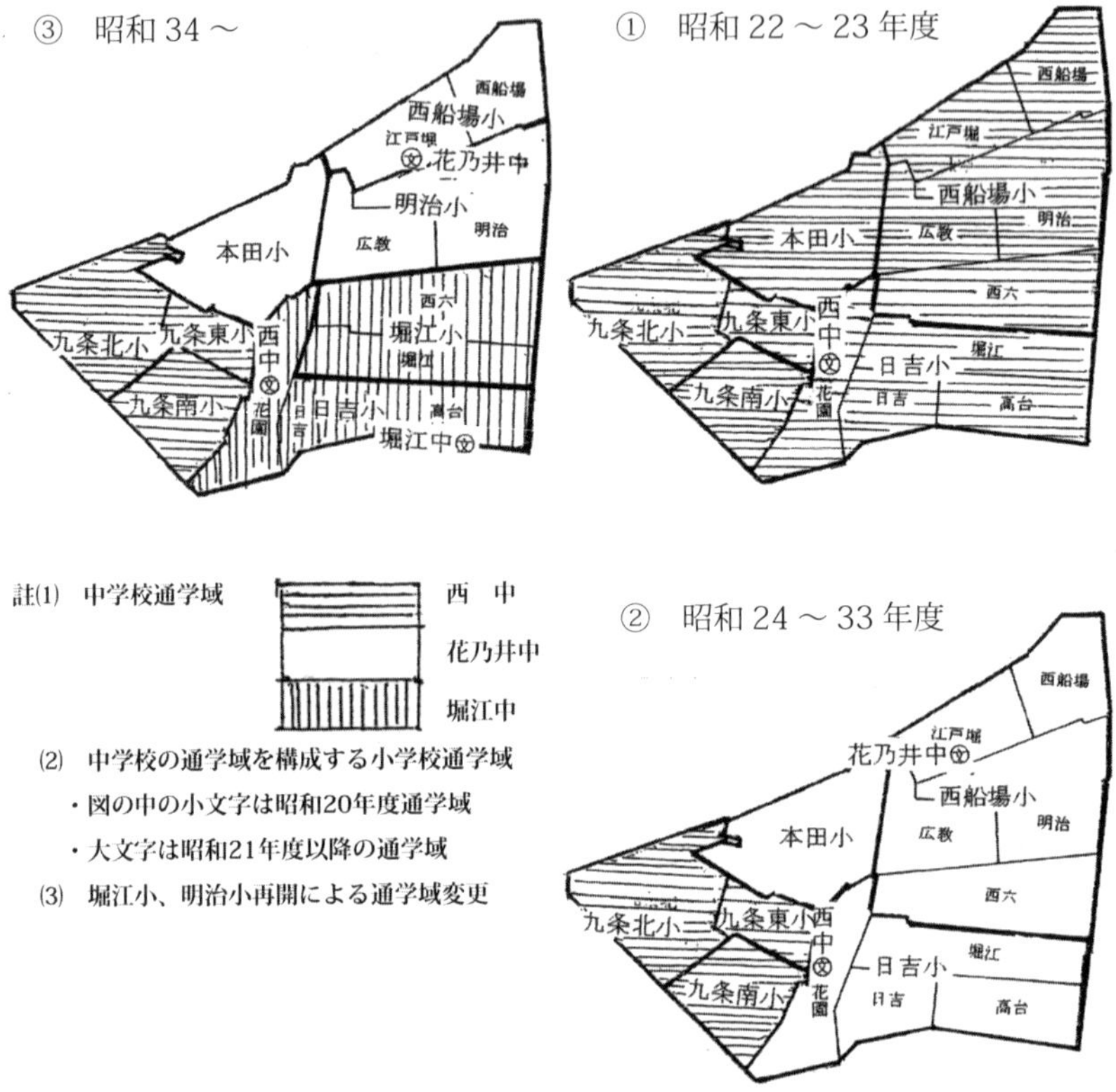

なお、昭和三四年のことであるが、花乃井中通学区の南部を割いて堀江中学校が増設される。やはり、空襲被災の高台《たかさや》小学校を修理のうえ、開校している(77)。花乃井中校地が津和野藩の跡地であれば、堀江中の校地は紀州藩の蔵屋敷、藩邸跡であった(78)。

(3)　中学校設置方法上の西区と港区の比較

最初に西中学校一校を設置し、次いで花乃井中、さらに堀江中を増設という西区の新制中学校設立方式は混乱も少なく、大阪市二二区のなかで最も成功した区であったと考えられるので、その要因、条件をまとめておこう。

第一は空襲による被災規模が大き

く（人口減少率八九・七％、一四国民学校中、全壊六校、半壊四校）、復興が遅れた（人口増加率七〇％）ので入学生徒数も漸増であったことを挙げることができる。だから一校ずつ順次、増設できたのである。

二番目に中学校を開設した元国民学校の戦災校舎はいずれも近代的鉄筋コンクリート構造で修理をすれば使用できたことである。旧市内、なかでも東・西・南・北区の校舎は大阪独特の小学校学区制のもとで、各学区が計画し、民間の建築設計事務所を選び設計を依頼、学区の経費で競うように建築されていた(79)ので罹災の際に荘麗さは失われたものの堅固であった。だからこそ、空襲で火が入っていて地震に危険を感じながらも多くの学校では一九八〇年代まで使用してきたのである(80)。

第三に、開校と同時の独立校舎確保であったので、校地選定、用地買収、校舎建設工事などに時間とエネルギーを費やすこともなく、学校経営、教育実践に集中できた点を指摘したい。東区も西区と同じ方式であった。

西区と対極の位置にあったのが西側に隣接する港区の中学校である。詳細は第二章（第三節（三））及び第七章（第五節（二）（3））で既に述べているので、ここでは疎開復帰に加えて大阪港湾復興事業、安治川内港化工事等による労働者の流入で中学生のみならず小学校も激増、小・中学校々舎の対策を同時に打たなければならなかったことからくる市岡中学校（港一中）の窮状を西区と比較しながら追っておこう。

まず校舎の問題がある。オール鉄筋化された西区の校舎に対して、港区は室戸《むろと》台風禍（昭九・九・二一）への復興対策として、「避難場所として校内に鉄筋コンクリート建造物は必要とする建前」(81)から各小学校一棟程度の鉄筋化に終わり、大阪大空襲による木造校舎の焼失で、新制中に充当すべき該当校舎は菊水校（元湊屋小）しか残っていなかった。

その菊水校の校舎も小学生の増加と通学域の調整で小学校に返さざるを得ず、市岡中（港一中）は、昭和二三年度から府立市岡高、港高と流浪の旅に出る。同校が現在地に独立校舎を建てることができるのは、昭和二六年六月になってからである。それも一〇教室のみで全生徒が移転できず、その後の鉄筋校舎の竣工を経て高校から全員移転を果たせたのは、昭和二八年も一二月が迫まるころであった。その年四月迄は分校が設置され、港区二番目の港中学校として独立したのは、翌昭和二九年四月である(82)。いずれも、校舎建設から始めねばならなかったが、開校と同時に小学校の鉄筋校舎を利用できた西区の中学校とは大きな違いである。

(三) 義務制完成（昭和二四年度）に至る中学校数と生徒数

中学校増設の具体例は既に述べてきた通りであるが、本項では義務教育完全実施に至る学校、生徒の増加状況を統計的に押さえておこう。

生徒数増加の状況は、中学校制度発足の昭和二二年度、二万七二一七人から二三年度、四万六三三三人に増え、全生徒が義務制となった二四年度は六万八八八〇人に達する。初年度から二倍半を越える生徒を迎えたことになる。非義務制生徒の卒業と義務制生徒の入学という制度上の問題から、この程度の増加は当然と考えられるが、大阪では、疎開復帰という都市特有の増加生徒が加わったことを指摘しておかねばならない。

一方、学校数は、第二章で明らかにしたように、昭和二二年四月、大阪市立新制中学校五二校で発足、九月、弘済中が加わり、昭和二三年度六一校、二四年度六八校へと、増加していった。即ち、昭和二三年度、八中学校、昭和二四年度、七中学校が増設されたことになる(83)。

新設中学校を年度毎に挙げると、昭和二三年度は、⑴北稜中（北区）、⑵桜宮中（都島区）、⑶旭東中（旭区）、⑷菫《すみれ》中（城東区）、⑸瑞光中（東淀川区）、⑹住吉中（住吉区）、⑺鶴見橋中（西成区）、⑻郊外羽曳野中（南河内郡埴生村・現羽曳野市）の八中学校が、設置され、昭和二四年度は、⑴扇町中（北区）、⑵豊崎中（大淀区）、

表 8-7　大阪市立新制中学校生徒・学校数（4 月 30 日現在）

	昭和 22 年度	昭和 23 年度	昭和 24 年度
生徒数	27227 人	46333 人	68860 人
学校数	52 校	61 校	68 校

註⑴『大阪市の学校概況』（大阪市行政局）による。
⑵ 昭和 22 年 9 月設置の郊外弘済中は、昭和 23 年度で処理してある。

⑶花乃井中（西区）、⑷梅香中（此花区）、⑸日本橋中（浪速区）、⑹田島中（生野区）、⑺中野中（東住吉区）の七中学校であった。

なお、郊外弘済中は、昭和二二年九月開設であったので、四月三〇日現在で処理された「表8―7」では、昭和二三年度に含まれることになる。

第四節　義務制完成以後の新制中学校増加の要因

（一）市域拡張に伴う郡部中学校の大阪市編入

義務制完成六年後の昭和三〇年四月三日、大阪市東南部の接続町村、北河内《きたかわち》郡茨田《まった》町・中《なか》河内《かわち》郡巽《たつみ》町・加美《かみ》村・長吉村・瓜破《うりわり》村・矢田《やた》村が大阪市に編入し、各市町村立中学校六校が大阪市立中学校となった。即ち、茨田《まった》中（城東区）、巽《たつみ》中（生野区）、加美《かみ》中・長吉《ながよし》中・瓜破《うりわり》中・矢田《やた》中（東住吉区）である。

これによって、大阪市立新制中学校の基本的枠組は確定し、以後は学区域の分割、統合による中学校の増減のみになるので、昭和三〇年は、昭和二二年の中学校創立に次ぐ画期的な年であったといえよう。そこで、ここでは、義務制完成以後の昭和二五年度から三〇年度までの増設状況を検討することになる。

表8―8から、昭和二五年度～二九年度は一か年一～三校の増設であったのに対し、昭和三〇年度は九校もの増加となったことが、校名とともに明らかになる。この期間に二一校増えたことになるが、主要な原因は、先に述べた郡部中学校の大阪市編入であった。

編入町村は、さまざまな条件と希望を持って大阪市編入を果たしたと思われる。加美小学校では、子どもたちが運動場に人文字で大阪市章・みおつくしを描いて編入を祝った(84)。中学校もまた同じ思いであった。加美村立加美中学校から大阪市立加美中学校になるに臨んで、大阪市の教育委員会なら旧市内並みの校舎と設備を整えてくれるだろうと大きな期待を寄せた。しかし、この時期になっても、校舎以外はすべて地元で、との教育委員会の方針は変っておらず、講堂の建設には、負担金五百万円を校下で用意しなければならなかった。幸いなことに校区に早川電機（シャープＫＫ）、丸一鋼管、寺崎電気などがあり、十万、二十万と大金を寄付して貰った、とは当時のＰＴＡ会長の回想である。もちろん、ＰＴＡを初め、校下の多くの住民から寄付を仰いだことはいうまでもなく、それによって、昭和三四年に講堂（体育館）を建設している(85)。

それでも、住民は、村時代に建てておればもっと粗末な建物になっていたはず、と市立中学校になったことを極めて肯定的にとらえていた。

他の編入中学校も似た環境に置かれていたことは容易に推察できる。ただ、編入地域には人口増加に伴う新設中相次ぎ、旧市内の学校との格差を埋めるのに相当の時間を要したことは確かである(86)。

（二）特別支援を要する中学校の設置

表 8-8　義務制完全実施後の中学校増加状況（昭和 25 年度〜昭和 30 年度）

年度	校数	増設・大阪市編入中学校名（　）内区名
25	3	船場中（東）　西今里中（東成）　鶴橋中（生野）
26	2	中島中（東淀川）　郊外貝塚中
27	3	上町中（南）　思斉中（旭）　高津中（天王寺）
28	3	今市中（旭）　加賀屋中（住吉）　玉出中（西成）
29	1	港中（港）
30	3	相生中（東成）　城東中（城東）　阿倍野中（阿倍野）
	※ 6	巽中（生野）　茨田中（城東）　加美中・長吉中・瓜破中・矢田中（東住吉）

註⑴　※印は大阪市編入中学校数
⑵　郊外貝塚中、思斉中は特別支援中学校
⑶　西今里中は在日朝鮮人生徒の中学校

義務制完成の年（昭和二四年度）以後、中学校が増加した時期として、前記郡部中学校大阪市編入の昭和三〇年のほかに、特別支援を要する生徒の中学校が設置された昭和二五年〜二七年がある。

後者の外国公民（在日朝鮮人）の西今里中（昭二五設置）については既に述べた（第六章）ので、ここでは、結核罹患生徒の郊外貝塚《かいづか》中学校（昭二六設置）と知的発達に遅れを持つ生徒の思斉《しせい》中学校（昭二七設置）について取り上げる。

特別支援の必要な子どもの教育は、戦前、戦時期の小学校（国民学校）で取り組まれてきたが、新制中学校でも、この時期に来て、「義務教育だから教育課程をこなせない生徒をどう教育するのかが大きな課題」(87)となり、教育行政施策としてようやく実現したのである。遅まきながら、教育の機会均等理念が具体化し始めたといえよう。

（1）結核罹患生徒の郊外貝塚中の開校と教育方法

大阪市立郊外貝塚中学校は、大阪市南方、四〇キロの貝塚市の丘陵地に設けられた結核罹患生徒の治癒と教育を担当した中学校(88)である。結核は当時なお国民病といわれたほどで、多くの国民が侵されていて、大阪市の中学生にとっても必要な学校であった。

郊外貝塚中学校は、昭和二六年四月一日、設置、七月の独立校舎の獲得で軌道に乗ったが、昭和二三年七月、大阪市立南中学校（当時南一中）・大宝小学校（現在南小学校）の分校として設立された大阪市立少年保養所附属貝塚学園の前史を持つ。もちろん、中学校設置後、少年保養所は療養と生活の場になるので、両者の連携のもと生活のなかに療養と教育の融合を図り、健康回復を第一の目標とされた。そのうえでの基礎学力の維持、向上と健康生活の基盤づくりであった(89)。

以上を課題とした学校経営と教育実践はどのように展開されていたのであろうか。まず学校の立地環境である。当時、結核治療には大気・栄養・安静が絶対視されていたので、同中学は貝塚市名越の丘陵地に建てられ、空気清澄、紫外線に富み、湿気少なく、健康回復地の条件を完備している(90)、といわれていた。

この好環境のもと、療養と学習の両面を配慮、病状に応じて一日、一時限から四時限での授業を実施した。もちろん、教室に顔を出せない生徒の教育にも配慮された。その実際は以下のようであった。登校できる生徒に対しては、放送教育、特別学習、保養体育が実施され、登校不可の生徒には寮内学習、枕頭教育を行った。

「放送教育」とは、毎朝八時三〇分からの半時間の安静時間に、保健及び療養に関する知識や学習補充が耳を通して行われる教育である。時事問題の解説や娯楽的番組も流される。重患の生徒も可能なら聴取できる時間であり、教育方法・内容であるといえる。

「特別学習」は午後二時から四〇分間の学習意欲の向上や趣味の伸長、出身学校への復帰に備えての補習など多目的学習活動の時間である。またクラブ活動の時間として使われ、文芸部、理科部、芸能部、自治活動部に分れて学習する。

保健体育ではなく「保養体育」と命名された時間は歩行やゲームを中心とした身体的学習の時間である。療養生活からくる身体の柔軟度低下を防止する目的や生活規則からくる欲求不満の解消を狙う時間でもあった。

以上に対して、「寮内学習」は登校できない健康状態の生徒対象の少年保養所内教室での学習補充であり、「枕頭教育」は重患生徒の病床を訪問しての基礎的学習であった。こうした生徒は情緒不安定に陥り勝ちであり、その安定のための指導も行った。枕頭教育は校長、教頭によって実施された。

以上の指導内容・方法を考案したのは、同中学校の山口敏雄教頭である。山口は、後年、郊外貝塚中を改組した貝塚養護学校（昭三二・四）の学校長（昭三四～四五）を務める傍ら文部省特殊教育研究委員（昭三五）や同調査会委員（昭三九）を歴任し学習指導要領の作成にも参画した人物であった。郊外貝塚中での指導方法、内容が学習指導要領に反映したといわれる。

貝塚学園時代を含め、郊外貝塚中で学んだ生徒は、約五百名に上る。家庭の事情、結核の治癒により帰宅、出身学校へ復帰する生徒も多く、同中学校在学期間は三、四か月の短期から数年にわたる長期もあるが平均して一か年程度であった(91)。

（2）知的障害生徒の思斉中設置経緯と教育効果

知的障害を持つ生徒の大阪市立思斉中学校は、昭和二七年四月一日、思斉小学校（現思斉特別支援学校・旭区大宮五丁目）に設置された。周知のように中学校への義務就学は、昭和二二年度から始まっており、その当時、生徒たちはどう扱われていたのかを明らかにしなければならない。

昭和二二年四月の新制中学校制度の実施に当たって、旭区新学制協議会が決定した中学校設置案によると思斉小学校（当時国民学校）の入学先は、第一次案から一貫して、旭陽中学校（当時旭一中）を指定していて、それで確定したことは第二章の表2―2に記した通りである。実際は旭陽中に通学せず、思斉小学校で教育を受けたと考えられるので、旭陽中学校思斉（小学校）分校として発足したことになる。

思斉校の通学先が旭陽中とされた理由はもちろん、旭陽中の通学域に含まれていたからである。昭和二二年四月の中学校制度発足時、旭陽中の通学域は極めて広く、旭区の四分の三を占め、大宮中は区西北部の狭い地域であった。こうした不均衡な通学域が編成されたのは、旭陽中の借用した高殿小学校の成り立ちにあった。

同小学校は高等科単置校で、且つ青年学校（高殿商工学校・実科女学校）として設置され、戦後、町会の運動で、昭和二一年度、国民学校初等科が付設されたばかりであった（第一章第四節）。したがって、昭和二二年度、小学生は少なく、高等科児童・青年学校生徒の希望者がそのまま中学校二・三年に編入するだけなので、義務制一年生徒の収容力も大きいと判断され、高殿・大宮・古市・清水小学校の進学先となったと思われる。一方、大宮中は大宮西・城北・生江校初等科修了生のみの通学先となった。

その結果、旭陽中へは一年から三年までの一三七〇人[92]が、大宮中へは一年生のみの三〇四人[93]が入学とされた。旭陽中の生徒数に思斉（小学校）分校分は含まれていないと考えられる。

旭区内には、大阪市立思斉校のほかに知的障害児施設として、社会福祉法人豊里学園（太子橋一丁目）が立地する。同学園の児童は、昭和二三年一〇月から思斉小学校へ就学したが[94]、翌年三月、六年を卒える児童の位置付けが問題となり、教育委員会で検討の結果、昭和二四年度から大宮中学校（当時旭二中）の生徒とし、実際はそのまま思斉小学校で中等教育を受けることになった。即ち、大宮中学校思斉分校の発足である[95]。

この段階で、旭陽中の思斉分校も大宮中に統合されたと推定される。完成した大宮中の独立校舎（現中宮四丁目七―一二）から思斉小、豊里学園まで相対的に近かったからである。ただし、実質は思斉小学校で学んでいるので、中学校籍を与えるための名目上の措置に過ぎなかった。

大宮中学校思斉分校開設から約三年後の昭和二七年四月一日、ようやく、思斉中学校として独立する。校舎は思斉小学校との併用であった[96]。

同中学校は教育目標として、義務教育の最終段階であるので、生徒を「よい社会人」に育てることを掲げた。

目標達成のための教育方針は「必要な知識」の修得、「よい生活態度」の育成、「適性な職業指導」であった。したがって、日常の学習・生活指導は、「目と耳からの実物教育で子ども一人ひとりに適応した指導」を行い、「心とからだの発達に留意しながら子どもをいきいきと伸す」ように心がけ、「生活指導と職業指導に重点をおく」ことに努めた(97)。

思斉中学校は、公立養護学校整備特別措置法の施行によって、昭和三二年四月、大阪市立思斉養護学校中学部に改組されるが、改組直前の生徒たちの姿が次のようにまとめられている。即ち、一人ひとりに適応した指導に力を入れた結果、生徒の成績が上がり、自信を持つようになったし、特技が発見されて、例えば昆虫画の天才児が現れてきたという。心身の発達に留意して生徒をいきいきと伸ばす工夫によって生徒の劣等感が取り除かれ、性格が明るくなり、学校を嫌がる生徒が少なくなったと報告されている。また、生活指導の重視は、身辺のことがらを自分でできるようになり、親に世話をかけない生徒の増加を呼んだ(98)。

思斉養護学校は現在、特別支援学校と改称している。

第五節　正式校名への変更

（一）市教委から区教委・区への指示

暫定校名から正式校名への変更は、義務制完成年度の昭和二四年中に済まさなければならない市教委の施策の一つであった。完成年度を超えて仮りの校名で通していくことはできないからである。

確かに、昭和二二年二月の定例大阪市会で、当時の和爾教育部長は「一応行政区名を冠して若し同じ行政区に二つの中学がありますれば例えば北区にありますれば北第一、北第二という学校を作るというように一応いたしまして後日各方面の御意見を参酌いたしまして民主的に各校に相応しい校名をつけていたゞきたい」(99)と説明していた。その「後日」の期限が近づいていたのである。

まず、大阪市教育委員会が動いた。市教委は、区長、区教育委員会事務局長宛てに、昭和二四年二月一四日付で、「新制中学校々名変更について」を出し、「番号名を何時迄も用いることは適当でないから至急改称方勧奨の次第もあったので関係学校長等の意見を聴取して区で選定の上取纏め三月十日迄に学務課え、送付されたい」(100)と要請した。

市教育委員会は、昭和二四年度中に一応の決着をと考えたのであろう。各区に対し一か月足らずでの選定を求めた。条件は抽象的な校名より地名等の分り易い校名であった。

（二）各学校での校名の選定

各中学校ではさっそく正式校名の話し合いが持たれた。新校名を簡単に決定した学校もあれば、難航した中学校もあったが、結果としては地名に関わる校名が最も多数を占めた。ただし、そのなかには区名、町名などが含まれている。区名でいえば、東中、西中、南中、大淀中などである。町名としては、昭和中、阪南中、松虫中などがある。なかには、小学校区から一文字ずつ重ね、修飾語を付した美津《みず》（三津屋小）島《しま》（加島）中の例が認められる。

旧制中学、青年学校・高等小学校などに因んだ校名選定もある。前者は区名とも重なるが天王寺中、市岡中、住吉中があり、後に八阪中、大池中などが選ばれた。

少数だが抽象的な校名を選んだ三稜中のような事例ももちろん存在する。選定の根拠を当時の校長は「地名にちなんで『千躰中学校』と名付けるべきか、数々の名前があげられたのでした。墨江、清水丘、遠里小野、三つの小学校を通学区とする三角形の頂たる中学、それにこうごうしい威光と尊厳な勢いを示す稜の字と、元の三中の名を生かし、美と愛とおごそかな光をそなえて巣立ち成人して行く、幾千万の三稜中学の卒業生に栄えあれと祈願して名付けられた」(101)と説明している。

校名が単なる校名でなく、教師・保護者・地域（旧町会）、時には生徒の願いが懸けられていたことが理解できよう。したがって、簡単に決められる事案ではなく、揉め抜いた事例も認められる。

成南中がその一つで、同中学の通学域（町名でもあり、旧町会域でもある）を構成する岸里・千本・南津守・玉出小学校区（図8—3参照）のそれぞれの保護者に自分の学区名を校名にとの思いが強く、まず、「岸里中」、「千本中」、「玉出中」案が提案された。当然、「玉出」では地理的に北方に寄り過ぎ、「千本」や「岸里」ではわが町の名が入っていないなど反対論でまとまらず、遂には、「すべての学区を網羅した「玉津千岸中学校」まで現われる始末、最終的に区名の「西成中」案を軸に検討、区内の二中学校からの反対論も考慮し、西成区の南部に立地する学校を示す「西南中」に傾きかけたが、麻雀を連想させるとの異論が出て、現行「成南中学校」に落着したという(102)。殆んどの中学校通学域は複数の小学校通学域で構成されたので、多くの中学校で成南中のようなことが起きた。小学校通学域は町名であり、旧町会域であったので、地域的連帯感が強固で、地域への愛着、ときには誇りにさえなっていたからである。

地域間の衝突を避ける工夫もなされた。東成区の相生中学校のケースである。同中学校は片江《かたえ》・神路《かみじ》両小学校を校区としたが、町名による命名を避け、両校区を南北に縦断する街道名・相生街道から採用したのである。同中学校の説明によれば、「相生街道は両校下を結ぶ紐帯であり、校下一丸となって協力して本校を文化センターとして育成発展させることを念願して校名を相生中学校と決定した」(103)という積極的な意味を持たせている。

中学校名が逆に新町名を創出したのが淀川区（当時東淀川区）の新北野中学校（東淀川二中）である。新校名決定の翌月（昭二四・六）発行の同中学校の学校新聞記事、「新北野中学と校名変更と同時に新築校舎が北野高校に隣りして、立派に初夏の陽光に映えて出来上り」(104)は、新校名が大阪府立北野高校に因んで名付けられたことを暗示している。真意は北野中学校を名乗りたかったが混同される恐れがある、と認められず、いずれ「新」が取れるとの意気込みで、当時の校長が「新北野中」と決断したが、そのままで現在に至った(105)。しかし、昭和四九年の町名改正は、従前の十三南之町を含む一帯を新北野に変え、北野高、新北野中ともに新北野二丁目に位置することになった。この新北野という町名は新北野中に由来することは明らかである。

図 8-11　天王寺区新制中学校通学域の変遷

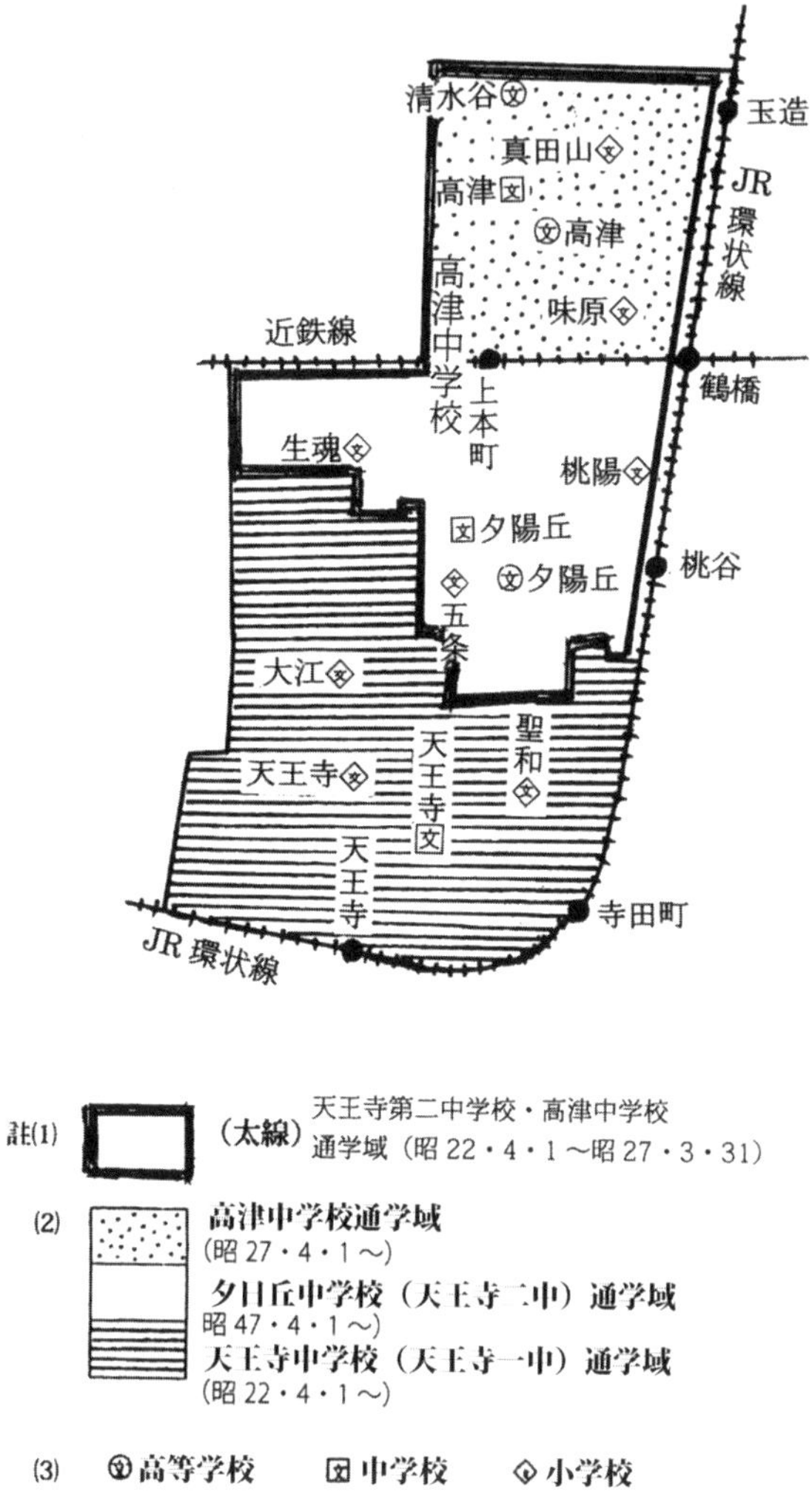

異例の展開となったのが天王寺第二中学校と住吉第一中学校である。天王寺二中の場合、現在、夕陽丘中学校を名乗っているが、この時改称した校名は高津中学校であった。天王寺二中から高津中への経緯を当時の教員は、天王寺中学校と命名したかったが、天王寺一中（現天王寺中）が四天王寺の近くにあることを理由に強硬に「天王寺」を主張しどうしても譲ってくれないので、やむを得ず、五条・桃陽・生魂・真田山・味原小学校を持つ本校を高

津中学校に改めざるを得なかったと証言する(106)。生徒たちは高津中への改称を歓迎し、学校新聞に「種々討論の後、高津中学校と変更された。旧制の高津中学と言えば相当名の売れていた学校である故にわれわれとしても一層の努力を必要としなければならない校名で（略）、気分を新たにして学校の興隆を図らねばならない。」(107)と書いている。

しかし、独立校舎竣工、移転（昭二六・八）の翌昭和二七年四月一日、近鉄線北側地域の真田山・味原小学校区が分離独立をし、新たに中学校が設置されることになった。新設中学校は校舎を上宮高等学校が去った旧清堀小学校と定め、校名は高津中学校を譲り受けた。それに伴い、元の高津中学校は夕陽丘中学校と改称した。校名の譲渡に当たっては、小学校長・歴代ＰＴＡ会長を含めて協議を重ねた結果、新設校の苦労や校舎位置から新設校を高津中と命名するのが適切と判断したのである(108)。

この変更に関して、当然、生徒や卒業生のあいだに拒否反応が強く、同窓会では、大阪市教育委員会に改称反対の陳情行動を起こした程で、学校側はその収拾に努めねばならなかった(109)。

前記市教委通達に拘らず、校名を変更しなかったのが住吉一中である。各中学校が選定した正式校名は、教育委員会の会議に上程され可決されて始めて正式校名となるが、昭和二五年八月二三日開催の第三八回教育委員会において、市教委事務局の庶務部長が住吉一中の校名に関して次のように発言している(110)。

現在七十校の中学校の内まだ一ツだけ他に残っております。というのは住吉の第一中学校、これが残っておりまして、私達も地元と色々協議して何か適当な名前に改名したい、そろそろ思案をいたしておりますが、まだまとまった意見が出来ませずにそのまゝになっております。これも出来るだけ早く他の学校と同じような名前にしたいと斯様に考えております。

この発言から、昭和二五年八月二三日現在、七〇校中、住吉一中一校だけが改称していなかったことが判明する。もちろん、義務制完成の昭和二四年度を既に越えていて、教育委員会として焦っていた様子も見えてくる。

住吉区の高等科校・青年学校を継承し、独立校舎を持つがゆえに「一中」の暫定校名を得た住吉第一中学校は校名に誇りと強い愛着を感じていた。だから、教育委員会から改称を勧告されても従う気持はなく、暫定校名の住吉一中を正式校名化したのである。昭和四九年の住吉区分区に際し、同中学校は住之江区に入ったが、住吉一中の校名は、固有名詞となって生き続けている。

難波中、日本橋中のように二度改称の例もある。

(三)　教育委員会における暫定校名から正式校名への変更手続

正式校名への変更についての教育委員会が開かれたのは昭和二四年四月三〇日であった。議案三二号として、「大阪市立中学校校名変更の件」が提出された。五九中学校の校名を五月一日から変更する、という内容であった(111)。副教育委員長の脇田勇の「事務局の方で熟慮された校名でありますので原案通り可決」をとの動議で問題なく決定した。

間に合わなかった中学校や新たに設置された学校は、その都度、教育委員会に諮られ、正式校名が決定する。例えば、扇町中、中野中は、一〇月二九日の教育委員会で決定し、一一月一日から実施された。鶴橋中学校は、昭和二五年八月二三日の教育委員会であった(112)。前記住吉一中が問題視されたのは、鶴橋中学校の変更が可決されたこの教育委員会である。

校名は関係者以外には識別のための記号となり易いが、当事者にとって極めて重いものである。とりわけ、新制中学校を生み、育てようとしたこの時期の人びとにとっては大切なものであった。前掲「夕陽丘中」改称に立ち会った一教員の「決定の裏にはいろんな苦労やいきさつがあり、思いもこもっていますから、簡単に『夕陽』や『夕中』などと呼んでほしくない」(113)との言は象徴的である。

第八章註

(1) 大阪市教育委員会生野区事務局長岩津堅次発、大阪市教育委員会教育長宛、昭二五・八・二三付「六三制学校施設功労者推薦調書」、大阪市教育委員会施設企画係『六・三制実施にともなう美談苦心談悲劇　六・三制実施施設功労者推薦一件』、以下大阪市立東生野中学校の校地選定。買収に関しては断わらない限りすべて本資料からの引用である。

(2) 大阪市教育局起案決裁(昭二二・九・二五)文書「昭和二十二年度新制中学校整備に関する国庫補助、起債許可割当申請について」、大阪市教育局庶務課『昭和二十三年度　新制中学校整備に関する国庫補助、起債割当申請について付新制中学校生徒数並学級調書』。

(3) 註(1)「六三制学校施設功労者推薦調書」には後藤について以下のように記載されている。「昭和二十三年二月六日、小路小学校にて土地買収実行委員会を結成、昭和二十四年五月三十一日校舎全竣工迄の一年二ケ月間(略)後藤氏は新今里四丁目にて営業中の待合業を廃業し自宅と土地百数十坪を売却し家族七人現住所の新今里一丁目の借家に転じ出費の軽減をはかられた。即ち私財を捨て家庭を犠牲にし献身東生野中学校建設に努められた」。

(4) 城東区長中川一・城東区新学制実施協議会議長福川政敏発、大阪市教育局長宛、昭二三・六・四付「第二・五中学新設敷地選定方依頼の件」付属資料「城東区関目町一丁目新制第二中学校用地調書」、大阪市教育局施設課第一企画係『昭和二十二年度　新制中学校用地一件』。

（5）同前。
（6）大阪市教育局起案（昭二三・八・六）文書「新制中学校敷地として官有地の借用（払下げ）申請について」、施設課第一企画係『昭和二十三年度　決裁綴』。
（7）同前「新制中学校敷地として官有地の借用（払下げ）申請について」に付された「大阪市長発　厚生省東京衛生試験所長宛　昭二三・八・七付　教甲第二五三号」案による。
（8）文部省教育施設局長発　都道府県知事宛　昭二三・四・一九付通達。
（9）『中学校小学校校地買収引継一件』。同地の契約日は昭和二三年一〇月二三日、登記は同月二七日に行われた。
（10）同前。
（11）蒲生中学校記念誌制作室編『創立五〇周年記念誌　蒲生中学校のあゆみ』、創立五〇周年記念事業委員会、平成九年、一八頁。
（12）『鶴見橋中学校学校沿革誌』には「昭和二十三年四月一日西成第三・第二中学校の地域の一部を以って、西成第四中学校として創立」と記録されている。入学式は「四月十日午前九時より津守小学校」で行われた。
（13）註（4）『昭和二十二年度　新制中学用地一件』。
（14）註（9）『中学校小学校校地買収引継一件』。
（15）註（12）『鶴見橋中学校学校沿革誌』。
（16）大阪市教育局起案（昭二三・七・二〇）決裁（九・二〇）文書「西成第四中学校落成式式辞について」大阪市教育局『昭和二十四年度　新制中学校落成式一件』。鶴見橋中の建築経費総額三二三万七五五七円の記録もある。
（17）「式辞」、同前。
（18）菱垣悦夫（当時二年生徒）「中古のピアノとバックネット」「40年のあゆみ」編集委員会『大阪市立鶴見橋中学校「40年のあゆみ」』、鶴見橋中学校、一九八七年、二九頁。
（19）日本教育新聞編集局『戦後教育史への証言』、教育新聞社、昭和四六年、八九頁。

(20) 農林省農政局長発　文部省学校教育局長宛　昭二二・七・二九付「新制中学校校地について（回答）」、石川謙『近代日本教育制度史料』第二十六巻、講談社、昭和三三年、三七三頁〜三七四頁。
(21) 大阪府教育部長・農地部長発、各新制中学校設置者宛　昭二二・八・一四付「新制中学校校地について」、大阪市教育局企画係『昭和二十二年度　用地建築通牒綴』。同通知の「8月16日」付大阪市役所収受印による。
(22) 大阪市教育局　建築局　財政局起案（昭二三・三・五）決裁（三・八）文書「新制中学校用地買収に伴う農地関係者と懇談会開催並びに経費支出について」、註（6）『昭和二十三年度　決裁綴』。
(23) 大阪市教育局、建築局　財政局起案（昭二三・三・五）決裁（三・八）文書「学校用地指定に伴う特殊農地委員との懇談会開催並びに経費支出について」、同前『昭和二十三年度　決裁綴』。
(24) 生野区長発　大阪市教育局施設課長宛、昭二三・一・二二付「新制中学校敷地調送付について」、註（4）『昭和二十二年度　新制中学校用地一件』
(25) 件名はなく、「所有者調書御送付します」とのメモを付けて再提出した。
(26) 註（23）「学校用地指定に伴う特殊農地委員との懇談会開催並びに経費支出について」付属資料、委員名簿に、生野田島町二丁目の尾垣卯市、野沢徳蔵の氏名が認められ、住所から両委員は田島中通学域住人である。
(27) 生野区長井口銀悟発　市長近藤博夫宛。註（4）『昭和二十二年度　新制中学校用地一件』。
(28) 註（9）『中学校小学校校地買収引継一件』。
(29) 田島中学校三〇周年記念誌編集委員会『大阪市立田島中学校創立三〇周年記念誌』田島中学校、昭和五四年、八頁。
(30) 大阪市教育局起案（昭和二四・九・二七）決裁（九・二九）文書「田島中学校新築校舎落成式祝辞並感謝状について」。註（16）『昭和二十四年度　新制中学校落成式一件』。
(31) 大阪市立田島中学校・PTA編発行『PTA　田島』、三〇号、昭和五四年。
(32) 大阪市教育局起案（昭二三・六・一六）決裁（七・二八）文書「東住吉第二中学校敷地買収に伴う関係地主・耕作者に市長の依頼状発送について」、註（6）『昭和二十三年度　決裁綴』及び森田寛治「回顧」平野三五周年記念誌編集委

員会『平野　創立三五周年記念誌』、平野中学校、昭和五七年、四頁。
(33) 同前、「東住吉第二中学校敷地買収に伴う関係地主・耕作者に市長の依頼状発送について」。
(34) 坂井三郎「十年間の思い出」、東田五郎編『創立拾周年記念誌　あゆみ』、東住吉中学校、昭和三二年、一二頁。
(35) 大阪市教育局起案（昭二三・六・一六）決裁（七・一八）文書「東住吉第二中学校敷地買収に伴う関係地主・耕作者に市長の依頼状発送について」、註（6）『昭和二十三年度　決裁綴』。
(36) 東住吉区教育委員会事務局長発、大阪市教育長宛　昭二五・八・二一付「六・三制学校施設功労者の推薦について」、註（1）『昭和二十五年八月　六・三制実施にともなう美談苦心談並悲劇　六三制実施施設功労者推薦一件』
(37) 註（32）『平野　創立三五周年記念誌』、四頁。
(38) 「思い出しの記」大阪市立今宮中学校編発行『十年史』その一、昭和三二年、一二頁。
(39) 松本萬次郎「創立当時の思い出」、上吉川敏郎「回顧」、同前、九頁、一九頁。松本は第二代PTA会長、昭和二三年度。
(40) 同前、「回顧」、一九頁。
(41) 西成区教育委員会事務局長発　大阪市教育長宛　昭二五・九・七付「六三制学校施設功労者推薦について」、註（1）『六・三制実施施設功労者推薦一件』。
(42) 註（38）『十年史』その一、四頁。
(43) 穴吹好雄「感慨無量」、註（38）『十年史』その一、五頁。穴吹は第二代校長として昭和二三年一〇月から昭和二七年八月まで務めた。
(44) 上田珠市「その当時」、註（38）『十年史』その一、一〇頁。上田は第三代PTA会長、昭和二三年度。
(45) 註（38）「感慨無量」、五頁〜六頁。
(46) 長谷宇一郎「今日の今宮中学校」、註（38）『十年史』、一二頁。長谷は第四代PTA会長、昭和二五年度。
(47) 大阪市教育局昭二三・八・二一付起案文書「西成第二中学校内煙突取毀しについて」及び同文書添付契約書による。註（6）『昭和二十三年度　決裁綴』

(48) 大阪市立城陽中学校長尾埜善一発、大阪市教育委員会教育長宛註（1）「六三制実施に伴ふ美談苦心談推薦」。

(49) ただし、同校通学区内には被差別部落があり、長欠、不就学児が多数存在したが、彼らを切り捨ててのエリート意識であった。

(50) コーン女史は、美人で快活な女性で、府市関係者には人気があった（秦博『教育五十年史―訓導から教授まで―』私家版　昭和四七年、六五頁）。新設の大阪市立住吉中の教師たちにもミス・コーンの名を捩ってミズ・コーン（断水が多くミズ（水）がコーン（来ないの意）と親しまれていた（辻正人『住吉中学校・創立の頃の思い出』、私家版、一九七六年、六頁）。

(51) 住吉区教育委員会事務局長発、大阪市教育長宛、昭二五・八・二八付「六・三制学校施設功労者推薦について」大阪市立住吉中学校長坂口利夫「六三制功労者調書」、註（1）『六・三制実施にともなう美談苦心談並悲劇　六・三制実施施設功労者推薦一件』、本件に関しては以下ここからの引用である。

(52) 大阪市立三稜中学校編発行『創立十周年記念誌』、一九五七年、一三頁。

(53) 註（9）『中学校小学校校地買収引継一件』。

(54) 住吉区役所編『住吉区史』、住吉区一〇周年記念事業委員会、昭和二八年、一六六頁～一六七頁。東粉浜小の借用は、独立した昭和二三年度から住吉中の通学域に入ったからである。

(55) 註（52）『創立十周年記念誌』、一三頁。

(56) 稲川恵勇（住吉中第二期生）発、赤塚康雄宛、平一三・四・一二付書簡。

(57) 大阪市立住吉第五中学校長坂口利夫発　大阪市教育委員会教育長板東遼次宛、施設課『学校申請書綴（新中）（二十二・三年度）』。

(58) 昭二四・二・三付回覧「住吉第五中校庭内旧高射砲掩体撤去申請について」同前『学校申請書綴』

(59) 註（50）『住吉中学校・創立の頃の思い出』、七頁。

(60) 註（9）『中学校小学校校地買収引継一件』

(61) 田和博編『伸びゆく成南の姿　その十年の歩み』成南中学校、昭和三二年、二六頁。
(62) 大阪市教育局起案（昭二三・六・一二起案）、決裁（六・一四）文書「西成第三中学校落成式式辞について」、註（16）『昭和二十四年度　新制中学校落成式一件』
(63) 文部省教育施設局『学校はどうして作るか』、若狭書房、昭和二二年。筆者は京都府の一農村の中学校建設を例に具体的に支給資材の流れと確保について実証したことがある（赤塚康雄『戦後教育改革と地域―京都府におけるその展開過程―』、風間書房、昭和五六年、一二八頁～一五三頁参照）。
(64) 註（62）「西成第三中学校落成式式辞について」。川端直己編『西成区史』西成区・市域編入四〇周年記念事業委員会、昭和四三年、二二一六頁。
(65) 大阪市教育委員会起案決裁（昭二四・四・二三）文書、註（16）『昭和二十四年度　新制中学校落成式一件』。
(66) 大阪市立旭東中学校長城野宗夫発　大阪市教育委員会教育長板東遼次宛、昭二五・八・一六付「六・三制実施と本校の建設」註（1）『六・三制実施にともなう美談苦心談悲劇　六・三制実施施設功労者推薦一件』。
(67) 大阪市立難波中学校編発行『難波中学二十年』、一九六七年、一六頁。
(68) 大阪市教育局回覧文書（昭二二・九・二二）「陳情書（浪速第一中学校保護者代表）」付属資料（大阪市立浪速第一中学校保護者大会代表委員網本由司ほか、昭二二・九・一八付「陳情書」）。大阪市教育局施設課『学校申請書綴（新中）（二十二・三年度）』
(69) 大阪市立難波中学校編発行『難波　創立五〇周年記念誌』、一九九七年、一〇頁、一五頁。
(70) 同前、一〇頁。註（68）「陳情書（大阪市立浪速第一中学校保護者代表）」。
(71) 大阪市教育部校舎管理係『昭和二十二年四月十日現在　大阪市立学校々舎目的外使用状況調書』。
(72) 『大阪市立日本橋中学校沿革誌』、同前『昭和二十二年四月十日現在　大阪市立学校々舎目的外使用状況調書』。『日本橋中学校沿革誌』は墨書、頁数なし。
(73) 西区史刊行委員会『西区史』第三巻、清文堂、昭和五四年、一四九頁～一五〇頁、小倉正巳編『大阪市立西船場小学校一〇〇年の歩み』、西船場小学校開校一〇〇周年記念事業委員会、昭和四七年、九七頁。
(74) 註（71）『昭和二十二年四月十日現在　大阪市立学校々舎目的外使用状況調書』。
(75) 大阪市立花乃井中学校創立三〇周年記念誌編集委員会『花の井　創立三〇周年記念』、創立三〇周年記念事業委員会、昭和五四年、三〇頁〜三一頁。
(76) 大阪市立花乃井中学校長二村吉蔵発、大阪市教育委員会宛、昭二四・六・二九付「昭和二十五年度収容予定生徒数増加に伴う教室修理申請」、大阪市教育委員会企画係『昭和二十四年度　学校申請一件』
(77) 大阪市立堀江中学校創立三〇周年記念誌編集委員会『堀江　創立三〇周年記念誌』堀江中学校創立三〇周年記念事業委員会、昭和五八年、一五頁。
(78) 註（73）『西区史』第三巻、一六二頁。
(79) 川島智生「大阪市立小学校校舎の鉄筋コンクリート構造の普及過程に関する研究」『平成六年度日本建築学会近畿支部研究報告』、一〇五七頁。
(80) 例えば福島区大淀中学校が使用してきた大仁小学校の鉄筋三階建校舎（昭和八年竣工）を解体したのは昭和六〇年である（赤塚康雄『消えたわが母校　なにわの学校物語』、柘植書房、一九九五年、一三五頁）。
(81) 大阪市役所編発行『風水害復興事業進捗概況』、昭和一二年、四頁。
(82) 大阪府公立中学校編発行『大阪府公立中学校創設三十周年記念誌』、昭和五二年、一一〇頁。
(83) 大阪市行政局編発行の『大阪市の学校概況』（昭和二四年、二頁）によったが、学校数、生徒数は四月三〇日現在で処理されていることに留意しなければならない。郊外弘済中のように九月発足は統計上、翌年度となる。
(84) 大阪市役所編発行『加美村誌』、昭和三二年、写真頁。ただし、写真説明を誤って加美南部小学校児童と記してある。『新修大阪市史』第八巻（新修大阪市史編纂委員会編、大阪市発行、平成四年、八七頁）も同じ。
(85) 大阪市立加美中学校編発行『創立十五周年記念誌』（昭和三七年）、一五頁、二五頁〜二六頁。
(86) 高度成長期に入いると編入学区の田園地帯に公営住宅、高層マンション等が林立、人口流入に伴う児童生徒が増加し、例えば長吉中から長吉六反中（昭四八）、瓜破中から瓜破西中（昭四四）、巽中から新巽中（昭五一）、茨田中から茨田北中（昭四三）、横堤中（昭五六）、加美中から加美南中（昭五一）が分離独立する。逆に都心部では生徒数が減少、船場中は東中へ統合される（昭六三）。

(87) 大阪養護教育史研究会編発行『大阪養護教育史研究』研究紀要第一〇号、平成三年、一〇四頁。

(88) 大阪府公立中学校長会編発行『大阪府公立中学校創設十周年記念誌』、昭和三二年、四二頁。

(89) 山口敏雄「回想　大阪市立郊外貝塚中小学校開設」（一九五一）、津田清次「史料紹介（先人の著書論文）、山口敏雄『結核児教育』」、同前『大阪養護教育史研究』第一〇号、一七〇頁〜一七二頁、二三九頁〜二四〇頁。大阪市立郊外貝塚中学校に関しては、断わらない限りすべて本資料から引用。

(90) 同前。

(91) 同前。

(92) 大阪市教育部「新制中学校学級編成状況調書」校舎管理係『児童収容対策一件綴』

(93) 大阪市立大宮中学校「沿革史概況」『昭和三九年度学校要覧』

(94) 大阪府教育百年史編集室『大阪府教育百年史』第一巻　概説編、昭和四八年、六一九頁。

(95) 大宮中学校沿革史の以下の記載による。「昭和二十四年五月二十一日付　教育長より中学校分校を開設することになったので、開設準備を取進められたい。一、大阪市立旭第二中学校思斉分校、二、昭和二十四年六月一日開設」（大阪同和教育史料集編集委員会『大阪同和教育史料集』第四巻、部落解放研究所　一九八五年　二〇二頁）。分校開設を六月一日としたのは、大宮中学校の独立校舎が完成し五月一六日〜一八日の借用校舎大宮西小学校からの移転を待っていたからであろう。

(96) 註（88）『大阪府公立中学校創設十周年記念誌』、二四頁。なお、思斉中学校の独立を期に豊里学園の児童は、同学園内に開設された思斉小学校分校へ戻った。三一年には中学生も、同学園内の思斉中学校分校で学ぶことになる（註（94）『大阪府教育百年史』第一巻概説編、六一九頁）。

(97) 同前『大阪府公立中学校創設十周年記念誌』、二四頁。
(98) 同前。
(99) 『昭和二十二年二月大阪市会（定例会）会議録』。
(100) 大阪市教育長発　区長・教育委員会区事務局長宛、昭二四・二・一四付「新制中学校々名変更並昭和二十四年度児童生徒収容其他について」　大阪市教育研究所編発行『大阪市戦後教育行政資料(1)』、昭和五三年、一一六頁。
(101) 川村市兵衛「三稜の思い出」、中野朝安臣ほか『創立十周年記念誌　大阪市立三稜中学校』　三稜中学校、一九五七年、一三頁。
(102) 田和博編『伸びゆく成南の姿　その十年の歩み』、成南中学校、昭和三二年、四〇頁。
(103) 註（88）『大阪府公立中学校創設十周年記念誌』、五七頁。
(104) 『北中学校新聞』第二号、一九四九年六月一五日、活版印刷タブロイド版　第四面。「北中」は「新北野中学」新聞の略称。
(105) 小野京子編『伝言―次の世代へ―』、新北野中学校三希会（第三期同窓会）、平成一九年、一二九頁。
(106) 大阪市立夕陽丘中学校記念誌編集委員会『大阪市立夕陽丘中学校創立四〇周年記念誌』、夕陽丘中学校、昭和六二年、六頁。証言者の小川厳教諭は昭和二二年～四一年まで在職したので当時の実情に詳しい。
(107) 『高津中新聞』、昭和二四年七月六日。「五月一日付を以て大阪市立高津中学校と改称」の見出しで掲載された記事で「源」の署名がある。同姓の教職員はいないので、新聞部の生徒の筆によると推定される。
(108) 註（106）『大阪市立夕陽丘中学校創立四〇周年記念誌』、六頁。
(109) 同前。管理作業員の間で「新校舎は夕陽丘中が取ったのだから、高津中は看板（校名、校札）を取った」という話が長年伝えられてきたが、この収拾の時期のエピソードであろう。
(110) 「大阪市教育委員会(第三十八回)会議録(昭和二十五年八月二十三日)」『昭和二十五年四月起　会議録決裁綴　議事係』
(111) 大阪市教育委員会『昭和二十四年四月起　会議録綴　議事係』。
(112) 「議事第七十四号　大阪市立学校校名変更の件」「大阪市教育委員会(第二十二回)会議録(昭和二十四年十月二十九日)」。

同前『昭和二十四年四月起　会議録綴　議事係』、註（110）「大阪市教育委員会（第三十八回）会議録（昭和二十五年八月二十三日）」。

（113）小川巌「校名の改称」、註（106）『大阪市立夕陽丘中学校創立四〇周年記念誌』

おわりに

本書は、前期中等教育を全国民に開放した新制中学校制度の昭和二二年四月実施に伴う大阪市における新制中学校準備計画と設置過程、及び発足期教育を解明したものである。大阪市は戦災都市であり、中学校設置に当たって空襲罹災、学童疎開から復帰した戦争孤児等、戦争からの影響を十分視野に入れねばならなかった。同時に、教員、校舎については、青年学校、国民学校、中等学校との関係を重視する必要があり、叙述に当たってはそこにも力点を置いたつもりである。とりわけ、国民学校(小学校)の情況を理解しておかねばならなかった。前著『消えたわが母校　なにわの学校物語』(正続)抜きに本編は進まなかったと考えている。その意味で、本書はそれらとの三部作を構成するものである。もちろん、内容は戦災都市・大阪の「新制中学の誕生」を扱った「昭和のなにわ学校物語」である。

生駒山の西向こうが赤々と染まる
戦災都市・大阪との出会い

生駒山の向こうが、赤々と染まるのを見た。大空襲で大阪市が燃えていたのだ。奈良・京都府県境の一寒村の国民学校生だった筆者が大阪を最初に意識した瞬間である。あれは大阪第一回大空襲の昭和二〇年三月一四日の早暁であった。

焼け残った電気科学館（画面右上）とその周辺

敗戦からほゞ一年が経《た》った頃、担任の先生に連れられて、西区四《よ》つ橋《ばし》の電気科学館を訪れた。プラネタリウムでの理科星座学習のためである。科学館周辺に全壊を免れた建築物は少なく、見渡す限り雑草が生い茂っていた。前日、大雨でも降ったのだろうか、長堀川は今にも溢《あふ》れんばかりの水を湛《たた》えていた。

その川沿いの道路を一台の市電が、草原を横切るかのようにゆっくりと西の方へ遠ざかる。あたりに人影はなく、どこか寂しい光景であった。記憶に残る大阪の原風景である。

大空襲直後に、心斎橋付近の御堂筋西側一帯を撮った写真が残っている。近年、大阪国際平和センター（ピース大阪）が発行した『写真で見る大阪大空襲』に収められた写真である。写真右上に無傷の八階建の大阪市立電気科学館が写っている。カメラを構えた場所は大阪市立御津《みつ》女子商業学校の屋上。そこから北を向き、レンズをやや西に振って撮影をしたようである。焼け跡をよく見ると一面、瓦礫である。それから一年半後、われわれが国鉄湊町《みなとまち》駅（現ＪＲ難波駅）から、ここを通って電気科学館を訪ねたときには、草々が生い茂っていたのだ。大阪の焼け跡はいずれもこうした光景を呈していたのだろうが。さらに半年後には、そこに新制中設立の話が始まる。

「四つ橋の電気科学館」の名の通り、電気科学館の前に四本の橋が見える。南北に西横堀《にしよこぼり》川、東西に長堀川がここで交叉していたのである。いまは双方埋立てられ、西横堀川の上は阪神高速1号環状線の道路が走る。

電気科学館も平成元年に閉館、いまはホワイトドームプラザが建っている。そして、撮影ポイントの御津女子商業（元御津小学校舎）は、新制南中学校に転換されたことは第七章（第五節（三））で述べた通りである。その南中学校も移転、跡地にビッグステップビルが建ち、ブティック、レストラン、スナック、スポーツクラブが入ったレジャービルとして、〝アメリカ村〟の中核施設となっている。大都会の歳月の流れはあまりに速い。

「大阪の憂鬱《ゆううつ》」（織田作之助著）から考える

「食糧事情」に見る戦後の戦争

先に、電気科学館周辺の焼け跡を人影はなくどこか寂しい光景と記したが、もちろん、それは筆者の視界に入った大阪の一面に過ぎない。われわれが、空襲跡を眺めていた丁度その頃、作家織田作之助が闇市の全盛を描いた「大阪の憂鬱」を発表していた（『文藝春秋』昭和二一年八月号）。

そこには、梅田、天六《てんろく》、鶴橋、難波《なんば》、上六《うえろく》などの闇市の賑わいが取り上げられているが、闇市の営業者、従業員（戦争孤児も使われていた）合わせて約十万人、そこに出入りする市民を加えると膨大な人の数になり、一大盛り場を形成、人々は忙しく動いていたのである。

当然ながら、その闇市は経済法違反であり、土地不法占拠であった。〝徹底的に取り締まる〟と、大阪市警視総監として、前任地広島から大阪駅に降り立ったのが鈴木栄二である。昭和二一年七月一六日のことで、織田作之助が闇市を描き、われわれが電気科学館を訪ねた日に近い。

鈴木が広島で耳にしていたのは、「今や大阪は強盗、集団強盗の街、殺傷事件の街であった。ことにそのヤミ市はその規模の大きさにおいて、巣食うボスの勢力の根強さに於いて、日本一」（『総監落第記』鱒《ます》書房）との情報であった。だから鈴木は軍政部の応援を得て徹底的な取り締まりを繰り返し実施する。

しかし、手入れから一週間もたたないうちに各闇市は、まるで何もなかったかのように平然と復活した（『大阪・焼跡闇市』、夏の書房）。鈴木自身、退官後に市民は「日々の生活必需品をヤミ屋の手から買わなければ生きられなかった（略）ヤミ市は都会生活者にとって一つの有力な物資補給源」（前掲書）と述懐する。即ち、法を犯さなければ生きていけない時代であったのだ。

〝有力な物資補給源〟のもう一つの方法は農村への食糧の買出しがある。食管法体制は戦後もそのまま続いていたので、主食である米などでは決められた日に、決められた配給所で購入しなければならなかった。しかし、遅配、欠配が常態化し、たとえ配給されたとしても主食の米は、麦、いも、雑穀等の代替物であった。そこで買出しとなるが、折角、手に入れた米も帰りの列車で、警官、鉄道公安官、地方食糧事務所三者の急襲を受けたり、駅改札口で差し押さえられてしまうことも起きる。

入手できなければ、当然、口に入るものがなく、「欠食」とならざるを得ない。第三章（第八節（一））で引用した中学生の回想を以下一部再掲する。「（略）食糧難の時代、弁当など作れない日もあった。（略）子どもとしては、昼休みは辛かった。家に帰ったとて食べる物のないことは十分知っていて、なおかつ、十分ほどの道を歩いて帰り、ひたすら水道の水を食べて、また学校へ舞いもどる」。

もちろん、弁当も持参、昼食を食べる生徒もいた。ただし、それは法律違反の結果である。そうした情況に一女生徒は「個人〳〵大阪全部が闇の都市である。私達よい日本、明るい日本になって輝くのはいつのことだろうか」（大阪市立中学校教育研究会国語部編『中学生の文集』第一輯　三精堂　昭和二四年）と書いた。

大阪市の食糧事情が最も厳しかったのは、昭和二二年八月であった。新制中学校が発足した年の夏ということになる。戦場での戦争は終わっても、市民の戦争はなお続いていたのだ。戦争とはそういうものである。

住居も戦後の苦しみ長く

大阪の新制中学へ入れず

戦後の苦しみは食のみならず住宅もそうだった。生徒の証言によれば、「学校の周りは焼け野原で、防空壕から通学する生徒が何人もいた」し、「防空壕生活から、曲がりなりにも焼跡に掘立小屋のようなバラックに、そして一家全員が住めるようになった本建築家屋の竣工は、昭和二八年春だった」（第三章第八節（一））という。

本書の対象外にしたが、生活の本拠を大阪に戻すことが困難で、戦後も引き続いて疎開地に留まらざるを得なかった多数の生徒、その保護者のことにも触れておきたい。当然、大阪市の中学校に入学できなかったことになるが、そういう生徒はどれくらいいたのだろうか。記録がないので、当然、正確な人数はわからない。そこで推定の資料として、学童疎開実施直前の大阪市国民学校初等科の児童数、約三二万七〇〇〇人（昭一九、七）、対して戦後昭和二一年四月の児童数、約一三万九〇〇〇人、その差一八万八〇〇〇人という数字を掲出しておこう。

筆者の中学・高校にも縁故疎開したままの生徒が多数認められた。大阪で家の手当ができたのであろう。中学校を終わった段階で、あるいは高校を卒えて帰阪した友人がいた。東村和子もそうした一人で、中学時代に次の詩を残している（京都府相楽郡国語教育研究会編『いずみ』中学生　第一集　岡島印刷　昭和二四年）。

闇
社会も暗闇
家庭も停電
人の心も真暗
なにもかもが闇世界

もう一例、集団疎開先の滋賀県豊郷《とよさと》町に留まった南区高津国民学校四年生児童、母子家庭の吉田房彦の場合を彼の著作『いのちの炎』（株式会社卓球王国　二〇一四年）から見ておこう。

疎開先に住み始めた契機を「疎開は解散となり、次々と親に引き取られていくが、親戚も学校も丸焼けで帰るところはない。遅れて母が豊郷へ来て（略）納屋で姉ちゃんも一緒に住まわせてもらうという」と書いている。以後、小・中・高を過ごし、卒業をひかえて「とにかく何でもいい大阪と名の付く大学へ入ろうと決心」、「母には学資をお願いし、生活費は自分で賄うと言って許してもら」い、「昭和30年に大学進学のため単身大阪へ帰」ってくる。その感慨を「11年ぶりの大阪だった」と記している。

食糧のところでも記しておいたが、ここでも、戦争というものは、国が終わった、と言っても、個人はそこで終止符を打てるわけでもなく、痛みは長く続く。戦争孤児はその典型である。

戦争孤児の中学校に視野を広げる契機
「戦争を生きのびた世界の子ども展」の開催、ドイツからの講師

新制中学校は、空襲と敗戦間もない時期に発足しているので、戦災都市・大阪では、戦争孤児のための学校が必要であった。第六章（第一節）に取り上げた大阪市立郊外羽曳野《はびきの》中学校がその一つである。筆者が戦争孤児の教育に関心を寄せるきっかけになったのは、大阪府社会福祉会館平和記念戦争資料室を会場に、平成二（一九九〇）年に開催した学童疎開展であった。同展の正式名称は「戦争を生きのびた世界の子ども展」である。実行委員会を組織し、資料の収集から始めるという手作りの行事であった。筆者は事務局長として関わることになった。同展を開催するに当たって二つの課題を設定した。一つは、文集『戦争を生きのびた子どもたち　学童疎開』の編集、発行である。その文集の最初の頁に収録したのが、孤児体験を綴った立木喜代野の「白いからけし」であった。昭和二〇年四月、三年生に進級、滋賀県へ集団疎開中の六月、大阪は第二回大空襲を受けた。そのときの気持が次のように綴られていた。

六月一日の大阪大空襲のことは、私たちの間に電撃のように広がりました。家族全員が全滅した家が二件あるという噂に子どもたちはおののいていました。（略）何日か後、私の家が全滅したその一軒であること、母も妹も、祖母もみんな死亡したということを知らされました。

やがて敗戦、一〇月に入って帰阪の日を迎えた。その様子は次のように描写されている。

ベルリンの壁崩壊、西ベルリン側から東ベルリンを見る（左筆者、右奥田代表）

帰りついた大阪駅のプラットホームは暗く灰色で〝日の丸の旗〟も大勢の出迎えの人波もありませんでした。一人二人と子どもたちは親に連れられ帰って行き、友だちの姿がなくなっていきました。私はとうとう最後まで残ってしまいました。その時の心細さは今も忘れることはありません。

こうして、帰るべき家、家族はなく、遠縁の間をたらい回しされることになる。

あれからずーと八歳のままだったようにも思えてきます。（略）実際には、敗戦後寺田町の焼け跡や、闇市をうろついた間のこと、兵庫県の赤穂、滋賀県のどこか、京都の御所の近く、大阪の寺田町と親類の間を廻されて育てられ……

「白いからけし」とは、その間に役所から受けとった封筒に入っていた妹の骨のことである。祖母、母は爆弾で吹き飛ばされたのか遺体は見つからなかったらしい。父はとっくに戦死していた。

こうした子どもは、大阪市の国民学校で一四三人生まれたことは第六章第一節で述べた通りである。あまりにも多いので、大阪市は極力、引取人を探そうと促したのである。

この作品は教育史の一環として学童疎開史を研究してきた筆者にとって、戦争孤児問題まで深めねばならないことを示唆してくれたのであった。

さて、疎開展のもう一つの課題は、「戦争を生きのびた世界の子ども展」の名目通り、国際性を持たせることであった。そのために外国の疎開を扱った小説・ポスター・絵はがきの収集及び映画の選定を始めた矢先、突如飛び込んできた「ベルリンの壁崩壊」（一九八九・一一・九）のニュースに講演会の講師としてドイツの学童疎開体

平和への願いを込めて空襲の姿を留めたベルリンのカイザーヴィルヘルム記念教会で（1990年）

験者を招聘することを決め、来日を検討することになった。

幸い、奥田継夫《つぐお》実行委員会代表（児童文学作家）が、モスクワ、ベルリン児童映画祭で知己になった東ベルリンのベアーテ女史に連絡をつけるというので、彼と筆者はベルリンへ飛んだ。

壁崩壊直後の東ベルリンは混乱していたが、ベアーテ女史に会うことができた。訪日を快諾して貰い、社会主義圏からの入国査証申請という不慣れな事務も、ドイツ民主共和国日本大使館、日独センター、帰阪後は外務省外国人課東欧担当の助けもあって無事終わり、同女史の来阪となった。

ベアーテ氏は依頼通り、疎開展初日（一九九〇・九・五）の講演会では「学童疎開体験を語る・東ベルリンからの報告」に登壇、最終日（九・九）のシンポジウム「いまなぜ学童疎開か――東ベルリン・東京・大阪を結ぶ」にパネラーの一人として加わり、ドイツの疎開の実態を語った。

ナチスドイツの学童疎開は占領地への東方植民であったので、ドイツ軍に抵抗するパルチザン（農民などで組織した非正規軍）の反撃に晒《さら》されるなど、常に現地住民との間は緊張関係にあったという。そのため疎開先はポーランド、ユーゴ、チェコと危険が及ぶと移動しなければならなかったようだ。

心配した母親が呼び戻しに来てベルリンに帰るが、ベルリン大空襲に遭遇、住居は破砕され、ライプチッヒの郊外へ縁故疎開しなければならなかった、という。

国際性に関わって、ほかにフランス映画「さよなら子供たち」、イギリスの「学童疎開奨励ニュース」を上映した。

この疎開展でもう一点、記しておきたいことがある。展示用資料として持ち込まれた一本の短刀のことで、それは学童疎開出発の朝、米軍が上陸し、もはやのときは自決するように、と父親から手渡された短刀であった。

疎開児童間のヒットソング「勝ち抜く僕等少国民」の一節「天皇陛下の御為に　死ねと教えた父母の　赤い血潮を受けついで」を地で行く展示品であった。

中国兵捕虜の兵舎となった花園国民学校（西中学校使用）

発足期の新制中学校には、戦争孤児や親から自決を求められるような戦時体験を持つ生徒が順次入学したということである。

中学校建設事業を進めたもの
国を荒廃させた自責の念と町会の甲斐性と

食糧難、住宅難、戦争孤児……と子どもには辛い季節であった。しかし、保護者はそれ以上に辛かったに違いない。そのなかでの新制中学設立・建設事業であった。

それを進めたのは、町会、新学制実施協議会、ＰＴＡ、区役所、市役所を含めた行政機関、そして教師、生徒等に、あらゆる市民が関わった。栄養失調寸前、餓死一歩手前に追い込まれながら、犠牲と奉仕の精神でどうしてそこまでできるのか。資料を集めながら、本稿を書き進めながら不思議な気持にさせられたことがしばしばだった。

予算を要求する行為一つにしても、必死さと気迫が伝わってくる。その典型は運動場整地用予算獲得のために教育長宅まで訪れた穴吹今宮中学校長の陳情行動であろう。先生、生徒、ＰＴＡの作業でやって貰いたい、との回答に接して、すかさず「現場を視察したことがないからわからないのです。これからすぐ来て下さい」と市会で時間が取れないという教育長の自動車に同乗して学校に着けさせている（詳しくは第六章第一節）。生徒を第一に考えるから、こうした行動がとれたのであろう。

それでも予算は回ってこなかった。大阪市も戦災復興事業等で財政的に苦しく、新制中学だからと言って予算を簡単に出せなかったのである。

校舎を国民学校、青年学校から譲り受け、比較的整った施設でスタートできた学校でも、空襲により、内部に火が回った、避難場所になっていた等で修繕しなければならない箇所は無数にあった。それらも一定以上はＰＴＡ等の寄付によって賄わなければならなかった。

西中学校は、花園国民学校の鉄筋三階建校舎を引き継いだ学校である。空襲時、内部に火は入らなかったが、校区全焼のため多くの避難民が生活し、敗戦直後には、中国兵捕虜が帰還船到着までの間、兵舎として使用した（ＧＨＱ写真資料は福林徹大阪民衆史研究会員提供）ので痛みがひどく、窓に風除け用のむしろが垂れ下がるなど小修繕を必要とした。そのためには、やはり住民から寄付を仰がねばならなかった。

こうして、小学校も中学校も、この時期、保護者と校区で負担する事例が多く認められる。当時の新聞投書欄で、時々、不満の声を読むことができるが、全体としてはどのような傾向にあったのだろうか。

中学校義務制完成年度の昭和二四年六月、市民対象に実施された世論調査（層化任意見本法による世帯主一〇〇〇人）によると、「教育費のためのＰＴＡ及び市民の寄付金について」の質問に対して、

ある程度やむを得ない	三五パーセント
全面的に反対	一七パーセント
その他	一三パーセント

わからない	三五パーセント

という結果である。この回答情況に対して、国、地方の財政情況から「やむを得ない」とするものが「案外多数を占めているのは、市民の現実的な考え方をあらわしている」と分析されている。敗戦と焼け野原からの出発という現実にあって、寄付金がなければ学校は成り立たないことを市民は理解していたということであろう。

「校舎不足対策について」の設問には、

万難を克服して校舎不足を打開せよ	二八パーセント
現状でがまんせよ	二〇パーセント
六・三制を再検討せよ	八パーセント
六・三制を守りつつ改善策を講ぜよ	五パーセント
わからない	一九パーセント

であった。「万難を克服して校舎不足を打開せよ」とまとめられた個々の回答の中で、半数を占めたのが「その学区の父兄自らの負担で行え」（以上、大阪市教育委員会『付録教育世論調査について』）との反応である。ここには学区—連合町—町会の伝統（第一章第四節）が、やはり根強く反映していたようである。

即ち、あの厳しい時代にあってなお、わが子の学校ぐらい自前でつくらなくてどうする—そういう雰囲気と気概が残っていたのであろう。そう言えば、昭和四〇年前後のことだが、中学校の資料の聞き取りに回っていたとき、敗戦直後に休校となり小学校の復校を果たせなかった町会に対し、〃甲斐性がなかったからや〃という声を聞いたものである。憲法二六条に基づく義務教育無償の原則は浸透していなかったのである。

　当時の首相・吉田茂の言う「自分たちは戦争によって国を荒廃させ、なにも子孫に与えるものをもっていないが、せめてりっぱな教育だけはしてやりたい」（はじめに）という自責の念からくる教育立国への精神と町会の甲斐性という大阪市独特の伝統が結びついて中学校の建設事業が進捗したように考えられてならない。

新制中学校第一期生の進路
生き方教育の職業科と社会科

〝進路保障は教育の総和〟と言われて久しい。中学校発足期にまだそうした教育観は認められなかったが、あの建設期とも、混迷期とも考えられる時期に中学校生活を送った義務制一期生の進路の周辺に触れておきたい。

　昭和二五年三月に大阪市立新制中学校を卒業する生徒は一万九〇一五人、このうち高校（各種学校を含む）進学希望生徒九四四八人で全卒業生の四九・一パーセントに当たる。残りの九五六七人、五〇・四パーセントが就職、家事志望とされている（大阪市教育委員会『教育月報』昭和二五年三月号）。

　前年から始まったインフレ抑制のための超均衡予算・融資統制の副作用から中小企業倒産、失業者激増という経済情況の厳しい時期に卒業期を迎えた就職希望生徒の実情は、就職決定一五〇八人（二三・一パーセント）、ほぼ決定九一七人（一四・一パーセント）、未決定四〇九六人（六一・八パーセント）という数字に現れていた。

　この年、就職した生徒がその困難さを、後年、次のように振り返っている。


中学校卒業と同時に学校の紹介で、二～三名一緒に三津屋にあった颯波鉄工所に入社しました。ボイラーを造っている会社でした（略）大変な就職難の時代で、大企業にはなかなか入れませんでした（小野京子編『伝言—次の世代へ—』）。

当時、学校では職業教育をどのように位置づけていたのだろうか。基本から言えば、学校教育法第三六条二の「職業についての基礎的な知識と技能、勤労を重んずる態度及び個性に応じて将来の進路を選択する能力を養う」を受けて、教育課程は週四時間の職業（ほかに選択で一～四時間）を課していた。具体的には、農業、商業、工業、水産、家庭等から一科目～数科目を学ぶしくみになっていた。

教科書は科目に応じて、『中等商業』、『中等工業』、『中等農業』等が学年毎に発行された。いずれも、文部省著作教科書であったが、唯一、『職業指導』だけは、日本職業協会の著作（発行は実業之日本社）で、同時代に学んだ筆者は、職業科担当の教師ではなく、校長から三年生で教わったように記憶している。

この教科書には、様々な職業名が挙げられ、その職業に必要な知識、技術及び性格まで記され、将来、自分は、どの方向に進めばよいのか、どのように生きていくのか、をクラス全員で真剣に話し合ったことを思い出す。教える側も、中学校卒業と同時に社会へ踏み出す生徒が多数を占めることもあって、世の中を渡っていける一人前の社会人にして送り出さなければならない、という意識が強かったように思われる。そこには教師の戦争責任という自責感から、間違いのない生き方を、という気持も含まれていた。

それは職業科のみならず、他の教科にも通じることであった。大阪市立昭和中学校を卒業した福田（島津）雅子（のちＮＨＫ解説委員・チーフディレクター）は次のように回想している。

社会科の時間は〝生きかた〟をみつけ出すような真剣な気持で、先生のひとことひとことに聞きいったものでした。戦争をひき起こしたのはおとなたちの責任といった意識が強かった時期でしたから、生徒の立場から授業を受けながらも新旧二つの世代の対面といったきびしさを感じとるような授業が展開されたことを覚えています（大阪市立昭和中学校編発行『二十周年記念誌』）。

福田は、生き方――社会科について述べているので、さらに敷衍《ふえん》すれば、社会科教科書の編纂に関わった柳田国男（民俗学者）が社会科のねらいを「一人前の賢明な選挙民を育てる」ことに置いていた（木全清博「戦後民間社会科の教師像」『滋賀大学教育学部紀要第六二号』）ことに通じる。当時、日本は軍国主義国家から民主主義国家に生まれ変ったばかり、それを守り育てるには、生徒全員を賢明な人物―選挙民に育てなければならなかったのである。一人一人、一票の権利を持っているからである。中学校で世の中へ出て行く生徒はなおさらであった。

行政資料収集への道
大学院での研究から

〝もはや戦後ではない〟との言説、あるいは大阪のシンボル・通天閣が再建されたのは、昭和三一年である。わが学生時代の真最中であった。丁度、昭和の半ばで、時代は一つの角を曲がろうとしていた。

そのころ、バス、市電に乗車すると、時々、中学前と称する停留所を通過し、樹間奥深く建つ校舎を望見、堂々たる姿にむかしから存在していたかのような錯覚を覚えたものだった。実際は述べてきたように一〇年足らず前に、苦労の末に手に入れたに過ぎなかったが、当時は知識をそこまで持ち合わせていなかった。

大阪の教育系大学に学び、当然、教育史に出会うのだが、関心はまだほかの領域にあった。学校史に興味をつようになったのは、いったん、現場に出て、大学院（教育学研究科　学校教育学専攻）へ戻り、第二講座（教育史・教育社会学）に属してからである。そこで、研究にとっての行政資料の重要性を教わり、大阪市学校教育関係史料の収集を始めることになった。

収集作業で忘れられない一つに、大阪市教育委員会天満倉庫での収集がある。そこは、大阪大空襲で全壊した天満国民学校を応急修理し、二階の数教室をぶち抜いて保管場所としたものであった。窓枠も空襲で吹っ飛んだのであろう、板張りの窓になっていて、内部はほぼ暗闇状態である。

夏休み中、毎日通う予定と言っておいたので、係員が窓を開け、その前に置いてくれた机に必要資料を持ち出し閲覧、筆写、あるいは接写レンズで撮影の方法をとった。まだ、ファックスは出回っていなかったし、第一戦後の資料は粗末な用紙で、隅から乖離するのでファックスにかけられなかったであろう。

簿冊の上には、埃《ほこり》が溜まり、首や腕に纏《まと》わり付き、耐えられそうにない時には、帰路、銭湯を探すこと幾度という日々もあった。また、誰もが経験することであるが、接写レンズでの撮影を長時間続けると、ペン字や謄写刷の文字がまるで虫が這うように動き出し、時々、眼を休めねばならなかった。

この収集作業は、その後、大阪市教育研究所に勤務した折、大いに役に立つことになった。

教育史に出会った昭和半ばの学生時代

重要史料を研究所教育史料室に移管してもらうことができたからである。本書の執筆にも有効な史料となったことはいうまでもない。

文書の多くは、担当者が恣意的に綴じ込んだ簿冊に含まれているので、検索に時間がかかる欠陥がある。簿冊名の通りの文書ばかりが、そこに綴じられているわけではない。だから一冊ずつ検討しなければならなくなる。これは、GHQ文書でも同様である。日本占領中、事務的にファイルしたものをそのまま、アメリカに持ち帰っているので、極端に言えば、ファイル名から目的の史料が見つかるとは限らない。

その点で筆者は大きな失敗をしたことがある。本書に使用した「新制中学校設置案」(第二章)は、その一例だが、大阪市立中央図書館が建て替えで、電気科学館に移転していたとき見つけた資料である。正確なタイトル名を記しておかなかったので、いまもって、どの簿冊に入り込んだのかわからない。簿冊名がわからないので、同資料に行き着けないのである。

そのような失敗もあったが、行政資料が残っていたおかげで、新制中学校設立過程を明らかにすることができたと考えている。

校正を急いでいる間に、早くも桜の季節が巡ってきた。今年も奈良市西郊から旧市街へと佐保川の桜堤を遡る機会に恵まれた。散り急ぐ桜の花びらが肩にかかる。それでいて水面を赤くあるいは白く染めるまでにはなっていなかった。

本書は戦災都市・大阪における敗戦直後の新制中学づくりを追究したが、あの過酷な時に、この作業に関わった人びとは、みんな英雄であった。それゆえに実名で登場してもらったが、その英雄たちの多くは鬼籍に入ってしまった。

彼らに思いを馳せながら、佐保の川瀬を眺めていると、つい、「ゆく河の流れは絶えずしてもとの水にあらず……」の方丈記の一節が口をついて出てくる。方丈記と言えば、堀田善衛（作家）は空襲下にあって、この先、日本はどうなるのか、「古京はすでに荒て　新都はいまだ成らず」の一節に思い当たり、「旧都はここにある。すでに荒れ果て、荒廃の極に達している、そうして新都、新たな都は　なるほどあることにはなっている。けれども、それもまた、『いまだ成らず』してそのおぼろげな有り様さえも人々の眼には見えていない」（『方丈記私記』）と平家一門による福原遷都の状況に思いを馳せたという。

しかし、敗戦の日本は、平和文化国家建設の名のもとに立ち直った。日本国憲法の制定、教育改革の実施と新制中学の誕生もその大きな要素であった。あの時代、物質的には全く貧困であった。それでも希望だけはみんな持っていた。だからこそ、新制中学を設立できたのである。そして、その質の高まった労働力で経済成長を成し遂げた。

いま、政府は新しい日本をつくるという。しかし看板だけで中身はまだ変っていない。審議の深まらない国会、官僚による公文書の改竄、教育界も混迷の淵にある……庶民には希望の持てない日が続く、当然、新しい日本の姿が見えてこない。今が、「古京すでに荒て　新都はいまだ成らず」の危機の最中にあるのではないかと思えてくる。先人たちが焼け跡に新制中学を建設したように、大阪市民はその才覚とエネルギーで、この危機をどのように克服していくのであろうか。

平成三〇年四月

赤塚　康雄

■著　者　**赤塚　康雄**（あかつか　やすお）

元天理大教授。日本教育史。
現住所　奈良県生駒市東生駒一丁目52番地。

［著書］
『新制中学校成立史研究』（明治図書、1978年）
『戦後教育改革と地域―京都府におけるその展開過程―』（風間書房、1981年）
『底辺からみた学校教育―戦前の歴史―』（解放出版社、1985年）
『現代日本教育史』（明石書店、1987年）
『消えたわが母校　なにわの学校物語』（柘植書房、1995年）
『大阪の学童疎開』（クリエイティブ21、1996年）
『続　消えたわが母校　なにわの学校物語』（柘植書房新社、2000年）
『戦後教育改革と青年学校―資料で見る機会均等運動の展開』（クリエイティブ21、2002年）

新制中学の誕生―昭和のなにわ学校物語

2019年4月15日第1刷発行　定価5400円＋税

著　者　赤塚　康雄
発　行　柘植《つげ》書房新社
〒113-0001　東京都文京区白山1-2-10-102
TEL03（3818）9270　FAX03（3818）9274
http://www.tsugeshobo.com　郵便振替00160-4-113372
装　幀　市村繁和（i-Media）
印刷・製本　株式会社紙藤原

乱丁・落丁はお取り替えいたします。　ISBN978-4-8068-0715-5　C3037

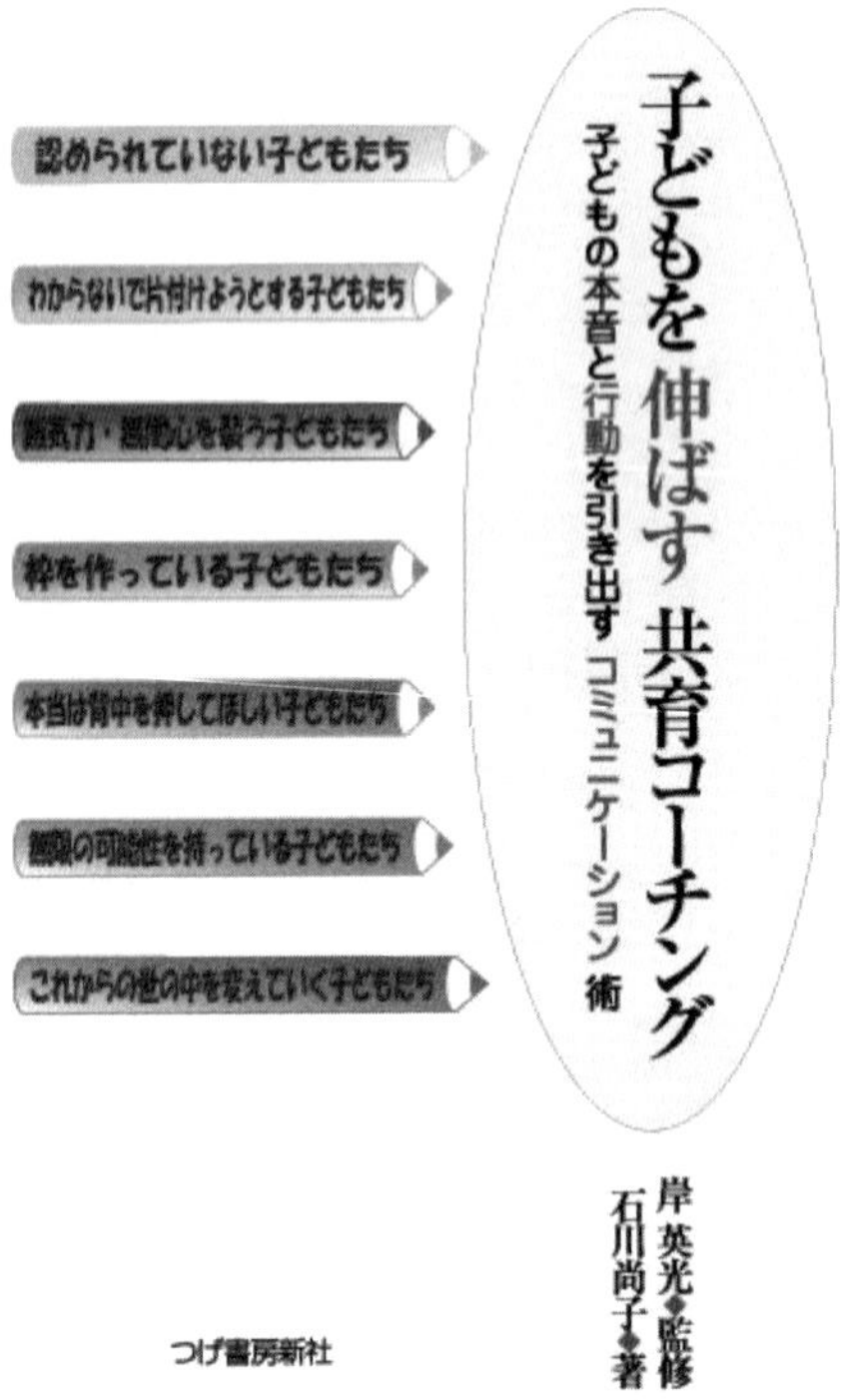
子どもを伸ばす 共育コーチング
子どもの本音と行動を引き出す コミュニケーション術
認められていない子どもたち
わからないで片付けようとする子どもたち
枠を作っている子どもたち
これからの世の中を変えていく子どもたち
岸 英光◆監修
石川尚子◆著
つげ書房新社

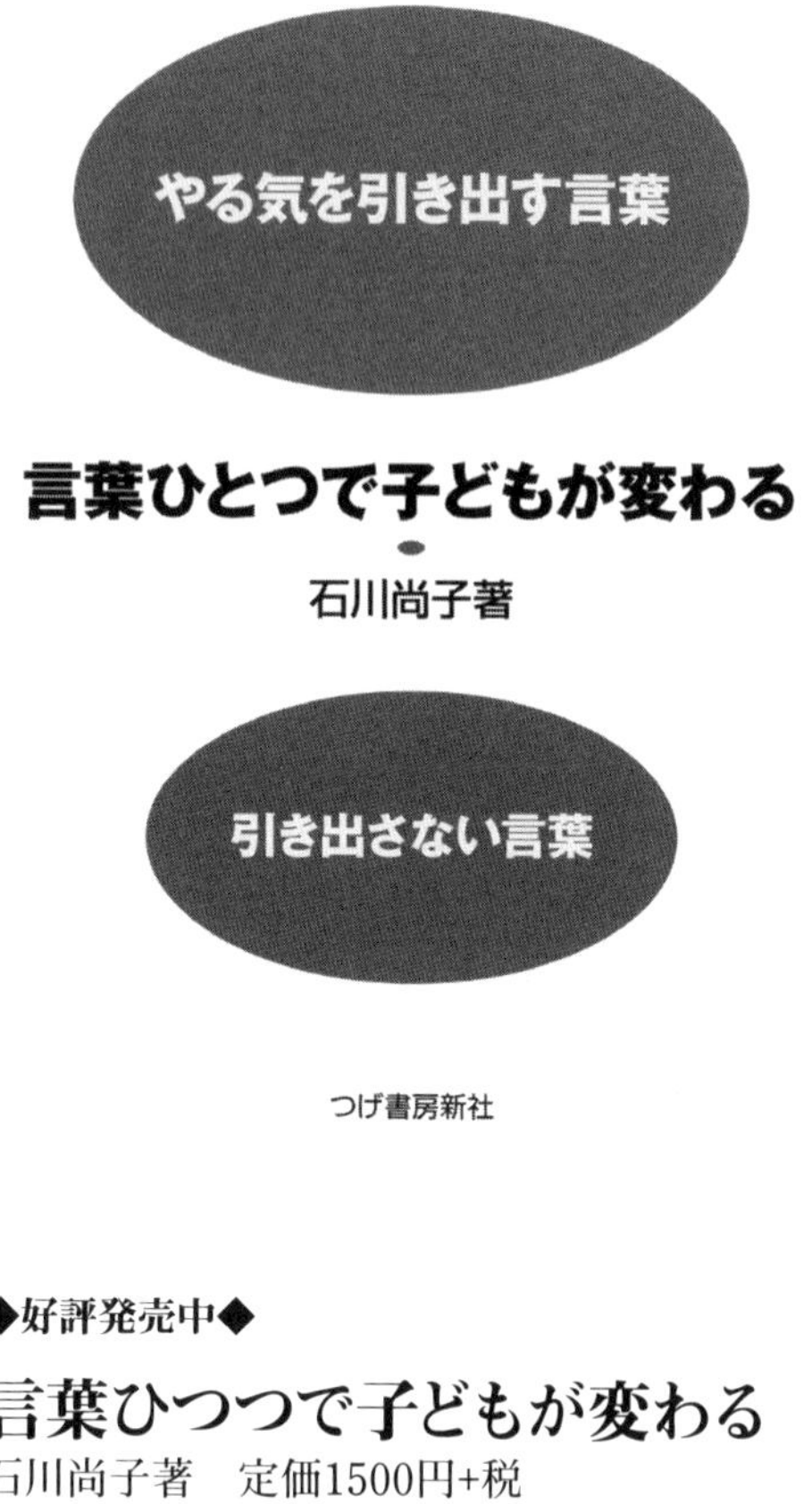
やる気を引き出す言葉
言葉ひとつで子どもが変わる
石川尚子著
引き出さない言葉
つげ書房新社